21世纪全国高等院校旅游管理类创新型应用人才培养规划教材

旅游景区管理

（第2版）

主　编　杨絮飞　蔡维英
副主编　姜春源

北京大学出版社
PEKING UNIVERSITY PRESS

内 容 简 介

本书通过分析旅游景区管理的理论基础,一方面完善了旅游景区管理的理论研究,另一方面也为旅游景区管理的实践提供了指导。书中理论结合案例进行分析,重点突出,层次分明,实用性较强。本书集思广益,问题突出,汇集了学术界对景区管理核心理念研究的最新成果。全书形式上尽可能丰富,如章前加"学习目标""知识结构""导入案例"等,文中辅以"知识链接"等形式丰富的内容,课后设置"复习思考题",使本书更加易学好用。

本书注重方法的训练和技能的培养,可读性强,既可以作为高等院校旅游专业的教材,也可以作为旅游企业岗位培训、导游员培训、政府旅游部门工作人员及旅游行业管理者的参考用书。

图书在版编目(CIP)数据

旅游景区管理/杨絮飞,蔡维英主编. —2 版. —北京:北京大学出版社,2020.8
21 世纪高等院校旅游管理类创新型应用人才培养规划教材
ISBN 978-7-301-31404-3

Ⅰ.①旅… Ⅱ.①杨…②蔡… Ⅲ.①旅游区—经济管理—高等学校—教材 Ⅳ.①F590.6

中国版本图书馆 CIP 数据核字(2020)第 115388 号

书　　　名	旅游景区管理(第 2 版)
	LÜYOU JINGQU GUANLI(DI-ER BAN)
著作责任者	杨絮飞　蔡维英　主编
策 划 编 辑	刘国明
责 任 编 辑	翟　源
标 准 书 号	ISBN 978-7-301-31404-3
出 版 发 行	北京大学出版社
地　　　址	北京市海淀区成府路 205 号　100871
网　　　址	http://www.pup.cn　新浪微博:@北京大学出版社
电 子 信 箱	pup_6@163.com
电　　　话	邮购部 010-62752015　发行部 010-62750672　编辑部 010-62750667
印　刷　者	北京溢漾印刷有限公司
经　销　者	新华书店
	787 毫米×1092 毫米　16 开本　18.5 印张　432 千字
	2014 年 12 月第 1 版
	2020 年 8 月第 2 版　2022 年 9 月第 3 次印刷
定　　　价	49.00 元

未经许可,不得以任何方式复制或抄袭本书之部分或全部内容。
版权所有,侵权必究
举报电话: 010-62752024　电子信箱: fd@pup.pku.edu.cn
图书如有印装质量问题,请与出版部联系,电话: 010-62756370

第 2 版前言

旅游业是一个集食、住、行、游、购、娱于一体的综合性服务产业,是世界上产业规模最大、发展势头最强劲的产业。旅游景区作为旅游活动的原动力、旅游动机产生的主要影响因素以及旅游目的地吸引力强弱的主要标志,是旅游产业中至关重要的一环。旅游景区开发与管理的水平直接影响旅游目的地的旅游经济的发展水平。目前,我国旅游景区在数量、规模、种类、质量、知名度等方面都取得了显著的成果,但是,旅游景区的开发与管理的发展和实践还不够成熟,在数量和规模扩张的背后也暴露出了很多问题,因此,提高旅游从业者的旅游景区的开发与管理水平是旅游教育的重要任务。

《旅游景区管理》自 2014 年出版以来受到了高校旅游管理类师生以及企业界读者的广泛好评,师生使用后对教材结构给予了充分肯定,基于此,编者没有变动《旅游景区管理》的基本框架,而是根据景区企业经营环境的变化以及部分读者的建议,重点对第 9 章"景区设施与安全管理"和第 10 章"景区的发展趋势与管理创新"进行了补充和完善,并且对各章的案例进行了重新梳理,精选了最新的景区经营管理的案例。每一章都有我国旅游景区开发与管理中的典型案例分析,理论性和实践性结合紧密是本书的特点之一。读者通过对案例的阅读、分析和讨论,能够把景区管理理论和企业管理实践结合起来,进行拓展性的思考,以便更深入地理解各章的有关内容。此外,实用性是本书的特色之一。编者结合近年来从事旅游景区规划与开发的实践与教学经验,将当前景区规划与管理方面的一些前沿理论融入书中,读者可以将理论学习与具体旅游景区的管理同步进行。

编者希望本书能为高校旅游专业师生在讲授和学习景区管理课程时提供有价值的参考,同时也希望对读者的管理知识增进和管理能力提升有所助益。在编写本书的过程中,编者运用了理论与实际相结合的方法:一方面,运用理论对企业管理中的实际问题进行分析;另一方面,对管理实践中出现的新问题进行总结以求提炼出新的理论和方法。

在修订编写过程中,第 5、7 章由杨絮飞进行修订编写,第 1、2、3、4、6、8 章由蔡维英修订编写,第 9、10 章由姜春源修订编写。编者在编写本书的过程中参考和借鉴了大量的国内外相关文献与资料,并吸收了国内外学者的相关研究成果,在此向相关作者表示最真挚的感谢!

编 者
2020 年 2 月

目 录

第1章 景区管理导论 …………… 1
1.1 景区概述 …………… 3
1.1.1 景区的定义与相关辨析 …… 3
1.1.2 景区的分类 …………… 5
1.1.3 景区的特征 …………… 8
1.1.4 景区的基本功能 …………… 9
1.2 景区管理概述 …………… 9
1.2.1 景区管理的概念与内涵 …… 9
1.2.2 景区管理的构成要素 …… 10
1.2.3 景区管理的特征 …………… 12
1.2.4 景区管理的内容体系 …… 13
1.2.5 景区管理的方法 …………… 14
1.3 国内外景区的发展历程 …… 15
1.3.1 国外景区的发展历程 …… 15
1.3.2 国内景区的发展历程及管理中存在的问题 …………… 18
复习思考题 …………… 20

第2章 景区旅游资源管理 …… 22
2.1 景区旅游资源概述 …………… 24
2.1.1 景区旅游资源的含义 …… 24
2.1.2 景区旅游资源的特征 …… 24
2.1.3 景区旅游资源的分类与评价 … 25
2.1.4 景区旅游资源保护 …………… 32
2.2 自然旅游景区管理 …………… 35
2.2.1 国家公园 …………… 35
2.2.2 自然保护区 …………… 37
2.2.3 风景名胜区 …………… 40
2.2.4 森林公园 …………… 41
2.2.5 地质公园 …………… 43
2.2.6 野生动物园 …………… 45
2.3 历史人文景观管理 …………… 46
2.3.1 历史文化遗址 …………… 46
2.3.2 历史文化名城 …………… 48
2.3.3 博物馆 …………… 50

2.4 人造景区管理 …………… 53
2.4.1 主题公园 …………… 53
2.4.2 动物园 …………… 57
2.4.3 水族馆 …………… 58
2.5 世界遗产管理体系 …………… 59
2.5.1 世界遗产概述 …………… 59
2.5.2 世界遗产的标准与分类 …… 60
2.5.3 我国世界遗产的保护与开发存在的问题 …………… 63
2.5.4 世界遗产的保护与管理对策 … 64
复习思考题 …………… 66

第3章 景区服务管理 …………… 68
3.1 景区接待服务管理 …………… 70
3.1.1 票务服务 …………… 70
3.1.2 入门接待服务 …………… 73
3.1.3 游客投诉受理服务 …… 77
3.2 景区解说服务管理 …………… 80
3.2.1 旅游解说服务系统的构成要素 … 80
3.2.2 旅游解说服务的内容 …… 82
3.2.3 旅游解说服务的类型 …… 83
3.2.4 旅游解说服务的目的和意义 … 87
3.2.5 中国景区解说服务管理的重点 … 87
3.3 景区商业服务管理 …………… 87
3.3.1 景区娱乐服务管理 …… 87
3.3.2 景区购物服务管理 …… 90
3.3.3 景区餐饮服务管理 …… 91
3.3.4 景区住宿服务管理 …… 93
3.4 景区辅助服务管理 …………… 94
3.4.1 景区交通服务管理 …… 94
3.4.2 景区医疗服务管理 …… 95
3.4.3 景区邮电服务管理 …… 95
复习思考题 …………… 96

第4章 景区开发与规划管理 …… 98
4.1 景区开发的可行性分析和产品管理 … 100

4.1.1　景区开发可行性分析 ……… 100
　　4.1.2　景区开发设计原则 …………… 101
　　4.1.3　景区产品开发管理 …………… 102
4.2　景区规划的类型和程序 ……………… 105
　　4.2.1　景区规划的概念和指导思想 … 105
　　4.2.2　景区规划的要素 ……………… 106
　　4.2.3　景区规划的作用 ……………… 106
　　4.2.4　景区规划的类型 ……………… 107
　　4.2.5　景区规划的程序 ……………… 107
4.3　景区规划的运作管理 ………………… 109
　　4.3.1　景区规划的运作管理机制 …… 109
　　4.3.2　景区规划的运行关系管理 …… 110
　　4.3.3　景区规划的调整与修编 ……… 111
复习思考题 …………………………………… 112

第5章　景区市场营销管理 ……………… 113
5.1　景区市场营销概述 …………………… 115
　　5.1.1　景区市场营销的概念、内涵和
　　　　　 特点 ……………………………… 115
　　5.1.2　景区市场营销管理的内容和
　　　　　 程序 ……………………………… 117
5.2　景区市场营销调研 …………………… 119
　　5.2.1　景区市场营销调研的目的 …… 119
　　5.2.2　景区市场营销调研的类型及
　　　　　 内容 ……………………………… 119
　　5.2.3　景区市场营销调研的程序 …… 120
　　5.2.4　景区市场营销调研的方法 …… 121
　　5.2.5　景区市场营销调研对象的选择 … 123
5.3　景区目标市场的选择与定位 ………… 127
　　5.3.1　景区市场细分及其标准 ……… 128
　　5.3.2　景区目标市场的选择 ………… 132
　　5.3.3　景区目标市场的定位 ………… 133
5.4　景区营销组合策略 …………………… 135
　　5.4.1　景区营销组合中产品的概述 … 135
　　5.4.2　景区营销组合中的价格策略 … 142
　　5.4.3　景区营销组合中的销售渠道
　　　　　 策略 ……………………………… 146
　　5.4.4　景区营销组合中的促销策略 … 147
5.5　景区营销组合策略的拓展 …………… 150
　　5.5.1　品牌营销 ………………………… 150
　　5.5.2　网络营销 ………………………… 151
　　5.5.3　体验营销 ………………………… 152
　　5.5.4　关系营销 ………………………… 153
复习思考题 …………………………………… 155

第6章　景区人力资源管理 ……………… 157
6.1　景区人力资源管理概述 ……………… 159
　　6.1.1　景区人力资源的结构 ………… 159
　　6.1.2　景区人力资源管理的概念
　　　　　 及其重要性 ……………………… 161
　　6.1.3　景区人力资源管理的基本原理 … 163
　　6.1.4　景区人力资源管理的内容 …… 164
　　6.1.5　景区人力资源管理存在的问题 … 165
6.2　景区员工招聘 ………………………… 166
　　6.2.1　景区员工招聘的概念 ………… 166
　　6.2.2　景区员工招聘的原则 ………… 166
　　6.2.3　景区员工招聘的途径 ………… 167
　　6.2.4　景区员工招聘的程序 ………… 167
6.3　景区员工培训、激励和绩效评估 …… 170
　　6.3.1　景区员工的培训 ……………… 170
　　6.3.2　景区员工的激励 ……………… 172
　　6.3.3　景区员工的绩效评估 ………… 173
复习思考题 …………………………………… 175

第7章　景区游客管理 …………………… 177
7.1　景区游客管理概述 …………………… 178
　　7.1.1　景区游客管理的内涵 ………… 178
　　7.1.2　景区游客管理的目标 ………… 180
7.2　景区游客行为管理 …………………… 183
　　7.2.1　游客心理变化规律 …………… 183
　　7.2.2　游客的行为特征 ……………… 187
　　7.2.3　游客不文明行为的表现及其
　　　　　 产生原因 ………………………… 188
　　7.2.4　游客管理的方法 ……………… 190
7.3　景区旅游客流调控 …………………… 192
　　7.3.1　景区旅游客流的时空分布特征 … 192
　　7.3.2　景区环境容量的确定与控制 … 193
　　7.3.3　景区旅游客流的管理技术 …… 193
复习思考题 …………………………………… 197

第8章　景区质量管理 …………………… 199
8.1　景区质量管理概述 …………………… 200
　　8.1.1　景区质量概述 ………………… 200
　　8.1.2　景区质量管理的内涵和特点 … 203
　　8.1.3　景区质量管理的原则 ………… 204
　　8.1.4　景区质量管理的PDCA工作
　　　　　 循环 ……………………………… 205
8.2　景区服务质量管理 …………………… 206

  8.2.1 景区服务质量的概念、内容与特征 …………………………… 206
  8.2.2 景区服务质量差距产生的原因 ………………………………… 208
  8.2.3 景区服务质量管理策略 ……… 209
  8.2.4 景区服务质量标准的细化 …… 211
 8.3 景区质量标准化管理 ……………… 213
  8.3.1 实施景区标准化管理的意义 … 213
  8.3.2 我国景区质量标准化管理体系 ………………………………… 214
  8.3.3 国际通用质量标准体系 ……… 217
 复习思考题 …………………………… 220

第9章 景区设施与安全管理 ………… 222
 9.1 景区设施的类型与管理 …………… 224
  9.1.1 景区设施概述 ………………… 224
  9.1.2 景区设施管理概述 …………… 224
 9.2 景区基础设施管理 ………………… 226
  9.2.1 景区道路交通设施管理 ……… 226
  9.2.2 电力及通信设施管理 ………… 230
  9.2.3 景区给排水及排污设施管理 … 230
  9.2.4 绿化环卫设施管理 …………… 230
  9.2.5 建筑设施管理 ………………… 232
 9.3 景区服务设施管理 ………………… 232
  9.3.1 景区接待服务设施管理 ……… 232
  9.3.2 景区娱乐、游憩设施管理 …… 238
  9.3.3 景区游客引导设施管理 ……… 238
 9.4 景区设施分期管理 ………………… 241
  9.4.1 景区设施设备的前期管理 …… 241
  9.4.2 设施设备的服务期管理 ……… 243
  9.4.3 景区设施设备的维修与更新 … 248
 9.5 景区安全管理 ……………………… 253
  9.5.1 景区安全管理及其意义 ……… 253
  9.5.2 景区安全事故的主要类型 …… 255
  9.5.3 影响景区安全的主要因素 …… 259
  9.5.4 景区安全事故发生的原因 …… 260
  9.5.5 景区安全管理的措施 ………… 261
 复习思考题 …………………………… 267

第10章 景区的发展趋势与管理创新 ……………………………… 269
 10.1 影响景区的内外部因素 ………… 271
  10.1.1 宏观经济因素 ……………… 271
  10.1.2 社会文化因素 ……………… 272
  10.1.3 微观经济因素 ……………… 272
  10.1.4 新技术在景区的应用与影响 … 273
 10.2 景区的发展趋势展望 …………… 274
  10.2.1 景区旅游生态化 …………… 274
  10.2.2 景区旅游品牌化 …………… 275
  10.2.3 创意旅游 …………………… 275
  10.2.4 景区旅游数字化 …………… 277
  10.2.5 景区的管理创新 …………… 279
 复习思考题 …………………………… 285

参考文献 ……………………………………… 287

第 1 章 景区管理导论

学习目标

景区管理是景区工作的重要方面。通过学习本章,学生应了解景区与相关概念的辨析,了解景区管理的发展历程和内容体系、管理方法;重点掌握景区的定义、分类、特征以及景区的基本功能,掌握景区管理的概念、内涵、特征及管理要素的构成。

知识结构

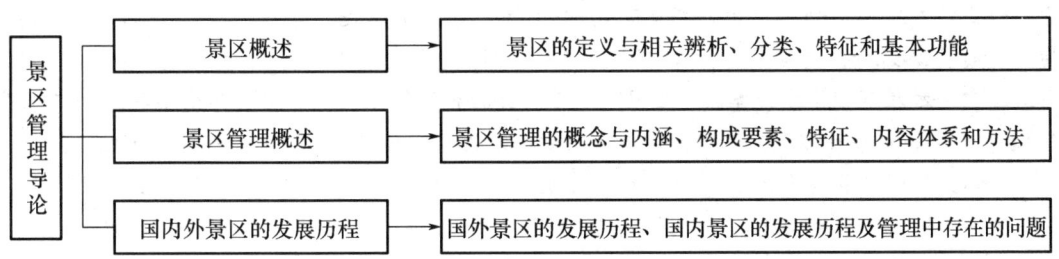

导入案例

河北省探索景区"管委会+"模式

2017年，河北省选择20家景区作为试点，尝试推进"管委会＋村镇＋公司"模式、"景区＋农户"模式、"公司＋农户"模式和"1＋3＋N"模式，通过股份制和混合所有制改造，实施景区所有权、管理权、经营权分离，建立现代企业制度，带动旅游资产股权化、资本化和证券化的形成，提高旅游资源资产化收益水平。

其中，"管委会＋"模式不仅摸索出了一条景区体制改革的新路，还大力推进了河北省的全域旅游发展进程。

1. 创新思维，将"管委会＋"模式融入全域旅游大局

2012年8月，唐山国际旅游岛管委会（以下简称旅游岛管委会）和乐亭县政府签订了托管协议书，在行政区划不变的前提下，由旅游岛管委会整体托管乐亭县新海一村、海庄子、捞鱼尖村、碱铺村、新渔村、大清河村6个自然村，并成立唐山湾国际旅游岛开发建设公司——这一举措开创了"管委会＋公司"发展模式的先河。旅游岛管委会和乐亭县政府在推进"管委会＋公司"发展模式的过程中，十分注重思维的调整和创新，把探索与实践有机结合。

目前，旅游岛管委会按照河北省旅游发展委员会的要求，积极践行"管委会＋村镇＋公司"的发展模式，引导农民开办农家乐、渔家乐等乡村游项目，发展生态观光、休闲度假、体验渔业等旅游业态，带动更多的农民投身旅游发展，为打造全域旅游目的地创造了条件。

2. 创新格局，将"管委会＋"模式融入景区运行机制

白石山的经营模式就是河北省践行"管委会＋景区＋公司＋乡镇"综合管理模式取得成功的典型。

2014年以来，白石山管委会协调景区周边乡村及有关部门开展工作，有效解决了多头管理、权责分散等问题，并建立起统一化、规范化、制度化、常态化的管理机制。

同年，白石山景区进行了股权重新整合，北京中信产业基金通过收购成为白石山的大股东，实现了真正意义上的资源优势、资金优势和先进经营理念的强强联合，为白石山旅游做大做强奠定了基础。

3. 创新机制，将"管委会＋"模式融入全程管理系统

2016年5月5日，武安市委常委会专题研究通过了组建太行三峡旅游区管委会。管委会打破乡镇行政区划和部门职能权限，对活水乡、管陶乡2个辖区及贺进镇的5个村进行托管，通过"管委会＋景区＋公司＋乡镇"的综合管理模式，对西部500平方千米范围的旅游资源"统一规划、统一开发、统一建设、统一管理、统一运营"，对辖区260余家"农家乐"进行改造提升，夯实了体制机制保障。

（资料来源：http://www.ctnews.com.cn/art/2017/9/11/art_150_10903.html，2017－09－11，有改动。）

案例思考："管委会＋"模式给河北省旅游业的发展带来了怎样的提升？

案例分析："管委会＋"的景区产业链管理模式是河北省景区管理模式改革的大胆尝试。站在全域化产业布局、全产业链发展的高度审视，河北省以20家试点景区作为创建全域旅游示范省的重要支撑，实现了从景点旅游向全域旅游的转变，并获得了旅游市场的广泛认可，提升了本省的旅游形象，带动了本省旅游业的发展。

1.1 景区概述

1.1.1 景区的定义与相关辨析

1. 景区的定义

旅游景区（以下简称景区）是旅游业活动的重要场所，是整个旅游业发展的核心，也是吸引旅游者的重要因素。但长期以来，人们对景区的定义不是很明确，由于景区所涵盖的范围比较广泛，至今也没有被公众所接受的统一的定义。下面将国内外对景区的定义进行简单的综述。

（1）国外学者对景区的定义。

国外学者更多地采用旅游吸引物或者旅游目的地来定义旅游景区，强调"磁性"含义。国外关于景区的定义比较多，其中有代表性的几个定义如下所述。

① 美国著名的旅游规划专家冈恩认为，景区可以是地球上任何一个独具特色的地方，这些地方的形成可能是自然力量使然，也可能是人类活动的结果。

② 英国旅游局和英格兰旅游委员会认为，景区必须是一个长期存在的出游目的地，其存在的首要目的是向公众开放并满足进入者的娱乐、兴趣和教育的需求，而不是仅仅用于购物、体育运动、观看电影和表演。

③ 英国著名的旅游市场专家米德尔顿教授将景区分为有管理的景区和无管理的景区，有管理的景区则是一个指定的、长久性的、由专人管理经营的，为出游者提供享受、消遣、娱乐、受教育机会的地方。

④ 史蒂文斯认为，景区应该是有特色活动的地点、场所或集中点，应该具备以下特点：第一，能吸引外地旅游者和当地居民来游览，并为此经营；第二，能为旅游者提供轻松经历的机会和消遣的方式，使他们度过闲暇的时间；第三，尽量发挥其现有的能力；第四，按旅游需求进行管理，使旅游者得以满足；第五，按照旅游者的要求、需要和兴趣，提供相应水准的设施和服务。

⑤ 约翰·斯沃布鲁克认为，景区应该是一个独立的单位、一个专门的场所，或者是一个明确界限的、范围不可能太大的区域，交通便利，可以吸引大批游客短期休闲和游览，景区是应该能够界定、能够经营的实体。

从上述定义来看，英美的学者对景区的定义不是特别严格，基本上可以分为广义和狭义两大类：广义的景区几乎等同于旅游目的地，而狭义的景区则是一个吸引游客休闲和游览的经营实体。

（2）国内学者对景区的定义。

我国的学者对于景区的定义也很多，下面选取几个具有代表性的景区定义。

① 禹贡认为，景区、景点是由具有某种或多种价值、能够吸引游客前来观光、游览、休闲、度假的自然产物、人文景观以及能够满足游客需要的旅游设施构成的，具有明确的空间界限的多元环境空间和经营实体，这一实体可以通过对游客进出管理和相关服务达到赢利或保护该环境空间的目的。

② 马勇认为，景区是由一系列相对独立景点组成，从事商业性经营，满足旅游者观光、

休闲、娱乐、科考、探险等多层次需求，具有明确的地域界限，相对对立的小尺度空间。

③ 杨桂华认为，景区是指以其特有的旅游特色吸引旅游者前来，通过提供相应的旅游设施服务，满足其观光游览、休闲娱乐、度假康体、科考探险、教育和特殊旅游的需求，有专门经营管理的旅游管理地域综合体。

④ 傅云新认为，景区是指以旅游资源或一定的景观、设施为依托，开展参观游览、娱乐休闲、康体健身、科学考察、文化教育等活动提供旅游服务的场所。它具有明确的法定范围，设有独立管理机构从事经营和管理活动。

⑤ 赵黎明等认为，景区是一个可供人们前来休闲、娱乐、游览、观光、度假的专业场所。该场所具有明确的范围界线和专业化的组织管理。

中华人民共和国国家标准《旅游景区质量等级的划分与评定》（GB/T 17775—2003）中将旅游景区定义为："旅游景区是以旅游及其相关活动为主要功能或主要功能之一的空间或地域。本标准中旅游景区是指具有参观游览、休闲度假、康乐健身等功能，具备相应旅游服务设施并提供相应旅游服务的独立管理区。该管理区应有统一的经营管理机构和明确的地域范围。包括风景区、文博院馆、寺庙观堂、旅游度假区、自然保护区、主题公园、森林公园、地质公园、游乐园、动物园、植物园及工业、农业、经贸、科教、军事、体育、文化艺术等各类旅游景区。"

从以上关于景区的定义来看，虽然每位学者表述不尽相同，但无论哪种表述，景区都包含以下内容：第一，景区是明确的区域场所；第二，景区有相应的服务设施和基础设施，能为旅游者服务；第三，景区能够为旅游者提供休闲度假、康体健身、探险考察等方面活动；第四，景区是能够经营管理的。

综上所述，本书认为景区是能为旅游者提供参观游览、休闲度假、康乐健身、科学考察等功能，具有相应旅游服务设施并提供相应服务的，具有统一经营管理机构和明确地域范围的场所或区域。

2. 景区与相关概念辨析

（1）景区与旅游资源辨析。

旅游资源是自然界和人类社会中凡能对旅游者产生吸引力，可以为旅游业开发利用，并产生经济效益、社会效益和环境效益的各种事物和因素。旅游资源按照属性可以分为自然旅游资源和人文旅游资源。旅游资源与景区的区别在于旅游资源是旅游开发的原材料，而景区是开发后的成果。旅游资源是构成景区的重要素材，是旅游景区的核心产品，而景区则是旅游资源要素和其他的设施服务组合后所形成的地域空间。

另外，旅游资源还包括尚未被开发利用的，而且旅游资源可以是物质的也可以是非物质的。而景区必须是已经开发利用的、物质的。景区是旅游资源的组成部分，但旅游资源未必都是景区。

（2）景区与景点辨析。

景区和景点在实践中经常被视为同一概念。景点是旅游者到达旅游目的地之后的重要活动场所，泛指具有一定自然景观或人文景观，可供游人游览并满足某种旅游经历的空间环境，如一座山峰、一条旅游街、一处游乐场等，通常又称作游览区或游览旅游点。景点和景区的区别在于空间结构和组合特征的不同。景点可以是一个风景点或观赏物，如一块特定造型的山石、一处瀑布、一眼泉水、一座古建筑等，有些景点适当配以能进行旅游活动的条件，使其成为发挥旅游功能的环境和空间，就可形成自成一体、相对独立的旅游点，如西安的钟楼。景区的空间范围比景点大，通常以相邻的多个相对独立的景点组合成较大的小区，彼此之间相互依赖、互为映衬，构成一个完整的景区，如长白山天池、长白山温泉、锦江大峡谷、小天池、长白瀑布等景点组成长白山景区。景区除满足旅游者进行参观游览活动的需求外，还必须提供必要的生活服务，因此，大型景区是由若干个景点相互结合、组合并辅以旅馆、餐厅、交通、商业网点、邮电通信等设施而形成的相对独立的、具有较大环境空间的区域，如黄山风景区、太湖风景区等。

（3）景区与旅游目的地辨析。

旅游目的地是一个为消费者提供旅游产品的综合体，是一个感性的概念，从内容来看包括食、住、行、游、购、娱等多种要素。旅游目的地可以是城市、海滨、山地、乡村，一般来说是一个独立的地理区域，也是一个国家或地区旅游经营者向旅游者提供的、能够满足其旅游需要的全部物质产品和服务产品。旅游目的地与景区的区别是旅游目的地的地域范围较大，可能包括多个景区。旅游目的地大多数可以提供全套服务，景区有时候只能提供单向的服务。例如，有些景区是不可以留宿的。此外，旅游目的地的综合性质和构成特征与景区也有很大的区别。

（4）景区与风景旅游区辨析。

风景旅游区是指以原生的、自然赋予的或历史依存的景观为载体，向旅游者提供旅游观光的事物，原则上不包括主题公园、室内观光、美术馆等旅游区。从包含内容的广泛程度来看，风景旅游区包含的旅游范围较小，它属于景区的亚类。

（5）景区与旅游区辨析。

旅游区是表现社会经济、文化历史和自然环境统一的旅游地域单元。一般包含许多旅游点，由旅游线连接而成。从上文给定的旅游景区的概念来看，显然，旅游区与景区不是一个概念。两者的外延和内涵都不同。从功能上看，旅游区的功能要比景区的功能全面，景区一定是旅游区，旅游区则不一定是景区；从层次上看，旅游区为一类，景区属于亚类；从范围上看，旅游区的范围大于或等于景区。一般而言，景区的面积较旅游区要小，并且景区大多具有有形的边界标志，其空间范围具有可感知的特点。而旅游区相对规模较大、面积也较大，可能位于一个行政区，也可能跨越行政区划的限制，且往往缺乏有形的边界。例如在全国的版图上，可以按旅游功能划分为华东旅游区、华北旅游区、华中旅游区、华南旅游区、西南旅游区、内蒙古旅游区、西北旅游区、青藏旅游区等，但不能划分为华东旅游景区、华北旅游景区、华中旅游景区、华南旅游景区、西南旅游景区、内蒙古旅游景区、西北旅游景区、青藏旅游景区等。

1.1.2 景区的分类

1. 按照旅游资源类型分类

景区按照旅游资源的类型可分为5类，即自然类旅游景区、人文类旅游景区、复合类旅游景区、主题公园类旅游景区及社会类旅游景区。

自然类旅游景区又称为自然风景区，是由多个自然类旅游景点组成，并辅以一定的人文景观的相对独立的景区，以名山大川和江河湖海为代表。自然类旅游景区又可以分为山地型自然旅游景区，如山东泰山、安徽黄山（图1.1）等；森林型自然旅游景区，如净月潭国家级森林公园等；水景型自然旅游景区，如九寨沟风景名胜区、桂林漓江等；洞穴型自然旅游景区以及综合型自然旅游景区5个亚类。

图1.1 黄山美景

人文类旅游景区又称为名胜风景区，是由多个人文旅游景点组成，并以一定的自然景观为背景的相对独立的景区。人文类旅游景区又可分为历史文化名城，如平遥古城等；古代工程建筑，如都江堰、京杭大运河等；古代宗教建筑，如少林寺等；古代园林，如颐和园（图1.2）、拙政园等；以及综合型人文旅游景区5个亚类。

图1.2 颐和园石舫

复合类旅游景区是指由自然景点、人文景点相互衬映、相互依赖而形成的相对独立的景区，该区域中自然景观和人文景观的旅游价值均较高。

主题公园类旅游景区是根据一个特定的主题，采用现代科学技术和多层次空间活动设置方式，集诸多娱乐活动、休闲要素和服务接待设施于一体的现代旅游目的地，是介于自然资源和人文资源之间的边际资源。

社会类旅游景区是与上述传统旅游景区完全不同的旅游景区类型，它突破了人们对旅游景区界定的定式。只要是利用社会资源吸引旅游者，开展旅游经营业务，并形成相对独立的旅游景区，都可以称为社会类旅游景区。

2. 按照景区的主导功能分类

景区按照景区的主导功能则可分为4类，即观光类旅游景区、度假类旅游景区、科考类旅游景区、游乐类旅游景区。

观光类旅游景区是以观光游览为主要内容的旅游景区。该类旅游景区具有较高的审美价值，可供旅游者参观、游览。

度假类旅游景区是拥有高等级的环境质量和服务设施，为旅游者提供度假、康体、休闲等服务的独立景区。

科考类旅游景区是以科学考察和科学普及类旅游资源为主，具有较高的科学研究价值和观赏性，为旅游者提供科学求知经历的相对独立的景区。

游乐类旅游景区是以现代游乐设施为基础，为旅游者提供娱乐、游乐体验的景区。

3. 按照景区的质量等级分类

根据中华人民共和国国家标准《旅游景区质量等级的划分与评定》（GB/T 17775—2003）的规定，将旅游景区质量等级划分为5级，从高到低依次为AAAAA、AAAA、AAA、AA、A级旅游景区。3A级、2A级、1A级旅游景区由全国旅游景区质量等级评定委员会委托各省级旅游景区质量等级评定委员会负责评定。省级旅游景区质量等级评定委员会可以向条件成熟的地市级旅游景区质量等级评定机构再行委托。4A级旅游景区由省级旅游景区质量等级评定委员会推荐，全国旅游景区质量等级评定委员会组织评定。5A级旅游景区从4A级旅游景区中产生。被公告为4A级旅游景区三年以上的旅游景区可申报5A级旅游景区。5A级旅游景区由省级旅游景区质量等级评定委员会推荐，全国旅游景区质量等级评定委员会组织评定。

等级评定标准主要包括服务质量与环境质量、景观质量和游客意见3个方面。其中服务质量与环境质量共计1000分，分为8个大项：旅游交通为140分，游览为210分，旅游安全为80分，卫生为140分，邮电服务为30分，旅游购物为50分，综合管理为195分，资源和环境的保护为155分。景观质量分为资源要素价值与景观市场价值两大评价项目、9项评价因子，总分为100分，其中资源吸引力为65分，市场吸引力为35分，各评价因子分4个评价得分档次。游客意见总分为100分，其中总体印象为20分（很满意为20分，满意为15分，一般为10分，不满意为0分），其他16项每项为5分，总计80分（各项中，很满意为5分，满意为3分，一般为2分，不满意为0分）。各等级景区评分标准见表1-1。

表1-1 各等级景区评分标准

等　　级	服务质量与环境质量	景观质量	游客意见
5A	950分	90分	90分
4A	850分	85分	85分
3A	750分	75分	75分
2A	600分	60分	60分
1A	500分	50分	50分

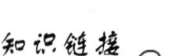

4A 级景区与 5A 级景区管理的差别

巅峰智业的景区管理专家易长柏分析："在硬件的要求上，5A 标准与 4A 要求相差无几，只是从细节上、质量上要求更高、更明确，主要体现在文化性和特色性的要求上，'以人为本'的服务宗旨贯穿于 5A 准则的主线，这是与 4A 相比最本质的差别！"5A 级景区管理模式更注重景区的人性化和细节化，围绕为游客营造舒适优美的旅游环境的目标，制订了许多景区管理细则。以下是景区管理专家总结的三大景区管理细则。

(1) 景区管理的特色性原则。游客公共休息设施要求特色突出，有艺术感和文化气息。对于具体的硬件设施要求很明确，如停车场绿化美观、路面特色突出、水体航道清澈。而对于景区标识牌、公共信息图形符号、公共休息设施、景区垃圾箱及景区建筑外观造型均要求突出地方特色。

(2) 景区管理的文化性原则。文化性主要包括两个方面的内容：一是对景区整体文化程度的提升；二是对地方特色文化氛围的营造。

(3) 景区管理的以人为本原则。"以人为本"的理念贯穿 5A 级管理的始终。得益于这种理念的提升，5A 级管理上升到国际的高度，我国旅游业也上升到新的高度。例如，安徽黄山景区在创 5A 级景区管理的过程中，一项重要的工作内容，即公共厕所的合理布局和改造必须全部达到三星级宾馆公共区域卫生间的标准。其内部设计与外观坚持"以人为本""与周围景观相协调"两大原则，不片面追求豪华，注重厕所的方便实用。厕所内一律配置热水器、冲洗器、安全扶手等装置，有背景音乐，摆放绿色的盆栽，增加服务残疾人的设施。同时，所有公厕都将建成节水型健康厕所，注重生态环保。改造后，游客在如厕的同时不仅能欣赏到美妙的轻音乐，还可从专门设置的视屏上观看到黄山风光片和旅游策划信息。

(资料来源：https://www.davost.com/seo/detail/2422-bbcd424f20.html，2013-02-19.)

1.1.3 景区的特征

1. 综合性

景区的构成要素是多方面的，这些要素既包括景区内在吸引力系统部分，又包括景区所在地域的一系列独特的文化、民俗、社会、政治和经济因素，这些要素共同构成景区的吸引力。除了构成要素的综合性之外，景区的消费方面也具有综合性，多数景区内的消费具有一定的连带性。

2. 稳固性

无论是自然景区、文化历史景区还是人造景区，只要形成就很难改变，特别是景区特色会在游客心中留下长期稳定的印象。当然这种印象可能会使游客缩短选择景区的时间，但也可能因固有的认识对景区产生一定的负面影响。

3. 地域性

景区的建设受到旅游资源的影响，而旅游资源具有地域分异的特征，受自然地理与人类社会活动规律的影响，因此景区也具有一定的地域性。由于地域的差异性，景区呈现出不同的组合特征，这就决定了景区不同的特色与旅游魅力。当然，地域性也决定了景区在经营与吸引游客方面具有一定的季节性，所以景区一般有最佳观赏季节，即景区旅游旺季。

4．脆弱性

景区同其他旅游产品一样，具有周期性，也有其探索、发生、发展、稳固和消亡的过程，任何一个景区开发利用之后，如果不注重生态环境与人文环境的保护，加上经营不利，很快就会进入衰退期。同时，景区的经营状况和游客量还会受到外界经济波动及季节的影响，因此景区具有一定的脆弱性。

5．动态性

景区从无到有，其发生、发展符合产品的生命周期理论。有些过去无人涉足的地方，如原始森林、沙漠、雪山等，随着经济的发展逐渐变成景区。而景区的一些产品也会随着人们兴趣的改变而改变，甚至消失。同时随着科技水平的提高，一些新型的高科技景区开始大规模地出现。因此，景区处在不断的发展变化之中。

1.1.4 景区的基本功能

1．具有观光、度假和生态环境保护的功能

景区最主要的功能就是供旅游者休闲、观光、度假。绝大多数景区具有优美的风景和优越的环境，还有相应的基础设施，从不同的方面满足旅游者的消费需求。景区的设立一般会被纳入一个地区的发展规划中，要想吸引旅游者，使景区可持续发展，就必须保护景区内的生态环境，所以景区还具有环境保护的功能。

2．具有传播社会文化的功能

旅游是传播人类文化和社会文明的重要途径，景区是旅游者接受文化与文明的重要载体，能够让旅游者在其中获得多重体验。旅游者在景区内能够获得审美、知识和文化理解的提升，从而形成对整个景区的印象。这一点在入境旅游者中表现得更加突出。另外，景区当地的居民受益于景区设施和环境的改善，生活质量也会有所提高。所以，景区具有社会文化功能。

3．具有经济功能

景区是旅游产品的生产地，也是消费的发生地。正是由于景区吸引了诸多的旅游者，从而需要在景区设立相应的设施和服务。这就增加了景区所在地的就业机会。同时，景区与其他产业也有较多的联系，景区的发展能够带动区域内其他产业的发展，使景区所在地的产业结构不断优化，最终促进区域经济的发展。

1.2 景区管理概述

1.2.1 景区管理的概念与内涵

1．景区管理的概念

景区管理就是管理者在了解市场的前提下，按照一定的理论和原则，运用相应的管理方法,对景区拥有的人力、物力、财力、信息等资源进行有效的计划、组织、领导和控制等职能管理,通过资源的优化配置,以实现景区所预期的战略目标的过程。

2. 景区管理的内涵

(1) 景区管理的目的是实现景区所预期的战略目标。这一目标可以是经济的、社会的、文化的,也可以是环境的,等等。西方科学管理学派认为,管理就是效率,管理就是要高效地实现组织目标。

(2) 景区管理工作是通过综合运用景区的各种资源并使之优化来实现的。景区管理的资源除了旅游资源外,还包括人力、物力、财力、信息、旅游者等资源。

(3) 景区管理工作的过程是由一系列相互关联、连续进行的活动构成的,这些活动具有计划、组织、领导和控制等基本职能。西方管理过程学派认为,管理就是由计划、组织、领导、协调和控制等职能要素组成的活动过程。

(4) 景区管理工作是在一定的环境条件下进行的,有效的景区管理必须根据景区的内外特定环境,综合考虑各方面的影响因素。景区的发展很容易受到内外环境的影响。其中,外部环境因素主要包括国家的综合形势、政策、社会环境、区域经济情况、城市情况、民俗风情、旅游者消费习惯、市场状况、景区当地政府对景区的政策、景区和当地政府各部门的关系、景区和客源单位的关系等;内部环境因素包括体制、投资者、景区性质、景区经济实力、景区管理者素质、景区设施设备条件、景区员工素质、景区地理位置,以及景区的品牌、知名度和社会形象等。

1.2.2 景区管理的构成要素

景区管理活动是旅游业一项重要的旅游活动,主要由管理主体、管理客体和管理职能3部分组成,管理水平的高低与管理的构成要素有着直接的关系。

1. 景区管理主体

景区管理主体是指有一定管理能力,拥有相应权威和职责,从事管理活动的人,即管理者,通常由决策者、执行者、监督者、参谋者等人员组成。在景区管理活动中,管理主体起着主导作用,它决定和支配着客体的运动。管理主体作用程度的高低,取决于管理主体本身的素质。当然,景区的性质不同,其管理主体也有较大的差异。根据性质的不同,景区可以分为商业性景区和公益性景区。

国内外的商业性景区的管理主体均是景区经营企业;而公益性景区的管理主体,国内外差别较大。如美国公益性景区——国家公园的管理主体是单一的,主要是美国联邦政府内政部下属的国家公园管理局。2018年以前我国公益性景区的管理是多头的,如森林公园归中华人民共和国国家林业局管理,地质公园归中华人民共和国地质部管理等。2018年为加大生态系统保护力度,统筹森林、草原、湿地监督管理,加快建立以国家公园为主体的自然保护地体系,保障国家生态安全,国务院机构改革方案提出,将国家林业局的职责,农业部的草原监督管理职责,以及国土资源部、住房和城乡建设部、水利部、农业部、国家海洋局等部门的自然保护区、风景名胜区、自然遗产、地质公园等管理职责整合,组建国家林业和草原局,由中华人民共和国自然资源部管理。国家林业和草原局加挂国家公园管理局牌子,使我国公益性的景区保护部门统一起来。

2. 景区管理客体

景区管理客体即景区管理的对象，是景区管理主体可以支配并需要调用的一切资源，主要由人力、物力、财力、信息组成，此外还包括景区的形象、市场、业务及与景区效益相关的所有要素。

人力主要是指旅游者、旅游景区经营者、旅游景区居民、旅游景区员工等。物力是指景区的资源、旅游设施设备、旅游景区的环境、工具等。财力是指景区的各项资金。信息包括与景区相关的市场信息、竞争情况、经营报表、管理报表等景区内外部的各种信息。

3. 景区管理职能

景区管理职能又称为景区管理方式，主要是指采用什么样的方法来进行景区管理。根据管理学中的管理职能理论，无论是商业性景区还是公益性景区，其管理活动都具有决策、计划、组织、领导和控制五大职能。

(1) 决策。

景区管理的决策是为实现景区管理目标，在两个以上备选方案中选出一个方案的分析判断过程，它包括提出问题、收集信息、确定目标、拟订方案、评选方案、确定方案并组织实施、信息反馈等。景区决策，按照性质可以分为经营决策、管理决策、业务决策3种类型。

① 景区经营决策又称战略性决策，一般是指景区高层管理者做出的决策，是为了满足未来市场需求和适应动态变化的经营环境而对经营方向及投资方向进行的一种宏观性决策。经营决策一般具有全局性、长期性、战略性的特点。

② 景区管理决策一般由中层管理者做出，是指对旅游景区的人力、物力、财力、信息等各种要素进行合理配置以及管理组织变革等的一种决策活动。管理决策具有局部性、中期性和战术性的特点。

③ 景区业务决策一般由基层管理者做出，是指处理景区日常内部事务，保证各项活动顺利进行而做的决策。业务决策具有短期性和日常性的特点。

景区决策是一个系统的、复杂的过程，按照这个过程的内在规律性，可以把景区决策划分为若干个既相互独立又相互联系的环节，按照这些环节来进行决策就形成了决策的流程。

(2) 计划。

计划属于景区制定目标的行动过程。计划的编制一般包括估量机会、确定目标、确定前提条件、确定备选方案、评价备选方案、选择方案、拟订计划和编制预算、执行与检查等步骤。计划在执行中是动态的，可以随外部环境的变化不断调整。景区计划按时间长短可以分为长期计划、中期计划、短期计划。长期计划一般由上层管理者负责组织制订，期限多在5年以上，主要确定景区的使命、目标、战略；短期计划一般由基层管理者制订，时间多在1年以内，是景区日常活动的指南；中期计划介于长期计划与短期计划之间，一般由中层管理者制订。

(3) 组织。

景区组织管理主要涉及组织结构设计、人员配备、组织力量整合、组织文化建设等方面。景区组织结构设计一般是按照目标导向、环境适应、统一指挥、责权对等、控制幅度、柔性经济、分工与协作结合等原则，根据景区性质和治理结构确定组织类型，层层分解景区组织总目标，分析业务流程，确定部门和职务，定编、定员、定岗，确定岗位职责、岗位薪酬的过程。景区组织机构随着外部环境的变化,可能要进行新的流程设计与组织再造。组织管理还包括员工招聘、培训、激励、绩效评估、薪酬管理和组织文化建设以增强景区内聚力等内容。

(4) 领导。

领导是激励和引导组织成员以使他们为实现组织目标做贡献的过程,景区领导工作包括先行、沟通、指导、浇灌和奖惩等内容。先行体现在景区领导者应先做好组织架构和目标设计,制订战术,并且在具体实施中起到带头作用;沟通体现在景区领导者通过与员工、游客、公众的双向沟通,增强组织凝聚力、领导亲和力,鼓舞员工士气;指导是指景区领导者向下级传达管理思想和下达管理任务后,为下级创造履行任务的条件,并进行跟踪调查,保证命令贯彻执行并修正不合适命令的过程;浇灌是指景区领导者使下级接受任务并愉快而自觉地完成而进行的情感培养;奖惩是景区领导者根据下级履行职责与完成任务的情况,而给予的奖励和惩罚,是领导者权利的具体体现。景区管理者应根据外部环境、上下级关系、职权结构、任务结构采取不同的领导风格。

(5) 控制。

控制是景区管理者识别计划的结果与实际取得结果之间的偏差,并采取纠偏行动的过程。要想使景区的全体成员、资金流动按照景区管理计划照章执行,就必须建立控制标准和分析评判考核管理绩效的衡量指标体系,通过将实际执行的管理活动与预先确立的各项管理活动的执行标准进行对比,判断其中的差距,并采取相应的纠偏措施使景区的管理活动回归到计划之中。

1.2.3 景区管理的特征

1. 综合性

景区管理的综合性是由景区本身的特点和管理的目的所决定的。景区是由旅游吸引物、配套服务设施(含游览辅助设施和各种相关服务设施)和动态的服务过程所组成的地域综合体,其内部构成要素复杂多样,要求管理者既要管理好旅游资源及其生存的环境,又要对旅游资源进行合理有效的开发利用,使之成为旅游者喜欢的旅游产品;同时为旅游者提供周到、舒适、安全、快捷的服务,使景区管理的内容和过程均具有明显的综合性。

2. 复杂性

景区是围绕旅游主体(旅游者)而建立起来的产品系统及其支持系统。就其产品而言,包括资源吸引物、人造吸引物及旅游基础设施,其中资源吸引物由林木、动物、河流、文物古迹等构成,分别归建设、文物、林业、水利、环保等部门管理。以此为基点,形成以食、住、行、游、购、娱为基本环节的一条龙服务体系。景区的各个环节对旅游者的活动都有较大的影响,因此这也决定了景区管理的复杂性。

3. 科学性

景区管理的科学性主要体现在管理方式的动态变化和管理程序的科学性两个方面。

首先,由于景区所处的区域环境、市场供求关系处于动态变化之中,景区运行中的人力、物力、财力、信息等多种资源的配置,多数是在不确定的环境中进行的,对应于不同的经营环境需对景区内部的各项资源进行不同的配置。因此,景区管理活动本身应适应各种动态环境，对变动中的组织资源进行科学有效的配置。

其次，现代景区各构成要素个体及其相互组合的管理活动有程序性活动和非程序性活动之分。前者是指有章可循、照章运作的管理活动，后者是指无章可循、需要边运作边探讨的管理活动，但两者在一定情况下可以相互转化。一般来说，景区管理中的程序性活动往往是在对非程序性活动规律的总结基础上形成的，景区中新的管理活动也是在过去已有的相关科学结论基础上进行的，这是管理活动的科学性所决定的。

4. 文化性

景区是供旅游者休闲、娱乐、观光游览的场所，游客来景区的目的是为了放松身心、增长见识。这种消费不同于物质产品的购买和消费，具有典型的文化特性。景区是旅游产品的重要构成部分，只有注入文化内涵才会有生命力和竞争力，尤其是以人文资源为主体的景区，最大限度地表现其文化价值是提高景区文化品位和旅游资源吸引力的根本途径。对文化特征明显的景区进行管理，管理活动过程中必须注入文化理念。在景区的经营中，对旅游者的服务，要求能使旅游者得到精神上的愉悦和审美享受。因此，对旅游者及员工的管理必须体现人本主义思想，让旅游者、员工时时处处感受到强烈的文化气息，获得美的享受。

5. 创新性

景区是为旅游者服务的场所，对景区内每一个具体的管理对象的管理很难用某种固定的模式；要想在瞬息万变的经营环境中做好景区管理，需要有一定的创新性。管理的创新主要表现在旅游吸引物的创意设计、产品的促销方式、服务模式等方面，只有在管理方面具有创新性才能使景区的生命周期延长。管理的创新性源于管理的动态性，已是景区文化特征和综合特征在管理过程中的具体体现。

1.2.4 景区管理的内容体系

景区管理是一项复杂的工作，景区的类型不同，管理内容也有一定的差异，从目前的情况来看，我国景区管理的内容主要包含以下几个方面。

1. 景区的资源开发与规划管理

景区的资源开发是一个不断深化和持续的过程，即使是一个非常成熟的景区，也要考虑景区的资源开发与规划。随着社会的发展和旅游者文化水平的提高，人们对景区的内容和产品的要求也日益多元化，因此景区要不断进行产品开发，发掘资源的潜力，来增加景观的内容，吸引旅游者。另外，景区在进行资源开发和项目创新前，必须进行规划，规划可以就景区内部的结构、景区的功能、布局等进行合理的安排，只有这样才能避免景区过度地开发。

2. 景区的日常经营管理

除了城市公园、绿地广场及具有公益性质的景区之外，我国多数景区都采用企业管理的模式进行经营，而经营的目的是要获得一定的经济效益。对于景区来说，要想获取经济效益，必须加强景区的日常经营管理，就是如何利用景区的资源来提高景区的吸引力和旅游者的满意度，并取得满意的投资回报率。从这一点来看，景区必须就对旅游者的服务、日常经营设施的完善及员工服务态度等各方面进行管理，来促进景区不断平稳的发展，以吸引更多的游客。

3. 景区的决策与人力资源管理

发展战略是景区长期发展目标能否顺利实现的关键，科学英明的决策是景区目标顺利实现的保证。景区的决策管理必须符合社会的发展，并根据景区自身的条件以及对周边竞争对手的分析来制定景区的各项决策，确定景区合理的发展目标。

景区的发展离不开人力资源的支持，人力资源也是景区发展的核心竞争力。景区是人力资源密集型产业，所以景区要想在竞争中立于不败之地，必须加强对景区人力资源的管理，对员工的规划、招聘、培训、激励等各方面都必须制定相应的管理制度。

4. 景区游客活动管理

对游客活动管理是景区与其他类型企业管理的重要区别。景区管理中，既要维护景区良好的秩序，保护游客的生命财产安全，又要通过宣传教育、适当的引导和必要的制约，指导游客进行文明健康的旅游活动，制止游客在游览中出现不文明行为。

5. 景区环境质量管理

环境是景区发展最为重要的因素，也是景区可持续发展的必要保证，因此，景区在发展的过程中必须对景区环境进行管理。景区环境质量管理主要是减少资源的破坏、加强对旅游资源的保护，同时加大对游客的宣传，使游客在游览的过程中减少对资源的破坏与污染，保护景区良好的环境。

6. 景区的管理模式与治理结构

景区的类型不同，其性质、功能、管理目标、管理理念、组织结构、管理体制和治理结构方面都会有不同的方式。因此，对不同类型的景区，要根据景区自身的特点，选择合适的管理模式与治理结构。

1.2.5 景区管理的方法

1. 景区管理的行政方法

景区通常设有行政机关，对景区进行行政管理。行政方法是指依靠行政机关和领导者的权利，通过强制执行行政命令来管理对象的方法。一般景区在进行行政管理时，要制定景区的各项规章制度并要求员工遵守，并对员工的行为进行监督和检查，以此来约束员工的职责。行政方法一般按照管理层次自上而下实施，大致经过规章制度或准则、贯彻实施、检查监督、调节处理等几个过程。当然规章制度的制定要以人为本、发扬民主，使制定的准则能够被员工理解并执行。在执行规章制度时，要建立完善的反馈机制，并将反馈信息用于下一轮的准则制定中。行政管理方法是景区管理行之有效的方法，它可以通过多种方法代表国家或者地方政府来管理景区，能给景区的发展带来良好的环境效益、社会效益和经济效益。

2. 景区管理的经济方法

经济方法就是用经济的手段，通过协调景区相关利益团体的经济利益来管理景区的方法。经济手段主要是通过工资、价格、利润、税金、罚金、奖金等经济杠杆来管理景区，协调各利益方的矛盾，调动员工的积极性。其中，价格手段是景区管理最为敏感的话题。

景区是否收取门票、门票价格的高低、收取方法等都会引起广泛的注意和讨论。不同类型的景区在价格制定方面有着不同的标准。例如，古建筑遗址景区收取门票的目的之一是对古建筑进行保护，弥补文物保护开支的不足，同时限制人流，以减少对古迹的破坏。还有些比较热门的景点，收取门票或者在旺季提高门票的价格是为了分流游客，保证旅游者旅游的舒适度。景区管理的经济方法如果应用合理，能起到调节利益、促进景区管理的作用。此外，为了对员工和游客进行管理，景区还必须使用工资、奖金和罚金等手段，奖励景区中表现突出的员工和单位，以此来调动员工的积极性，提升景区的形象。对于不遵守规章制度、损害景区环境、妨碍景区秩序和安全的员工以及游客应给予一定的惩罚。

3. 景区管理的法律方法

景区管理的法律方法是运用法律规范及类似法律规范的各种行为规则进行管理的方法，此方法带有强制性。国家和地方政府有关景区管理的法规、条例、规章等，既是景区开展工作的依据，也是监督和检查景区管理工作的依据。

目前，我国没有针对各类景区管理的专门法律，但已经出台了不同类型景区管理的法律法规，如《风景名胜区条例》《中华人民共和国自然保护区条例》《中华人民共和国文物保护法》等。有些景区根据自己的具体情况制定了相应的景区管理法规。例如，吉林省第十三届人民代表大会常务委员会第十三次会议通过的《吉林长白山国家级自然保护区条例》，全面保护长白山景区的自然资源、自然环境和自然历史遗迹等。法律法规不仅对产权权益进行有效保护，禁止各种侵害旅游主体的违法行为，切实保护各产权利益方在开发中的正当权益，而且对旅游资源开发主体进行约束，禁止开发主体为了短期利益对资源进行掠夺式的开发。景区在实施法律方法时应通过广泛宣传、提供相关信息、公示旅游资源条例、开办宣传窗等形式，使所有与景区相关的人员认识景区的有关法律法规，增强景区法律法规的意识。

4. 景区管理的教育方法

景区管理的教育方法就是通过宣传景区保护的电影、视频、资料、案例讲解等形式对游客和员工进行管理的一种方法。景区的管理不是景区单方面的事情，而是全社会的事情。目前，有些游客意识不到景区管理的重要性，或者没有接收过与景区管理相关的信息，因此屡屡出现与景区制度相冲突的事件。为此，景区应加强对游客的教育，通过影像资料、宣传资料和宣传视频、案例讲解等形式来提高游客的景区管理意识。

1.3 国内外景区的发展历程

1.3.1 国外景区的发展历程

国外景区的发展经历了漫长的历史时期，根据文献研究的结果和景区发展的年代特征可知，国外景区的发展大致分为 4 个阶段，分别为古代萌芽阶段、近代旅游大发展阶段、现代综合发展阶段和当代系统发展阶段。

1. 古代萌芽阶段

景区古代萌芽阶段大致指从 4 000 多年前的埃及和巴比伦到 1840 年这段时期。公元前

16世纪，巴比伦人修建了一批面向贵族的花园、庭院和文物博物馆。公元前10世纪，埃及人曾举办过多种宗教节庆活动，参加者不仅有信徒，还有观光客。公元前5世纪，古希腊的特洛伊岛、德尔菲和奥林波斯山成为世界著名的宗教圣地。在公元前484—前425年，古希腊历史学家希罗多德在作品中描述了景区的状况。公元前3世纪，希腊人有了洗矿泉浴、参加集会和体育竞技等旅游活动，那时，希腊雅典的帕特农神庙成了旅游者必去的地方。公元前4世纪，罗马人有了导游手册，它主要介绍了早期出现的旅游地——雅典、斯巴达和特洛伊等。

罗马帝国时代，温泉疗养成为各阶层喜爱的娱乐方式，温泉的旅游地和海滨度假胜地开始出现。罗马衰落后，世界进入了黑暗的中世纪，中世纪是欧洲宗教旅游兴起的时期。14世纪出现了适用于朝圣者和信徒的旅游指南，促进了宗教圣地旅游的发展。后来，欧洲的贵族又开始流行泡温泉。18世纪初，英国女王安妮下令重修英国各地的温泉，许多标志性建筑由此产生，并保存至今，比如温泉疗养胜地巴斯（图1.3），在当时是上流社会交际的中心，如今也是英国旅游名城。

图1.3 巴斯的温泉

2. 近代旅游大发展阶段

近代旅游大发展阶段大致指从1841年开始到1945年这段时间。这一时期旅游业大发展，人们的需求也不断发生变化，从而促进了世界各地各类景区的发展。17~18世纪，人们对健康的追求，刺激了以两种特殊类型景区为基础的旅游发展：一种是矿物温泉疗养地，另一种是海滨浴场。同时，还有一种以景区为目标的大旅游产生。1841年7月5日，英国人托马斯·库克利用包租火车的方式组织了一次从莱斯特到拉夫伯勒的团体旅游活动，这标志着近代旅游的开始。从此，温泉疗养地、海滨度假地、博物馆、美术馆、公园成为公认的旅游场所。1851年，在英国的伦敦海德公园举办了一次大型博览会，期间接待了来自世界各地的630万游客。1868年，挪威人从泰勒马克郡滑雪旅行到克里斯蒂安尼亚（即现在的奥斯陆）参加社交活动，带动了娱乐性滑雪运动的发展。1905年，滑雪运动列入奥运会比赛项目。1872年3月1日，美国在怀俄明州建立了世界上第一个国家公园——黄石公园（图1.4）。随后国家公园作为一种景区形式在美国、加拿大、澳大利亚、新西兰等国家广泛推广。1893年，美国芝加哥举办了纪念哥伦布发现新大陆400周年的世界博览会，设计游乐园和经营游乐园的商家首次亮相，这标志着游乐园进入了辉煌时代。1894年,芝加哥建立了世界上第一座现代游乐园。1925年,扎伊尔在维龙加火山建立了世界上第一个真正意义的野生动物园。1910—1930年是机械乐园大发展的时代,美国成为机械乐园的先锋。

图1.4　黄石公园

3. 现代综合发展阶段

从1946年开始,世界各地景区开始综合化的发展。第二次世界大战结束后,世界进入了和平与稳定的发展时期,各国经济高速发展,交通工具、通信、娱乐设备和住宿设施迅速发展。在这种背景下,世界旅游业快速发展,景区的产品也日益丰富、功能逐渐完善、服务继续改进,经营管理也更加科学。这一时期,世界上许多文化遗址得到妥善保护。例如,英国的大英博物馆(图1.5)、德国的罗滕堡古城、中国的长城等成为世界著名的景点。随着社会的发展,农村地区的民族村寨也成为人们喜爱的景区。1972年11月16日,联合国教科文组织在巴黎通过了《保护世界文化和自然遗产公约》,开始对全球具有突出价值的文物、建筑物、遗址、自然地貌和动植物的生存环境进行紧急和长期的保护。

图1.5　大英博物馆

随着体验经济时代的到来,许多有特色的农场、矿山、工厂根据游客的喜好逐渐开发成受欢迎的景区。英国80%以上的农场都对外开放,澳大利亚绝大多数的葡萄酒厂全部或部分向游客开放。意大利、南非、法国等也相继开发了许多农业旅游和工业旅游景区。在这一时期还产生了一种利用科技手段提供多种娱乐项目的景区——主题公园。1946年，荷兰夫妇马都拉为了纪念在第二次世界大战中死于纳粹集中营的儿子，在荷兰海牙市投资兴建了世界上第一座微缩式景区——马德罗丹小人国，1952年建成开园，深得游客们的喜爱。1955年7月17日，第一座现代化、高科技的主题公园——美国迪士尼乐园建成，这标志着世界主题公园的真正兴起。随后各国纷纷效仿迪士尼，建立主题公园。主题公园成为受年轻人及儿童喜爱的景区。

4. 当代系统发展阶段

进入21世纪，随着经济的全球化和技术的飞速发展，旅游者的需求更加多样。景区的发展和管理也进入了成熟阶段。这一时期，景区进入了系统发展阶段。从国家层面来看，景区管理方面的政策法规和制度更加健全，景区的客源市场越来越国际化，景区的经营环境越来越市场化，专业性的景区开始实行集团化。因此，景区必须改善产品的功能、创新产品、提升服务、延长景区的生命周期，实现系统化的发展。

1.3.2 国内景区的发展历程及管理中存在的问题

1. 中国景区的发展历程

中国景区的发展起源于古代的园林，大致经历4个发展阶段：古代萌芽阶段、近代停滞阶段、现代快速发展阶段和当代提升阶段。

（1）古代萌芽阶段。

中国古代景区的发展主要表现为园林的建造活动。中国人通常把1840年以前的园林称为古典园林。中国的古典园林起源于商周时代的"囿"，当时它主要是帝王狩猎和娱乐的地方。春秋时期祭祀活动繁盛，《山海经》系统地记载了当时全国范围内26个山区、451座名山的祭礼封禅盛况，这些名山可谓中国最早的景区。此后直至秦汉，以"五岳"为代表的名山开发建设日趋完善。随着道路的发展，杭州、苏州等风景名胜逐渐形成和发展。风景式园林也逐渐脱离其原始的状态，建设达到一定的水平。佛教传入中国以后，寺、塔、石窟进一步营造，各省区地方性的旅游地发展起来。

宋代时旅游进入极盛期，风景名胜建设和文化内涵开发更臻完善，特别是园林的修建达到了新的水平，全国兴建了众多皇家园林和私人园林，如绍兴的沈园。明清是中国营造园林景区比较繁盛的时代，如北京西部的颐和园、圆明园及承德避暑山庄等都是在这个时期兴建的。名山寺院的建设也十分兴旺，如元代，全国有寺院24318所，清朝康熙年间则发展到79622所。同时，商业旅行、学术考察旅行蓬勃兴起，也促进了众多商旅城市特别是沿海地区城市的交通道路、基础设施和风景名胜区的开发和建设。

（2）近代低迷发展阶段。

第一次鸦片战争时期（1840—1842），帝国主义列强打开了中国的大门，中国遭受到了西方殖民者的侵略，中国逐步沦为半殖民地社会。长期战乱使许多历史悠久的风景名胜遭毁坏而衰败，不仅出现了火烧圆明园的历史悲剧，而且大量的古典园林被西方人据为己有，同时大批宗教名山开始冷清破落，而为少数官僚买办阶级和帝国主义所盘踞的沿海城市与若干风景避暑胜地，如天津、上海、青岛、广州、厦门，以及北戴河、庐山、莫干山等地则发展起来，风景旅游地开发建设明显打上了功能化和功利化的烙印，这一时期我国景区发展处于历史上的低谷期,直到1949年10月1日中华人民共和国成立,中国景区的发展才迎来了新的春天。

(3) 现代快速发展阶段。

中华人民共和国成立以后,人民成了国家的主人,中国旅游开发从此进入一个新的历史时期。在70年的历程中,旅游资源的开发建设与保护经历了两个发展阶段。

1949—1978年的30年间,中国进行了历史上从未有过的历史文物及风景名胜的修复保护工作。鉴于遗留下来的旅游资源屡遭破坏、损失严重,政府拨出大量专款予以修复。在加强保护的基础上,还增设旅游服务设施,扩大绿化面积,从而为广大人民群众提供了良好的游览、娱乐休息的环境。这一时期,随着社会主义建设事业的蓬勃发展,一批新的人文景观和景点出现,丰富了中国旅游资源的内容。这一阶段的曲折过程,反映了资源开发初期阶段的一个显著特征。

20世纪80年代以来,中国景区建设和开发工作进入了一个稳定发展的新时期,改革开放使中国旅游业成为一项面向国际国内广阔市场的经济产业。因此,景区的开发也从单一的利用保护,转到开发与保护相结合,扩大旅游点数量与提高旅游点质量相结合的轨道上来。这一时期有重点地开发建设了一批能充分发挥中国旅游资源优势,代表中国历史文化精华和旅游整体形象的人文景观、自然景观及特色旅游项目。

(4) 当代的提升和智慧旅游发展阶段。

进入21世纪之后,随着旅游大国地位的确立,中国旅游业实现了第二次战略转型:适度超前战略—政府主导战略—旅游强国战略,旅游业的产业化和国际化水平不断提高。在这种背景下,中国景区的类型逐渐多样化。世界遗产、国家公园、森林公园、地质公园、野生动植物园、游乐场、主题公园、乡村度假等景区都不断规模化和系统化,景区的运营也日益国际化和市场化,景区的管理更加专业化与规范化。该时期,中国的景区无论从数量上还是质量上都进入了全面提升阶段。

在国家加快智慧旅游政策的引导下,越来越多的景区开始接触互联网,寻求新的发展路径,开辟APP、网上预订及微信营销等渠道,并主动寻求与OTA(在线旅游服务商)的开放合作,推动景区智慧的建设。景区可通过智能网络,对景区内的游客、景区工作人员实现可视化管理,优化再造景区业务流程和智能化运营管理,同旅游产业上下游企业形成战略联盟,实现有效保护遗产资源的真实性和完整性,实现景区环境、社会和经济的全面、协调和可持续发展。

2. 中国景区开发管理存在的问题

中国景区在发展的过程中需要科学的管理方式作为依托,但是目前中国大部分景区相应的管理策略存在一定的缺陷,阻碍着景区的发展。

(1) 景区产品创新不足,难以满足游客多元化的需求。随着人们生活水平的提高,游客的旅游的目的不再是单纯观光,更多的是精神需求和旅游体验,这些游客进入景区所关注的重点已经发生了变化。这就要求景区积极进行产品创新,开发出更多的产品来满足游客多元化的需求。但从目前来看,景区产品创意、科技应用与景区景点的融合创新还处于市场导入期,还有一个艰辛摸索和经验积淀的过程。名利双收的景区大型实景演出,基本上还是靠类似大型团体操表演、大合唱这样的场面支撑。很少见到能够有效提升游客体验度和服务品质感的原创IP,更不用说能满足游客多元化需求的创意了。如果产品创新理念和本质没有革命性的改变,只是加几个文化和科技概念,改变不了景区传统、守旧的产品状态。

（2）景区建设模仿跟风严重。中国的景区长久以来都存在一个问题，那就是雷同的现象比较明显。有的地区由于缺少地方特色，因此就在旅游项目上照搬照抄其他的景区，使得景区的差异性不大，很难带给游客新鲜感，难以满足游客的需要。还有部分地区，地域特色明显，但本地的特色资源无法得到合理的规划和利用，造成资源的极大浪费，影响了景区的发展，这种现象也会对景区的品牌造成影响，最终将遭到行业的淘汰。旅游产品的趋同化，势必会造成景区间的恶性竞争，使景区陷入恶性循环之中，终究难以得到发展。

（3）旅游基础设施存在缺陷。当前，中国的景区中普遍对景区的旅游设施建设比较重视，而忽视对周边基础设施的建设。例如，景区周边的道路和其他建设规划较差，道路的狭窄和交错等给游客的出行带来了明显的不便，甚至会严重影响游客的心情。同时，景点的道路指示和卫生间分布等规划不合理，使得这些基础设施无法真正体现价值所在。尤其在一些较小的城市，由于经济条件受到限制，在基础设施方面所投入的资金也比较少，相关行业发展存在巨大的漏洞，游客的食住行等都受到限制，严重制约着景区的旅游业发展。

（4）景区管理模式僵化。中国目前的景区管理多数是政府管理模式。政府制定的景区管理政策和措施，对市场的因素考虑比较少。因此，景区在管理中容易出现重资源而轻产品的现象。只看重旅游资源的开发，而忽视对产品的开发，或者在管理思想上比较轻视其他方面的建设，导致中国的景区发展难以健康地发展。虽然中国在对景区的管理上在不断付出努力，也在管理模式上呈现出了一定的创新，但很多时候多头管理会造成景区无法实现真正意义上的改革，仍然存在一定的问题。

复习思考题

一、思考题

1. 景区有哪些分类方法？
2. 简述景区的概念以及景区的基本功能。
3. 简述景区管理的概念以及景区管理的内涵。
4. 景区管理的构成要素包括哪些方面？
5. 景区管理有哪些特征？
6. 简述景区管理的方法。
7. 简述国外景区的发展历程。

二、案例分析题

无人机能否引发景区管理技术革命

近年来，民用无人驾驶航空器（俗称无人机）趋热，几乎成了户外活动、摄影的标配，不少旅游爱好者和摄影爱好者不惜花重金购买。事实上，无人机不仅受到个人用户的推崇，许多景区也开始利用无人机进行景区管理。

2017年4月，广东丹霞山风景区管理委员会（以下简称广东丹霞山）与大疆公司签订协议，决定携手建设国内首个"无人机管理智慧公园"和"大疆飞行文化体验中心"，探索无人机在山岳型景区管理中的应用，弥补人力管理的不足。

事实上，"无人机＋景区"的畅想空间非常大。除了基本的航拍功能之外，无人机还可用于景区管理中的生态保护、地质监测、环境监察、流量监控、客流疏导、形象推广、应急救援等方面，能够解决管理上的诸多难题。宁夏沙湖、安徽黄山、广东丹霞山、江西婺源篁岭等景区已与一些无人机品牌公司签订战略合作协议。

1. 让景区管理变简单

无人机在景区交通疏导、流量监测、搜索救援等方面的运用更具前景，它能让景区管理变得越来越简单。可以利用无人机新技术对园区巡查、游客入园及游客追踪、导游管理、园区工作人员管理、园区交通管理、安全疏导、应急救援、风景直播、游客飞行体验、移动支付等进行系统整合，构建一个基于无人机技术的智慧景区管理系统，编制一套规范操作手册。但目前无人机景区智慧管理系统还需要不断探索、试错、验证和完善，估计需要三五年才能发展成熟。

2. 技术能否代替人工

不可否认，无人机技术给广东丹霞山的管理带来了极大益处，让原本非常困难的工作变得简单，甚至替代了一部分人工职能。

随着运用范围越来越广，无人机是否适合所有类型的景区也十分值得思考。通常来讲，自然保护区、森林公园、地质公园等自然生态类景区比较适合引入无人机，而对于一些有高空游乐设备的景区，如机械游戏乐园等则不适宜。再如，一些湖泊湿地景区，经常有候鸟迁徙的情况，如果无限制地使用无人机，则可能对鸟类栖息造成影响。

不过，与广东丹霞山要建"无人机管理智慧公园"、宁夏沙湖要创建"无人机友好景区"不同，敦煌鸣沙山·月牙泉、青海湖等景区则明确禁止无人机飞行。有人认为，无人机将对景区环境造成破坏，对游客安全造成威胁。

除此之外，无人机安全飞行的环境温度为−10～40℃。我国北方的冬天，很多地方会出现−10℃以下的低温天气，同时在暴雨、大风天气情况下，无人机飞行也面临着极大挑战。

（资料来源：http://www.ctnews.com.cn/art/2017/10/9/art_150_11433.html，2017-10-09，有改动。）

问题：

1. 无人机的使用给景区管理带来了怎样的便利？
2. 无人机的管理是否能够取代人工管理？

第 2 章 景区旅游资源管理

学习目标

景区资源是旅游业发展的条件，旅游资源管理对旅游业来说非常重要。通过学习本章，学生应了解景区旅游资源的分类与评价，了解景区旅游资源保护的重要性和保护措施；掌握景区旅游资源的含义、特征和评价方法，以及自然景区和人文景区的管理方法。

知识结构

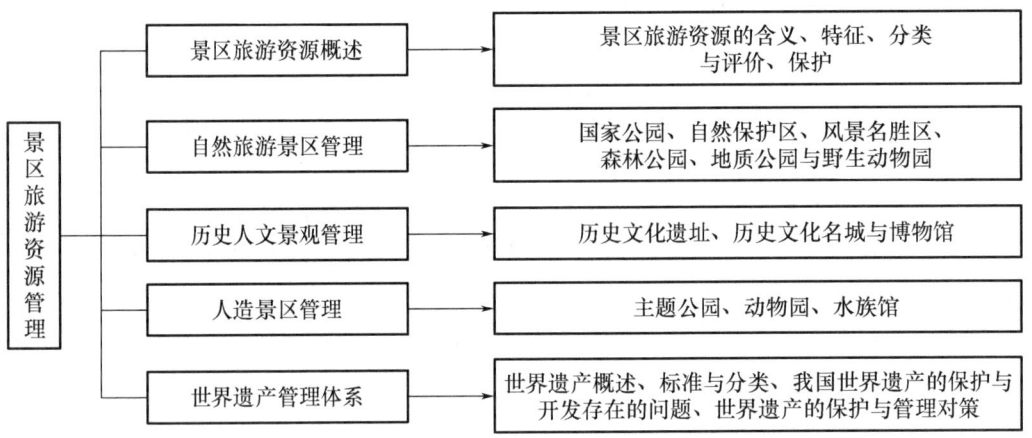

导入案例

天津五大道：百年沧桑今日"蝶变"

2017年五一小长假，天津市和平区五大道文化旅游区成功举办了"第四届五大道国际文化艺术节"。据统计，期间前往五大道游览的游客超过15万人次，较2016年同期增长近6%，区域内各景点、商家、酒店等接待能力接近饱和，旅游收入1 250余万元。

一场国际文化艺术节，让更多游客深入五大道这个"近代中国看天津"的核心区域，近距离触摸其百年来的沧桑巨变，也让该景区近年来在文化挖掘、品牌打造、业态提升、综合治理等方面的努力再一次经受了游客的"检阅"。

1. 立足文化，打造品牌节庆

五大道文化旅游区总面积为1.28平方千米，内有被天津市政府列为不同等级历史风貌建筑的小洋楼423座，被誉为"万国建筑博览会"；39处名人旧居，还有博物馆、酒店、咖啡馆、观光马车……五大道成为一个极富历史感和异域风情的全域式景区。

在深挖历史文化的同时，五大道还推出各种旅游节庆活动以丰富游客体验。五一小长假期间，由天津市和平区政府、天津市旅游局主办的"第四届五大道国际文化艺术节"举行，期间推出了"一带一路"沿线国家民族歌舞展演、法国实验默剧舞蹈表演、旅游市集、和平区非物质文化遗产展览馆开馆仪式、天津市职工摄影大赛展、新西兰美食节等丰富多彩的活动。

2. 提升业态，培育"商业精品"

五大道地处天津市中心区核心位置，交通、餐饮、住宿等均十分便利。多年来，景区成功吸引了民园保税商品展示交易中心、机械蜗牛跨境电商超市以及包括美国、英国、法国、韩国、捷克、泰国等具有异国风情特色的餐饮企业进驻，区内业态更加丰富。

为进一步整合优质资源，优化业态布局，着力打造一批具有品牌、品质、品位的"商业精品"，和平区政府专门制定了《和平区五大道文化旅游区商业精品示范店导则》（以下简称《导则》），对景区内食、住、行、游、购、娱等旅游业态标准进行了统一规范。根据《导则》评选出"精品示范店"，起到了对五大道业态提升的引领作用。

3. 综合治理，建设和谐景区

五大道是地处市中心的开放式景区，担负着旅游、居住、商务、教育、交通等多种社会功能，随着旅游业的兴起，一度曾出现异型自行车和机动三轮车非法上路运营、停车秩序混乱、小商贩摆摊设点、小广告乱贴乱挂、黑导游肆意揽客等失管失控问题，市民、游客投诉频繁。

为此，五大道地区管委会组织公安、交管、工商、街道和综合执法等多部门，开展联合执法百日综合治理行动，建立起网格化、精细化、常态化的管理模式。

与此同时，管委会加强应急值班，设立24小时热线投诉电话，并安排专人值守受理游客投诉，通过五大道游客中心加强对游客的宣传，引导其选择正规导游服务，避免受到黑出租、黑导游影响。整个五一小长假期间，景区内未出现各类安全事故和突发事件。

（资料来源：http://www.ctnews.com.cn/art/2017/5/22/art_150_9393.html，2017-05-22，有改动。）

案例思考：天津五大道文化旅游区通过什么方式提升了景区形象，对同类景区有什么启示？

案例分析：天津五大道文化旅游区属于历史文化旅游景区，景区通过举办不同的节庆活动丰富游客的体验；通过优化整合引进资源打造商业精品，丰富区内业态；通过综合治理改善景区环境。以上做法无疑从整体上提升了景区的形象，也给同类景区提供了很好的借鉴。景区要想提升形象，首先要丰富景区的活动，打造精品的同时治理景区的环境，给游客带来优质的旅游环境，如此才能更好地吸引游客，促进景区的长久发展。

2.1 景区旅游资源概述

2.1.1 景区旅游资源的含义

景区内凡能对旅游者产生吸引力，并具备一定旅游功能和价值的自然和人文因素，并且能为旅游业所开发利用，能够产生经济效益、社会效益和生态效应的统称为景区旅游资源。它是发展旅游事业的基本物质条件，在范畴上属于社会资源。

从上面的定义可以看出，景区旅游资源首先要对旅游者产生吸引力，吸引力是旅游资源的核心，并且能够激发旅游者的动机。其次，景区旅游资源由自然旅游资源和人文旅游资源组成，并且这些旅游资源必须具备一定的旅游功能和旅游价值。最后，景区旅游资源必须是能够被开发利用的，产生一定经济效益、社会效益和生态效益，不能够开发利用的不能称为旅游资源。

2.1.2 景区旅游资源的特征

1. 多样性

对旅游者构成吸引的各种因素都是旅游资源，旅游资源的种类繁多，具备各种功能。例如，具有美感的、不同尺度的风景地貌景观，都可以是景区旅游资源。另外，旅游者需求千差万别，可概括为"求美""求异"，时间上对遥远的古代遗迹充满敬仰，空间上为异地的奇特环境和事物流连忘返，对美的本能追求使人们面对自然造化的优美景观心旷神怡，对体现人类追求、凝结人类智慧的人工创造物一往情深。

2. 不可移动性

景区旅游资源的可模仿性相对较差，难以移植和复制，历史文化遗产与自然旅游资源，都因地理上的不可移动性而具有垄断的特点。旅游资源的不可移动性，决定了旅游活动暂时和异地的特征。消费者买走的只是映象和感受。

3. 区域性

没有区域的差异性，也就不可能产生旅游。旅游地理环境的区域差异性主要由气候差异和纬度地带的分布所决定，不同地域的旅游资源有很大的差别。人们渴望了解居住地以外的世界，因此形成了旅游者向某个方向的旅游流，旅游流的指向是旅游资源的吸引力所决定的。同时，同一旅游资源对旅游者的吸引力具有区域性。例如，同一旅游资源对某些国家或地区的旅游者吸引力大，对另一些国家或地区的旅游者吸引力不大或不具有吸引力。

4. 时间性

旅游活动的时间性主要表现在以下 3 个方面。

(1) 时间的季节性。它是指同一地理环境随季节的变化，在某一特定季节出现某些特殊景观或特别的体验感受适合于旅游的现象。

(2) 时间的特定性或周期性。它是指旅游景观和事物在某一特定时间周期性地出现或发生，如每两年举办一次的中国国际航空航天博览会（珠海）、每年农历八月十八前后钱塘江观潮等。

(3) 时代的变迁。随着社会经济的发展，一些原来不是旅游资源的事物，逐渐变成旅游资源，如历史遗迹、名人故居、废弃的矿井等；同时随着技术水平的提高，还出现了一些新型的旅游资源，如登月旅行、主题公园。

5. 组合性

景区旅游资源并不是单一的景观，大多数由多种能够产生吸引力的要素组成。一个孤立的构景要素或一个独立的景点是较难形成使旅游者离开其居住地专程前往游览的吸引力的。而且，景区旅游资源除了景观的组合以外，还有基础设施、服务等相互联系、相互依存，构成足以吸引旅游者的景区旅游资源。

2.1.3 景区旅游资源的分类与评价

1. 景区旅游资源的分类

为了开发、利用景区旅游资源，促使资源优势得到有效发挥，有必要对景区旅游资源进行科学、合理的分类。遵循不同的原则与分类标准，旅游资源可划分为不同的类型。例如，按照旅游资源的属性和成因，旅游资源可分为自然旅游资源和人文旅游资源两大类；按照旅游资源的再生性，旅游资源可分为可再生性旅游资源和不可再生性旅游资源；按照旅游资源的市场特性和开发现状，旅游资源可分为潜在旅游资源、现有和即将开发的旅游资源、市场型旅游资源；按照资源开发利用的变化特征，旅游资源可分为原生性旅游资源、萌生性旅游资源；按照旅游资源的动态，旅游资源可分为稳定类旅游资源和可变类旅游资源。

中华人民共和国国家标准《旅游资源分类、调查与评价》（GB/T 18972—2017）中将旅游资源确定为"主类""亚类""基本类型"3个层次，共有8个主类、23个亚类和110个基本类型，见表2-1。

表2-1 旅游资源国家标准分类系统

主 类	亚 类	基 本 类 型
A 地文景观	AA 自然景观综合体	AAA 山丘型景观；AAB 台地型景观；AAC 沟谷型景观；AAD 滩地型景观
	AB 地质与构造形迹	ABA 断裂景观；ABB 褶曲景观；ABC 地层剖面；ABD 生物化石点
	AC 地表形态	ACA 台丘状地景；ACB 峰柱状地景；ACC 垄岗状地景；ACD 沟壑与洞穴；ACE 奇特与象形山石；ACF 岩土圈灾变遗迹
	AD 自然标记与自然现象	ADA 奇异自然现象；ADB 自然标志地；ADC 垂直自然带

续表

主 类	亚 类	基本类型
B 水域景观	BA 河系	BAA 游憩河段；BAB 瀑布；BAC 古河道段落
	BB 湖沼	BBA 游憩湖区；BBB 潭池；BBC 湿地
	BC 地下水	BCA 泉；BCB 埋藏水体
	BD 冰雪地	BDA 积雪地；BDB 现代冰川
	BE 海面	BEA 游憩海域；BEB 涌潮与击浪现象；BEC 小型岛礁
C 生物景观	CA 植被景观	CAA 林地；CAB 独树与丛树；CAC 草地；CACD 花卉地
	CB 野生动物栖息地	CBA 水生动物栖息地；CBB 陆地动物栖息地；CBC 鸟类栖息地；CBD 蝶类栖息地
D 天象与气候景观	DA 天象现象	DAA 太空景象观察地；DAB 地表光现象
	DB 天气与气候现象	DBA 云雾多发区；DBB 极端与特殊气候显示地；DBC 物候景象
E 建筑与设施	EA 人文景观综合体	EAA 社会与商贸活动场所；EAB 军事遗址与古战场；EAC 教学科研实验场所；EAD 建设工程与生产地；EAE 文化活动场所；EAF 康体游乐休闲度假地；EAG 宗教与祭祀活动场所；EAH 交通运输场站；EAI 纪念地与纪念场所
	EB 实用建筑与核心设施	EBA 特色街区；EBB 特性屋舍；EBC 独立厅、室、馆；EBD 独立场、所；EBE 桥梁；EBF 渠道、运河段落；EBG 堤坝段落；EBH 港口、渡口与码头；EBI 洞窟；EBJ 陵墓；EBK 景观农田；EBL 景观牧场；EBM 景观林场；EBN 景观养殖场；EBO 特色店铺；EBP 特色市场
	EC 景观与小品建筑	ECA 形象标志物；ECB 观景点；ECC 亭、台、楼、阁；ECD 书画作；ECE 雕塑；ECF 碑碣、碑林、经幢；ECG 牌坊牌楼、影壁；ECH 门廊、廊道；ECI 塔形建筑；ECJ 景观步道、甬路；ECK 花草坪；ECL 水井；ECM 喷泉；ECN 堆石
F 历史遗迹	FA 物质类文化遗存	FAA 建筑遗迹；FAB 可移动文物
	FB 非物质类文化遗存	FBA 民间文学艺术；FBB 地方习俗；FBC 传统服饰装饰；FBD 传统演艺；FBE 传统医药；FBF 传统体育赛事
G 旅游购品	GA 农业产品	GAA 种植业产品及制品；GAB 林业产品与制品；GAC 畜牧产品与制品；GAD 水产品与制品；GAE 养殖业产品与制品
	GB 工业产品	GBA 日用工业品；GBB 旅游装备产品
	GC 地方旅游商品	GCA 文房用品；GCB 织品、染织；GCC 家具；GCD 陶瓷；GCE 金石雕刻、雕塑制品；GCF 金石器；GCG 纸艺与灯艺；GCH 画作

续表

主　类	亚　类	基本类型
H 人文活动	HA 人事记录	HAA 地方人物；HAB 地方事件
	HB 岁时节令	HBA 宗教活动与庙会；HBB 农时节日；HBC 现代节庆
数　量　统　计		
8 主类	23 亚类	110 基本类型

注：如果发现本分类没有包括的基本类型时，使用者可自行增加。增加的基本类型可归入相应亚类，置于最后，最多可增加2个。编号方式为：增加第1个基本类型时，该亚类2位汉语拼音字母＋Z；增加第2个基本类型时，该业类2位汉语拼音字母＋Y。

2. 景区旅游资源的评价

（1）景区旅游资源评价的概念。

景区旅游资源评价就是从合理利用和保护旅游资源及取得最大社会经济效益的角度出发，运用某种方法，对一定区域内的旅游资源本身的价值及其外部开发条件等进行综合评判和鉴定的过程。

（2）景区旅游资源评价的原则。

景区旅游资源评价是一项重要而复杂的工作。不同的人的审美情趣不同，结论也就不一致。因此，旅游资源评价要尽量公正客观并便于开发利用，应遵循一定的评价原则。

① 客观性原则。旅游资源是自然环境与社会环境中客观存在的事物，其特点、功能和价值具有客观性，应根据客观实际，对资源的价值和开发条件进行实事求是的评价，既不夸大又不缩小，体现评价的真实性。

② 科学性原则。对景区旅游资源的形成、本质、属性等核心问题进行评价时，应采用科学的态度进行解释。不要为了提高资源的价值，将一些夸大的和迷信的东西纳入评价中，这样会导致景区的文化与表现不符合，使旅游者有被欺骗的感觉。

③ 效益性原则。旅游资源评价的最终目的是对景区进行开发和管理。而景区开发的目的是获得经济效益、社会效益和生态效益。因此，评价时应考虑到景区旅游资源所产生的效益及前景。

④ 市场性原则。对景区旅游资源的评价要根据市场的发展状况来进行，特别是对资源周边的客源市场的评价，这关系着景区开发后吸引旅游者的数量。

⑤ 动态性原则。旅游资源随着社会的发展而发生一定的变化，评价时应采用动态的评价方法，根据资源的发展变化和旅游者的需求变化制定相应的评价指标，这样对景区旅游资源的评价才具有合理性和前瞻性。

⑥ 可达性原则。交通可达性是旅游产品的重要组成部分，也是潜在旅游资源转化为现实旅游资源的主要捷径，又是开发旅游资源、争取客源市场、提高旅游资源吸引力的重要条件。任何品位高、内涵丰厚的旅游资源，若缺少必要的交通设施则很难发挥其应有的价值。因此，可达性是旅游资源评价必不可少的原则。

(3) 景区旅游资源评价的内容。

明确旅游资源的评价内容，客观科学地评价旅游资源是进行旅游开发规划和经营管理的重要环节。在具体内容上不仅包括对资源要素和结构的评价，也包括对旅游资源开发外部条件的评价。

① 景区旅游资源自身的评价。这主要从旅游资源的特性和特色，旅游资源的价值和功能，旅游资源的数量、密度等方面展开。旅游资源的特性和特色是衡量对游客吸引力的重要因素，一些"新、奇、特、绝"的旅游资源往往能成为旅游发展的支柱；旅游资源的价值和功能包括艺术欣赏价值、文化价值、科学价值、经济价值和美学价值，是旅游发展水平的反映；旅游资源的数量是指区域内旅游资源单体的数量，而密度是指单位面积内旅游资源数量的多少，它可以表示区域内旅游资源的聚集程度。一般情况下，景观数量大、相对集中并且布局合理、区域资源赋存是比较理想的区域。

② 景区旅游资源外部环境的评价。景区旅游资源所处的环境条件是多种多样的，它对旅游资源的价值和功能发挥很大的作用，大致可以从两个方面进行分析，即景区旅游资源环境的评价和景区旅游资源开发条件的评价。

A. 景区旅游资源环境的评价，主要从旅游资源的自然环境、社会环境、经济环境、环境容量和承载力等方面进行考虑。自然环境是指区域内的地质、地貌气象、水文和生物等环境要素。社会环境是指旅游资源所在区域的政治局势、社会治安、医疗保健和当地居民对旅游者的态度等内容。如果当地居民对旅游开发持不支持态度，那么旅游景区开发管理就比较困难。经济环境是指旅游资源所在地区的经济发展水平，经济发展水平的高低直接影响到景区旅游资源的开发状况。环境容量和承载力主要对旅游者和旅游地的容量进行评价，是景区进行环境保护管理的依据。

B. 景区旅游资源开发条件的评价，一般需要考虑区位条件、客源条件、投资条件、施工条件等因素。区位条件影响景区旅游资源开发的可行性、规模的大小及交通条件。客源条件直接关系景区的经济效益，而客源的多少与景区周边的环境和经济发展程度有很大的关系。投资条件主要指景区所在区域投资渠道的多少，它是景区后期进行管理的有效保证。施工条件涉及景区后期的项目建设以及基础设施的建设等。

3. 景区旅游资源的评价方法

(1) 旅游资源定性评价。

旅游资源定性评价也称为体验性评价。它是指评价者（一般是旅游者或旅游专家）凭借已有的知识、经验和综合分析能力，通过对旅游资源区的考察或游览及其对有关资料的分析推断，给予旅游资源的整体印象评价；他们对旅游资源提出的评价与分级，无具体的数量界限，只有定性的结论。根据评价的深入程度及评价结果的形式，景区旅游资源的评价方法可以分为一般体验性评价法、资源—环境评价法、三三六评价法、美感质量评价法等。

① 一般体验性评价法。它是指通过统计大量的旅游者在问卷上对有关旅游资源的优劣排序，或统计旅游资源在报刊和书籍上出现的频率，或邀请各相关领域的专家讨论评议，确定一个国家或地区最优旅游资源排列顺序的一种评价方法，其结果能够反映这些旅游资源的整体品质和大众知名度。但这种方法仅局限于知名度较高的旅游资源，尚未开发或一般的旅游资源则难以采用这一方法。

② 资源—环境评价法。资源方面的评价是指美、古、名、特、奇、用。美是指旅游资源给人的美感；古为有悠久的历史；名是指具有名声或与名人有关的事物；特是指特有的、别处没有的或少见的稀缺资源；奇是指给人新奇之感；用是指有应用价值。环境方面的评价是指对旅游资源所处的环境，在季节性、环境污染状况、与其他旅游资源之间的联系性、可进入性、基础结构、社会经济环境、客源市场7个方面进行评价。

③ 三三六评价方法。"三三六"指"三大价值""三大效益""六大开发条件"。其中，"三大价值"指旅游资源的历史文化价值、艺术观赏价值、科学考察价值；"三大效益"指旅游资源开发之后的经济效益、社会效益、环境效益；"六大开发条件"指旅游资源所在地的地理位置和交通条件、景象地域组合条件、旅游环境容量、旅游客源市场、投资能力、施工难易程度这六个方面。

④ 美感质量评价法。它是一种对旅游资源美学价值的专业性评价方法。这类评价一般是在旅游者、旅游专家体验性评价的基础上建立规范的评价模型，进行深入的分析，其评价结果多具有可比性的定性尺度或数量值。其中，对自然旅游资源的视觉美评价技术较为成熟，目前公认的有4个学派：专家学派，其代表人物是利顿，该学派认为凡符合形式美原则的自然风景都具有较高的风景质量；心理物理学派，其代表人物是施罗德、丹尼尔和布雅夫，该学派认为风景与风景审美的关系对应着刺激—反映的关系，将心理物理学的信号检测方法应用到风景评价当中；认知学派或心理学派，其代表人物是卡普兰夫妇、金布利特和布朗，该学派认为人的生存和认知空间是自然风景评价的参照，强调自然风景对人认识及情感反应的意义，试图用人的进化过程及功能需要去解释人对自然风景的审美过程。

（2）旅游资源定量评价。

旅游资源定量评价是指评价者在掌握大量数据资料的基础上，根据给定的评价标准，运用科学的统计方法和数学评价模型，揭示评价对象的数量变化程度及其结构关系之后，给予旅游资源的量化测算评价。下面介绍几种主要的定量评价方法。

① 单途径单因子评价法。它是指选用某个评价途径的某个指标进行评价的方法，这种方法一般用于对自然旅游资源的评价，特别是对开展专项旅游活动的评价，如登山、滑雪等。

比较有影响的旅游要素的单途径单因子有日本洛克计划研究所的地形适宜性评价；乔戈拉斯的海滩和海水浴场的评价；美国土地管理局的滑雪旅游资源评价；中国的气候适宜性评价。例如，日本洛克计划研究所的地形适宜性评价，考虑地形因素对于运动型的旅游活动至关重要，是关键旅游资源因子。地形对于风景观赏也存在影响，崎岖、陡峭的地形会给旅游者空间移动带来困难，常需借助于人工设施解决，如缆车、索道。而地形的这种特性本身却具有风景美感。

② 多因子综合评价法。它是指首先给出各个因子的具体指标值，再按照各因子的相对重要性赋予不同的权重，求出总的综合指数值，最后按评价标准划分不同的评价等级的方法。旅游资源评价赋分标准见表2-2。

根据对旅游资源单体的评价，得出该单体旅游资源的评价因子权重表，见表2-3。

表 2−2 旅游资源评价赋分标准

评价项目	评价因子	评价依据	赋值(分)
资源要素价值（85分）	观赏游憩使用价值（30分）	全部或其中一项具有极高的观赏价值、游憩价值、使用价值	32~22
		全部或其中一项具有很高的观赏价值、游憩价值、使用价值	21~13
		全部或其中一项具有较高的观赏价值、游憩价值、使用价值	12~6
		全部或其中一项具有一般的观赏价值、游憩价值、使用价值	5~1
	历史文化科学艺术价值（25分）	同时或其中一项具有世界意义的历史价值、文化价值、科学价值、艺术价值	25~20
		同时或其中一项具有全国意义的历史价值、文化价值、科学价值、艺术价值	19~13
		同时或其中一项具有省级意义的历史价值、文化价值、科学价值、艺术价值	12~6
		历史价值，或文化价值，或科学价值，或艺术价值具有地区意义	5~1
	珍稀奇特程度（15分）	有大量珍稀物种，或景观异常奇特，或此类现象在其他地区罕见	15~13
		有较多珍稀物种，或景观奇特，或此类现象在其他地区很少见	12~9
		有少量珍稀物种，或景观突出，或此类现象在其他地区少见	8~4
		有个别珍稀物种，或景观比较突出，或此类现象在其他地区较多见	3~1
	规模、丰度与概率（10分）	独立型旅游资源单体规模、体量巨大；集合型旅游资源单体结构完美、疏密度优良级；自然景象和人文活动周期性发生或频率极高	10~8
		独立型旅游资源单体规模、体量较大；集合型旅游资源单体结构很和谐、疏密度良好；自然景象和人文活动周期性发生或频率很高	7~5
		独立型旅游资源单体规模、体量中等；集合型旅游资源单体结构和谐、疏密度较好；自然景象和人文活动周期性发生或频率较高	4~3
		独立型旅游资源单体规模、体量较小；集合型旅游资源单体结构较和谐、疏密度一般；自然景象和人文活动周期性发生或频率较小	2~1
	完整性（5分）	形态与结构保持完整	5~4
		形态与结构有少量变化，但不明显	3
		形态与结构有明显变化	2
		形态与结构有重大变化	1

续表

评价项目	评价因子	评价依据	赋值（分）
资源影响力（15分）	知名度和影响力（10分）	在世界范围内知名，或构成世界承认的名牌	10～8
		在全国范围内知名，或构成全国性的名牌	7～5
		在本省范围内知名，或构成省内的名牌	4～3
		在本地区范围内知名，或构成本地区名牌	2～1
	适游期或使用范围（5分）	适宜游览的日期每年超过300天，或适宜于所有游客使用和参与	5～4
		适宜游览的日期每年超过250天，或适宜于80%左右游客使用和参与	3
		适宜游览的日期超过150天，或适宜于60%左右游客使用和参与	2
		适宜游览的日期每年超过100天，或适宜于40%左右游客使用和参与	1
附加值	环境保护与环境安全	已受到严重污染，或存在严重安全隐患	－5
		已受到中度污染，或存在明显安全隐患	－4
		已受到轻度污染，或存在一定安全隐患	－3
		已有工程保护措施，环境安全得到保证	3

表2-3 评价因子权重表

综合评价	权重	评价项目层	权重	评价因子	权重
资源价值	0.72	观赏特征	0.44	愉悦度	0.20
				奇特度	0.12
				完整度	0.12
		科学价值	0.08	科学普及	0.03
				科学考察	0.05
		文化价值	0.20	历史文化	0.09
				宗教崇拜	0.04
				休养娱乐	0.07
景点规模	0.16	景点地域组合	0.09		
		旅游环境容量	0.07		
旅游条件	0.12	交通通信	0.06	便捷	0.03
				安全可靠	0.02
				费用	0.01
		饮食	0.03		
		旅游商品	0.01		
		导游服务	0.01		
		人员素质	0.01		

根据式（2-1），计算出旅游资源单体的评分。

$$K = \sum_{i=1}^{n} S_i \cdot P_i \tag{2-1}$$

式中，K——总目标；

S_i——各影响因素的重要性，即权重（$i=1,\cdots,n$）（$S>0$，$\sum S_i=1$）；

P_i——第 i 个评价因子的评分。

依据旅游资源单体的评分，将旅游资源分为 5 级，见表 2-4。

表 2-4 旅游资源评价等级划分标准

旅游资源等级	5 级	4 级	3 级	2 级	1 级	未获等级
得分区间（分）	≥90	75～89	60～74	45～59	30～44	≤29
其他称谓	特品级旅游资源	优良级旅游资源		普通级旅游资源		

③ 模糊评价法。该方法基于模糊数学的理论，给每一个评价因素赋予评语，将该因素与系统的关系用 0～1 之间连续值中的某一数值来表示。其基本操作步骤：建立评价因素集—确定模糊关系—分组综合评价—总体综合评价。

罗成德运用模糊评价法以地表岩石、构造、侵蚀速度、地貌组合、旅游环境、知名度、愉悦感（或奇异感）7 项因子对旅游地貌资源进行打分，对峨眉山、张家界等 10 个景区（点）进行评价。

首先，建立聚类因子模糊评分标准，根据旅游地貌资源方程，对 7 个自变量因子赋分；其次，对于峨眉山、张家界等 10 个景区（点）按 7 个指标分等定分；再次，建立模糊相似矩阵，计算模糊等价关系矩阵；最后，进行模糊聚类，对模糊等价关系矩阵取不同置信水平进行聚类，根据不同的取值范围，即可将景区（点）的旅游地貌资源综合评价为若干等级。

一等包括峨眉山、张家界、路南石林、凌云山 4 个景区；二等包括西昌土林、青城山 2 个景区；三等包括弥勒白龙洞、沙湾石林、白云峡 3 个景区；四等包括凤洲岛 1 个景区。

④ 层次分析评价法。该方法按照各类因素之间的隶属关系把它们分为从高到低的若干层次，建立不同层次因素之间的相互关系，根据对同一因素相对重要性的相互比较结果，决定层次各因素重要性的先后次序，以此作为决策的依据。其基本操作步骤：建立层次结构模型（划分目标层、准则层、指标层等）—构造判别矩阵（可由客观数据、专家意见或分析者的认识综合获得）—排序及检验（求上述矩阵的特征根和特征向量）—层次总排序——一致性检验。

⑤ 主成分分析评价法。主成分分析也称主分量分析，旨在利用降维的思想，把多指标转化为少数几个综合指标。这种方法旨在用较少的变量去解释原来资料中的大部分变量，将许多相关性很高的变量转化成彼此相互独立或不相关的变量。通常是选出比原始变量个数少、能解释大部分资料中变量的几个新变量，即所谓主成分，用以解释资料的综合性指标。由此可见，主成分分析实际上是一种降维方法，它将多维信息压缩到少量维数上，构成线性组合，并尽可能反映最大信息量，以尽可能少的新组合因子（主成分）反映参评因子之间的内在联系和主导作用，从而判定出客观事物的整体特征。

2.1.4 景区旅游资源保护

1. 景区旅游资源保护的重要性

景区旅游资源是旅游业开发与利用的基础，是旅游产品的重要组成部分，没有旅游资源就没有旅游业的发展。然而,旅游资源在经过开发成为旅游产品后,会受到不同程度的影响和破坏,甚至会削弱旅游资源的重复使用性,从而减弱旅游资源对旅游市场的吸引力。旅游资源的保护,不仅包括旅游资源自我保护的需要,使之不受损伤、破坏,还涉及周围环境的保护问题。旅游资源的种类、数量、规模、特色及保护水平等,在很大程度上决定着一个国家或地区的旅游发展总体水平,旅游资源一旦遭到破坏就会造成不可估量的损失。目前,世界各国都十分重视旅游资源的保护。因此,要以可持续的发展观为指导,以资源利用的永续性为目标,不断加强旅游资源的保护和管理,尽可能地推迟其枯竭时间,从而实现旅游资源的高效、持续利用。

2. 景区旅游资源遭受破坏的主要因素

目前造成景区旅游破坏的主要原因有两个方面:一方面是自然因素的破坏,另一方面是人为因素的破坏。人为因素是导致旅游资源破坏的主要因素,有时超过自然力的破坏程度,甚至是毁灭性的。

(1) 自然因素造成的破坏。

自然因素对景区旅游资源造成的破坏主要有自然灾害,如地质灾害(地震、火山等)、气象灾害(台风、干旱、高温、飓风、沙尘暴等)和生物灾害(蝗灾、鼠害等)。

(2) 人为因素造成的破坏。

① 规划不当造成的建设性破坏。建设性破坏主要指工程建设、市镇建设和旅游资源开发建设中的规划不当,导致资源被严重破坏。例如,直接拆毁或占用文物古迹,工程建设对景区环境的破坏等;在旅游区内的建设不当,破坏了旅游区周围景观的和谐及古建筑的风格意境,添加了与景观及旅游环境不协调的设施,破坏了景观的完整性等。例如,南京市政府为解决交通问题,1995年在对中山北路、中华路等主要道路拓宽的工程中,砍去了数百棵已经生长了几十年甚至上百年的法国梧桐。

② 工农业污染造成的损害和破坏。工农业生产对旅游资源的破坏和对旅游环境的污染表现在:景区周边各种工业的发展,给旅游区带来了严重的大气污染和水污染;不当的农业生产操作,如砍伐树木、滥采乱挖等,严重破坏植物资源和旅游用地资源。例如,享有三国古城美誉的湖北某风景区,既有优美的自然风景,又有丰厚的文化底蕴,但景区周围的工业生产使景区乌烟瘴气,工业污水破坏了水质,严重影响了景区资源。

③ 旅游者活动造成的损害和破坏。旅游活动的开展加速了自然旅游资源的损坏与衰败。大量旅游者的涌入,加大了旅游区的承载负荷,旅游者的不良行为也是导致破坏的主要因素,如任意采集花草、破坏树木,部分旅游者在文物古迹上乱刻乱画(图2.1),使旅游区的生态环境受到严重破坏。交通工具和旅游者的不断踩压,使土壤板结,影响植物生长;景区的超负荷接待增加了生活垃圾对环境的污染。

④ 景区管理体制不完善带来的破坏。目前我国的景区管理体制不完善,主要表现为对于景区资源管理的法制体系不完善,立法滞后,缺乏专门的旅游资源保护法,针对少数民族文化旅游、温泉旅游、生态旅游等专项旅游资源的保护方面存在立法空白;部分法律法规存在交叉重叠,可操作性和技术性较差,而条块分割和多头管理,造成政策法规实施中权限不清、责任不明晰;游客破坏资源获取的利益远大于接受处罚的损失,导致法律本身无法起到保护资源的作用。在一些乡村地区,风景资源及所在的山体、水体、土地、森林属于乡村所有,因此在资源利用的过程中,村庄、乡镇自行开发,缺乏科学规划和市场

图 2.1 游客在景区亭子乱刻乱画

定位,也给风景资源带来了一定的破坏。

案例阅读

全球首创的"帕劳誓词":一切为了生态

帕劳位于西太平洋,由多个岛屿组成,堪称世外桃源。帕劳既有像卡扬埃尔这样的珊瑚环礁,也有完全由石灰岩组成的洛克群岛,还有水母湖这样的神奇水下世界,因此前往帕劳的游客可以去往不同的旅游胜地。

与太平洋中的许多其他岛国一样,旅游业是帕劳的主要经济来源。每年,来自全球各地的大批游客都会前往帕劳旅游。近年来,帕劳海滨地区的平均游客数量几乎是当地人口的8倍。然而,随着游客数量的增加,问题也随之出现。常有媒体报道游客不尊重当地的自然和生活环境。

基于环境等诸多方面的考虑,帕劳总统府于2017年12月6日颁布行政命令,自7日起,移民官员将在所有入境帕劳的外国旅客护照内页盖上"帕劳誓词(Palau Pledge)"入境章戳,旅客须于栏位上签名,才能获准入境,以作为在帕劳旅游期间,"愿共同维护环境生态及尊重帕劳文化的承诺"。为了便于游客阅读理解,当地政府特意将誓词翻译成4种语言文字,分别为日语、英语、韩语、汉语(简体字、繁体字)。

除了"帕劳誓词",飞往帕劳的航班还会播放一段视频,教育所有入境游客熟知自己的环境保护责任,以及抵达后必须遵守的一系列注意事项。帕劳外交部提醒,帕劳相关环境法规严格,到帕劳旅游时,务必遵守当地旅游及环保规范。一旦触犯法律可能面临高额罚金或罚责,罚款高达100万美元。

此外,"帕劳誓词"还有一份特别的心思,即为帕劳后代子孙留下友善良好的生活环境。因此,帕劳政府在誓词制定时指出,邀请当地孩童参与设计"帕劳誓词"内容。帕劳教育部计划将这样的理念融入学校教育,告诉孩子们生态保护对于国家未来的重要性。

案例分析：游客的增多，对帕劳的旅游资源和海洋资源造成了一定的影响，为保护国家的生态环境和旅游环境，促进旅游业的可持续发展，启用"帕劳誓词"。这从政府层面规范了游客的行为，强制游客遵循当地的旅游及环境规范，这种做法对帕劳的旅游资源和环境起到较好的保护作用，值得很多国家借鉴。

3. 景区旅游资源的保护措施

对景区旅游资源的保护要以防为主，以治为辅，防治结合，运用法律、行政、经济和技术等手段，加强对旅游资源的管理和保护。

（1）健全环保机制。景区的保护首先要健全保护机制，包括对景区旅游的单位、个人的一系列限制性规定，如人员定额、禁令和制裁措施等。例如，可以在景区入口竖一块醒目的标语牌："进去，只留下脚印；出来，只带走照片。"其次以经济计划为手段，对景区旅游事业的发展规模与速度进行宏观调控。建立旅游开发的经济核算和有偿使用机制，即补偿因利用自然资源开展旅游所造成的损失。

（2）慎重考虑在景区内的建设。景区在进行一些设施建设时，一定要慎重考虑，尽量不在核心景区建设破坏性较大的基础设施，如果非建设不可，一定要把对景区环境的破坏降到最低。

（3）加强科学管理。景区经营者管理水平的高低，是景区旅游事业成败的关键因素之一。在经营思想上，应改变粗放经营的做法，而以优美的自然环境、优质服务取胜，必要时可适当限制旅游者人数，以利于资源、环境的保护。在管理方面，景区可以和附近的乡、镇共管旅游业，达到有责大家尽、有利大家图，使旅游、环保齐头并进。旅游项目的选择，应以知识性旅游为主，在一些景点挂牌，介绍该景点的内容，向旅游者传授科学知识。景区内一定要采用线性开发的方式，限制旅游者的游览线路。总之，只有景区经营管理部门在旅游开发的实践过程中，实施科学、严格的管理，加上其他部门及广大旅游者的密切配合，我国的景区才能有更好的发展。

2.2 自然旅游景区管理

2.2.1 国家公园

1. 国家公园的定义

国家公园是指国家为了保护一个或多个典型生态系统的完整性，为生态旅游、科学研究和环境教育提供场所，而划定的需要特殊保护、管理和利用的自然区域。它既不同于严格的自然保护区，又不同于一般的景区。从1980年起，我国在国家公园建设上进行了不少探索。按照业界的看法，虽然不少地区冠以"国家公园"的名号，但从其管理体制上看，并非真正意义上的国家公园。2008年6月，中华人民共和国国家林业局发出通知，同意将云南省列为国家公园建设试点省，"以具备条件的自然保护区为依托，开展国家公园建设工作"。在2013年中国共产党第十八届中央委员会第三次全体会议上首次提出建立国家公园体制的概念，2015年5月，国务院13个部门联合印发了《建立国家公园体制试点方案》，提出建立国家公园体制试点，明确指出国家公园由国家批准设立并且主导管理。2017年9月，我国构建了新的国家公园系统，并设立了第一个国家公园试点——位于地球"第三极"青藏高原腹地青海的三江源自然保护区。截至目前，我国有10处国家公园体制试点，但均在建设中。

2. 国家公园的管理

国家公园可按其资源特性与土地利用形态划分为不同管理分区，以不同措施发挥保护与利用功能。

（1）生态保护区，系指为供研究生态而应严格保护的天然生物社会及其生育环境的地区。

（2）特别景观区，系指敏感脆弱的特殊自然景观，应该严格限制开发的地区。

（3）史迹保存区，系指具有重要史前遗迹、史后文化遗址及有价值的历史古迹的地区。

（4）游憩区，系指可以发展野外娱乐活动，并适合兴建游憩设施，开发游憩资源的地区。

（5）一般管制区，系指资源景观质量介于保护与利用地区之间的缓冲区，准许原有土地利用形态的地区。

知识链接

美国国家公园体系的管理经验

"国家公园"这一概念一般认为是由美国艺术家乔治·加特林首先提出的。1832年，在去达科他州旅行的路上，他对美国西部大开发对印第安文明、野生动植物和荒野的影响深表忧虑。他写道："它们可以被保护起来，只要政府通过一些保护政策设立一个大公园——一个国家公园，其中有人也有野兽，所有的一切都处于原生状态，体现着自然之美。"1872年，在美国很多仁人志士的努力下，美国国会批准建立了世界上第一个国家公园——黄石国家公园。国家公园与国家公园体系在美国是相互联系的两个概念。国家公园是指面积较大的自然地区，自然资源丰富，有些也包括历史遗迹，并且公园内禁止狩猎、采矿和其他资源耗费型活动。美国的国家公园多位于西部，现有54个，面积约为20万平方千米，数量上仅占国家公园体系总数的14%，但面积却占总面积的60%。美国的国家公园体系则是指由美国内政部国家公园局管理的陆地或水域，包括国家公园、纪念地、历史地段、风景路、休闲地等。美国国家公园体系目前包括20个分类、379个单位，总占地面积为33.74万平方千米，约占美国国土面积的3.64%。每年接待的游客近3亿人次。

美国国家公园体系在服务质量管理方面同样有着自己的特点，这些特点非常值得我国景区在进行服务质量管理时借鉴。其具体表现在名称、所有权、资金机制、监督机制、管理体制、规划设计、人事管理和风景资源保护8个方面，见表2-5。

表 2-5 美国国家公园体系分类

项　目	执行情况与特点	具 体 内 容
名称	执行情况	20大类
	特点	分类详细，定义准确
所有权	执行情况	大多数为联邦政府直接掌握产权并全权委托给遗产管理机构，少量为自治团体、企业和个人所有
	特点	权责明确，遗产管理机构具有全部管理权
资金机制	执行情况	国家公园的建设运行经费进入联邦政府财政经常性预算，其他为分级所有、分级出资，同时有大量社会捐赠资金
	特点	政府统筹，社会捐赠
监督机制	执行情况	上级主管部门和公众共同监督
	特点	重视公共力量，政府与社会相结合
管理体制	执行情况	管理体制、管理规范和运行机制完善。实行国家管理局、地方管理局、基层管理局三级管理机构垂直领导
	特点	职责分明，工作效率高
规划设计	执行情况	国家局规划设计中心领导，地区局规划设计室负责具体设计，基层局设计人员参与。博采众长，共同参与
	特点	规划体系统一，操作性强，便于实施
人事管理	执行情况	合理配置工作人员，管理人员由国家管理局任命、调配。人员素质高，专业知识丰富，实际操作技能强，着装统一
	特点	为给旅游者提供优质服务提供人力保障
风景资源保护	执行情况	有完整系统的风景资源保护管理办法。开发建设体现保护高于一切的思想，积极开展生态旅游
	特点	旅游资源得到充分的保护和利用

2.2.2　自然保护区

1. 自然保护区的概念

自然保护区在世界范围内还没有统一的定义。20世纪30年代以来，世界各国学者都曾给自然保护区（或称国家公园、自然禁猎区等）下过定义。1994年，世界自然联盟和保护区委员会这样定义自然保护区：自然保护区主要是致力于生物多样性及其他自然和文化资源的管护，并通过法律或其他有效的手段进行管理的陆地和海域。这是国际上相对统一的自然保护区的概念。图2.2所示为长白山国家级自然保护区。

《中华人民共和国自然保护区条例（2017年修订）》第一章第二条规定："本条例所称

图 2.2 长白山国家级自然保护区

自然保护区,是指对有代表性的自然生态系统、珍稀濒危野生动植物物种的天然集中分布区、有特殊意义的自然遗迹等保护对象所在的陆地、陆地水体或者海域,依法划出一定面积予以特殊保护和管理的区域。"

2. 自然保护区的分类

从旅游开发的角度,可以将自然保护区分为六大类,见表 2-6。

表 2-6 中国自然保护区的分类

类	类 型
森林生态类	原始林型(吉林长白山国家级自然保护区) 天然、人工次生林型(黑龙江丰林自然保护区) 水源涵养林型(青海三江源自然保护区)
草原生态类	草原型(内蒙古锡林郭勒草原国家级自然保护区)
水域生态类	海洋生物型(海南大洲岛海洋生态自然保护区) 沿海滩涂型(江苏盐城湿地珍禽国家级自然保护区) 江河湖泊型(贵州咸宁草海国家级自然保护区) 沼泽湿地型(黑龙江扎龙国家级自然保护区)
生物物种类	珍稀濒危生物型(四川卧龙国家级自然保护区) 特殊种群型(辽宁蛇岛老铁山国家级自然保护区)
自然历史遗迹类	生物化石型(山东山旺古生物化石国家级自然保护区) 典型地层剖面型(天津蓟县中上元古界国家级自然保护区) 火山遗迹(黑龙江五大连池国家级自然保护区) 特殊地貌类(广东潮安海蚀地貌省级自然保护区)
风景名胜类	自然风景型(四川九寨沟国家级自然保护区) 风景名胜型(湖南张家界大鲵国家级自然保护区)

知识链接

中国最美的十大自然保护区

(1) 第一名：难望其项背——珠穆朗玛峰自然保护区。
(2) 第二名：为了最后的藏羚羊——青海可可西里自然保护区。
(3) 第三名：隐藏在森林中的神秘——神农架自然保护区。
(4) 第四名：国宝之家——卧龙自然保护区。
(5) 第五名：满载佛教文化的自然保护区——梵净山自然保护区。
(6) 第六名：演绎欧陆生态图——喀纳斯自然景观保护区。
(7) 第七名：北回归沙漠带上的绿洲——肇庆鼎湖山自然保护区。
(8) 第八名：有过一个真实的故事——盐城丹顶鹤自然保护区。
(9) 第九名：动植物王国——西双版纳热带雨林自然保护区。
(10) 第十名：绿色的避暑胜地——鸡公山自然保护区。

(资料来源：http://www.360doc.com/content/13/0210/09/4213000_265006105.shtml，2013-02-10.)

3. 自然保护区的管理

自然保护区实行综合管理和分部门管理相结合以及统一监督管理与分类管理并存的管理体制。国家环保部门负责全国自然保护区的综合管理；林业、农业、地矿、水利、海洋等部门在各自的范围内，主管有关的自然保护区。林业部门建设管理自然保护区的时间最早、数量最多；环保部门为了强化自然保护区的监督管理和建立示范的目的也建立和管理了一批自然保护区；另外，农业、海洋、地矿等部门也根据各自职责管理有关的自然保护区。

自然保护区科学管理体系一般可分为四大管理系统。

(1) 行政管理系统：负责政策、法令宣传业务，监督计划、规划的实施等。

(2) 科研管理系统：组织综合考察与综合评价，安排科研课题。布设定位观测站和确定观测数目，有条件的可建立基本资料数据库，开展种植试验与养殖试验，组织编制短期和中、长期发展规划，制定自然资源的保护与发展利用方案，提供建立标本室、展览馆、信息资料室等需要的科技资料内容。

(3) 生态与景观管理系统：保护站与巡逻队、公安局或派出所、农民护林员（或保护员）处理自然保护区内的违法事件和破坏性事件等。

(4) 经营管理系统：合理研发利用自然资源方案的落实，开展种植业和养殖业、加工业和旅游业、商业和妥善安排群众的生活等。

分区管理是自然保护区普遍采用的管理办法。一般把自然保护区分为核心区、缓冲区和实验区。自然保护区内保存完好的天然状态的生态系统，以及珍稀、濒危动植物的集中分布地，划为核心区，禁止任何单位和个人进入；除依照规定经批准外，不允许进入从事科学研究活动。核心区外围可以划定一定面积的缓冲区，只准进入从事科学研究观测活动。缓冲区外围划为实验区，可以进入从事科学试验、教学实习、参观考察、旅游，以及驯化、繁殖珍稀、濒危野生动植物等活动。

2.2.3 风景名胜区

1. 风景名胜区的概念

风景名胜区是指具有观赏、文化或者科学价值，自然景观、人文景观比较集中，环境优美，可供人们游览或者进行科学、文化活动的区域。风景名胜包括具有观赏、文化或科学价值的山河、湖海、地貌、森林、动植物、化石、特殊地质、天文气象等自然景物和文物古迹、革命纪念地、历史遗址、园林、建筑、工程设施等人文景物和它们所处的环境以及风土人情等。

2. 风景名胜区的等级划分

我国的风景名胜区，按其风景的观赏、文化、科学价值和环境质量、规模大小、游览条件等，划分为3级。

（1）国家重点风景名胜区，指接待条件好，具有重要的观赏、文化或科学价值，景观独特，国内外著名，规模较大，由国务院审定公布具有国家代表性的景点（图2.3所示为福建武夷山国家级风景名胜区）。

（2）省级风景名胜区，指能够反映重要自然变化过程和重大历史文化发展过程，基本处于自然状态或者保持历史原貌，具有较重要的观赏、文化或科学价值，景观具有地方代表性，有一定规模和设施条件，在省内外有影响力，由省、自治区、直辖市人民政府审定公布的景点。

（3）市县级风景名胜区，指具有一定观赏、文化和科学价值，主要接待区内旅游者，由市县主管部门评定公布的区域。

图2.3 福建武夷山国家级风景名胜区

3. 风景名胜区管理

风景名胜区是国家景点精华，不但具有较高的观赏价值，而且还具有较高的科学价值，是非常罕见的国家旅游资源。因此，国家一直都非常重视风景名胜区的管理。根据2006年9月6日国务院第149次常务会议通过的《风景名胜区条例》的规定，国家对风景名胜区实行科学规划、统一管理、严格保护、永续利用的原则。风景名胜区所在地县级以上地方人民政府设置的风景名胜区管理机构，负责风景名胜区的保护、利用和统一管理工作。目前我国一般风景名胜区机构设置主要包括风景区人民政府/风景区管理委员会，其下有3个方面的管理系统：一是行政管理系统，包括党政机构和行政机构；二是事业管理系统，包括园林管理处、景区管理处和保卫处；三是企业管理系统，包括经营总公司、绿化总公司和产品开发公司。

此外，国务院建设主管部门负责全国风景名胜区的监督管理工作。国务院其他有关部门按照国务院规定的职责分工，负责风景名胜区的有关监督管理工作。省、自治区人民政府建设主管部门和直辖市人民政府风景名胜区主管部门，负责本行政区域内风景名胜区的监督管理工作。省、自治区、直辖市人民政府其他有关部门按照规定的职责分工，负责风景名胜区的有关监督管理工作。

知识链接

国家级风景名胜区的数量规模

自1982年11月8日起至2017年3月21日，国务院总共公布了9批、244处国家级风景名胜区。其中，第一批至第六批原称国家重点风景名胜区，2007年起改称中国国家级风景名胜区。逐次分别如下。

(1) 第一批：1982年11月8日发布，共44处。
(2) 第二批：1988年8月1日发布，共40处。
(3) 第三批：1994年1月10日发布，共35处。
(4) 第四批：2002年5月17日发布，共32处。
(5) 第五批：2004年1月13日发布，共26处。
(6) 第六批：2005年12月31日发布，共10处。
(7) 第七批：2009年12月28日发布，共21处。
(8) 第八批：2012年10月31日发布，共17处。
(9) 第九批：2017年3月21日发布，共19处。

(资料来源：http://baike.baidu.com/link？url＝SfZ－TUGCFJoulEfyD_kN5T6tLzTjiNYqBUO7ilpeMH8QXsD73j_ygv2Jja0m－KhiXAX0qohvcQ53kW0fumZyF_，2020－01－03.)

2.2.4 森林公园

1. 森林公园的概念

中华人民共和国国家标准《中国森林公园风景资源质量等级评定》(GB/T 18005—1999)中将森林公园定义为"具有一定规模和质量的森林风景资源与环境条件，可以开展森林旅游，并按法定程序申报批准的森林地域"。森林公园是经过修整可供短期自由休假的森林，或是经过逐渐改造能形成一定的景观系统的森林。森林公园是一个综合体，具有建筑、疗养、林木经营等多种功能，它也是一种以保护为前提，利用森林的多种功能为人们提供各种形式的旅游服务，可进行科学文化活动的经营管理区域。在森林公园里可以自由休息，也可以进行森林浴等。

2. 森林公园的分类

森林公园的分类并没有统一的标准，我国的森林公园分类方式有按照景观特色分类、按照森林地貌分类、按照旅游功能分类、按照管理级别分类等。其中，按照景观特色和管理级别分类较为常用。

（1）按照景观特色分类。

按照景观特色，森林公园可以分为以下几种。

① 地文资源。它包括典型地质构造、标准地层剖面、生物化石点、自然灾变遗迹、名山、火山熔岩景观、蚀余景观、奇特与象形山石、沙（砾石）地、沙（砾石）滩、岛屿、洞穴及其他地文景观。

② 水文资源。它包括风景河段、漂流河段、湖泊、瀑布、温泉、小溪、冰川及其他水文景观。

③ 生物资源。它包括各种自然或人工栽植的森林、草原、草甸、古树名木、奇花异草、大众花木等植物景观；野生或人工培育的动物及其他生物资源及景观。

④ 人文资源。它包括历史古迹、古今建筑、社会风情、地方产品及其他人文景观。

⑤ 天象资源。它包括雪景、雨景、云海、朝晖、夕阳、佛光、蜃景、极光、雾凇、彩霞及其他天象景观。

（2）按照管理级别分类。

按照管理级别，森林公园可分为国家级森林公园、省级森林公园和市、县级森林公园。

① 国家级森林公园。森林景观特别优美，人文景物比较集中，观赏、科学、文化价值极高，地理位置特殊，具有一定的区域代表性，旅游服务设施齐全，有较高的知名度。

② 省级森林公园。森林景观优美，人文景物相对集中，观赏、科学、文化价值较高，在本行政区域内具有代表性，具备必要的旅游服务设施，有一定的知名度。

③ 市、县级森林公园。森林景观有特色，景点景物有一定的观赏、科学、文化价值，在当地知名度较高。

3. 森林公园的管理

森林公园管理机构为政府职能部门，具有明确的行政执法、规划建设、管理监督和森林资源保护等相应的职能权属。

《森林公园管理办法》规定我国的森林公园隶属林业部（现为国家林业和草原局），由林业部主管全国国家级森林公园的监督管理工作，县级以上地方人民政府林业主管部门主管本行政区域内国家级森林公园的监督管理工作。但我国国家级森林公园、省级森林公园以及市、县级森林公园在管理机构设置和功能上有所区别。《森林公园管理办法》规定国家级森林公园的建设和经营应当遵循"严格保护、科学规划、统一管理、合理利用、协调发展"的原则。因此，国家级森林公园管理办公室下设森林旅游管理处、森林公园评审处、领导处、秘书处、常委会等主要机构，其工作具体由森林公园和森林旅游管理处统一负责。

省级森林公园及市、县级森林公园，一般根据公园的级别、类型、经营性质等进行相应的调整，但一般森林公园机构设置大致包括资源开发和保护中心、综合管理部，其中前者包括开发部和保护部，后者包括人事管理部、财务管理部、安全管理部、公共关系部等。

知识链接

新疆塔里木胡杨林国家森林公园

塔里木胡杨林国家森林公园总面积为 100 平方千米，位于塔克拉玛干沙漠东北边缘的塔里木河中游、巴州轮台县城南沙漠公路 70 千米处，是新疆面积最大的原始胡杨林公园，也是整个塔里木河流域原始胡杨林最集中的区域。公园集塔河自然景观、胡杨景观、沙漠景观于一体。胡杨是公元 3 世纪残余的古老树种，是一种因沙化而转化的植物，其珍贵的程度与银杏齐名，具有极强的生命力，有活化石之称。

塔里木胡杨林公园历史遗迹众多，在距公园西南约 10 千米处，屹立着 2 000 多年前的汉代烽燧，是戍边将士不朽的丰碑；景区中，一条古老的道路——"丝绸之路"在胡杨林中穿行……公园中的观光览胜区由一条约 17 千米长且弯道多达 126 处的游览道路及沿途千姿百态的胡杨景观构成；休闲娱乐区由一条 13 千米长的环形游览小铁路和多处林中湖泊串联构成。乘坐观光小火车，可一跃绿草地、二穿红柳丛、三过芦苇荡、四跨恰阳河、五绕林中湖，尽览大漠江南秀色。冬去春来，胡杨把塔里木河两岸装点得如诗如画、灿烂辉煌。漫步于塔里木胡杨林公园内，你会发现这里约有弯道 220 处。道路两边满目沧桑，胡杨高大粗壮的身躯，或弯曲倒伏，或仰天长啸，或静默无语，或豪气万丈。游人至此，除了赞叹、高歌，抑或沉默，还有就是对生命无限的敬仰。

（资料来源：http://blog.sina.com.cn/s/blog_6065df2a0100dm8a.html，2009-07-03，有改动。）

2.2.5 地质公园

1. 地质公园的概念

地质公园是以具有特殊的地质科学意义、稀有的自然属性、较高的美学观赏价值，具有一定规模和分布范围的地质遗迹景观为主体，并融合其他自然景观与人文景观而构成的一种独特的自然区域。首先，地质公园的建立是保护地质遗迹的需要，利于增强公众的自然保护意识。其次，地质公园为科学研究和科学知识普及提供重要场所，有利于年轻人了解和学习地质遗迹遗址的重要性，增强其知识性和趣味性。再次，建立地质公园是一种新的地质资源利用方式，可以使政府和社会力量对地质遗迹、遗址进行有效的保护、规划与开发，改变传统的资源利用方式，使遗迹遗址成为新的经济增长点，进而带动当地旅游业的发展。最后，地质公园的建立将地质工作的工作管理体制向服务经济发展的方向转变。建设国家地质公园计划的推出，为地质工作体制改革、服务社会提供了机遇。地质公园既为人们提供具有较高科学品位的观光旅游、度假休闲、保健疗养、文化娱乐的场所，又是地质遗迹景观和生态环境的重点保护区及地质科学研究与普及的基地。

2. 地质公园的分类

不同的学者对地质公园的分类有所不同，因此并没有统一的分类标准。目前比较常用的分类方法有以下几种。

（1）根据批准政府机构的级别分类。

① 世界地质公园，是由联合国教科文组织选出并颁发证书的公园。

② 国家地质公园，是由所在国的中央政府批准和颁发证书的公园。
③ 省级地质公园，是由省级政府批准并颁发证书的公园。
④ 县（市）级地质公园，是由县（市）级政府批准和颁发证书的公园。

（2）根据地质遗迹景观分类。

① 典型地质剖面和构造形迹，如天津蓟县国家地质公园，为元古代地层标准剖面。

② 古人类和古生物化石及重要古生物活动遗迹，如四川自贡世界地质公园，以自贡恐龙博物馆为主体，被誉为"恐龙群窟""世界奇观"。

③ 典型地质与地貌景观，如河南焦作云台山世界地质公园。

④ 有特殊意义的矿物、岩石及典型产地，如江西龙虎山世界地质公园（图2.4）。

⑤ 温矿泉及有特殊地质意义的瀑布、湖泊和奇泉等典型水体资源，如黑龙江的五大连池，因火山喷发，从火山口流出的熔岩阻塞河流形成了5个串珠状的湖泊，五大连池因此而出名。

⑥ 典型地质灾害遗迹，如翠华山山崩地质公园和西藏易贡国家地质公园等。

图2.4 江西龙虎山世界地质公园

（3）按照占地规模分类。

① 特大型地质公园，一般占地面积大于500平方千米。
② 大型地质公园，占地面积为101～500平方千米。
③ 中型地质公园，占地面积为21～100平方千米。
④ 小型地质公园，占地面积小于20平方千米。

（4）其他分类方法。

按照地质公园的功能，地质公园分为科研科考型地质公园和审美观光型地质公园。按照主要地质地貌景观资源类型，地质公园分为七大类、25类、56亚类。

3. 地质公园的管理

（1）加强领导，建立健全管理机构，规范管理操作。地质公园内的旅游资源是由复杂多样、相互依存的景观要素共同构建的一个资源综合体。因此，必须建立和完善地质公园管理机构，同时要发挥地质专家在建设和管理地质公园中的作用，根据需要，充实或聘请当地的地质专家作为管理机构成员或顾问。同时，公园各景观要素之间要保持一种平衡自然的和谐关系，还要协调处理好局部效益与整体效益的主次关系以及当前效益与长远效益的发展关系。因此，只有走规范化、科学化的管理道路，才能获得客观、全面的管理效果。

（2）对地质公园资源进行综合管理。随着游客素质的提高，旅游者的旅游动机及行为强烈地表现出从基本观光游览的低层次逐渐向专门精神需求的高层次演进的新变化。旅游者在旅游活动中，表达出日益增强的文化知识体验需求。在此背景下，地质公园的管理应注重资源文化内涵、科学知识普及及社会文化价值的凸现，坚持"市场需求与资源条件为前提，科学文化内涵凸显为中心"的"资源＋市场＋科学＋文化"的综合导向模式。

（3）坚持地质公园"唯我独有"的个性表现。在地质公园地质遗迹类旅游资源开发管理中，要注意突出资源的鲜明个性。把地质公园的鲜明个性与丰富多彩完美统一起来，在坚持资源表现个性优先的前提下，注重"突出为主、丰富为辅"的资源配套，以增强地质公园的资源整体吸引功能。

（4）编制和完善国家地质公园建设规划。以科学发展观为指导，遵循"在保护中开发，在开发中保护"的原则，在已有的工作基础上，进一步编制和完善国家地质公园建设规划，报自然资源部批准、备案。未经许可，严禁在园区内建设与规划不符的建筑物、工程设施等。另外，应不定期地对规划落实情况进行抽查。

（5）加强导游人员的培训。导游人员是普及地质科学的宣传员，要制订导游人员地质科学培训计划，做好培训工作，切实提高导游人员的科学素质。要进一步编制好通俗易懂的地质公园导游册，扩大宣传，通过多种形式向民众普及地质科学知识。

2.2.6 野生动物园

1. 野生动物园的定义

野生动物园是指为了保护或观赏的需要，将野生动物生活区域圈定下来，使动物数量和品种处于一个相对稳定和封闭的状态的区域。野生动物园面积一般比较广阔，区域内的动物不能被捕杀，并采取必要的措施，养殖区域内的动物或对动物进行适量补充以满足游客观赏的需要。

2. 野生动物园的管理

野生动物园对丰富人民的生活、保护濒危珍贵野生动物和弘扬生态保护意识，起到了巨大的作用。但野生动物园在迎接游客的过程中，存在较多的摩擦和问题，因此必须加强对野生动物园的管理。

（1）加强安全管理。安全管理工作是企业运转过程中必须常抓不懈的一项重要任务，相关人员必须以高度的责任心来对待。特别是对野生动物园的管理者来说，更是一刻不能放松。动物园界有这样一句口头语："管理动物园就像天天坐在火山口上"，这极为形象地形容了安全管理工作的重要性。要抓好安全工作，就要切实从思想源头上抓起，必须根除"安全工作可有可无，一遇检查再突击"的错误思想，要牢固树立"安全工作责任重于泰山""安全工作必须常抓不懈"的思想观念。

（2）加强基础设施设备管理。野生动物园里面的动物包括很多猛兽，并且都是散养的，这也是吸引游客的一个重要方面。因此，必须保证野生动物园里面的各种游乐设备、防护设备、机械设备等是安全可靠的。这就要求野生动物园的工作人员每个月不定期地进行全园安全突击检查，特别是对游乐设备及经营网点这些重点部位的安全工作进行全面监督，避免游客因安全设施的不合格而出现伤亡。

（3）加大对游客安全意识的宣传与管理。为了保证游客的安全，必须增强游客的安全意识。在游客进入野生动物园之前，应做好各方面的安全宣传，并提示游客阅读相关的注意事项，应与猛兽保持警戒距离。游客在野生动物园游览时，要科学接触动物，避免不必要的伤害。在野生动物园相应位置悬挂相应警示牌，如"请勿投喂""请勿戏弄动物"等，饲养员负责各自展览区的参观秩序。在节假日期间抽调办公室、后勤人员及志愿者参与维护游览秩序，做好安全防范工作，避免人畜互伤事件发生。

2.3　历史人文景观管理

历史人文景观是旅游景区中非常重要的组成部分，也是涵盖范围较广、内容较丰富的一类景区。它主要包括历史文化遗址、历史文化名城和博物馆。对于历史人文景观的管理主要是对该类景观的保护和修复。

2.3.1　历史文化遗址

1. 历史文化遗址概述

历史文化遗址是一种重要的文化资源，具有历史的、艺术的、科学的、社会的、经济的等多方面的价值。历史文化遗址简单来说就是祖先留给人们的具有历史文化价值的存在。具体来讲，历史文化遗址就是从历史、审美、人种学和人类学角度看，具有突出的普遍价值的人类工程或自然与人联合工程以及考古地址等。历史文化遗址主要包括6种类型：皇家建筑遗址，如故宫、温莎城堡等；古代建筑或工程遗址，如长城、都江堰等；古代园林遗址，如颐和园、苏州园林等；宗教教堂庙宇洞窟遗址，如云冈石窟、布达拉宫、帕特农神庙（图2.5）；考古遗址，如北京人遗址、广汉三星堆遗址等；工业遗址，如蒸汽机车、官窑遗址等。

图2.5　希腊雅典的帕特农神庙

2. 历史文化遗址保护和开发过程中的问题

（1）以新换旧。历史文化遗址由于受到自然侵蚀和人为破坏，多已破损。对遗址进行保护，一方面要对遗址进行清理维护，另一方面要对遗址进行修复。在修复中常常出现的问题是"破旧立新"，即拆除原有建筑，破坏文化遗存，割断地方历史文脉。拆除行为受到了地方学者和规划管理人员的强烈反对，但缺乏资金对原有建筑进行高质量的维护和整修，只得进行重建。

（2）维护资金匮乏。遗址维护目前尚属于政府行为，地方政府虽然已经认识到保护历史文化遗址的重要性，但资金投入少且不规范，导致遗址清理和维护费用十分缺乏，遗址破损严重。

（3）保护不力、破坏严重。一方面，由于有些遗址分布较为松散，不利于统一管理，多由当地政府管理或处于无管理状态，一直受到自然破坏和人为破坏。建筑老化、石材风化、木质结构虫蛀，由于自然破坏而发生坍塌的现象时有发生。另一方面，遗址周围居民意识不到遗址的重要性，管理不到位，部分人以旧观念看待遗址，不管不问、任取任用甚至进行破坏。

（4）商业气氛过重。历史文化遗址所在地的利益主体，主要是当地政府、投资商、本地居民、开发之后的承包商，政府需要发展地方经济，投资商需要收回成本，当地居民需要提高生活水平，承包商需要获得更大收益。各方过度追求自身利益使商业气氛过于浓厚，盖过了历史气氛、文化气氛。某些地区的历史文化遗址修复后建成了商场、餐饮服务场所。更有些承包者采取非常手段获利，导致历史文化遗址商业色彩浓重。

3. 历史文化遗址的开发与保护管理

历史文化遗址本身就是地区的一大财富，它们的开发是实现历史文化资源向经济效益转变的途径，这就要求我们必须保护好历史文化遗址，保持历史文脉的延续性。因此，对于历史文化遗址的保护与开发管理势在必行。

（1）增强对历史文化遗址的认识。地方历史文化遗址不仅记载着地方历史、建筑、风俗民情的发展，而且是地方发展的一大财富。应对其重要性和保护遗址的必要性加以宣传，使当地居民意识到"遗址是财富"，对遗址有识别能力，也使当地政府认识到保护的重要性。

（2）加强主管部门的管理工作。第一，完善地方法律法规，尽早出台历史文化遗址保护条例。管理部门加大管理力度必然是在有法可依的基础上推进的。历史文化遗址的保护和开发只有有法可依，才能保护得当、监管有力、开发有序。第二，尽早编制历史文化遗址规划。规划包括保护规划和开发规划，做到有规划可依，杜绝乱拆乱建，保护好遗址，合理开发。开发必须坚持走科学化、公众化的道路。

（3）加大政府投资。历史文化遗址保护仅仅依靠投资商容易导致盲目开发，商业气氛过于浓厚。由政府投资来维护遗址、建设基础设施，更有利于保护遗址，也为投资建立了基础。

（4）加大宣传，提高旅游者的素质。保护历史文化遗址，不仅是政府单方面的事情，还要旅游者的参与。目前，部分旅游者素质较低，意识不到历史文化遗址的重要性，在参观历史文化遗址的过程中出现不文明的行为，如乱刻乱画、攀爬等。因此，对历史文化遗址的保护，要加大宣传，提高旅游者的素质。

案例阅读

安徽立法保护徽州古建筑 守住徽文化"筋骨肉"

徽州古建筑在中国建筑史上独树一帜,是珍贵的历史文化遗产。留存在徽州地区的古建筑多如繁星,其中以古民居、古祠堂、古牌坊最具代表性。据安徽省第三次全国文物普查结果显示,该省保存较为完好的8 000多处古民居,绝大多数分布在徽州地区。

为使徽州古建筑保护具有更强的操作性和法律依据,安徽省十二届人大常委会第四十二次会议于2017年12月20日表决通过了关于批准《黄山市徽州古建筑保护条例》(以下简称《条例》)的决议。《条例》于2018年1月18日起实施。

《条例》紧紧围绕徽州古建筑保护利用中需要解决的问题,尤其是保护范围不明确、保护责任不落实、资金保障缺失、迁移保护审批不严格、构件流失严重、产权流转不畅、消防安全隐患突出、法律责任缺失等问题,有针对性地提出了具体管理要求和禁止性规定,并依法设定行政许可和行政处罚。

《条例》提出,对古建筑保护实行名录管理,列入保护名录的古建筑建立档案,设立标志。在古建筑保护范围内,不得进行有损于古建筑保护的其他工程建设或者爆破、钻探、挖掘等作业。古建筑维修要遵循"最小干预原则"。

此外,《条例》鼓励通过多种方式合理利用古建筑。古建筑被开辟为经营场所的,要提取不低于10%的经营收入用于古建筑的维修、保养和安全管理。

(资料来源:http://news.cntgol.com/dyzd/20171223/172654.html,2017-12-23,有改动。)

案例分析:安徽采用立法的形式来保护徽州古建筑,是加强古建筑保护的重要举措。立法可以使古建筑保护有法律依据,可以有效地解决古建筑保护存在的资金缺乏、责任不明确、产权流转困难等问题,是保护古建筑行之有效的方法。

2.3.2 历史文化名城

1. 历史文化名城概述

历史文化名城是指历史悠久,保存文物特别丰富,具有重大的历史价值和革命意义,具有特殊价值的城市文化景观城市。历史文化名城是珍贵的文化遗产,因其拥有众多的风景名胜、丰富的文物古迹、独特的城市风貌,原始选址多位于自然区位条件优越、经济文化发达、交通便利、风景秀丽的区域,从而为旅游业的发展奠定建设的基础。它是变迁史、文物古迹,民风、民俗是历史的缩影,具有文化、社会、经济等多元价值,在旅游资源中占有重要的地位。城市是人类文明集中的焦点,中国在漫长的历史进程中,产生了许多历史名城。这些城市集中了我国的灿烂文化与传统,具有很高的历史价值。

从1982年起截止到2017年,我国已经公布了127座历史文化名城,这是我国保护历史文化名城的重要举措。然而,在当前以经济建设为中心和市场经济的大环境下,历史名城的保护与经济发展之间的矛盾突出,文物古迹和历史环境成为城市现代化的牺牲品。目前,我国许多历史文化名城在对文化资源的开发利用过程中,没有处理好历史文化名城保护与现代化建设的关系。其主要表现为历史文化名城基础设施不完善,文化内涵特色不突出；缺乏优秀的管理与经营人才，从业人员素质有待提高；宣传力度不够，自我推介不力；文化管理体制不完善造成文化产业不发达和文化资源浪费。

2. 历史文化名城的管理

在历史文化名城保护中，管理体制建设是很重要的一个环节。各级人民政府在相关法律法规的指导下，设立专门机构，组织工作人员，通过计划、组织、指挥、控制、协调、监督和改革等方式，实现对历史文化名城事务的科学管理。自改革开放以来，我国已初步建立起历史文化名城制度，先后将127座城市列入国家级历史文化名城，并对其进行重点保护。在管理体制上，《历史文化名城名镇名村保护条例》第五条明确规定："国务院建设主管部门会同国务院文物主管部门负责全国历史文化名城、名镇、名村的保护和监督管理工作。地方各级人民政府负责本行政区域历史文化名城、名镇、名村的保护和监督管理工作。"即实行中央与地方两级管理体制，中央以中华人民共和国住房和城乡建设部和国家文物局作为主管部门，地方相应地以城建规划部门和文物管理部门作为主管部门。

在现行两级管理体制下，我国的历史文化名城保护与管理工作取得了一定的成效。但是，在实际操作过程中，由于城建规划与文物管理两大主管部门间分工不明确，且缺乏科学的协调机制，历史文化名城日常管理工作容易陷入混乱，不利于历史文化名城的保护与管理。如何合理界定职能、科学设置机构、有效配置资源，是历史文化名城保护管理过程中必须解决的难题。因此，必须加强对历史文化名城的保护。

（1）控制建筑高度。风貌分区规划的建筑高度分布，是"分而治之"的一项特别重要规定。高层建筑宜建在新区，不宜建在历史分区。这是因为历史分区的基本历史格局是以水平方向为基础而发展成熟的。保护这种水平格局的历史文化价值，禁止在历史名城老城新建高层建筑，已经成为很多国家保护历史文化名城的共同经验。北京、苏州等老城历史保护区已开始控制新建筑高度并已做出城市建筑高度的分布规划。

（2）整顿历史保护区的环境。历史保护区多属老城区，布局存在不同程度的杂乱。因此，必须对老城区进行整顿和改造，整顿和改造既是为了加强对历史风貌的保护，又是改善老城区建设文明城市所必需的。历史保护区的整顿主要包括：①整顿混杂在老城区或直接在历史保护区的工厂、仓库、铁路、公路、码头，或高压电线、水塔、高烟囱，或污染环境的其他建筑、设施以及臭沟、臭河等造成的布局混乱现状。整治包括分批、分期对它们迁出、改造、拆除或根治。②有些机关、学校、研究院所或工厂、商店、仓库等占用重要文物建筑或历史遗址，甚至有的在其内乱拆、乱改、乱建，有的在文物建筑内生产或存放易燃物品，存在火灾危险。对此必须根据国家文物法规和保护规则进行整顿，还其本来面貌。

（3）防止"破坏性建设"。"破坏性建设"是指规划失控，乱选址、乱建设，造成文物、风景或历史保护地段的布局失去秩序，破坏协调。它是城市环境风貌的一大公害，对于历史保护区尤其严重。即使在新建风貌分区，"破坏性建设"也足以使新环境丑化。解决这一问题的重要途径是严格执行城市规划法规，按批准的城市规划，有计划地进行建设。

2.3.3 博物馆

1. 博物馆的概念

在人文景观中，博物馆资源是主要的旅游吸引物之一。博物馆不仅是一个教育的场所，还是展示和表现自然与文化的重要方式和手段，属于一种公共的机构。关于博物馆的定义，目前没有统一的认识。1969年，国际博物馆委员会规定博物馆是"一处保护并展示具有一定文化和社会意义的物件的常设机构，其目的是研习、教育和审美"。1973年，美国博物馆协会将博物馆的财政问题纳入其定义中，认为"博物馆是一个有组织、非营利性的常设机构，以教育和审美为建设目标，配备专业的工作人员管理和维护所有馆藏的具体实物并定期收藏"。1989年9月，在荷兰海牙举行的国际博物馆协会第16届全体大会通过的《国际博物馆协会章程》第二条将博物馆定义为"博物馆是为社会及其发展服务的，非营利性的永久机构，并向大众开放"。它为研究、教育、欣赏之目的，征集、保护、研究、传播并展示人类及人类环境的见证物。虽然世界各地的定义有不同之处，但基本上包含以下几点内容。

（1）博物馆是永续经营的机构。
（2）博物馆是大众的，作为一种公益而存在。
（3）博物馆具有教育功能。
（4）博物馆是专业的，博物馆的专业人员使用世界通用的标准来体现专业操守。
（5）博物馆具有保护文物的作用。

我国于1979年明确规定了博物馆的各项业务工作，着重指出我国博物馆（图2.6所示为中国国家博物馆）是"文物和标本的主要收藏机构、宣传教育机构和科学研究机构，是我国社会科学文化事业的重要组成部分"。

图2.6　中国国家博物馆

2. 博物馆的管理

在过去近两百年里，博物馆在人类和自然遗产保护方面起到不可替代的作用。如今，博物馆仍然是受人们欢迎的景区。但是景区市场竞争日益激烈的大环境下，博物馆要与主题公园、名胜古迹等各类景区争取游客，就必须借助多种手段和自身功能来适应市场的需求。我国博物馆仍处于起步阶段，但随着社会对教育消费的日益关注，博物馆的前景广阔。我国的博物馆种类较多，既有较发达的历史纪念类博物馆，又有全新理念的借助高科技的新型博物馆。据统计，我国多数公益性的博物馆都是免费开放的，因此每年需要大量的政府补贴。此外，因为多数博物馆是非营利机构，所以存在设备落后、资金短缺、无人问津等问题，这在一定程度上阻碍了博物馆的发展，甚至有些博物馆的生存状况堪忧。因此，要想加快博物馆的发展，必须加大经营管理力度。

(1) 加强展示内容管理。现代博物馆要想吸引游客，首先应该加强展示内容的管理。展示的内容应讲求针对性、新颖性、贴近性和多样性。针对性是指展览主题更具体，受众特定性更强。新颖性是指展览主题的新颖独特，能够满足现代人的好奇心理。贴近性是指贴近群众生活，对人们生活具有现实意义。多样性是指展览主题的丰富多彩，能够满足受众的多方面需求，并使博物馆永葆生机。在展览形式方面，展示空间布局和材料的选择都要多样化，采用艺术的手段来增加博物馆的吸引力。展示也可以使用各种新兴媒体技术。对于展品的阐释来说，传统模式即是文字说明，因此随着现代科技媒体的发展，现代博物馆的陈列展览要适度运用数码视频技术、计算机程控技术、多媒体、网络技术和虚拟现实技术等现代科技手段来传达，增加展览的主题与内容。此外，博物馆的展示也要贴近生活，关注社会的发展和需求，只有迎合时代的主题，才能发挥更大的作用。

(2) 加强营销管理。要想提高博物馆的吸引力，获取更多的社会效益和经济效益，必须提高博物馆的知名度以争取潜在的观众。市场经济时代，博物馆不能被动地面对市场，消极地等待观众上门参观，必须树立竞争意识，用广告宣传、形象策划等市场营销手段来宣传自己。这也将是解决博物馆，特别是中小博物馆面临的"观众少"困境的一种行之有效的方法。

(3) 加强服务管理。大型博物馆应提供的服务设施包括导览问讯处及相应的导览设备、休息场地，以及提供休息的设施、餐厅及适当的餐饮等。从本质上讲，博物馆建筑及其所包括的一切均具有服务的功能与性质，博物馆必须具有强烈的服务意识，对硬件设施加强健全和完善。服务人员是服务的主体，是直接面对观众的，应该加强对服务人员素质的培训，以体现博物馆的人文关怀，为观众营造一种良好的参观氛围，传达倡导文化、传播文明的博物馆精神。博物馆是对公众具有教育功能的，因此博物馆可以经常推出一系列有民族特色或者爱国主义教育方面的展览，服务对象方面尤其重视对中小学教育的支持，根据教科书的内容专门设置一些不同内容的展览，通过一些送展进校、送展下乡等活动延伸服务。

(4) 强化资金管理。近年来，随着财政改革的不断深入，行政事业单位已逐步建立起比较完善的预算管理体制和收入、支出管理制度。博物馆免费开放以后，对象依然是广大观众，但在管理理念、服务方法等方面势必会发生一定的变化。例如，虽然少了门票管理，但由于资金基本依赖于财政拨款，因此无论是基本陈列改造、临时展览经费的落实及管理，服务设施及非运营性支出的增加，还是利用资源优势开拓文化产业渠道，都会使博物馆财务管理从原先的单一核算为主向多种方式管理转变，进而对博物馆管理人员提出新的挑战和更高的要求。因此，强化资金管理成为免费开放后，博物馆管理的一项重要任务。博物馆必须严格秉承公共事业单位的财务管理原则。公共事业单位的财务管理体制是按照"统一领导、分级管理",责、权、利有效结合,事权、财权区别对待等原则确立的。作为财务部门,理应在实际工作中坚决贯彻上述原则,执行国家有关法律、法规和规章制度,正确处理国家、单位、个人三者之间的利益关系,坚持将社会效益与经济效益相结合,以社会效益为先;量入为出、勤俭节约、依法理财,做好博物馆的财务分析、预算资金、严格管理非税收资金等的管理工作。

案例阅读

国家动物博物馆:让孩子们爱上科普

在北京的一家博物馆里,你也有机会夜宿馆中,探访神秘的博物馆展厅,在自己最爱的展品旁入眠——这就是国家动物博物馆。

1. 丰富藏品

国家动物博物馆坐落在科研院所林立的北京北辰西路,占地约 7 500 平方米,于 2009 年 7 月 1 日正式开放,它依托中国科学院动物研究所而建,面向公众开放,最大限度地发挥科普教育的价值。国家动物博物馆分地上、地下共三层展厅。

地下一层有动物多样性与进化展厅、无脊椎动物展厅、国门生物安全展厅及交流展厅。在这里,游客不仅能够了解到动物的多样性,追溯生物的起源及进化过程,还能观察动物进化各阶段的形态。

地上一层是鸟类及濒危动物展厅,这里有各种鸟类的形态标本,并展示其为适应不同的生活环境所产生的喙、翼、足的变化,还重点展示我国特有的鸟类和珍稀鸟类。濒危动物展厅内有许多珍稀野生濒危动物标本,中华鲟、东北虎、普氏野马等濒危动物通过标本的形态近距离出现在游客面前。

地上二层共有 3 个展厅,其中动物与人展厅介绍了人与动物相依相伴、共生共存的景象,既涵盖人类利用昆虫所获得的各种生活资源,如蚕茧抽丝、蜜蜂酿蜜,也有利用动物入药的药用成果介绍等。此外,还有昆虫及蝴蝶两个展厅。昆虫展厅和蝴蝶展厅是充满神奇感的"小世界"。这里能看到色泽鲜艳的"会移动的宝石"——甲壳虫,多姿多彩的"夜之精灵"——蛾子,凶猛的捕食性昆虫虎甲、螳螂、齿蛉、胡蜂,温文尔雅却置其他动物于死地的寄生蜂、寄生蝇,伪装植物枝叶的竹节虫、螽斯,善于警戒恐吓的蜡蝉、蛾子、食蚜蝇,色泽亮丽的蝴蝶……每种昆虫都被整齐地陈列在展示架上,放眼望去十分壮观。

2. 寓教于乐

国家动物博物馆非常重视科普学习的互动、体验。例如,为了让孩子们积极参与,馆内的专家们运用多媒体向公众介绍昆虫、昆虫野外识别方法及如何捕捉和鉴赏昆虫。此外,专家们不仅在现场为游客演示昆虫标本的制作方法和制作技巧,过程中还鼓励、指导游客亲手制作昆虫标本。

此外,国家动物博物馆还举办"科普探索营"等活动,让家长和孩子共同参与,经历一场别样的科普旅游。"博物馆奇妙夜"是国家动物博物馆里最受欢迎的活动之一。

国家动物博物馆还有一个明星节目——脱口秀"硕毅说吧"。馆内的张劲硕博士和北京动物园动物饲养管理员杨毅以说相声的方式生动地向游客普及科学知识,传播保护动物、爱护动物的理念，深受游客的喜欢。国家动物博物馆里的活动非常多，通过举办各种活动吸引孩子们的注意力。

(资料来源：http://www.ctnews.com.cn/art/2017/5/22/art_150_9392.html，2017-05-22，有改动。)

2.4 人造景区管理

2.4.1 主题公园

1. 主题公园的定义与分类

(1) 主题公园的定义。

主题公园是根据某个特定的主题，采用现代科学技术和多层次活动设置方式，集诸多娱乐活动、休闲要素和服务接待设施于一体的现代旅游场所。它的最大特点就是把游乐形式赋予某种主题，围绕既定主题来营造游乐的内容与形式。园内所有的建筑色彩、造型、植被、游乐项目等都为主题服务，共同构成游客容易辨认的特征和游园的线索。

(2) 主题公园的分类。

① 按规模大小、项目特征和服务半径划分。欧洲主题公园协会副总裁克里斯·约西按照主题公园的规模大小、项目特征和服务半径将主题公园分为以下几种类型。

A. 大型主题公园，主要特点：年游客量在500万人次以上，游客市场为全国市场和国际市场，主题鲜明或有多个部分构成主要的品牌吸引力，有舒适的旅游住所，主要提供参与性娱乐项目，投资达10亿美元，如迪士尼公园、环球影城等。

B. 地区性主题公园，主要特点：年游客量达150万～350万人次，具有一定主题的路线和表演，在项目设置上以观赏性的静态景观为主，有潜在的品牌，游客市场为省内市场和邻省市场，投资2亿美元左右。

C. 主题游乐园，主要特点：年游客量达100万～200万人次，位于城市周围，游客市场主要为所在城市，以提供机械类的参与性游乐项目为主，主题比较单一，品牌影响有限，投资8 000万～1亿美元。

D. 小规模主题公园和景点，主要特点：年游客量为20万～100万人次，位于城市周围、室内或室外，游客停留时间更短，主要是小规模、单一主题的静态人造景观，游客市场为所在城区，有时可以到达整个城市，投资300万～8 000万美元。

结合我国的实际情况，目前我国将投资2.5亿元人民币、占地25公顷以上规模的称为大型主题公园，将投资0.5亿元～1亿元人民币、占地规模较小的称为小型主题公园。

② 按主题公园主题的性质划分。

A. 文化历史型。这类主题公园一般又分为两种类型，即以模拟某个特定历史时代场景为主题的公园和以文学名著为主题的公园。国内大都以中华民族传统文化、古典名著、历史故事等为原型，发挥人的想象力，将其形象再现出来，如杭州宋城。

B. 名胜微缩型。微缩景观是主题公园最早、最常用的造园手法。这类主题公园将异国、异地的著名建筑、景观，按照一定的比例缩小建设，使参观者可以"日行千里"，领略各地不同的文化，如荷兰的马德罗丹、中国深圳的锦绣中华。

C. 民俗风情型。利用野外博物馆的形式模拟民俗风情和生活场景，寓教于乐，具有较高的参与性，常常加入演员反映民俗民风的表演，使主题的表达更加生动，如昆明云南民族村和深圳中国民俗文化村。

D. 科技娱乐型。利用声、光、电、气等现代科学技术，表现未来、科幻、太空、海洋等主题，是青少年的乐园，如深圳的欢乐谷。以科学技术为主题的主题公园的设计、建造难度较大，但因其寓教于乐的特点，世界各国也都有分布，如美国的迪士尼世界未来社区试验雏形、中国台湾的小叮当科学乐园等。

E. 影视娱乐型。影视城作为主题公园的一种形式，起源于美国的环球影城（图 2.7），游客通过游览电影拍摄的场景获得乐趣。影视城中的模拟景观本身与拍摄电影使用的布景有类似之处，加之电影涉及的内容和场景颇为广泛，游客在影视城的游览体验更为丰富，视觉冲击力更为强烈。

图 2.7　美国环球影城

F. 自然生态型。以自然界的生态环境、野生动物、野生植物、海洋生物等作为主题，以展示其独特的观赏和游览特性的主题公园。例如，泰国鳄鱼场动物园是世界上最大的鳄鱼场，占地 13 公顷，饲养的鳄鱼达 3 万余条。我国也在各地兴建了很多野生动物园和海洋馆，如北京海洋馆、厦门南顺鳄鱼园等。

G. 综合旅游主题型。主题公园发展到后期，整合若干发展比较成熟的不同类型的主题公园，以一个整体品牌展现在游客面前，并通过旅游整合，将旅游主题与其他产业完美结合，形成旅游产业新亮点，如现在的"华侨城"将四大主题公园联合经营，并将旅游主题公园与酒店、演艺、地产等结合。

2. 主题公园的管理

主题公园在国外已有较长的历史，而在我国的发展时间还不是很长，自深圳的锦绣中华开业后，我国陆续建设了一系列的主题公园，其中有成功的案例也有失败的案例。一些主题公园建成之后，因后期的管理不力、公园主题特色不鲜明、盲目地模仿国外的公园、缺乏创新、营销模式单一等问题而倒闭。所以，要使主题公园建成后能够持久地吸引游客，应该在后期的管理方面多下功夫，做好主题公园的选址管理、主题选择管理、产品创新管理和营销方式管理、产业链管理是主题公园成功的关键。只有不断推陈出新并且管理严格，主题公园才会拥有光明的发展前景。

（1）主题公园的选址管理。

主题公园的选址应该具有科学性和较强的可进入性。因此，主题公园选址一般在经济发达、流动人口较多的城市，这样才能保证主题公园具有良好的客源条件。据研究，一个大型的主题公园一级客源市场至少需要200万人口，如果主题公园的选址不合理，达不到门槛客源，就会给主题公园的存在造成威胁。像我国长江三角洲和珠江三角洲一带的主题公园都比较成功，主要原因除了文化因素之外，更重要的是这些区域经济发达、人口稠密，给主题公园的发展带来了重要的客源。

（2）主题公园的主题选择管理。

主题公园项目的建设需要耗费大量的资金，而项目投入资金后是否被认可与公园的主题息息相关，也就是说主题公园主题的选取是公园经营成败的关键，一个好的主题能为主题公园带来活力。目前，主题公园正朝着寓教于乐的方向发展，主题向自然、动植物、科普、教育扩展。目前较受欢迎的主题排名是教育展览、珍禽异兽、植物园林、原野丛林、外国文化、历史陈列、河流历险、生活娱乐、水上乐园、动物表演与花卉展览。因此，主题公园主题的选择应遵循以下标准：一是主题应贴近文化市场，二是主题应迎合或引导大众旅游的需求，三是主题应注重旅游者的参与性，四是主题应该与周边的环境相协调。除此之外，中国的主题公园在主题选择方面应该融入中国的元素，增加本土的文化主题，如果能以民族风情和本地文化为卖点，打造具有中国特色的主题公园，更容易引起游客的共鸣。

（3）主题公园的产品创新管理。

根据现代市场营销理论，产品整体概念包含核心产品、有形产品和延伸产品3个层次。主题公园的核心产品是旅游者的休闲娱乐经历和体验，主要满足旅游者追求休闲娱乐情趣的基本消费利益。主题公园产品创新主要包括产品整体性能创新、产品技术条件创新和产品市场条件创新3个方面。特别是园区项目的开发和设计要抓住新、奇、特、绝4个字，定期更新娱乐设施，增加旅游项目。只有不断开拓新的产品和新的项目，才能持久吸引游客的眼球，使主题公园的运营能持续进行。

（4）主题公园的营销方式管理。

从营销方式上来看，目前中国的主题公园的营销方式过于单一，只提供一些初级的体验，如大多数主题公园只靠门票收入来获得收益，这样的营销方式只能使主题公园的运营陷入尴尬的境地。在主题公园的营销方式管理方面，应多样化。

① 采用良好的宣传手段。一是节目单营销。主题公园可以将休闲娱乐项目制作成精美的节目单，在报纸上登载广告或者直接邮寄给预先选定单位等，或者将节目单放在人员流动量大的公共场所，随人拿取。二是制作成光碟营销。主题公园可以把景区富有特色的活动和节目拍摄成VCD，供游客观看。三是电视节目营销。主题公园可以把景区场地提供给电视台举办表演节目用，以期取得宣传效果。

② 主题活动营销。特色节庆艺术表演是主题公园的活力源泉，艺术表演对主题公园起到画龙点睛的作用。旅游娱乐活动的开展应考虑以下几方面：一是强调具有民族特色和地方特色，使游客耳目一新，产生吸引力；二是强调欢快、热闹、幽默、雅俗共赏，使大

多数人喜闻乐见；三是强调参与性，满足游客的表现欲，活跃现场气氛；四是时间要适宜，日场 50 分钟左右，夜场 1.5 小时左右；五是节目编排要针对客源市场，要有差异；六是固定演出时间。

③ 节庆活动营销。节庆活动是艺术表演的载体，节庆是有主题的公众庆典。实时地举行一些节庆活动，如纪念某个名人或事件，或者庆祝主题公园成立的纪念日等都能吸引大量的游客。合作与交流是艺术表演长期具有活力的来源，是延长节庆表演艺术产品寿命，减少开发成本，丰富产品类型，实现资源共享、循环利用的最佳选择。

④ 网络营销。现在，网络几乎覆盖了全国的各个角落，信息的通达性能够让游客快速找到自己心仪的东西。因此，主题公园必须重视利用信息技术开展新兴媒体的营销，建立自己的宣传网站，在主流网站上发布广告或者链接，两者结合使用可以迅速提高主题公园在网上的知名度。

⑤ 品牌营销管理。世界上著名的主题公园都有自己的品牌，好的主题公园的品牌会在游客的心目中留下持久的印象，因此，主题公园应该创立自己的品牌，并通过各种途径让游客了解自己的品牌。

（5）主题公园的产业链管理。

主题公园的管理者应该主动打造完整的产业链。世界上成功的主题公园，其主要盈利点是娱乐、餐饮、住宿等设施项目，门票收入只作为日常维护费用。主题公园的收入结构中，门票收入只占 20%～30%，其他经营收入占比较大。成功的主题公园主要靠不断提升品牌知名度吸引游客，在获得门票收入的同时，通过出售具有知识产权的旅游纪念品获得二次赢利，并利用旅游纪念品的发售进一步扩大品牌的影响力。因此，只有重新规划盈利模式才能成功转型并获得出路。

主题公园的另一种成功盈利模式是"主题公园产业化发展"，即打造主题公园产业链，把主题旅游与主题房地产结合起来，再加上主题商业，突破单一的旅游或房地产的概念，把关联产业相联合，互为依托，相互促进。地产、商业和公园的景观可以互为借用，三者的规划互为呼应，成为一个融居住、娱乐、商业等要素为一体的比较完善的人居系统。此外，这种模式还能够推动度假设施及旅行社、歌舞演艺、策划设计、动画、网游、主题消费品等与主题公园相关联的其他产业的综合发展，以发挥整体效益。

知识链接

迪士尼乐园落户上海的优势

上海迪士尼乐园，是中国内地首座迪士尼主题乐园，位于上海市浦东新区川沙新镇，于 2016 年 6 月 16 日正式开园。迪士尼乐园落户上海有诸多的优势，主要表现在以下几个方面。

1. 品牌优势——全球皆爱，老少咸宜

迪士尼通过品牌经营赢得了全世界范围内的忠诚顾客，迪士尼乐园这一品牌在人们心目中就是欢乐的代名词，它树立了良好的企业与产品形象，增强了游客对迪士尼乐园的认知度，并在世界范围内形成了良好口碑，从而为其带来了广泛的客源聚集效应。迪士尼的得意之作——"米老鼠"早已风靡世界，它的可爱形象早已深入中国百姓的心。

2. 新品优势——不断创新，独领风骚

迪士尼的一个著名的口号是"永远建不完的迪士尼"，"满足顾客需要"是迪士尼乐园创新产品的原动力。每年，迪士尼会更新娱乐设施，带给游客别样的刺激和新鲜感。为了准确把握游客需求的动态，公司内部专门设置了调查统计部、信访部、信息中心，每年开展数百项市场调查和咨询项目来分析游客需求的动态变化。公司根据对相关信息的分析来把握游客需求的动态变化，有针对性地创新产品，更新设施设备。

3. 营销优势——内部营销＋外部营销

迪士尼乐园在营销管理方面独具特色，它首先强调企业对员工的内部营销，然后才是企业对消费者的外部营销。迪士尼以内部营销管理为员工营造"享受工作、快乐工作"的工作氛围，以激励员工为游客提供高质量的服务，造就了快乐的员工为游客提供快乐服务的良性循环，并且迪士尼乐园的员工对企业的忠诚度一直保持在很高的水平。在外部营销方面，迪士尼乐园多样化的营销策略也十分成功，迪士尼乐园花费大量资金用于电视、广播、报纸、橱窗等宣传媒介。

4. 区位优势——繁华都市，天然名片

上海处于东海之滨，长江三角洲及其周围地区，辐射范围比较大，消费水平高，因此具有很明显的区位优势。另外，迪士尼乐园在选址上有其严格的标准，要求具有良好的生态环境、远离工业区、紧邻大城市、没有飞机噪声干扰等，目前浦东地区符合条件的地区也只有浦东南面黄楼乡一带区域。其中，川沙镇是上海市12个建制镇中面积最大、人口最多的一个镇，交通极为便利，加上距离黄浦江很近，对于建设迪士尼"水上乐园"而言，条件可谓得天独厚。

（资料来源：http://blog.sina.com.cn/s/blog_506d00080100k8om.html，2017－07－24，有改动。）

2.4.2　动物园

1. 动物园的概述

动物园是搜集、饲养各种动物，进行科学研究和迁地保护，供公众观赏并进行科学普及和宣传保护教育的场所。动物园有两个基本特点：一是饲养、管理野生动物（非家禽、家畜、宠物等家养动物），二是向公众开放。符合这两个基本特点的场所即是广义上的动物园，包括水族馆、专类动物园等类型；狭义上的动物园指城市动物园和野生动物园。动物园的基本功能是对野生动物的综合保护和对公众的保护教育。

20世纪70年代以来，自然保护和生态平衡的问题日益引起人们重视，动物园在宣传和保护濒危动物的工作中起了重要作用。很多动物园不但千方百计地使珍稀动物健康成长，还利用当地自然条件辟建大型天然动物繁殖基地，并常将濒危动物繁殖的后代放回原产地的自然环境，以部分挽回被破坏的生态平衡。此外，动物园也进行人工授精和胚胎移植等冷冻生物学工程方面的试验研究，并已取得初步成果。例如，中国于1978年首次成功地进行大熊猫人工授精；大猩猩、猩猩、美洲狮的人工繁殖也都已成功。纽约动物园和辛辛那提动物园还分别把白肢野牛及非洲大羚羊的胚胎移植到荷兰种奶牛的子宫里并使之孕育成功。

2. 动物园的管理

（1）加强动物的保护。

目前动物园除了具有观赏功能以外，还有一个更为重要的功能就是加强对于动物的保护。游客的观赏需求和动物的生活方式往往存在矛盾,动物的生活需要较大的活动空间和相对私密的生活空间,而公众希望在较小的空间中观赏动物,且动物完全暴露在众人的目光之下。早期的动物园为了方便游客观赏,很少顾及动物的生活方式,导致动物死亡率高。这种做法引起公众的争议,为了使动物的生活方式不受太大的影响,动物园必须加强动物的保护和管理。首先要考虑动物的生活环境,为其创造一个舒适、天然的生活环境。目前有些动物园采取减少展示品种、增加展示数量、扩大展示区等措施,使动物能够过群居生活。此外,各地动物园都在努力探索野生动物的人工繁殖和饲养问题,满足动物园展示的同时,尽可能地繁殖濒危动物,并最终达到回报自然、保护动物的目的。

(2) 加强资金的管理。

世界上的很多动物园都是由政府投资的,但日常维持的费用一般通过动物园的经营方式自行负责。日常维持费用分为两部分:一部分用于动物的喂养和购置,另一部分用于游客的疏导和管理,这方面的费用一般来源于动物园的门票收入及院内的餐饮和零售点的收入。作为兼有娱乐和教育功能的景区,动物园是一个非常吸引人的地方,每年会有大量的游客进入动物园参观。尽管如此,很多动物园仍然财务状况不佳,主要原因是动物园在动物的饲养方面要耗费大量的资金,特别是引进和饲养一些珍奇动物,费用更高;另外,大部分动物园都是露天的,受气候和旅游淡旺季的影响,如长春动物园,冬季游客较少。因此,要想维持动物园的存在,必须加强资金的管理,做好资金的核算;还要多方筹措资金,可以通过宣传动物保护的重要性,面向社会筹措资金;也可以通过环保人士的呼吁,获得一定的捐款。动物园还要加强宣传,举办一些对动物影响较小的活动来吸引游客,增加动物园的收入。

(3) 加强员工和游客的管理。

动物园的员工是动物的直接管理者,因此要加强对员工的管理。首先,要让员工爱护动物,按照动物的生活规律来照顾动物,不能偷懒和消极怠工。其次,严禁员工殴打动物,例如某东北虎园林的员工为了获得一定的收益,竟然抽打东北虎让其与游客合影等,这对动物的生活方式造成很大的影响。

动物园每年会吸引大量的游客。游客在参观动物时,可能会因自己的兴趣而不顾动物的生活习性:在动物睡觉时,把动物叫醒;不顾动物园标语的提示,给动物喂食,导致动物的饮食规律紊乱;给动物拍照时用闪光灯也会对动物造成很大的影响,特别是处于生产和交配阶段的动物会受到更大的影响。因此,必须加强对游客的管理,可以给入园的游客发一张游园须知,或者是在门票上面标明游园的要求,或者通过语音宣传、工作人员或者志愿者现场提示的方式来加强对游客的管理。

2.4.3 水族馆

1. 水族馆的概述

水族馆是收集、饲养和展览水生动物的机构,可专养海洋生物或淡水生物,也可兼养。水族馆中既有供观赏或普及科学知识的公共水族馆,又有供科研及教学专用的水族馆。水族馆是一种典型的观光资源,在旅游业的发展过程中有着极强的生命力和独具特色的魅力,不仅能为公众提供良好的娱乐休闲场所,还是科学技术和文化知识的载体。国外的水族馆发展较早，1789年在法国，人们用典雅的鱼缸陈列饲养鱼类，但规模较小。近代的水族馆是以1853年春天英国伦敦动物园内的海洋动物水族馆的创建为标志的，至今经历了4个演变阶段：列车箱式、环道式、隧道式及遨游式。我国最早的水族馆是1932年在青岛成立的，该水族馆在普及海洋知识、提高民族海洋意识方面发挥了重大的作用。

2. 水族馆的经营管理模式

中国的水族馆管理主要是经营模式的管理。目前中国多数水族馆没有把未来的商业经营理念纳入前期的建设中去，因此水族馆的经营管理模式要借鉴国外的模式，主要的经营发展方向有以下几方面。

(1) 建立自助型水族馆。自助型水族馆的经营模式来自自助餐厅，是野生动物园的延伸，游客只要支付一定的费用就可以在一定的指引下（手册、指示牌、视频或工作人员）进行饲养员的日常工作。

(2) 公众化水族馆。将水族馆的部分区域开放给公众进行寄养、领养或助养，从而降低维持成本，增加社会效益。

(3) 展销会式水族馆。它主要是水族馆业主向水族供应商提供场地及各种配套服务，然后向外统一经营，内部收取场租、维持费及收入提成。

(4) 缸内娱乐化。开发水族馆大型鱼缸内的各种水下娱乐活动，如驾驶小型潜水器在水中游弋，穿潜水装备在水中漫步，与鲨鱼共舞等。

(5) 市场共享、连锁经营。各地水族馆应该成为当地水族业为数众多的水族店的龙头，即最大的承包商和批发商，并对当地整个水族零售市场进行宏观调控与赢利的分层分配。此外，还可以实现连锁经营，山海关、秦皇岛、北京、南京、上海等地水族馆已实现连锁经营，通过资源共享可以达到成本最小化。

(6) 垄断经营。水族馆连锁经营必然走向寡头垄断。其实这是水族馆在建设与开馆过程中投资者之间的内部兼并延伸至整个竞争市场上的必然结果，这也是国内水族馆自由竞争市场迈向国家化经营的过程。

2.5 世界遗产管理体系

2.5.1 世界遗产概述

世界遗产是指被联合国教科文组织和世界遗产委员会确认的人类罕见的、目前无法替代的财富，是全人类公认的具有突出意义和普遍价值的文物古迹及自然景观。1959年，埃及政府打算修建阿斯旺大坝，这可能会淹没尼罗河谷里的珍贵古迹，如阿布辛贝神殿。1960年，联合国教科文组织发起了"努比亚行动计划"，阿布辛贝神庙和菲莱神殿等古迹被仔细地分解，然后运到高地，再一块块地重组装起来。之后，联合国教科文组织同国际古迹遗址理事会起草了保护人类文化遗产的协定。为了保护世界文化和自然遗产，联合国教科文组织于1972年11月16日在第十七次大会上正式通过了《保护世界文化和自然遗产公约》（以下简称《世界遗产公约》）。1976年，世界遗产委员会成立，并建立了《世界遗产名录》。中国于1985年12月12日加入《世界遗产公约》，1999年10月29日当选为世界遗产委员会成员。截至2019年7月10日第43届世界遗产委员会大会在阿塞拜疆首都巴库闭幕，本次遗产大会审议通过新增29项世界遗产。第43届世界遗产委员会大会根据最新统计，《世界遗产名录》收录的全球世界遗产总数已增至1121项，其中包括869项世界文化遗产（含文化景观遗产），213项自然遗产，39项文化与自然双重遗产。有39项遗产为两个或两个以上国家共有遗产，这些遗产分布在167个国家。缔约国内的文化和自然遗产，由缔约国申报，经世界遗产中心组织权威专家考察、评估，由世界遗产委员会主席团会议初步审议，最后经公约缔约国大会投票通过并列入《世界遗产名录》，称为世界文化遗产。联合国教科文组织世界遗产委员会（以下简称世界遗产委员会）是政府间组织，每年召开一次会议，主要决定哪些遗产可以录入《世界遗产名录》，并对已列入名录的世界遗产的保护工作进行监督指导。委员会内由7名成员构成世界遗产委员会主席团，主席团每年举行两次会议，筹备委员会的工作。

世界遗产委员会承担4项主要任务，具体如下。

（1）在挑选录入《世界遗产名录》的文化和自然遗产地时，负责对世界遗产的定义进行解释。

（2）审查世界遗产保护状况报告。当遗产得不到恰当的处理和保护时，该委员会让缔约国采取特别性保护措施。

（3）经过与有关缔约国协商，该委员会做出决定把濒危遗产列入《世界濒危遗产名录》。

（4）管理世界遗产基金（保护世界文化和自然遗产基金）。

知识链接

中国的世界遗产

中国自1987年世界遗产委员会第11届会议批准故宫等6处遗产列入《世界遗产名录》至2019年7月6日，已有55项文化遗址和自然景观列入《世界遗产名录》，其中文化遗产37项、自然遗产14项、文化自然混合遗产4项，自然遗产总数居世界第一位。截至2018年年底，我国入选联合国教科文组织的非遗名录（含"急需保护名录"）的项目已达40个，也是目前世界上拥有世界非物质文化遗产数量最多的国家。源远流长的历史使中国继承了一份十分宝贵的世界文化和自然遗产，它们是人类的共同瑰宝。

2.5.2 世界遗产的标准与分类

世界遗产分为自然遗产、文化遗产、自然遗产与文化遗产混合体（即双重遗产）、文化景观以及近年设立的非物质遗产5类。每一类遗产在评定的过程中，都必须严格地遵循一定的标准。这里主要介绍世界自然遗产和文化遗产。

1. 世界自然遗产

（1）世界自然遗产的概念。

世界自然遗产是指从审美或科学角度看，具有突出的、普遍价值的、由物质和生物结构或该结构群组成的自然面貌、地质和自然地理结构、天然名胜或明确划分的自然区域，以及明确划为受威胁的动物和植物的生境区。《世界遗产公约》规定，属于下列各类内容之一者，可列为自然遗产。

① 从美学或科学角度看,具有突出的、普遍价值的、由地质和生物结构或这类结构群组成的自然面貌。

② 从科学或保护角度看,具有突出的、普遍价值的地质和自然地理结构以及明确划定的濒危动植物物种生态区。

③ 从科学、保护或自然美角度看,具有突出的、普遍价值的天然名胜或明确划定的自然地带。

(2) 世界自然遗产的标准。

世界自然遗产是自然生态保护和发展的最高等级。世界遗产的标准主要包含以下几个方面。

① 构成代表地球现代化史中重要阶段的突出例证。

② 构成代表进行中的重要地质过程、生物演化过程,以及人类与自然环境相互关系的突出例证。

③ 独特、稀少或绝妙的自然现象、地貌或具有罕见自然美的地带。

④ 尚存的珍稀或濒危动植物种的栖息地。

2. 世界文化遗产

(1) 世界文化遗产的构成。

世界文化遗产包括物质文化遗产和非物质文化遗产。物质文化遗产是具有历史、艺术和科学价值的文物;非物质文化遗产是指各种以非物质形态存在的与群众生活密切相关、世代相承的传统文化表现形式。

① 物质文化遗产。即传统意义上的文化遗产,包括历史文物、历史建筑、人类文化遗址。

物质文化遗产包括古遗址、古墓葬、古建筑、石窟(图2.8)、石刻、壁画、近代现代重要史迹及代表性建筑等不可移动文物,历史上各时代的重要实物、艺术品、文献、手稿、图书资料等可移动文物,以及在建筑式样、分布均匀或与环境景色结合方面具有突出的、普遍价值的历史文化名城(街区、村镇)。

② 非物质文化遗产。根据联合国教科文组织《保护非物质文化遗产公约》的定义,它是指"被各群体、团体,有时为个人视为其文化遗产的各种实践、表演、表现形式、知识和技能及其有关的工具、实物、工艺品和文化场所",包括口头传统、传统表演艺术、民俗活动和礼仪与节庆、有关自然界和宇宙的民间传统知识和实践、传统手工艺技能等,以及与上述传统文化表现形式相关的文化空间。

③ 文化景观遗产。文化景观反映的内容实际上是人和自然共同作用的结果,反映的是一种特殊的人类文化面貌。

文化景观包括三种类型:第一种类型就是人类设计建造的、具有明确规划的景观,包括像具有美学价值的花园广场这样的景观;第二种类型就是逐渐发展而成的,可能不是人们一次设计出来的景观,而可能是基于一种社会文化甚至是一种行政或者是宗教的要求,与环境相适应,最后形成的一种景观;第三种类型实际上是一种结合类的文化遗产遗址,它包括一些自然的风貌和人文的内容,两者共同结合而形成一个具备通过某些物质遗产所表现出的强烈的宗教或者艺术和文化的一种影响。这对于遗产保护来说,是一个比较新的类型。

图 2.8 山西云冈石窟

（2）世界文化遗产的标准。

世界文化遗产的概念在确定下来并写入《世界遗产公约》以后，本身也在不断发展与变化。怎样才能够让属于人类共同的文化遗产得到保护，是人类在思考的一个问题。20 世纪 70 年代末开始，对于城市当中那些本身可能并不重要，但是能够反映一个民族或者一个地区文化发展的过程的历史环境的建筑遗产，国际社会给予了越来越多的重视。从《世界遗产名录》当中也可以看到这种趋势，在这种情况下，文化遗产的保护所涵盖的内容就变得越来越广泛。凡提名列入《世界遗产名录》的文化遗产项目，必须符合下列一项或几项标准方可获得批准。

① 它必须代表一种独特的艺术成就，是一种创造性的天才杰作。

② 在一定的时期内或者在世界的某一个特定的文化区域内，它反映了建筑艺术或者这种纪念性建筑物的艺术，包括城镇规划景观设计方面所体现的人类观念的转变。

③ 它能够成为一种已经消失的文明或者文化传统的见证。

④ 它可以作为人类历史上的一个重要阶段，它的一个典型的代表性建筑能够反映这个时代，是这个时代的建筑或者景观的杰出范例。

⑤ 它可以作为人类传统的寄居地和如何使用土地，以及人类居住历史的一个杰出范例。

⑥ 它与具有特殊普遍意义的事件或现行传统或思想或信仰或文学艺术作品有直接或实质的联系。（只有在某些特殊情况下或该项标准与其他标准一起作用时，此款才能成为列入《世界遗产名录》的理由。）

（3）其他形式的世界遗产。

① 线性遗产。线性遗产是指在拥有特殊文化资源集合的线形或带状区域内的物质和非物质的文化遗产族群，运河、道路和铁路线等都是重要的表现形式。如中国的京杭大运河、丝绸之路、徽商兴起路线和长征路线等，奥地利的塞默林铁路，印度的大吉岭喜马拉雅铁路等。

② 世界记忆遗产。世界记忆遗产又称世界记忆工程或世界档案遗产，是联合国教科文组织于 1992 年启动的一个文献保护项目，其目的是对世界范围内正在逐渐老化、损毁、

消失的文献记录,通过国际合作与使用最佳技术手段进行抢救,从而使人类的记忆更加完整。世界记忆遗产是世界文化遗产项目的延伸,世界文化遗产关注的是具有历史、美术、考古、科学或人类学研究价值的建筑物或遗址,而世界记忆遗产关注的则是文献遗产。目前,我国入选《世界记忆遗产名录》的有纳西东巴古籍文献等13项。《世界记忆遗产名录》收录具有世界意义的文献遗产,是世界遗产项目的延伸。

③ 世界农业遗产。从2002年起,联合国粮食及农业组织(以下简称联合国粮农组织)启动了全球重要农业文化遗产的保护和适应性管理项目。

按照联合国粮农组织的解释,世界农业遗产属于世界文化遗产的一部分,在概念上等同于世界文化遗产,世界农业遗产保护项目将对全球重要的受到威胁的传统农业文化与技术遗产进行保护。世界农业文化遗产不仅是杰出的景观,而且对于保存具有全球重要意义的农业生物多样性、维持可恢复生态系统和传承高价值传统知识和文化活动具有重要作用。

④ 世界湿地遗产。国际湿地是世界遗产的一部分。2009年,湿地国际联盟组织正式确定将对国际湿地纳入世界遗产保护战略的范畴。目前,已经在中国计划开展湿地世界遗产评估的项目有青海湖、洞庭湖、泸沽湖(图2.9)等湿地。

图 2.9　泸沽湖美景

2.5.3　我国世界遗产的保护与开发存在的问题

世界遗产的意义,在于其具有科研或文化价值上的独一无二、不可代替、不可再现性质,这种性质是自然界进化选择、人类社会长期积淀、扬弃的产物,反映着不可逆转的客观规律。但着眼我国文化遗产开发的现状,因目光短浅、急功近利或以开发的名义破坏文化遗产的行为比比皆是,对待文化遗产缺乏科学态度的做法也屡见不鲜,为一己私利毁灭文化遗产的做法也偶尔有之。我国的世界遗产保护还存在诸多的问题。

1. 遗产保护法律缺失,多头管理引发混乱

目前,我国已有《中华人民共和国文物保护法》《中华人民共和国森林法》《中华人民共和国矿产资源法》《中华人民共和国环境保护法》等涉及世界遗产保护管理的法律法规。随着世界遗产热的不断升温,各级政府申报和经营世界遗产的热情空前高涨,当遗产越来

越成为向社会提供文化与精神消费需求的重要资源时,世界遗产保护的负面事例不断出现。

遗产资源是一个大的综合体,保护工作要多方面进行,除了要保护自然的原生性,更要注意挖掘其文化内涵,保护文化的多样性。但目前我国世界遗产保护与景区管理体制不完善,有政府主管的,有企业主管的,有股份制的,遗产的开发利用形式也多种多样。事实上,只有建立合理的管理体制,才能正确处理遗产保护与开发的关系,也才能形成良性互动的局面。

2. 遗产保护资金短缺,遗产保护人才匮乏

长期以来,我国的世界自然与文化遗产地和风景名胜区在国家和地方的财政预算中没有设立专项或经常性保护项目,不少遗产保护区没有稳定充足的经费来源。国家主管部门和地方政府对遗产保护区的投资一般仅限于基建、人头费和专项补助。由于国家财政拨款有限,许多文化与自然遗产保护步履维艰。目前有的地区大力发展旅游业,将旅游收入的一部分用于遗产保护。于是遗产保护不得不面对这样的矛盾:一方面国家主管部门要求景区保护好遗产资源以永续利用;另一方面又要求景区管理部门自己解决保护经费问题。同时,世界遗产保护的人才是世界遗产得以可持续发展的关键,但在这方面,我国的专业保护队伍十分不足,全国开设遗产保护相关专业的高校不多,相关人才的培养出现空缺。训练有素、能在第一线保护修复的人更为稀缺。目前,遗产地缺乏有效地从事遗产保护的专业人员,整个遗产管理体系存在着经营管理不善、服务质量不到位、不善协调各种关系等问题,应当引起各级政府的高度重视。

3. 遗产保护缺乏科学统一的规划

(1) 景区内人工化、商业化、城市化现象较为严重。许多遗产地在开发建设时,缺乏科学的分析论证、整体的规划方案、适时有效的监督管理,致使一些经营者以满足游客的需求为由,新建、乱建、扩建了许多遗产地内本不应该出现的饮食、住宿、娱乐、购物等场所。这一方面与《世界遗产公约》的原真性原则不符;另一方面也会使游客的旅游质量下降。

(2) 外部环境质量差,缺乏有效的治理措施。在传统的遗产资源开发中,人们关注的往往是遗产资源本身的开发与保护,而对遗产资源的外部环境却很少重视。许多遗产地外围环境脏乱差现象非常普遍,严重影响了游客的旅游感知,同时也不利于遗产地资源特色的发挥,甚至造成一定的视觉污染。这种不和谐的景象已经成为遗产地发展的重要障碍。可以试想,如果遗产地周边环境得不到科学、合理和有效的保护,遗产资源的核心价值势必会受到影响。如果真是这样,又怎么能谈得上遗产资源的可持续利用呢?

(3) 市场意识淡漠,管理保护欠佳。随着旅游发展的全球化,旅游需求的个性化和多样化趋势日渐突出。靠单一的市场供给已经远远不能满足旅游市场的需求,因此必须对遗产类旅游资源进行深层次的开发和加工,以满足不同层次游客的需求。在许多遗产地,由于地方政府对市场需求状况缺乏深入的了解,同时也没有顾及遗产资源本身的特性而盲目建设,严重破坏了遗产资源原有的自然风貌和历史风格,甚至将本地区遗产资源原有的一些独特之处抹杀。究其原因,主要是管理不善、保护意识不强造成的。

2.5.4　世界遗产的保护与管理对策

保护世界遗产并不排斥对其合理利用,处理好保护与利用、学术研究与旅游开发的关

系,就能得到可观的回报。世界遗产没有终身制,如保护不善,随时会被清理出《世界遗产名录》。面对珍贵文化遗产和自然遗产在保护与开发利用之间的矛盾,多年来在不同部门或地区总有些不尽一致的见解与取舍。《关于加强和改善世界遗产保护管理工作的意见》对此做出明确规定:世界遗产是具有特殊重要性、珍稀性和脆弱易损性的不可再生资源,必须把对遗产的保护放在第一位,一切开发、利用和管理工作,都应以遗产的保护和保存为前提,都要以有利于遗产的保护和保存为根本。

例如,北京故宫、云南丽江、江苏同里退思园,都成功地处理了保护与利用、学术研究与旅游开发的关系,获得了社会效益和经济效益的双赢。它们的共同经验就是立足保护,加强论证,科学规划,适度开发,并注重建章立制、依法保护。

1. 加强国家对世界遗产保护工作的管理力度

国家应该成立由相关管理部门联合组成的中国世界遗产管理委员会并设专门机构,对世界遗产保护和利用等重大问题进行科学决策,对实施行为进行有效管理,形成切实可行的规划与决策体系;理顺地方政府与国家世界遗产管理机构的工作职责,制定可操作性强的世界遗产保护开发规则;广泛深入地开展遗产资源的基础研究工作,并有针对性地采取行之有效的保护措施,制止过度开发利用行为。加强管理的同时,国家还要加大对世界遗产保护的财政支持力度。

2. 完善法规体系,依法管理世界遗产资源

在世界遗产的保护和管理中,法律手段是行之有效的,也是较重要的。美国的遗产保护就建立在较为完善的法律体系之上,几乎每个国家公园都有独立立法,国家公园的管理以联邦立法为依据,避免了国家公园管理局与相关部门之间的矛盾;日本所有的国家公园都依照国家公园法进行规划管理;挪威国家公园的管理也依照国家大法来进行。我国目前尽管有《中华人民共和国文物保护法》《风景名胜区条例》《森林和野生动物类型自然保护区管理办法》等一系列涉及世界遗产保护的法律法规,但总体而言,我国在保护世界遗产方面的立法远远滞后于资源开发行为,很多地方用开发区的政策来套风景区、遗产地的开发,难免导致错位的破坏性开发。为了加强对世界遗产资源的保护和管理,应吸取国外经验,因地制宜地制定出符合我国国情的遗产保护法,将世界遗产的保护和管理纳入法制化轨道。

3. 正确处理保护与开发利用的关系

人们保护世界遗产的目的有两个:一是能留给子孙后代,侧重的是保护;二是为今天的社会和经济发展服务,侧重的是利用。保护的目的是使子孙后代可持续地利用。保护是开发利用的前提和基础,开发利用一定要有利于更好地进行保护。当我们讨论和研究中国世界遗产地的保护和开发问题时,在遵守国际世界遗产保护的基本准则基础上,也要从中国的国情出发来认识问题。中国世界遗产地居民的生存和发展的权利应该给予足够重视。我们要充分理解地方政府为推动社会经济发展所做出的努力。我们考虑问题时必须把世界遗产保护的理想化模式和发展的实际需求结合起来,把必要性和可行性结合起来。

4. 调动社会力量参与世界遗产保护工作的积极性

随着经济开发和建设的深入,世界遗产资源的保护和研究费用将会越来越多,不能仅依靠政府财政投入。世界遗产是全世界、全民族的共同财富,世界遗产的保护需要全世界

关注和参与。要把遗产保护工作落到实处，除政策和管理措施外，还必须有较大的资金支持。要建立引导多元化资金筹集机制，为世界遗产保护工作寻求资金支持。还要加强世界遗产的宣传普及工作，增强全社会的保护意识。通过系统、循序渐进地开展世界遗产的普及宣传工作，提高公众对世界遗产保护工作的认识，使人们能主动承担保护的责任与义务，参与到保护的行列中来。

5. 加强"中国世界遗产"工作的国际合作

中国和国际社会在世界遗产保护领域合作的经常化、制度化，是推动和促进中国世界遗产保护的重要内容。近年来，中国有关部门和国际组织合作举办了很多世界遗产保护培训项目。中国还外派考察团赴世界各国汲取经验，并接待不少来访的外国专家团队。中国的遗产保护手段和设施得到了改进，国际社会也了解了中国的世界遗产保护状况。但从目前情况来看，中国世界遗产的保护工作与联合国组织的标准、与人类实施可持续发展战略的要求还存在较大差距。中国要通过加强与国际组织及相关单位的合作，使世界遗产工作进入一个新的阶段。

复习思考题

一、思考题

1. 简述景区旅游资源的概念与特征。
2. 景区旅游资源的评价方法有哪些？
3. 简述自然保护区的分类与管理系统。
4. 简述地质公园的概念、分类与管理方法。
5. 简述历史文化遗址和开发过程中存在的问题。
6. 我国的历史文化名城应如何进行管理？
7. 简述主题公园的分类与管理方法。
8. 简述世界遗产的分类与管理办法。

二、案例分析题

大象踩死 35 岁中国领队背后：这个产业的残忍超乎想象

2017年12月21日下午，某国际旅行社领队何某在泰国芭提雅象园中，为保护游客，被发怒的大象踩伤身亡。何某被大象踩踏后，等了半个多小时，象园的工作人员才出现。而在何某被踩踏的过程中，没有一位当地工作人员施救。

值得一提的是，大象虽然性情温驯，但在被激怒后却会"失去理智"。近些年在东南亚地区大象伤人的事件屡见不鲜。而在大象表演和骑乘等旅游项目的背后，也有着对大象极为残忍的虐待。

近年来，泰国几乎每年都会发生大象伤人甚至致人死亡事件。其实，大象是未被驯化的野生动物，虽然它们看起来很强壮，但它们的基因决定了它们并不适合做牛做马。

然而随着旅游业的兴起，越来越多的大象被训练为"表演者"及坐骑。更残酷的是，这些用于旅游业的大象必须经历一个残忍的训练过程。

为了让大象顺从，在它们还是小象的时候就要被驯象师带走，它们被关在非常小的笼子里，只能站立，无法自由活动。同时驯兽师不断用尖锐的矛去刺它们，给它们的食物和水也很少。经过长时间肉体和精神上的折磨后，驯象师会开始喂它们食物，骑在它们的背上，训练它们做指定的动作。对于倔强不听从指令的小象，不断地对其增加体罚，小象在经历肉体和精神的摧残后，逐渐放弃反抗，听从人的指令。当它们看到尖锐的东西本能地害怕时，就可以开始迎接游客了。

大象是少数有自我意识的大型哺乳动物。英文里有一句俗语是"An elephant never forgets"，用来表示一个人记性好。对于遭受的创伤，大象会有记忆，一旦被激怒，它们可能会伺机报复，而人类根本不是它们的对手。

(资料来源：http://finance.sina.com.cn/chanjing/cyxw/2017－12－23/doc－ifypwzxq5744209.shtml，2017-12-23，有改动。)

问题：

1. 大象为什么会屡屡伤人？原因是什么？
2. 从游客的角度来看如何减少该类事故的发生？

第 3 章 景区服务管理

学习目标

景区服务管理是景区管理的核心内容之一，它直接关系到景区的经济效益甚至是景区的生存和发展。通过本章的学习可以了解景区接待服务、商业服务和辅助服务的内容、流程，服务管理的方法，了解景区解说内容的重点和解说服务的管理；掌握提升景区服务的技能、日常接待服务管理水平的方法。

知识结构

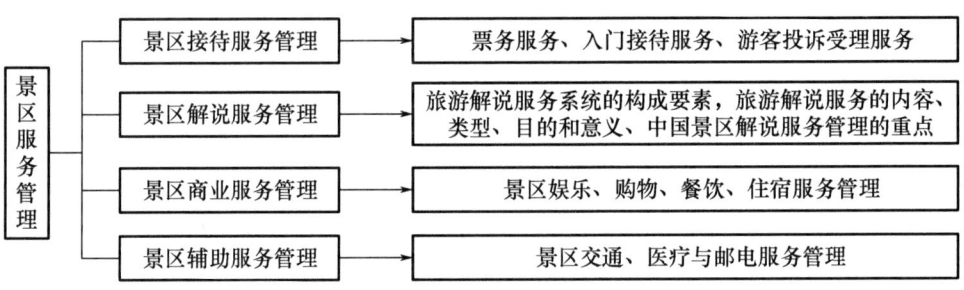

导入案例

河南芒砀山：管理智慧化，服务标准化

1. 一部手机游景区

芒砀山景区携手腾讯公司，打造了芒砀山专属微信购票页面，游客可通过芒砀山景区微信公众号随时购买景区门票。芒砀山景区微信公众号还首次开通门票转赠功能，此举一方面增加了转发量，另一方面也解决了老年游客等不方便网络购票人群的购票问题。除此之外，游客还可以预订一年的景区门票，同时享受一键退票等服务。购票成功后只需在自助取票机扫码取票或直接通过门禁闸机扫码进入，省去排队购票时间。此举改变了以往花费很长时间排队买票进景区的情况。

游客可以通过芒砀山景区微信公众号了解各景点概况，该公众号还提供一键导航、语音导游、智能导览等服务。这些服务都会显示景区所有路径，游客每到一个景点就会有一段电子讲解，包括图文和视频的介绍。

2. 智慧化提升景区管理水平

互联网技术的应用提高了旅游服务质量和旅游资源的推广效能，也提升了芒砀山景区自身的管理水平。芒砀山景区通过整合打造出了智慧旅游综合管理系统，该系统发挥了巨大的作用。

芒砀山景区会通过全球定位系统对景区各部门工作人员实现量化管理、动态管理和统一调度。所有员工都可以通过智慧旅游综合管理平台进行签到、签退、调休、请销假，指挥调度中心可在2.5D电子地图上及时、准确、全面地掌握景区内导游讲解路径、游览车行驶路径、安保巡检路径、各岗位工作人员的位置信息、轨迹等，最大程度提高管控效率。当游客在游玩过程中不小心进入危险区域时，安保系统会自动弹出危险区域警报，并提示景区安保管理人员发生事件的位置信息，可以使游客得到及时的救援。

3. 实现精准营销推广

2013年，芒砀山景区推出了"芒砀山旅游"和"芒砀山景区"微信公众号，公众号通过与虚拟游、行程定制、综合信息发布、互动分享评价等系统进行深度融合和创新电子商务服务模式，景区如今可以为游客提供更优惠、更优质、更放心、更便捷的"食、住、行、游、购、娱"等方面的服务。

案例思考：芒砀山景区利用新技术提升服务水平给景区管理带来什么启示？

案例分析：景区的发展跟上时代的步伐尤为重要，芒砀山景区打造了完善的微信公众平台和互联网沟通平台，使游客可以通过一部手机就能畅游景区，还可以通过互联网技术平台加强对员工的管理和对游客的完善服务。这些做法无疑会提升整个景区的管理水平和对游客的服务水平，可以为游客提供快捷、方便和精准的服务。这种做法值得其他景区借鉴和学习。

(资料来源 http://www.ctnews.com.cn/art/2017/10/30/art_150_11789.html，2017-10-23，有改动。)

3.1 景区接待服务管理

3.1.1 票务服务

景区门票是景点的名片、知识的卡片、历史的照片。伴随着我国旅游事业的发展，形式多样、印刷精美的门票相继出现，充分展示了我国不同景区的美景，既具有知识性又具有趣味性。

1. 门票定价与设计

（1）票价制定原则。

① 价格与价值对等的原则。价值是价格的基础，是决定景点门票价格的根本因素。因此，景点门票价格要根据价值等级实行分等定价，不同等级的景区门票价值要有差别，使价值高的景点门票价格与价值低的景点门票价格拉开距离，使资源得到优化配置。

② 供给与需求相符合的原则。门票价格是调节需求的杠杆，是景区调控客流的手段之一。可以通过门票价格的制定来调控不同时期景区的客流量，保证合理的景区人口容量，保证游客的游览质量。景区产品是不可储存的，景区通过灵活的票价可以获得良好的经济效益，做到供给与需求相符合，如此才能提高景区的服务质量和游客的游览质量。

③ 以游客为中心的原则。门票价格的制定主要是为了赢取顾客的满意，因此，在定价时要考虑顾客的切实利益。景区门票价格的制定首先要考虑居民消费水平和心理承受能力，是否有利于增加社会效益。门票价格应包含游览主要景点的费用，不应额外收费和无端增加服务环节。与居民日常生活关系密切的景点，门票价格应按照公益性的原则核定。同时，对学生、现役军人、老年人、残疾人，要实行优惠票价。

案例阅读

五花八门的景区优惠票政策

在五花八门的景区免票政策中，一种较为文雅的形式是背古文。例如，2013年5月1—7日，曲阜实行背《论语》免门票的政策，凡是能在10分钟内完整背诵出《论语》的游客，就可享受免票优待，期间有30位游客省下了门票钱；2013年4月29日起，完整背出《滕王阁序》的游客可免费游览滕王阁；2014年春节期间，岳阳楼则延续了背诵《岳阳楼记》全文免票的传统。

此外，姓氏、生肖也是免票的方式之一。2012年底，朱元璋故乡——安徽省凤阳县推出一项政策，朱氏后裔可在当月免费游览景区；河南老君山也推出一项政策——所谓"李耳后人"的李姓游客2012年可免费游览；猴年春节期间，江苏连云港花果山风景区针对属相为"猴"的游客实行免费政策。2013年5月，山东威海市17家收费景区联合推出"中华三百姓氏300天免费畅游威海"活动，每天安排一个姓氏的游客免票。

河南济源景区则在2013年的母亲节来临之际连续两次推出"叫妈免票"活动，凡子女带母亲游览景区，在景区门口当场叫妈、对方答应的，均可免门票（小长假除外），甚至还规定每年的5月份为"叫妈节"。

2013年国庆假期,山东青岛茶山风景区推出了环保新招,游客只要在景区内捡到一定数量的垃圾,如15个烟头就可以获得价值50元的门票一张。这样,不仅游客的环保意识提高了,而且景区的环境也得到了保护。

案例分析:这些门票的优惠政策五花八门,表现出景区不再拘泥于单一形式的门票,这样的门票优惠方式可以让游客感受到人文关怀和领略到景区门票文化的丰富多彩,具有较大的吸引力。但是,景区在推出不同的门票优惠形式时,一定要合理结合景区的文化,不能一味地作秀。

④ 促进景区环境建设的原则。首先,景区价格制定要促进资源的保护与利用,有利于可持续发展。主要针对保护性开放的重要文物古迹、大型博物馆、重要风景名胜区和自然保护区等,门票价格应按照有利于景点保护和适度开放的原则核定。其次,景区价格要合理补偿大环境建设价值。我国旅游业开发与发展属于政府主导型的模式,这一模式下,政府需要通过大量投资来改善旅游交通、电力、通信条件,加强旅游资源和环境的保护。因此,景区门票价格构成中,可适当包含政府投资回报构成。例如,我国一些大景区门票价格中,有的含有资源保护费、宣传促销费、机场建设费等。

(2) 景区门票设计。

① 体现特色,方便游客。景区门票是进入景区的通行证,其设计一定要美观大方,体现景区核心景观的特色,能够激发游客的游览欲望。门票的设计还应该最大限度地方便游客,可以在背面设置游览简图,让游客按照门票上标明的游览路线能够快速到达目的地。例如,泰山旅游票的正面是南天门彩照,背面是登山路线图,整张门票就像漂亮的书签,极为别致。

② 体现景区的特色和核心功能。门票不仅作为游客的通行证,还是企业形象的展示,对于宣传景区和扩大景区的知名度也有很大的帮助。有些景区将门票包装成册,用于宣传和珍藏。因此,景区门票设计要体现景区的特色和核心功能,通过游客的购买和收藏,将会给景区带来较大的广告效应。

③ 遵循多样化原则。景区门票的设计不能拘泥于一种样式,可以设计出不同类型的门票。例如,按照门票的形状可以设计出单张门票、套票、联票、多用票、综合票、儿童票、半价票、优惠券、年票等;按照门票的品种可以设计出纪念币门票、磁卡门票、明信片门票、防伪门票、指纹门票、光盘门票、塑料门票(图3.1)等。门票设计的多样性,可以加深游客对于景点的认识,也可以满足不同游客的需求。

图3.1 塑料门票

2. 售票服务管理

(1) 售票窗口设置。

① 售票处应设在景区入口处的显著位置，周围环境良好、开阔，设置遮阳避雨设施。

② 售票窗口数量应与游客流量相适应，并有足够数量和宽度的出、入口。出、入口分开设置，并设有残疾人通道。

③ 景区（点）内分单项购票游览的项目，应设置专门的售票处，方便游客购票。

④ 售票窗口显眼处应张贴购票须知。主要标明售票的时间段、售票的种类、淡季旺季的票价，景区内其他收费项目、套票价格、参观游览的注意事项、景区的开放时间等，享受优惠票价的特殊群体、享受免票的特殊群体及购票须知。

(2) 售票员售票前的准备。

① 准时上班，按规定着工作装、佩工作卡，仪容整齐，化妆得体，遵守景区的劳动纪律。

② 查看票房的门窗、保险柜、验钞机、话筒等设备是否正常。

③ 做好票房内及售票窗外的清洁工作。

④ 开园前挂出当日门票的价格牌。若当日由于特殊原因票价有变，应及时挂出价格牌及变动原因。

⑤ 根据前日票房门票的结余数量及当日游客的预测量填写门票申领表，到财务部票库领取当日所需各种门票，票种、数量清点无误后领出门票。

⑥ 根据需要到财务部兑换钱币，备足每日所需的零钱。

3. 售票服务工作流程

(1) 售票员应熟练掌握各类票的价格和使用情况。当游客走进窗口，售票员应态度热情，语气和蔼，音量适中，向游客礼貌问候"欢迎光临"，并认真准确回答游客咨询，向游客询问需要购买的票数。

(2) 售票员根据《门票价格及优惠办法》向游客出售门票，主动向游客解释优惠票价的享受条件，售票时做到热情礼貌、唱收唱付，绝无抛钱物现象。例如，"您好，请问您购买几张门票？""收您100元，每张40元，共80元，找您20元，请收好。"

(3) 售票结束时，售票员要向游客说"谢谢""欢迎下次光临"等礼貌用语。

(4) 闭园前一小时内购票的游客，售票员应提醒其景区的闭园时间及景区内仍有的主要活动。

(5) 游客购错票或多购票，在售票处办理退票手续时，售票员应根据实际情况办理，并填写退票通知单，以便清点时核对。确不能办理退票的，应耐心向游客解释。

(6) 售票员应根据游客需要，实事求是地为游客开具售票发票。

(7) 售票员交接班时应认真核对票、款数量，核对门票编号。

(8) 售票员售票过程中，票、款出现差错的，应及时向上一级领导反映，长款上交，短款自补。

(9) 售票员应热情待客，耐心回答游客的询问，做到百问不厌，避免与游客发生口角，能熟练使用普通话。游客情绪冲动时，售票员应保持克制态度，不能恶语相向。

(10) 售票员应耐心接受游客的批评，注意收集游客的建议，及时向上一级领导反映。

（11）售票员发现景区门口有倒卖门票的现象时要及时制止，并报告安保部门。

知识链接

售票时的难点解决

1. 如何在售票时辨别假币

一看。看颜色、变色油墨、水印。真钞印刷精良，颜色协调，水印具有立体感；假钞颜色模糊，色彩不协调，水印只有一边或无立体感，纸张较差，防伪金属线或纤维线容易抽出。

二摸。摸水印、盲文。真钞手感较好，水印、盲文立体感强；假钞较绵软或很光滑，盲文不明显。

三听。听声音，假钞抖动时发出的声响过于清脆或无声响。

2. 优惠票问题

一般景区会对不同人群实行差别定价，如儿童身高为1.1～1.3米的只需购买半票，而1.1米以下的则免票。售票员可能有过与游客争论高矮的经历，部分售票员因不愿与游客发生争论，便将问题留给检票口。这样做可能会带来以下三种后果：一是给检票员的工作增加难度，影响景区闸口的畅通与效率；二是使其他游客心里不平衡，甚至也会提出享受同等待遇的要求，导致其他游客对景区产生不良的印象；三是如果这些游客再回来补票，不仅增加售票员的工作量，也会延长其他游客的购票等候时间。此外，还有一些其他的优惠规定，如对老年人、伤残军人、学生、导游等的优惠。因此要注意以下问题。

（1）应将本景区的各项优惠规定以告示的方式张贴在游客容易看到的地方，尽量避免优惠票问题。

（2）如果游客出言不逊，也不要与游客争吵，应耐心、礼貌地向游客说明门票价格优惠制度，争取游客的理解。

（3）除了按照优惠制度解决以外，有时也可以灵活处理。对于特别固执的游客，可以请主管向其耐心解释，主管出面解释，会让游客产生被尊重的感觉，也会觉得优惠制度没有回旋的余地，可能会放弃不合理的要求。另外，还可以采取赠票带附加条件的做法。例如，请游客做景区服务监督员，并对景区服务管理质量进行监督评价，完成后免收游客的票款。

4. 交款及统计

（1）做好每日、每月盘点工作，保证账、票、款相符，做到准确无误，并认真填写相应的票务盘点表。

（2）注意票款安全，按规定路线到财务部上交票款。

（3）做好工作日记，搞好卫生，关闭门窗、保险箱等，切断电源再离开。

3.1.2 入门接待服务

1. 验票服务

（1）应设置标志明显、有足够数量和宽度的出、入口。出、入口分开设置，设置无障碍通道。

(2) 检票员应保持整洁的仪容仪表和良好的工作状态，站立服务，站姿端正，面带微笑，同时做好入园闸口周围的卫生，备好导游图等。检票员应使用标准普通话及礼貌用语，掌握基本的英语对话，并熟悉《门票价格及优惠办法》和景区内景点名称。另外，对残疾人或老人以及孕期妇女和婴幼儿等提供相应的协助。

(3) 游客入闸时，检票员应要求游客人手一张票，并认真检查。如设有自动检票机，检票员应监督、帮助游客通过电子检票，当自动检票机出现故障时，应进行人工检票。不得出现漏票、逃票、无票等放人现象，并向游客使用"欢迎光临"等礼貌用语。

(4) 主动疏导游客，出入口无拥挤现象。控制人流量，维持出入口秩序，避免出现混乱现象。对漏票、持无效证件的游客，要有礼貌地耐心解释，说明无效原因，说服游客重新购票。如遇闹事滋事者，应及时礼貌予以制止，如无法制止，立即报告有关部门。切忌在众多游客面前争执，应引到一边进行处理。

(5) 出口设人值守，适时征询游客对游览参观的意见和建议。

(6) 熟悉旅行团导游、领队带团入园的检查方法及相应的免票的规定。团队入园参观时，需登记游客人数、来自国家或地区、旅行社名称等信息。

(7) 下班前，把一天的工作日记填写好。

2. 入口导入服务

景区入口导入是指为了让游客愉快、顺畅地进入景区而采取的必要的设施和管理手段。景区入口是游客进入景区的第一印象区，它关系到景区的形象（图3.2）。由于旅游的季节性较强，经常会出现旺季入口堵塞的情况，造成游客长时间排队等候。此外，景区内游客必玩项目也很容易出现排长队的情况。如果分流措施不力，会降低游客的满意度，损害景区的声誉。

图3.2　河南尧山空姐式的入门接待服务

入口导入服务的一个重要环节就是排队服务。管理者要对游客的队列进行科学的管理，尽量缩短游客排队等候的时间。在不同的景区或景区的不同区域，应根据游客流动规律，采取不同的队形和接待方式。一般队形分为单列单人队形、单列多人队形、多列多人队形、多列单人队形、主题或综合队形5种形式，各有优缺点。

（1）单列单人队形如图3.3所示。

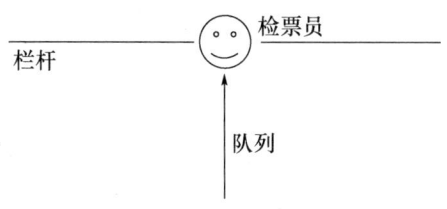

图3.3　单列单人队形

特点：一名检票员。
优点：成本低。
缺点：等候时间难以确定，游客进入景区时视觉有障碍。
改进措施：设置座位或护栏，标明等候时间。

（2）单列多人队形如图3.4所示。

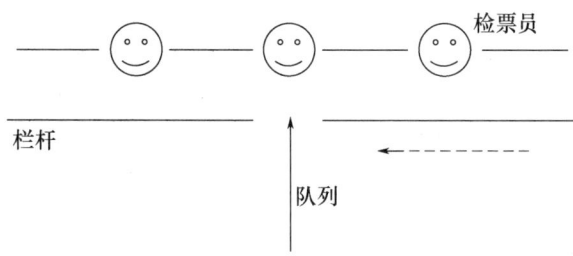

图3.4　单列多人队形

特点：多名检票员。
优点：接待速度较快。
缺点：人工成本增加，队列后面的人仍然感觉视线较差。
改进措施：设置座位或护栏，队列从纵向改为横向（图3.4中虚线）。

（3）多列多人队形如图3.5所示。

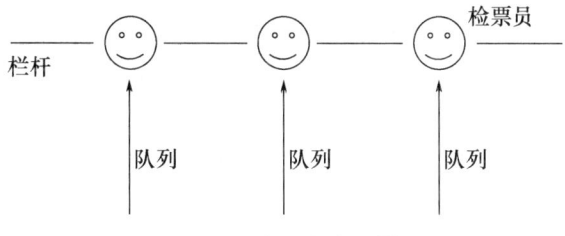

图3.5　多列多人队形

特点：多名检票员。
优点：接待速度较快，视觉进入感缓和，适用于游客量较大的场合。
缺点：成本增加，队列速度可能不一。
改进措施：不设栏杆，改善游客视觉进入感。

（4）多列单人队形如图3.6所示。

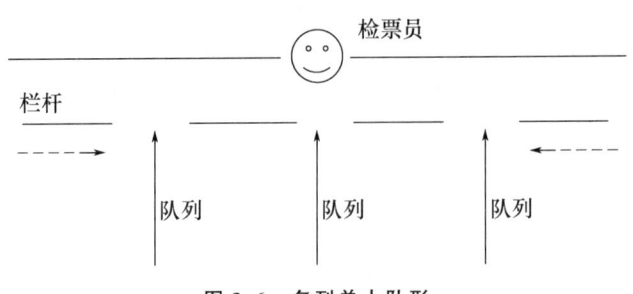

图 3.6　多列单人队形

特点：一名检票员。

优点：视觉进入感缓和；人工成本低。

缺点：栏杆多，成本增加；游客需要选择进入哪一队列。

改进措施：外部队列位置从纵向改为横向（图 3.6 中虚线），可以改善视觉。

（5）主题或综合队形如图 3.7 所示。

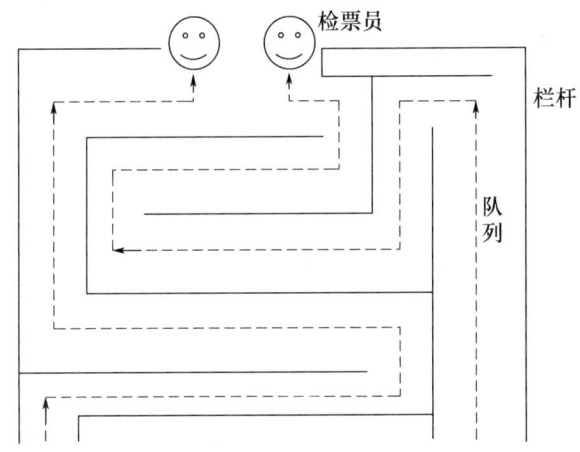

图 3.7　主题或综合队形

特点：队列迂回曲折，一般为单列队；闸口处不少于两名检票员。

优点：视觉感及时间改善；有表演或信息展示的时间和空间，适度降低了排队的枯燥感。

缺点：增加了硬件建设成本。

改进措施：单列变双列。

3. 游客的咨询服务

向游客提供咨询服务是景区每一个员工应尽的职责，不少景区还实行"一站式"问询服务，即要求景区工作人员对游客的问题绝对不能说"不知道""不清楚"等模糊的用语，而是尽力帮助，自己解答不了的，应主动联系能够满足游客问询需要的部门或员工。例如，当景区内游客询问卫生间、餐厅等的位置时，应正确、清楚地告知游客，必要时可把游客引导到其要去的地方。

一般景区将问询服务的功能设在游客中心。游客中心向游客提供接待导览、咨询、失物招领、投诉受理、免费寄存物品、婴儿车出租、医疗救护、电子触摸查询系统、放映厅、展览厅、旅游纪念品展示和销售等多种服务。游客中心提供咨询服务的员工应做到以下几点。

（1）准时上岗，按规定着装，化妆得体，参加班前会。

（2）做好咨询台周边的卫生工作，以饱满的精神状态准备迎接游客的到来。

（3）阅读工作日志，了解前一天游客咨询的主要内容。

（4）接受游客当面咨询时应注意如下内容。

① 接受游客咨询时，应面带微笑，且双目平视对方，全神贯注，集中精力，以示尊重与诚意，专心倾听，不可三心二意。

② 答复游客的问询时，要做到有问必答，用词得当，简洁明了。不能说"也许""大概"之类含糊不清的话。自己能回答的问题要随问随答，决不推诿；如暂无法解答的问题，应向游客说明，并表示歉意，不能简单地说"我不知道"之类的用语，并且主动向相关部门或员工咨询，然后再清楚地告诉游客。

③ 如果多人同时问询，应先问先答，急问急答，注意客人情绪，避免怠慢，使不同的问询都能得到适当的接待和满意的答复。

④ 接待游客时应谈吐得体，不得随意探询游客隐私，言谈不可偏激。

⑤ 工作时不要与他人闲聊或大声说话，遇急事不要奔跑，以免造成游客紧张。

⑥ 不要和一位游客谈话太久，而忽略了其他需要服务的游客。

⑦ 对游客应该一视同仁、热情接待，不可以貌取人、区别对待。

（5）及时了解本景区最新的动态信息。这些信息包括景区开展活动的内容、时间和参加办法等，及时向游客提供游览景点的路线、购物和休息等有关信息，为游客在本景区旅游做好参谋。

（6）对于游客提出的意见和建议，应该认真记录并及时向有关部门反映。

（7）对游客关于本地及周边区域景区情况的询问提供耐心、详细的答复和游览指导。不要故意贬低周边处于竞争对手地位的景区，应该客观地向游客做介绍。

（8）如果接听电话咨询，应首先报上姓名或景区名称，回答电话咨询时要热情、亲切、耐心、礼貌，要使用敬语。接听电话时还应做好记录，需要别的部门完成的应及时沟通。通话完毕，互道再见并确认对方先收线后再挂断电话，不能随意透露单位领导或同事的私人电话号码。

3.1.3 游客投诉受理服务

景区游客投诉受理是指景区专门处理投诉的管理人员或服务人员，对游客在景区内权益受到损害而进行投诉时的处理服务。景区的服务质量关系景区的公众形象，因此为了提升景区的形象，避免形象受损，必须重视游客的投诉，快速合理地解决投诉中出现的问题。

1. 游客投诉的原因分析

随着游客文化水平的提高，其法律维权意识也随之提高。面对景区不合理的服务、基础设施的不足等现象，游客会通过自己的方式和途径维护自身的旅游权益。分析游客投诉的原因，可以防患于未然，避免景区以后出现类似的投诉，提升景区的整体形象。目前常见的游客投诉主要基于以下原因。

（1）对景区软件的不满。

景区的软件主要由景区服务人员态度、服务水平、景区人员的素质等组成。这类投诉占景区投诉的绝大多数，主要分为以下两种。

① 服务态度问题。这主要表现在：景区服务人员职业道德差，面对游客询问，回答不耐烦、敷衍了事，并且态度粗鲁；无视游客的意见，游客提出的要求没在规定的时间内处理，或者没打算处理；出言不逊，甚至有辱骂游客的现象。

② 服务技能低。这主要表现在：工作程序不合理，效率低下；漏点或错点游客人数；不征求游客的意见，为其安排不满意的座位、房间或车辆。

（2）对景区服务产品的不满。

① 门票价格太高，特别是园中园重复购票，商品价格或服务项目收费过高，随意"宰"客。

② 饭菜质量太差，口味、卫生不能令游客满意。

③ 最佳观景点被承包经营者占据，拍照得额外付费。

④ 虚假广告引人上当，移花接木欺骗游客，景区娱乐项目数量或质量缩水，名不副实。

（3）对景区硬件及环境的不满。

① 卫生设施条件太差，如卫生间有异味等。

② 发生安全事故、意外事故，治安状况差，缺乏安全感。

③ 旅游气氛差，小贩穿梭其间，追客强行兜售。

④ 可进入性差，交通混乱，车辆摆放无指定地点。

（4）游客的期望值越来越高。

（5）游客的理性消费、维权意识加强。

2．游客投诉的心理分析

虽然引起游客投诉的原因很多，但游客进行投诉的心理可归结为以下3种。

（1）求尊重的心理。游客求尊重的心理在整个旅游过程中都存在。按照马斯洛的需求层次理论，旅游活动是在生理需求和安全需求得到满足之后才会产生的要求，位于高层次的受尊重需求，当然也是旅游活动中存在的诉求对象。因而，在景区服务中尊重游客显得尤为重要。游客受到怠慢时就可能会投诉，投诉的目的就是找回尊严。游客在投诉之后，希望别人认为他们的投诉是对的、有道理的，希望得到同情、尊重，希望有关人员、部门高度重视他们的意见，并得到及时解决。

（2）求平衡的心理。游客在碰到令他们烦恼的事情之后会感到不平衡，认为自己受了不公正的待遇。因此，他们可能会找到景区有关部门，通过投诉的方式发泄怨气，以求得心理上的平衡。人在遭受心理挫折后有3种主要的心理补救措施：心理补偿、寻求合理解释而得到安慰、宣泄不愉快的心情。

（3）求补偿的心理。在景区服务过程中，如果景区服务人员出现不恰当的职务性行为或景区未能履行某方面的合同、兑现承诺，则会给游客造成物质上的损失或精神上的伤害。例如，针对门票内包含的表演项目被取消、游乐设施被关闭、游客的意外伤害等问题，游客可能通过投诉的方式来要求给予他们物质上的补偿，这也是一种正常的、普遍的心理现象。

3. 游客投诉的处理

（1）游客投诉处理的基本原则。

① 真诚地解决问题的原则。针对任何投诉，都需保持冷静镇定的态度，有礼貌地仔细聆听，与游客目光接触，眼睛里充满真诚，让游客感觉到你的真诚，取得游客的信任。在听取游客讲述的同时，认真做好记录，并致歉意，表明理解对方。

② 不可与游客争辩的原则。游客投诉多数因为经历了不愉快的待遇，在聆听游客的投诉时，一定要用相应的语言安慰游客，无论是否错在景区，无论是哪一个部门或个人的错误，接待人员都应该向游客致歉，重大投诉必须通知主管领导和被投诉部门领导。

③ 维护景区利益的原则。当接到投诉时，要仔细地分析和听取游客的讲述。如果明显是景区的错误，则不要推卸责任，以免给景区带来更大的负面影响。如果是游客的责任，则要与游客解释，维护景区的利益。如果不能确定是否是景区的责任，则不要武断地下结论，要经过调查之后再确定是哪方的原因。但无论接受什么投诉，在解决时都必须维护景区自身的利益。

（2）游客投诉处理的步骤。

① 给游客讲述和发泄的机会。游客投诉时，一般情况下比较激动，语言表达方面也比较气愤。此时一定要面带微笑，表示同情，让游客把自己的经历讲述完。切忌中途打断游客的讲述，应不断地点头并用合适的词语来表示你在认真倾听，这样可以平息游客的愤怒情绪，也为处理投诉打下良好的基础。

② 充分道歉和安慰。无论投诉的问题，责任归哪一方，一定要对游客的讲述表示相应的肯定，并真诚充分地道歉。应从游客的切身利益出发，对其用合适的语言表示安慰，以平息游客的情绪。

③ 收集有关信息。对于游客的投诉一定要弄清事实，不重复尚未理解的细节或对处理者无法做到的事情做出承诺。一定要积极地收集与游客投诉的相关信息，以便客观公正地处理游客的投诉。

④ 告知解决办法。将解决办法告知游客，并征求游客意见，如果游客对处理结果满意，则向其致歉，感谢其对景区工作的关心和提出的宝贵意见或建议。如果游客对处理结果不满意，则要征询其意见或要求，再次协调责任单位协商解决，如双方仍不能达成一致，将处理情况向主管领导汇报，由主管领导协调相关单位处理。

⑤ 关注处理结果。对于短时间内不能解决的投诉问题，一定要随时关注其他相关部门对游客投诉问题的处理。处理完毕投诉事项后，及时将结果反馈游客本人，表示景区对游客的重视。

⑥ 跟踪服务。向游客致谢，表示欢迎游客的投诉，使景区在其心目中留下美好的印象。

⑦ 记录投诉。做好投诉记录、处理文字材料的归档保存工作。

案例阅读

福建永泰云顶景区旅游纠纷调解室挂牌

2017年9月1日，永泰云顶景区旅游纠纷调解室正式挂牌成立。这是永泰法院与永泰青云山管委会、永泰县旅游局合作,在永泰青云山管委会设立"生态环境巡回审判点"的又一重要举措,将进一步维护游客的合法权益。

永泰云顶景区旅游纠纷调解室的设立,将构建游客纠纷解决机制,建立起集公安、检察、水利、生态环境、住建、农业农村等部门的"1+X""多家会诊"模式,在证据采集与固定、案件协调与和解、判决监督与执行、判后答疑与释法等方面加强衔接配合。同时,充分调动社会调解资源,开展委托调解、委派调解和协助调解,结合庭前、庭中、庭后"三环节",做到调解策略、外部支援、教育疏导"三到位",形成"无缝"衔接。

永泰县旅游局相关负责人表示,永泰云顶景区旅游纠纷调解室的成立,延伸了旅游调解的辐射范围,拓宽了旅游纠纷的处置平台,将为游客维权申诉提供更多便利,为永泰旅游市场健康发展保驾护航,进一步促进永泰全域旅游示范区创建。

(资料来源:http://www.ctnews.com.cn/art/2017/9/1/art_150_10638.html,2017-09-01,有改动。)

案例分析:永泰云顶景区旅游纠纷调解室的挂牌成立,说明永泰县对游客的投诉更加重视,把游客的利益放在第一位。调解室的出现,能让游客维权速度加快,也能更好地促进旅游市场的良性发展。

3.2 景区解说服务管理

景区解说是指利用多种媒介,传达景区的各种自然或文化信息的教育活动,旨在促进旅游者和广大公众对自然的认识和对文化的体验。它是为了实现旅游者、旅游景区、旅游经营者、旅游管理者等与各种媒介之间的有效沟通而进行的信息传播行为。对旅游者而言,通过解说,可增强对景区自然景观的理解与欣赏,对人文景观的感受和体验,从而达到开阔眼界、增长知识、增强体验等目的。

3.2.1 旅游解说服务系统的构成要素

良好的旅游解说服务系统可以为旅游者提供愉快的旅游经历,本质上而言,旅游解说是一个信息传播的过程。拉斯韦尔的5W模式提出大众传播的五大要素:谁(Who)、说什么(What)、对谁(Whom)说、通过什么渠道(What channel)、取得什么效果(What effect),见表3-1。对旅游解说来说,同样具备类似的五大要素,即解说主体、解说信息、解说受众、解说媒介和解说效果。

表3-1 解说系统的5W要素

5W	含义	解析	说明
Who	解说主体	解说行为的实施者	不仅包括人员解说,也包括非人员解说(即各类解说设施)。两种解说主体各有利弊、优势互补,需综合运用
What	解说信息	解说传递包含的内容和要素	解说主体向解说受众展示传递的内容。通常包括以下几个方面:交通引导信息、景物解说信息、警告禁戒信息和服务辅助信息
Whom	解说受众	现存游客及潜在旅游者	不仅包括现存游客,还包括潜在旅游者,需进行市场细分和定位,选择合适的解说方式和技巧

续表

5W	含义	解析	说明
What channel	解说媒介	将各种信息展示传递给旅游者的载体	可分为自导式解说媒介和向导式解说媒介；也可分为传统媒介（如印刷品、解说牌、音像制品等）和现代化媒介（如虚拟3D系统、无线蓝牙、电子触摸屏等）
What effect	解说效果	解说的有效性和游客满意度评估	最容易被忽略的领域，只有对解说的有效性和游客的满意度进行反馈评估，才能有效提高解说的服务质量

1. 解说主体

解说主体是解说服务工作中非常重要的因素，它贯穿解说活动的始终。解说服务主要由人员解说或非人员解说组成，人员解说依靠导游人员来完成，非人员解说借助各类解说设施而完成。一般来说，人员解说具有十分重要的意义。因此要对导游人员进行严格培训，帮助他们获得良好的专业训练、掌握丰富的专业知识及解说技巧。同时导游人员接受游客的反馈，与旅游者进行信息交流和互动，解答旅游者提出的问题，通过双向的沟通可以引起游客的共鸣，使景点的信息为游客留下更深的印象。

2. 解说信息

解说信息是游客了解旅游景区，产生旅游动机和欲望的重要影响因素，游客旅游活动的实现将通过解说信息服务来实现。解说信息包含的内容十分广泛，主要包括区域环境、景区景点、服务设施、旅游管理和旅游商品等的介绍。当然不同的景区在介绍的时候，侧重点要有所差异。

3. 解说受众

那些将要使用解说系统的人就是广大受众。受众对于解说系统的内容要求和理解能力、接受能力是与其年龄、文化程度、性别、社会地位、兴趣爱好等密切相关的，受众的这些特征决定了其旅游消费的动机，也决定了他们从同样的旅游环境中所获得的旅游体验的差异性。因此，面对不同的游客，讲解内容也是有差异的，景区的导游人员应针对不同的游客设计不同的讲解方式，以便受众能够通过解说获得更全面、更准确的旅游信息。

4. 解说媒介

解说媒介是将旅游信息展示给游客的物质载体，是导游人员开展旅游解说的辅助工具。解说媒介随着技术的进步日益更新。目前，在景区常用的解说媒介有游客中心、电子触摸屏（图3.8）、印刷品、刊物、报纸、网站、音像制品、展览厅、幻灯片、解说牌、虚拟3D系统、无线蓝牙、游戏平台、电子讲解器等，不同的解说内容应采取不同的解说媒介。因此，解说媒介是影响景区解说效果的重要因素。高质量的解说服务依赖完善的解说媒介。

5. 解说效果

解说系统和沟通过程的有效性、游客对解说系统的满意度，是衡量解说系统是否合格的重要指标，也是重点和难点领域。但是不论在研究阶段还是实际运用的早期，这个环节

图 3.8 某景区电子触摸屏内容

都没有引起足够的重视。国外解说系统有效性的研究相对比较早，但主要是对比解说前和解说后游客在自然区域的知识获取、态度改变和行为修正的变化。国外解说员与游客沟通过程的研究主要是评估解说员沟通技巧的效率和沟通过程的可靠性，相对来说难度很大，所以相关研究成果少。对接受不同级别人员解说的游客，在刚刚接受解说和数月后的记忆理解情况进行问卷调查，对比游客前后知识获取与记忆存储的差异，间接检测不同级别解说者的交流技巧。满意度理论模型研究是近几年的研究热点，国内有必要引进其他领域的满意度理论，来探索游客解说满意度模型的构建。

3.2.2 旅游解说服务的内容

对景区进行科学完善的解说，应该从区域环境解说、景区景点解说、服务设施解说、旅游管理解说和旅游商品解说 5 个方面进行（图 3.9），这 5 个方面构成一个有机整体，各要素之间相互依赖、相互作用，形成特定的旅游解说服务系统结构。旅游解说服务系统开发的重点就在于优化系统结构，以实现系统功能的最优。

1. 区域环境解说

区域环境解说主要介绍景区所在的区域地理位置、文化特色、自然资源状况、社会现状及经济环境状况等。通过区域环境解说，游客可以充分了解景区所在地的整体状况及景区的外部环境状况。

其中区域地理位置的解说，主要说明景区的维度位置、自然地理位置及其与某一事物或某一自然要素的相对空间关系。文化特色的解说，主要介绍各地的人口状况，语言、民族民俗、文化特色等的分布特征及组织结构的关系。自然资源状况的解说，主要介绍景区周围的各种自然因素的总和，主要包括气候状况、植被、动物等。经济环境状况的解说，主要介绍该地区的经济发展状况，以及所形成的经济结构、城市的发展状况等。

2. 景区景点解说

景区景点解说主要介绍景区内部的特色，包括景区的特色、发展主题、历史沿革。解说时要重视经典的特色，对核心景点和具有代表性的景点要重点介绍。在解说的过程中，应了解不同类型的景区在解说过程中的侧重点有所差别。例如，对人文景点，要解说文化

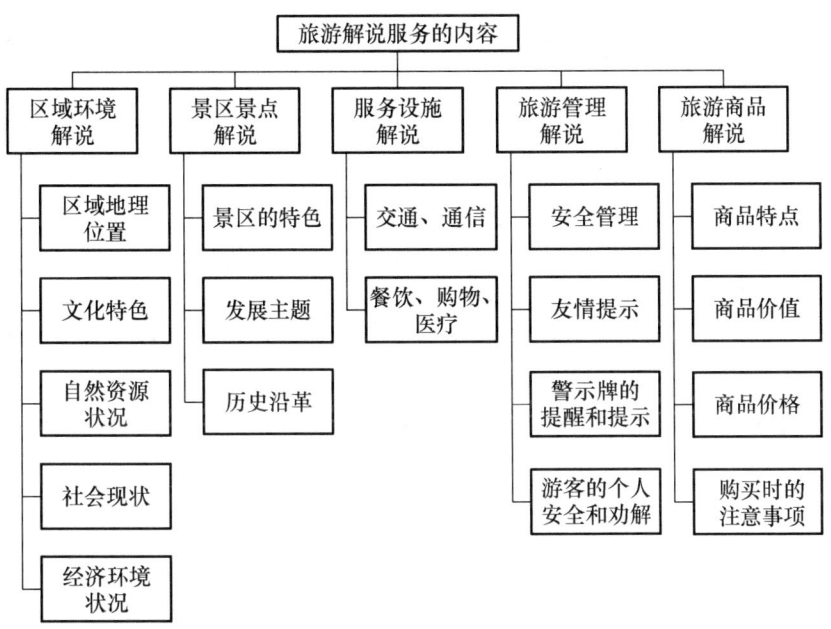

图 3.9 旅游解说服务的内容

的表现形式、特色和景观,可以结合当地的故事和民间传说进行解释,以加深人文景点在游客心目中的印象;对自然文化相结合的景点,解说时要突出教育功能,寓教于乐;对自然风光,应解说景点产生的原因、对人类的影响、观赏价值等。

3. 服务设施解说

服务设施解说主要是向游客说明景区内部和外部的交通、通信、餐饮、购物、医疗等,应重点解释清楚方便游客的一些景区周围的服务设施的分布地点、开放时间及实用的方法等。

4. 旅游管理解说

旅游管理解说主要指景区管理措施方面的解说,包括安全管理、友情提示、警示牌的提醒和提示、游客的个人安全和劝解等内容。

5. 旅游商品解说

旅游商品解说主要介绍景区内特色旅游商品的特点、价值、价格和购买时的注意事项等内容。

3.2.3 旅游解说服务的类型

根据信息服务的方式,旅游解说服务可分为导游解说服务和自助式解说服务两种类型。

1. 导游解说服务

导游解说服务是由受过专业训练和系统培训的导游人员向旅游者进行的主动的、动态的信息传导,是景区解说服务的重要组成部分。参与景区导游解说服务的主要有景区员工、社区志愿者和景区相关部门的管理者。

（1）景区导游人员规范要求。

① 景区导游员（讲解员）应符合有关规定和要求，取得导游员（讲解员）资格，方可上岗。

② 景区导游员（讲解员）要时刻保持饱满的工作热情，时刻处于良好的工作状态。

③ 景区导游员（讲解员）应尊重游客，礼貌待客、微笑服务，热情主动并耐心地倾听游客的意见，在合理且可能的情况下，尽量满足游客的要求。

④ 景区导游员（讲解员）要严格按照讲解服务单位确定的游览线路和游览内容进行讲解服务，不得擅自减少服务项目或中止讲解服务。

⑤ 景区导游员（讲解员）在讲解服务中，对涉嫌欺诈经营的行为和可能危及游客人身、财产安全的情况，要及时向游客做出真实说明或明确警示。

⑥ 景区导游员（讲解员）不得向游客兜售物品和索要小费，不得欺骗、胁迫游客消费。

知识链接

景区从业人员服务忌语

（1）不知道。

（2）自己看。

（3）你是谁？

（4）牌子上写的有，你不会自己看吗？

（5）你可能不明白……

（6）我们不会……我们从没……我们不可能。

（7）你弄错了。

（8）这不可能。

（9）你别激动……你不要叫……你平静一点……

（10）我不是为你一个人服务的。

（11）没看到我们有多忙吗？你先等一下。

（12）你最好……之前给我们打电话，否则我们就下班了。

（13）你必须先排队后买票。

（14）你刚才说你是谁？

（15）禁止……不准……严禁……不得……违者罚款；严惩。

（16）这不是我们的责任。

（2）导游讲解的技能。

① 保持热情服务。游客在出游的过程中希望获得愉快的服务，但是他们对景区的地势和景点不是特别熟悉。此时导游人员应做好每件事，热情地为游客服务，消除游客在旅游过程中的顾虑。导游人员在服务时应始终保持微笑，尊重游客，对于游客提出的问题要积极热情地给予回答，当游客遇到挫折时，要能够迅速帮助其排解不良情绪。

② 讲解时间控制技巧。导游人员在景区进行讲解时，应注意时间的安排，不能整个

行程都讲解,也不能不给游客讲解。一般情况下,以讲解占整个行程的60%左右为宜。其他的时间留给游客,让游客有欣赏和参观的时间,这样才能加深游客对讲解内容的印象。

③ 语言应用技巧。在语速方面,讲解时的语速要快慢适中,针对不同的游客和景点适当调节语速,不能过快,也不能过慢。要学会使用柔性语言,做到幽默风趣。这就要求导游人员要培养自己的幽默感,平时注意收集笑料,并且灵活使用。在语音方面,应通过声音和声调的变化来吸引游客的注意力。在讲解的内容方面,语言的表达要丰富多彩,可以通过制造悬念,运用对比方法、问答法、启发法等各种讲解方法来提高游客的注意力。在讲解时,还可以用手势来引导游客观察所讲解的内容。

2. 自助式解说服务

自助式解说服务是以书面材料、标准公共信息图形符号、语音等无生命的设施、设备向游客提供静态的、被动的信息服务。它的形式多样,主要包括标识牌、宣传资料和电子导游3种。其中标识牌是最主要的表达方式。游客获得自助式解说服务没有时间上的限制,可以根据自己的爱好、兴趣和体力等决定获取信息的时间和空间。因此,这种解说服务对于散客来说显得尤为重要。

(1) 标识牌。

标识牌是一种载有图案、标记符号、文字说明等内容的能够解说、标记、指引、装饰的功能牌,它是获取旅游目的地信息的重要手段。根据标识牌的内容,可将其分为以下5类。

① 解说牌(图3.10)。解说牌主要通过视觉来表现它的作用。它主要是景区介绍、旅游线路及其他服务性标语,将解说牌树立于游览区域,可使游客在游览过程中进一步了解景区情况,并可随时获取相关信息,如游览线路图等。

图3.10 景区解说牌

② 警示牌(图3.11)。警示牌用来提醒游客游览过程中应注意的事项,如请勿踩踏草坪、采撷花朵等警示牌,道路上的各种交通警示牌,高压电、水库、危险地段的各类警示标志,不可食用的果实、爆炸品、防灾等警示性标志。

③ 引导牌。引导牌指明景点、商店、厕所、停车场等的方向和距离,一般设在景区内有岔道的地方、公共场所、交通路口处。

④ 公共信息牌。公共信息牌显示天气预报、交通情况、景区内演出活动、团体住宿安排、会议安排、失物招领等内容,一般设置在公共场所或游客相对集中的地方。

⑤ 说明牌。说明牌主要用于说明某游乐项目或设备的使用方法、收费标准及可能出现问题的处理办法等，如景区内电瓶车的租借方法、损坏如何赔偿等。

（2）宣传资料。

由于旅游资源的不可移动性，游客是否购买旅游产品取决于他（她）对产品的感觉和偏好，因此，宣传资料的设计也是至关重要的。游客会把制作精美的宣传资料当成景区的纪念品而带走，其作用和影响远远超出景区制作宣传资料的成本。景区宣传资料的种类很多，大致可分为静态和动态两种类型。

图 3.11　景区警示牌

① 静态宣传资料。静态宣传资料包括导游图、交通图、解说手册、景区服务指南、风光图片、书籍、画册以及有关新开发的旅游产品、专项旅游活动的宣传品、广告及旅游纪念品等，具有保留时间长、阅读层次面广等特点。这既是旅游解说服务系统的组成部分，又是旅游宣传的主要手段。

② 动态宣传资料。动态宣传资料主要包括电影、录像、电视片、光盘、广播等音像制品，形式多样，内容直观且生动活泼。

（3）电子导游。

电子导游是一种利用数码语音技术制作的自助式服务设备，可以让游客在参观游览的过程中，通过自行操作控制选择聆听景物或展品的介绍。目前，电子导游已经出现了无线接收式、MP3播放式、数码播放式等多种形式。

另外，多媒体触摸屏导览系统和景区网站也是自助式解说服务的重要表现形式。多媒体触摸屏导览系统充分利用多媒体技术，声像信息丰富，实用性、可视性兼备。它可提供景区的整体介绍、重要景点的声像资料、旅游路线的选择、往返景区的交通、景区内服务设施说明等信息。景区网站是指基于互联网，拥有自己的域名，由若干个相关的网页组成的网页组，在服务器上存储一系列的旅游信息的Web页面，这些页面又包括许多文本、图像、视频和程序。使用者可以利用浏览器浏览所需要的信息。它是利用网络技术，从旅游业角度，整合传统旅游资源，提供全方位、多层次网上旅游服务的场所，真正实现了"足不出户，走遍天下"。

案例阅读

青城山——都江堰旅游首推游客感知系统

2011年6月，青城山——都江堰旅游景区管理局首推游客感知系统。游客感知系统的终端是一张带有芯片的卡片，这张银行卡大小的卡片具备自动语音导游、电子标签、电子商务应用和应急求助等游客增值服务功能。

卡片能通过景区各个点位的感应器，根据游客的线路为游客进行自助语音导游，前3段为免费听取，后面的景点讲解将收取10元的费用。而当游客迷路或是遇到山体滑坡等紧急情况时，只要按下卡片上的求助按钮，景区综合指挥平台就能在第一时间组织人员对游客进行帮助。"感知卡和地铁单程票一样，要回收利用，所以游客在离开景区时，需要将卡返还。"

(资料来源：http://www.huaxi100.com/article-1574-1.html，2011-03-20，有改动。)

案例分析：该景区推出的感知系统具有极大的方便性，可以实现游客自助旅游，同时游客遇到问题和危险时还可以提供求助服务，更重要的是这个卡片是可以回收利用的，既能够循环利用，又能方便游客。这种感知系统可以为其他景区提供借鉴。

3.2.4 旅游解说服务的目的和意义

1. 旅游解说服务的目的

旅游解说可以让游客进入景区之后快捷方便地游览景区，主要目的就是让游客充分了解景区的文化和历史，快速传递信息。

明确旅游线路，加快游客的空间识别。景区的解说无论是导游解说还是自导式解说，都能让游客快速清晰地识别自己所处的环境，能使游客充满安全感，并且加深对景点的认识。

2. 旅游解说服务的意义

(1) 提供基本信息和导向服务。

(2) 帮助游客了解并欣赏旅游景区的资源及价值。

(3) 加强旅游资源和设施的保护。

(4) 鼓励游客参与景区管理，提高与景区有关的游憩技能。

(5) 提供一种对话的途径，使游客、社区居民、旅游管理者相互交流，达成相互间的理解和支持，实现旅游目的地良好运行。

(6) 具有教育功能。

3.2.5 中国景区解说服务管理的重点

中国景区解说服务管理的重点表现在以下几个方面。

(1) 将景区解说服务管理纳入景区质量管理体系中，提高景区有关部门和人员对解说服务重要性的认识，解决观念问题并建立专门机构进行设计、监督和协调工作。

(2) 研究和吸收国外同类型景区成熟的解说服务经验，提高景区解说服务水平。

(3) 投入更多的人力、财力挖掘景区文化和资源价值，以某种游客容易接受的方式进行解说服务，将中国景区中厚重的内涵展现出来，避免出现"内行看门道，外行看热闹"的现象。

(4) 培养高素质的景区解说人员。

3.3 景区商业服务管理

3.3.1 景区娱乐服务管理

1. 景区娱乐服务的概念

景区娱乐服务是指借助景区的工作人员和景区的设施给游客提供各种娱乐活动，使游客获得视觉及身心的愉悦。随着社会经济的发展，人们对娱乐性和参与性的项目的要求越来越多，这也使得娱乐活动在景区内占有较为重要的地位。但要说明的是，并不是所有类型的景区都提供娱乐服务。例如，一些保护类自然类景区禁止在某些核心区域开展任何形式的娱乐活动；某些具有重要价值的历史遗迹类人文景区也禁止或限制开展娱乐活动。但是，很多条件允许的旅游景区都通过提供娱乐项目来增强游客视觉及身心体验、满足游客参与的需求，从而吸引更多的游客，如各类主题公园更是以提供娱乐服务为主旨。良好的娱乐环境氛围和与之交相辉映的各种娱乐项目会使游客在享受娱乐服务的过程中，得到愉快的经历和独特的体验。

2. 景区娱乐项目的类型

景区娱乐项目按照分类方式的不同，可以分为不同的类型。例如，按照产生时间和主题，景区娱乐项目可分为传统娱乐活动和现代娱乐活动，如蒙古族那达慕大会、彝族火把节、傣族泼水节等节庆娱乐活动已有上百年的历史，而冰雪节、服装节等现代新兴娱乐活动也层出不穷；按照场地，景区娱乐项目可分为舞台类、广场类、村寨类、街头类、流动类和特有类；按照活动规模和提供频率，景区娱乐项目可分为小型常规娱乐和大型主题娱乐。这里主要介绍按照活动规模和提供频率的分类。

（1）小型常规娱乐。

小型常规娱乐是指景区长期提供的娱乐设施及活动，占用员工较少，因而规模小，游客每次的娱乐时间较短。其形式可分为三大类及若干小类，见表3-2。三大类包括表演演示类、游戏游艺类和参与健身类。其中，游戏游艺类和参与健身类在景区中较为多见。

表3-2 小型常规娱乐形式分类

大　　类	细分类别	举　　例	
表演演示类	地方艺术类	日本茶道、川剧变脸、吉卜赛歌舞	
	古代艺术类	唐乐舞、楚国编钟乐器演奏、纳西古乐	
	风俗民情类	绣球招亲、对歌求偶	
	动物活动类	赛马、斗牛、斗鸡、斗蟋蟀、动物算题	
游戏游艺类	游戏类	摆手舞、秧歌、竹竿舞	
	游艺类	模拟枪战、踩气球、单足赛跑、猜谜语	
参与健身类	人与机器	人机一体	操纵式：滑翔、射击、赛车、热气球
			受控式：过山车、摩天轮、疯狂老鼠
		人机分离	亲和式：翻斗乐
			对抗式：八卦冲霄楼
	人与动植物	健身型	钓鱼、骑马、钓虾
		体验型	观光茶园、自助果园、狩猎
	人与自然	亲和型	滑水、滑沙、游泳、温泉、潜水
		征服型	攀岩、迷宫、原木劳动
	人与人	健身型	保龄球、高尔夫球、网球
		娱乐型	烧烤、手工艺品制作

除了表 3-2 中的项目之外，现代生活中常见的娱乐项目也被引入了景区中，包括参与性的娱乐项目和观赏性的娱乐项目。前者有歌舞厅、酒吧、游戏厅等，后者如激光电影、4D 电影、戏曲等。但小型娱乐项目特色不突出，对远距离的游客吸引较小，主要以当地和周边的游客为主。

(2) 大型主题娱乐。

大型主题娱乐是景区经过精心策划组织、动用大量员工和设备推出的大型娱乐活动，一般在推出前会进行大规模的广告宣传，用心营造特定氛围。大型主题娱乐项目是主题公园营销的主要方式。按照大型主题娱乐的活动方式，可以将其分为 3 种类型。

① 舞台豪华型。舞台豪华型娱乐一般采用先进的舞台灯光技术，用氢气球、声控模型、动态舞台等占据多维空间，并施放焰火、喷泉等配合舞台演出。舞台服饰强调彩衣华服、夸张怪诞，节目强调时代感与快节奏，集杂技、歌舞、服饰表演、艺术表演于一台，强调娱乐性，以新、奇、乐、大手笔取悦观众。国内比较有名的如深圳世界之窗，每晚在"世界广场"推出的大型音乐舞蹈晚会"创世纪"，以及融合自然风光与舞台表演的大型桂林山水实景演出《印象·刘三姐》(图 3.12)。

② 花会队列型。这是一种行进式队列舞蹈、服饰、彩车、人物表演，一般与节庆相结合，在广场或景区街道内进行。有的以民俗为主题，有的以神话传说为主题，演出服饰夸张怪诞、喧闹喜庆、娱乐性强。深圳世界之窗的大游行汇集了皇家马队、扑克方阵、典礼仪仗、文化彩车等异国文化风情。

③ 分散荟萃型。这是以一定的节庆为契机，围绕一定主题，在景区多处同时推出众多小型表演型或参与型娱乐活动，从而形成一个大型主题娱乐活动。例如，深圳世界之窗在 8 万平方米的欧风街范围内，在"欧洲之夜"期间同时推出诸多活动等。

图 3.12 大型实景演出——《印象·刘三姐》

3. 景区娱乐服务的管理要点

(1) 娱乐项目策划应尽量突出特色，提高参与性。特色是目前许多景点的追求，因此在娱乐项目策划时应尽量突出地方特色。现代游客的需求多种多样，越是有当地民俗特色的娱乐活动越能吸引游客。因此，突出特色是娱乐服务管理方面首先要做到的。

除此之外，娱乐项目还要能够积极调动游客的参与性。所谓参与就是让游客的精神和身体都参与到娱乐项目中来。例如，河南开封的清明上河园中，游客可以参加"科举考试""员外招亲"这些娱乐项目，这样才能提高游客参与娱乐的积极性、主动性，让游客有兴趣投入娱乐中，对景区的印象更加深刻。

（2）娱乐项目安全管理最为重要。安全始终是娱乐服务管理根本、重要的要求。无论在自然景区还是人文景区，都必须制定严格的娱乐安全管理措施。小型的娱乐项目必须标明安全提示，大型的娱乐项目要避免游客食物中毒、受到动物的攻击等。

（3）娱乐服务管理的基础是员工培训。景区服务人员是娱乐项目的引导者、组织者，受过良好训练的服务人员能让娱乐项目的效果发挥到最大化。迪士尼的成功经验就证明了员工在景区娱乐服务中的重要作用。

3.3.2 景区购物服务管理

旅游商品是指游客在旅游活动中所购买的纪念性、实用性或具有地方特色的物质性商品。旅游商品是景区中重要的旅游资源，是吸引旅游者的重要因素之一，也是景区的重要收入来源，还是旅游六大构成要素中的重要一环。广义的旅游商品种类多、范围广，根据其自身的性质和特点，可分为艺术品、文物、装饰品、土特产、日用品、零星用品、旅游食品等。狭义的旅游产品则是一般意义上的旅游纪念品。

对游客而言，旅游商品与一般商品不同，旅游商品有自身的属性。通常来说，旅游商品具有实用功能、艺术价值、观赏价值、记忆功能和宣传功能。因此，景区对购物服务的管理至关重要，在景区的管理过程中占有重要的位置。

1. 游客的购物心理分析

要想为游客提供优质的服务，首先要了解游客的购物心理。总的来说，游客的购物心理主要有以下几种。

（1）求实惠、求低价。

求实惠即追求商品的实用价值。游客在购买旅游商品时，不但看重其特色，还要求商品实用、实惠。尤其是普通游客，对旅游商品的价格、实用性十分关注。

（2）求名牌、求新奇。

求名牌即追求名牌和有名望的商品。对于有求名动机的游客来讲，往往不太注意旅游商品的效用和价格，而是注重旅游商品的名望、象征意义和纪念意义，并会冲动地做出购买决定。这类游客希望在景区购买到具有纪念意义的工艺美术品、古董复制品、旅游纪念品等旅游商品。一方面是为了留作纪念，因为很多游客都喜欢把在景区买的纪念品连同他们在旅行中拍的照片保存起来，留待日后据此回忆他们难忘的旅游经历；另一方面是为了带回去馈赠亲友。

求新奇即追求旅游商品的新颖、奇特、时尚。在游客购物的过程中，好奇心起到一种导向作用。游客大多喜欢新奇、新颖的商品。新的颜色、新的款式、新的质量、新的材质，可以满足人们求新的心理，调节枯燥、单调、烦闷的生活。因此，游客在景区看到一些平时少见的东西时，就会产生好奇感和购买的欲望。

（3）求审美、求兴趣。

求审美、求兴趣即重视旅游商品的艺术欣赏价值。对游客来讲，离开自己的居住地参加旅游活动，不仅希望欣赏到美的风景，也希望购买到一些富有美感的旅游商品。他们往往重视旅游商品的款式、包装和对环境的装饰作用。对于游客来讲，由于生活经历、宗教信仰、受教育程度、家庭背景等方面的不同,其兴趣、爱好也各不相同。在旅游的过程中,他们一般倾向于购买与自己兴趣、爱好有关的商品。例如,喜欢古董并能甄别真假的游客对景区的文物商品比较感兴趣。

(4) 求知识、求尊重。

求知识是通过购物获得某种知识。有些游客对景区服务人员介绍有关商品的特色、制作过程,字画的年代、其作者的逸闻趣事,以及鉴别商品优劣的知识等特别感兴趣,这也会促使他们购买该种旅游商品。

求尊重心理是游客在购物过程中的共同心理需要。这种需要表现在很多方面,如希望景区服务人员能热情回答问题;希望景区服务人员能任其挑选商品,不怕麻烦;希望景区服务人员彬彬有礼,尊重他们的爱好、习俗、生活习惯等。

2. 旅游购物的服务技巧

(1) 主动与游客沟通。

当游客进入购物场所时,服务人员应该使用敬语主动与游客打招呼。但当游客没有显示出购物兴趣时,不能过度热情服务,以免引起游客的反感。此时要察言观色,看到游客对某种商品感兴趣或者想询问时,此时应主动与游客沟通,不要冷落游客。

(2) 展示商品的特征,激发游客的购买欲望。

如果游客对某种商品感兴趣,服务人员应主动向游客介绍商品的特性。在介绍商品的同时,应清楚详细地介绍商品的用处、优点等,以激起游客的购买欲望。在展示商品的特性时,服务人员要遵守职业道德,不可表现出对商品的不爱惜。

(3) 从游客需求出发,热情介绍商品,增加信任。

当游客对某一商品感兴趣并进行比较、评价的时候,服务人员应适时地介绍商品知识,如特性、产地、原料、式样、使用方法、流行性等。所谓适时介绍,就是在分析游客心理要求的基础上,有重点地说明商品,以便投其所好。事实表明,服务人员从游客的需求出发,积极热情、实事求是地介绍,不仅可以满足游客的购物需求,还可以激起游客的购物欲望。服务人员向游客介绍旅游商品的要求如下。

① 介绍旅游商品,要注意严格遵守商业职业道德规范,维护游客利益,实事求是地介绍商品,不夸大商品优点,也不隐瞒其缺点。

② 不张冠李戴,不能为迎合游客购买心理,以次充好。

③ 尊重游客的习惯、兴趣和爱好,有针对性地介绍商品,不过分纠缠,给人强买强卖的感觉。

④ 语言要简明扼要,语调语气要体现出热情、诚恳和礼貌,但也不可过分热情,应留给游客思考的空间。

3.3.3 景区餐饮服务管理

景区的发展离不开景区餐饮业的大力支持,长期以来景区餐饮价格高、口味差、服务差等让很多游客望而却步,因此,要想提升景区餐饮的口味和服务,必须加强对景区餐饮服务的管理。

1. 景区餐饮服务的特点

(1) 价格偏高。国内景区的餐饮价格普遍偏高。景区餐饮价格偏高的原因,首先是景区餐饮的经营成本高。景区内的餐饮摊位一般是摊主高价租来的，摊主为了获得更多的收入就会提高餐饮的价格。其次，景区内餐饮摊位少，餐饮价格上涨就在所难免。第三，受景区淡、旺季的影响。在景区旅游旺季，游客增多，景区餐饮价格就会暴涨。最后，景区对餐饮服务的特殊要求，也会无意中抬高景区的餐饮价格。

（2）具有较强的季节性。景区餐饮具有鲜明的季节性，特别是季节性非常明显的景区，受自然因素的制约，四季的更替会导致旅游热点的转移。另外，受节庆活动和假日的影响。景区餐饮业绩也随旅游淡旺季的更替如股市般时跌时涨，甚至暴跌暴涨。在旺季，景区旅游较多，景区餐饮业的业绩也较好；反之则较差。

（3）快捷性。景区的餐饮是为游客准备的，大多数游客在景区用餐，因为人数较多，整体条件不如市区的餐饮条件好，而且游客旅游时间有限，希望花在餐饮上的时间越少越好，方便快捷的饮食是游客最需要的。所以景区的餐饮多以快餐为主，快捷性是景区餐饮的重要特点。

（4）地方性强。特色是旅游的灵魂，游客每到一地，都渴望品尝到别具一格的、具有浓郁地方特色的美味佳肴，因此，景区餐饮一般以鲜明的个性来吸引游客。在不同地方的景区，餐饮经营者都尽力突出具有当地特色的菜点和宴席，以满足游客在物质上和精神上的需求；另外，还设法增加饮食环境文化内涵，突出地方的特色。

（5）目标市场构成复杂。景区餐饮所面临的目标市场构成十分复杂，景区接待的游客的性别、年龄结构、文化水平、收入状况、地域结构都有很大的差别。

2. 景区餐饮服务管理的基本要求与原则

（1）景区餐饮服务管理的基本要求。

① 价格合理，不欺骗游客。景区在制定各种餐饮价格时，不得私自提高餐饮的价格，应制定明确的各项消费价格，让游客明确消费。

② 提供干净卫生的饮食环境。店堂的环境要保持清洁，有防蝇、防鼠、防虫、防潮设备。合理设置密封的污物桶并及时清运垃圾，及时清扫卫生间，做到清洁无异味。

③ 提供高质量的特色食品。烹调后菜肴应做到不生不煳、口味鲜美、咸淡适口。菜品力争色、香、味与营养兼顾，菜肴装盘后应形态丰满、整齐美观、色泽和谐、主料突出。

④ 提供优质高效的服务。员工应持有效健康证上岗，保持身体健康，讲究个人卫生，并熟练运用文明礼貌用语，给游客以庄重、大方、美观的感觉。尊重游客的消费习惯、宗教信仰和人格尊严，按照游客的正当要求和个人生活习惯提供合适的服务。

餐厅服务员应熟悉所经营菜品的名称、规格、典故、价格、口味特点、成菜特征、原料价格，并能根据不同的消费需求介绍适宜的品种。

（2）景区餐饮服务管理的原则。

① 景区餐饮部门选址应因地制宜，不破坏景观。一般而言，旅游区可以划分为核心区、缓冲区、游览区和服务区，属于服务性质的餐饮应设在服务区中，并要对其规模、选址及管理进行规划，在规划中要遵循因地制宜的原则，避免盲目兴建大型餐饮设施而破坏自然和谐，影响旅游景区的景观效果。

② 景区餐饮不得污染环境。餐饮对景区造成的污染也比较大，最大的污染是大气污染，如何防治大气污染是景区餐饮最需要解决的问题。景区应尽可取选择无污染的餐饮，

或利用污染较小的煤气和液化气,以减少污染。在食品加工方式上,要注重工业化与手工操作相结合,中心厨房配送与分散的餐点加工相结合,尽量减少包装,以减少污染。

3.3.4 景区住宿服务管理

景区住宿服务是指借助景区的住宿服务设施和服务人员向游客提供的,以满足游客在景区住宿、休息等需要为基本功能,同时也可满足游客其他一些需求的服务。

景区住宿部门可能设置在景区内,也可能设置在景区外,主要类型有宾馆、饭店、疗养院、度假村、民居旅馆、野营地等。经营管理方式一般为景区直接经营,也有租赁经营、委托饭店集团经营等方式,不论采用何种方式,都应该视为景区的一个组成部门进行管理。

1. 景区住宿服务的内容

景区住宿服务主要包括两个方面的内容：前厅部服务和客房部服务。前厅部服务内容包括客房预订服务和接待服务,如入住登记、问询、礼宾、收银和销售等；客房部服务包括清洁卫生服务和对客服务。

2. 景区客房服务的要求

景区客房的客源主要是到景区观光、游览、度假的客人,客源较为单一,并且易受景区旅游淡旺季的影响。因此,景区客房的规模较小,功能也不全面,有时需其他部门的协助和配合。景区客房服务在业务上和管理上与饭店管理差别不大,下面以总台服务为例介绍相关服务要求。

（1）住宿登记制度。

饭店业属于特殊行业,为做好安全工作,提高服务质量,游客在景区入住必须进行登记。例如,游客在饭店入住一般要填写住宿登记卡,记录自己的姓名、身份证号、住宿时间等相关信息。

（2）交接班制度。

对于全天营业的住宿接待单位,工作中各班次应办好交接班手续,相互间紧密衔接,明确职责,防止混乱。上下班交接的主要内容包括空房空床情况、住客交办未了的事项、患病住客的病情及照护情况、宾客留言或委托转交事项、客房设施变动情况、叫醒服务等。

（3）总台服务人员的工作要求。

① 掌握预约客房情况。掌握当天或未来几天内所能腾出的房间数,热情接待并明确答复预约者提出的要求,做妥善安排。

② 验证登记。客人走近柜台,登记员应微笑迎候,介绍客房情况。办理手续时,要验证仔细,登记迅速。接待团体客人应预先把房间分好,统一登记。对特殊客人可让其先进房间,后办理手续。

③ 客房分配。全面掌握客房的方位及档次条件,分配时尽量满足客人要求。如不能满足应耐心解释,并表示歉意,符合条件时做出适当调整。

④ 账目结算。审核填写时要认真细致,发票字迹清楚。结账后,向客人道谢,并欢迎客人再次光临。

⑤ 代办事项。客人函电、留言应及时传递,叫醒服务应准时。客人委托代办事宜要认真对待,做到及时准确。

3.4 景区辅助服务管理

3.4.1 景区交通服务管理

景区交通服务是指景区向游客提供各种交通服务，以实现游客从空间上的某一点到另一点的空间位移。景区的交通方式多种多样，交通工具包括电瓶车、出租车、缆车、游轮、热气球、溜索、雪橇等。

1. 景区交通的类型

(1) 景区内的道路。

景区主要的交通通道包括公路、水路、山间步行小道、栈道、部分航线、缆车、索道等。

(2) 交通工具。

① 空中交通工具。空中交通工具包括直升机、热气球、滑翔机等。

② 水上交通工具。水上交通工具包括摩托艇、游艇、渡船、皮划艇、羊皮筏子、木船、竹排、气垫船、军用舰艇、潜水艇等。

③ 陆路交通工具。陆路交通工具包括电动车、电动火车、人力车、轿子等。这一类交通工具符合环保要求，在景区运用范围最广。

④ 公路交通工具。公路交通工具主要包括各类汽车。因景区道路不是很宽敞，汽车大量使用不利于环保，一般景区内不允许车辆行驶，或限制汽车的使用范围。

⑤ 其他交通工具。其他交通工具主要包括缆车、索道等。

2. 景区交通服务的管理要求

景区内部交通管理就是要确保进出车辆行驶规范、安全有序，工作重点是判定景区路段、交通标识、运营车辆和运营人员是否符合要求等。景区交通服务应该满足以下要求。

(1) 准时性。景区交通服务具有连贯性，前一阶段的耽搁和滞留会影响下一阶段的旅游活动，由此会产生一系列连锁反应，最终导致经济事故的发生，如费用的结算问题。对于国际游客还可能诱发涉外事件，如有些外国游客不能按时出境，影响工作、生活等。从根本上说，景区交通服务的准时性是衡量景区服务质量优劣的重要标志。

(2) 节奏性。景区的客流量在时间上具有波动大的特点。一般来说，景区早晨开门、傍晚闭门时的客流量大，中午时客流量小。一周之中，周末是客流量的高峰。近年来，我国假日制度的改革，使人们有了更多的可以自由支配的闲暇时间，尤其是"黄金周"期间，大部分景区都会客流量大增，给景区交通服务带来很大的压力和挑战。这就要求景区管理者要合理计划安排景区的交通设施，从而为游客提供高效、快捷的交通服务。

(3) 多元性。旅游者的结构具有多元性，对于景区交通方式的要求也不尽相同。例如，外国游客、高收入阶层游客会选择豪华型、高档次的交通服务方式，对价格高、趣味性强的民间运输服务方式也非常青睐。因此，景区管理者应该对运量和运力进行综合考虑，以满足游客的不同需求。

3.4.2 景区医疗服务管理

1. 景区医疗救援服务的重要性

（1）景区医疗救援服务是保证游客生命安全的重要举措。游客外出旅游，由于长途跋涉加上水土不服，很容易出现身体不舒服的情况，有时还会出现意外情况，这就需要景区为游客提供医疗服务。当个别游客出现意外伤亡事故时，景区更应及时提供紧急救援服务。

（2）景区医疗救援服务是保证景区工作人员安全的有力措施。景区工作人员出现生病的情况，也需要景区为其提供必要的医疗服务，确保景区员工能健康地为游客服务。

2. 景区医疗救援服务的要求

（1）向游客宣传医疗救援服务。在游客进入景区前，要向其进行医疗服务的宣传，使游客了解景区医疗服务的地点、内容、联系方式等，以便游客在需要医疗服务时联系景区。

（2）医疗救援服务要迅速。救人如救火，景区提供的医疗救援服务一定要迅速，尽最大努力救治游客的伤病和挽救病危游客的生命。

（3）医疗救援服务网点要分布合理。除了在景区的出入口等明显位置设置医疗救援服务网点外，还要在危险地段建立服务网点，并采用医疗救护车的方式，流动地为游客提供服务，将固定和流动的方式结合起来，全面地为游客提供医疗服务。

案例阅读

普陀山建立覆盖全山景区的医疗卫生救援服务网络

普陀山社区卫生服务中心依托"网格化管理、组团式服务"模式，积极主动联系网格内相关单位参与医疗卫生应急救援工作，并通过专业化现场急救知识技能培训，组建了由普陀山海防营、佛教协会、执法分局、公安分局、森林派出所、交警大队、消防大队、园林处、索道公司、客运服务公司等14支分别由各单位分管领导带队，3人以上成员组成的应急抢救队伍和社会化应急救援队伍，覆盖普陀山全山各景区（点），基本形成了"统一领导、协调有序、专兼结合、片区联动、处置迅速、保障有力"的医疗卫生救援队伍体系。

这支队伍一旦接到需要医疗卫生应急救援的指令，将在第一时间以最快速度赶往救援地点实施现场基本急救处理，最大程度上减少人员伤亡，保障游客及全山人民身体健康和生命安全。

案例分析：医疗卫生服务是景区必不可少的一项服务，该景区建立了覆盖全山的医疗卫生救援服务网络，可以极大地方便游客，当游客出现伤病时，可以及时得到救援，能够保证游客的健康和安全，值得其他景点借鉴。

（资料来源：http://www.zscdc.com/info/zhongxin/2015/1202/415.html，2015-12-02，有改动。）

3.4.3 景区邮电服务管理

景区为游客提供的邮电服务主要包括邮政和电话通信服务，这对于完善景区服务体系起着非常重要的作用。

1. 景区邮电服务网点的布局原则

（1）方便游客原则。景区的邮政分局应建立在景区入口处，方便游客寻找和为游客提供服务。电话亭应分布在景区各主要交通路口处，便于游客使用。

（2）环境保护原则。景区设置的邮电通信设备要符合环境保护的原则。例如，电话亭外观要美观醒目，材质要和景区特色相一致；景区邮政分局的选址、建筑材料、建筑风格等要考虑环境保护与周围景观相协调的问题。

2. 景区邮电服务的意义

（1）有利于游客顺利地进行游览。很多游客外出旅游过程中会随时和亲朋好友进行联络，或是购买特色旅游商品而携带不便，就需要景区提供相应的电话通信和邮政服务，以便顺利地进行游览。

（2）游客安全游览的重要保障。游客在游览过程中，遇到疾病等意外情况时，首先需要的是良好的邮电服务，其次才是其他服务。

复习思考题

一、思考题

1. 景区门票制定应该遵循哪些原则？
2. 简述景区售票的工作流程。
3. 景区入门导入服务有哪几种排队类型？
4. 如何做好景区游客的咨询服务？
5. 游客投诉的原因有哪些？如何处理好游客的投诉？
6. 旅游解说服务的内容有哪些？
7. 景区餐饮服务有哪些特点？如何做好景区餐饮服务的管理？

二、案例分析题

心平气和地面对棘手游客

2017年8月16日中午，天气十分闷热，蓬莱阁景区检票处石某在岗值班。这时从城墙那边走来一家三口，远远地听到女游客在训斥孩子，"出来就知道乱花钱，家里那么多玩具，出来还买，一点儿都不听话，早知道就不带你出来玩"，孩子哭哭啼啼。石某见此情况，心想：这一家子情绪不好，一会儿检票时要注意态度、言辞，不能火上浇油。既然有孩子，检票时就要看一下孩子是否有票。一旦没有票，更要注意言辞，既不能激怒家长，又要让家长心悦诚服地补票。当三位游客走近时，石某及时提醒游客走检票口，"三位请这边检票。"当一家三口走到检票口时，男游客走在前面，孩子夹在中间，女游客在后面。在男游客递给石某票的同时，女游客左手拽了拽孩子的胳膊，就见那孩子立刻双腿弯曲夹在父母中间想要混进去。见此情景，石某心想女游客情绪起伏较大，沟通起来也许会有困难，便笑着对站在前面的男游客说："这位先生，您的孩子已经超过1.3米了，按照景区规定，您的孩子应该补一张票。"男游客还没说话，那位女游客就说："我的孩子才7岁，根本就不够1.3米，你赶紧检票吧，我们还赶时间呢。"石某听女游客有点急躁，便耐心地说道："这位女士，我也不敢耽误您的宝贵时间，您可以让孩子站到标尺那儿量一下身高，一看就知道您孩子够不够高了。""你们自己立的标尺谁知道准不准啊，不用量，你看不出来吗？"那位女游客并不配合，反而不断地推着孩子往前挤，孩子夹在父母中间看起来很委屈。"这位女士，您先不要挤，您看孩子挤得也挺难受的，如果您信不过这个标尺，我们还有卷尺，要不我拿卷尺给您的孩子量一下？"说着，石某便叫其他人员拿尺子。那名女游客见状，便不情愿地说："让我们补票，还得回去，路那么远，来回多浪费我们的时间啊，你干嘛非跟我孩子过不去，抬一抬手不就过去了吗？""我们这儿就有补票的窗口，绝对不会浪费您的时间。严格检票是我们的职责，不是针对您的孩子，还请您谅解。您看孩子挤在中间多难受啊，出来玩就是为了孩子，我也是做父亲的，做父母的都一样，带孩子出去玩，委屈自己也不能委屈了孩子，您说是吧？""老婆，补一张票吧，不差这点儿门票钱。"听了男游客的话，女游客不情愿地去补票。在女游客补票的同时，石某主动送给男游客一张导游图，并告诉他现在所处位置，以及最佳游览线路。当女游客补票回来时，那名男游客赶紧说道："你看，这大哥给咱一张导游图，还告诉我最佳游览路线，这下肯定不会走冤枉路了。"

（资料来源：http://wenku.baidu.com/view/d7b9b92358fb770bf78a55fb.html，2019-09-04，有改动。）

问题：

1. 案例中出现的问题处理得是否得当？
2. 入门接待时，如果与游客有争执应如何合理地处理？

第 4 章 景区开发与规划管理

学习目标

景区的开发关系到景区长远的发展，具有十分重要的作用。通过学习本章，学生应掌握景区开发可行性分析的概念与内容，景区开发设计的原则，景区产品的概念、特征与景区产品开发管理的重点，景区规划的概念、要素、类型；了解景区规划可行性分析的原则，景区产品开发的原则，景区规划的指导思想、程序，景区规划运作管理机制等。

知识结构

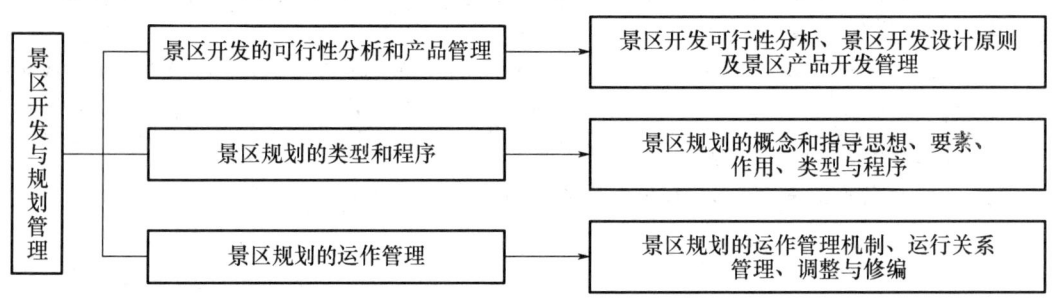

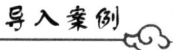

泰安天颐湖旅游度假区：从旧水库到后花园

泰安天颐湖旅游度假区（以下简称天颐湖景区）位于泰安市岱岳区大汶口工业园，规划面积约 20 平方千米，其中水面面积为 6 平方千米，沙滩面积为 10 余万平方米，累计投资超过 28 亿元。"千亩花海万亩水面"是它得天独厚的自然资源，在将自然资源转化成优质的旅游资源的过程中，天颐湖景区专门聘请多家知名旅游规划设计单位进行规划设计，以"一心一环多板块"为架构，目标是打造成绿色生态、开放共享、快乐休闲的高端旅游度假区。

1. 水库成景区

天颐湖景区是在 20 世纪 60 年代修建的水库的基础上，经过专业景观团队的打造，成为一个大型旅游度假区。在建设过程中，工程方与天颐湖景区运营团队始终保持沟通。负责运营与管理的专业人员参与建设，用专业视角对天颐湖景区进行前期规划和及时修正。从天颐湖景区内的游线布局、商铺布局，再到休憩的桌椅、标识系统、厕所点位、检售票系统和交通系统，包括景观的命名、导游词的创作，都做了大量深入、细致的研究和设计，避免建设理念与实际使用相脱节。在这样的协调部署下，成就了"天颐湖速度"与"天颐湖品质"。

2. 老少游皆宜

为了更好地呈现"泰山花海"的整体效果，天颐湖景区邀请业内园林景观建设单位加入设计团队，设计、打造精品线路。此外，天颐湖景区还积极引入"PPP 模式"，让民间资本参与项目的投资建设，增强景区的运营活力。

天颐湖景区内的摩天轮、无边际泳池、动力三角翼、小火车等众多项目，基本能够满足从几岁孩子到几十岁老人的全年龄需求。天颐湖景区全方位的服务受到游客的广泛青睐。每逢周末、节假日，室内、室外各个游乐项目前都会排满游客，"个性化""时尚化""体验化"成为游客为天颐湖景区贴的新标签。

3. 探索"旅游＋"

天颐湖景区在运营中十分重视"旅游＋文化"，充分利用传统节事文化举办各类互动活动。天颐湖景区于 2017 年春节举办的花灯会融合了泰山花海、泰山世界古典汽车博览馆、梦想小镇、泰山天颐湖飞行体验馆等项目，形成日游天颐、夜观灯会的"白＋黑"超长时段游赏模式。举办花灯会的十几天时间里，天颐湖景区共吸引了 28 万游客，大大提升了景区的知名度。

天颐湖景区凭借泰山的知名度和齐鲁文化的博大精深，先后举办了首届花朝节、天颐湖菊花艺术节，携手知名主持人举办"大牌来了"等具有地方特色的活动，持续增强了景区的宣传力度。

天颐湖景区将在业态创新方面进行摸索，对现有产品进行调整和升级，增强产品特色、丰富产品内涵。例如，与"泰山文化""儒家文化"和周边的东平湖、水泊梁山等景区加强交流合作，同时融入温泉、滑雪等元素，打造出适合不同季节、不同客源市场的产品。

（资料来源：http://www.ctnews.com.cn/art/2018/1/8/art_150_13674.html，2018-01-08，有改动。）

案例思考：天颐湖景区的成功之处在哪里？给其他景区带来什么样的启示？

案例分析：天颐湖景区的成功之处在于其在规划建设过程中，工程方与景区运营方积极沟通，打造专业景区；所设计的各种旅游项目老少皆宜，扩大了游客的受益面，同时积极地探索"旅游+"模式，为景区注入文化，并举办特色项目提高景区的知名度和影响力。这些做法值得其他景区借鉴，景区要想吸引游客必须打造合适的旅游项目，致力于提供景区的影响力和知名度。

4.1 景区开发的可行性分析和产品管理

4.1.1 景区开发可行性分析

1. 景区开发可行性分析的概念

所谓可行性分析是指在项目开发建设前，对与项目相关的市场、资源、技术、经济和社会等方面问题进行全面分析、论证、评价，以确定该项目是否具有可行性的技术方法。景区开发可行性分析是指在景区开发前，对拟开发景区景点进行全面技术经济分析论证，得出是否或如何合理开发结论的过程；其具体是指在投资决策之前，对拟开发景区景点有关自然状况、社会文化、经济发展状况、技术等因素进行分析、比较以及预测建成后的经济和社会效益，并在此基础上论证景区景点开发的必要性、财务的营利性、经济的合理性、技术的先进性和适应性，以及建设条件的可能性和可行性，从而为投资决策提供科学依据。

可行性分析对景区景点建设具有重要的作用。首先，可行性分析是景区景点决策的前提和保证，只有进行充分的可行性分析，才能知道景点是否能够建设，才能向有关部门提供相关的分析材料。其次，可行性分析为景区开发设计、项目建设提供依据。可行性分析要预测景区景点未来的目标市场，并且根据市场确定景点的选址。最后，可行性分析为景区开发筹措资金。每个景区在开发前，都需要大量的资金，无论从银行贷款还是其他企业投资，都需要向银行或投资方提供充足的材料，可行性分析可以为投资方或者银行提供充足的论证材料，便于筹措资金。

2. 景区开发可行性分析的内容

（1）生命力分析。生命力分析是对景区吸引延续时间长短的分析，主要从以下四个方面来进行分析。一是分析景区项目的生命周期，这项分析要对景区项目的吸引力进行预测，生命周期越长，景区所获取的效益也就越大。二是对景区的市场环境进行分析，景区的发展要依赖市场而存在，必须分析市场环境，分析竞争对手的状况以及游客的需求。三是分析社会环境，景区的发展也要符合国家的政策和经济发展的态势，分析社会的发展对景区造成的影响。四是分析技术条件，主要分析景区项目建设技术的可行性，只有技术含量高、创意独特且目前在技术上可行的项目才具有可行性。

（2）财务分析。财务分析体现了可行性分析的成本效益原则。所谓财务分析是对景区项目的规划、建设以及经营管理过程中货币流动成本的分析和评估。主要借助财务分析的方法，来确定景区的建设在财务方面是否可行。

(3) 效益分析。效益分析要从经济效益、社会效益和生态效益的角度来进行。景区的规划除了要产生一定的经济效益，还要产生一定的社会效益和环境效益，只有兼顾三者的利益发展，景区的开发才具有可行性。

(4) 不确定性分析。不确定性分析意味着景区的开发存在一定的风险，该分析也是景区建设进行可行性分析的重要内容之一。社会的发展以及旅游者需求的变化都有可能与预测的产生较大的偏差，因此除了进行常规的可行性分析之外，还要对市场及社会发展过程中可能出现的一些因素进行分析，同时对不确定性因素的变化可能引发的风险进行评估。这样才能保证景区开发的可行性以及利益的最大化。

3. 景区开发可行性分析的原则

(1) 客观公正原则。客观公正原则是景区开发可行性分析的基本原则之一，要想增强可行性分析的可信度必须坚持客观公正的原则。客观公正原则是指在景区开发的过程中要尊重客观现实，不能过于随意，也不能为了个人的利益和权威的诱惑而放弃公正的立场，进行违心的分析。如果在景区开发的过程中不坚持客观公正原则，可能会导致产生一些低劣的产品，给景区和地区的发展带来利益的损失。因此，在景区开发的过程中必须坚持客观公正原则。

(2) 成本效益原则。成本效益原则是指景区开发在进行可行性分析时，要充分地比较成本与效益。只有获得的效益高于投入景区的成本，才具有可行性。在分析的过程中不能只考虑成本或效益，单纯考虑任何一方都有可能给企业带来风险。因为成本最低不一定效益最大，效益最大也不一定成本最低。只有两者相比较才能够产生最大的效益，才能使景区开发具有最大的可行性。另外，在进行成本效益分析的时候，不能只考虑经济效益，还要考虑景区的开发对社会、环境等带来的效益。

(3) 规范化原则。规范化原则要求在整个分析的过程中，所使用的方法和程序要符合相关的规定。其主要表现在分析过程、方法及形式要符合国家的相关标准及法律法规，分析所用的评价指标要符合相关产业与行业的惯例和标准，分析的内容与方法要符合相关产业和行业的特点。

(4) 系统化原则。系统化原则要求将景区看成一个整体来进行分析，在分析的过程中不能片面地分析某一个方面的内容，而要对景区开发所涉及的各个方面进行分析，最终对景区开发做出综合的评价。特别是涉及面比较广的景区，要对其涉及的相关产业、相关利益群体和相关市场空间等进行系统化的分析。

4.1.2 景区开发设计原则

作为人们进行旅游活动的主要场所，景区无疑是旅游发展的根本基础、聚集人气的核心载体、引发消费的重要平台。因此，景区开发设计是非常重要的，必须遵循一定的原则。

1. 环境保护先行的开发原则

旅游资源一般具有较高的科学价值、美学价值、历史文化价值等，但这些资源又具有脆弱性，易遭到破坏，破坏后无法恢复。因此，在规划设计时首先要考虑各种资源的保护措施，保证在不影响其长存性的基础上进行合理的开发。另外，一定要注意景区环境的保护，避免景区生态平衡遭到破坏。

2. 突出景观的特色和个性的原则

景区品位的高低、品牌的影响大小决定于景区景观的价值，而价值的高低就是景观是否有特色，人无我有，人有我优，人优我新，并形成自己的个性特色，景观的特色是旅游资源吸引力的根本所在。例如，深圳的世界公园和锦绣中华，以及无锡的三国影视城等因自身特色而广受游客青睐。所以，景区在设计时，一定要注意突出特色和个性化，保证景区能够吸引更多的游客。

3. 自然美与人工美相结合的原则

景区景观景点的设计要以当地的自然景点为基础。在景观设计时除了关注自然景点以外，还要注重人工景点的设计，做到自然美与人工美的和谐统一。在自然景观为主的景点中要将人工设施有机地融入自然中，因势、得体，体现"虽由人作，宛自天开"。

4. 整体性原则

旅游业已成为当今世界最具活力的庞大的产业活动和人们最重要的休闲、娱乐活动，也是影响环境变化的一个重要因素。景区规划设计必须从整体上充分考虑自然、社会、经济三者之间的关系，让景区的自然效益、社会效益、经济效益达到完美的统一。

5. 可行性原则

旅游业是高投入、高风险、高产出的产业，规划必须经济可行、量力而行、实事求是。规划的最终目的是实施完善的蓝图，倘若不能实施，也就失去了其实际意义。规划建设项目要求技术可行，资金投入合理，适应市场需求，经济效益显著，能吸引外来资金投入。

4.1.3 景区产品开发管理

1. 景区产品的概念

旅游产品分为总体旅游产品和单项旅游产品，景区产品是一种单向旅游产品，是景区借助一定资源、设施而向旅游者提供的有形产品和无形产品。从本质上来说，景区产品是一种体验，是借助有形的景区景观、设施来满足旅游者的心理需求，以及由此而形成的旅游者的心理感受。因此，景区产品内容包括景观、景区设施、景区服务和景区活动项目等。景观是指景区内的吸引物，包括自然实体和文化实体；景区设施包括基础设施和服务设施；景区服务是旅游者在体验景观和使用设施过程中所享受到的物质和精神上的享受；景区活动项目是景区结合资源特色举办的、常规性或应时性的供游客观赏或参与的各种规模的群众性活动及娱乐项目。

2. 景区产品的特征

景区产品是旅游产品的一种，它除了具有旅游产品的一些共同特性（如综合性、易波动性、所有权不可转移性等）外，也有自己本身的特征。

（1）景区产品是以游览观光为主体的综合性产品。游览观光产品是指由一定的景观或景物及相应的环境和服务组成的游览吸引物综合体。景区内不仅有景物体系，而且有与景物相对应的游览观光环境，同时还有为游客提供服务的一系列其他设施，目的就是为实现游客的游览提供合理的服务。

(2) 具有参与体验性。景区作为一种重要的旅游地，能让游客参与到景区的项目中去，这种项目主要是景区内专门设计的动态的活动。这种活动体验类型多种多样，有角色扮演，也有静态吸收。无论是景区有形的景观、设施，还是无形的服务，都是游客无法带走的，这些产品旨在让游客在景区中感受最丰富的体验，在景区的游览过程中获得不同的感受。

(3) 复杂性。不同的景区，资源丰富和组合程度不一样，因此开发的产品也是有差别的。即便是同一个景区，资源的组合不一样，开发的产品也是不同的。同时景区产品还是一种有形产品与无形服务的组合，游客既能产生某些相同的感受，又能产生某些个性化的感受。人们游览景区可能是为了消遣或者娱乐，但所追求的核心利益可能是受更复杂的动机及需求的驱使。

3. 景区产品开发的原则

(1) 依托资源原则。景区产品的开发不是凭空产生的，即便是人造景点也要依托当地的旅游资源。因此，景区产品的开发要充分地依托本地的资源，充分地挖掘本地有特色的能为景区产品开发所用的资源优势。

(2) 依托市场原则。景区产品开发之后，要想获取一定的经济利益，必须对市场进行充分的调查和分析，根据市场结构和游客的偏好设计出对游客吸引力较强的旅游产品。

(3) 突出主题原则。产品的开发不能没有任何目的，产品的开发与设计要围绕某一主题，而且这一主题要体现出鲜明的文化特色，这种主题特色可以在产品的硬件或软件中体现出来，让游客进入景区就能感受到这种设计的文化氛围。这样才能吸引目标客源，形成规模化，提供专业化的服务。

(4) 塑造品牌原则。品牌具有强大的凝聚购买导向功能，随着景区景点数量的增多与买方市场的形成，景区之间的市场竞争也十分激烈。要想使开发的产品在激烈的市场竞争中立于不败之地，产品的开发与设计必须注重品牌塑造和管理。

(5) 创新性原则。景区产品的创新是指对景区产品开发与设计的创新，也指对原有产品的更新与完善。随着游客文化水平的提高和社会的快速发展，游客对景区产品的要求也越来越高。因此，景区产品设计一定要遵循创新性原则，结合当下最新的技术和游客的需求，创造出能够吸引游客的创新型产品，如此才能吸引更多的游客。

4. 景区产品开发管理重点

(1) 注重游客体验。

景区产品是一种体验，派恩和吉尔摩将体验分成4个部分：娱乐、教育、逃避现实和审美。它们相互兼容，形成了独特的个人际遇。

未来的游客在闲暇时间会更加积极地寻求可提供参与和学习机会，以及有趣和有娱乐性的目的地，也即积极寻求娱乐、教育、逃避现实和审美的体验。在体验经济时代，景区产品更注重游客体验。景区产品在创新时，就更应该以提高产品的娱乐性、教育性和审美行为为导向，增强娱乐性强、参与性强、文化内涵高的项目，让游客在景区得到更丰富的体验。

(2) 注重生态环境。

旅游资源和旅游环境是景区存在和发展的必备条件，旅游资源和旅游环境的保护是保证旅游业可持续发展的基础。新的旅游发展观,从根本上讲,就是树立和贯彻旅游业的可持续发展观念和原则,将旅游资源和旅游环境保护作为制定景区旅游产品开发规划的基本原则。在景区产品开发规划中需要注意以下几个方面的问题。

① 水质污染问题。不管是自然、人文或者是人造休闲景区,景区内的水资源都是重要的水景旅游资源。要保证旅游资源的合理运用和旅游业的长期可持续发展,就要避免出现水质污染问题。

② 噪声及固体废物。随着旅游业的发展,交通运输车、私家车、旅游观光车等的数量增加,文化娱乐业的兴旺,景区噪声污染势必有加重趋势。景区垃圾特别是大量难以降解的废旧塑料制品等有机制品,如果得不到处理,将影响景区环境。

③ 地下水位下降造成泉流枯竭。景区产品开发中,除水体污染外,地下水位下降造成的水体旅游资源破坏也是需要注意的突出问题。由于生产和生活用水量增加,地下水位下降,河流水量逐步减少,景区众多泉流濒于干涸。

(3) 注重产品创新。

每一类景区产品都有其生命周期,所谓产品生命周期是指一种产品从进入市场到被市场淘汰、退出市场的全部过程。这个过程大体上要经过引入、成长、成熟、衰退 4 个阶段的周期性变化。要想使景区长久地吸引游客,必须延长产品的生命周期,延长产品生命周期的重要方法就是产品的创新。景区在进行创新管理时可以从以下 3 个方面来实施。

① 可以放弃旧产品,重新开发新产品。

② 可以对原有产品进行改造,注入新的资金,更新设备,并对产品本身进行更新换代,使旅游产品进入下一个生命周期,也就是打造景区产品的另一个热卖高峰。

③ 可以针对竞争对手的产品,开发出优于对方的产品。

知识链接

旅游产品的创新观

旅游产品革新的时代应该注重自身理念的改变。

1. 泛资源观

资源是打造项目与产品的基础,旅游产品提升的关键前提就是要突破狭义资源观。过去我们对旅游资源的认识局限在名山大川、名胜古迹等方面,但是现在发现,旅游资源有不可穷尽性的特征。例如:

(1) 原本准备拆掉盖水泥房的旧瓦房、旧木屋,现在被认为是原生态乡村游资源。

(2) 废弃的矿山,可以开发成工业遗产旅游,如浙江遂昌废弃旧金矿搞起了金矿旅游。

(3) 原本用于种植错季蔬菜的温室大棚,现在衍生出农业观光游。

2. 泛产业观

突破狭隘产业观,多产业嫁接也是创新旅游产品的关键之一。

(1) 旅游与影视文化的嫁接,不仅出现影视城旅游,还有"跟着电影去旅行"等新兴产品。

(2) 旅游与动漫虚拟产业的结合,出现"网络景点"等新概念。例如,浙江飞石岭景区与某网络公司合作，将旅游实景装进动画游戏场面中去，创造"网络景点"；江苏常州中华恐龙园则将网络游戏"魔兽世界"中的虚拟场面化作为实景摆进景区。

(3) 旅游与文化的结合，使各创意经典落地运营，出现了各式各样的主题公园（如迪士尼、海洋馆等），创办了各种各样的凸显地方文化的旅游文化节。

3. 市场分众观

社会大背景由单元走向多元，旅游客源市场也由大众走向分众，由此产生对应各个层面的各种专项旅游新产品，这是过去对应大众市场的一般大众旅游产品所难以涵盖的。

(1) 针对小资阶层，产生一些"野山野水"，添加一些露营、溯溪、烧烤等野趣活动，照样能和风景名胜区比拼市场。

(2) 针对高收入阶层，有旅行社策划"法、意时尚购物行"，邀请专业形象设计师等陪同指导购物。

(3) 针对老年阶层，有养生之旅等各种银发产品。

（资料来源：https://wenda.so.com/q/1483967015729649，2017-01-06，有改动。）

4.2 景区规划的类型和程序

4.2.1 景区规划的概念和指导思想

1. 景区规划的概念

规划一般是指较为长远的、全面的计划，其基本含义是去实现某种任务，以及为实现这些任务把各种行动纳入某些调理顺序中。简而言之，规划是计划的一种形式，是为了实现某种长期目标而对组织未来活动进行的整体性安排。目前，规划已经广泛地应用到国民经济发展的多个部门。旅游规划是将规划原理和方法用于旅游业来指导旅游业长期发展的产物。景区规划是旅游规划中的一个子类型。景区规划是指为了科学保护和合理开发各项资源、有效经营和科学管理景区，充分发挥景区资源价值而进行的各项旅游要素的统筹部署和具体安排。根据规划的内容及深度，景区规划分为3个不同的层次，即景区发展总体规划、景区控制性详细规划、景区修建性详细规划。在这3个规划层次之外，景区还可以根据各景区特点，编制景区旅游策划或概念性规划、旅游项目策划，或针对具体建设项目编制开发规划。不同层次的规划，在编制内容、深度和方法方面有所不同。

2. 景区规划的指导思想

(1) 依托当地的旅游资源、经济条件。景区的开发要依赖当地的旅游资源。旅游资源的稀缺性和独特性是对旅游者产生吸引力的根本原因，也是通过规划开发转化为景区产品的潜在优势。所以，景区规划必须依赖当地的旅游资源特色，充分挖掘当地潜在的旅游资源，设计能够反映当地文化特点、具有独特的民族文化和地方特色的项目来突出景区的优势。景区的开发还要考虑当地的经济发展状况，景区规划要与当地社区的各种总体规划相互衔接、协调，与各专业规划相协调，与当地经济增长、相关产业发展相适应。确定景区开发建设在景区所在地国民经济中的地位、作用，提出景区经营管理目标，拟订旅游业发展规模、要素结构与空间布局，安排旅游业发展速度，指导协调旅游业健康发展。

(2) 以客源市场为导向。景区的发展必须依赖充足的客源，因此，景区在进行规划时必须通过调查，掌握景区潜在的客源市场构成状况、消费特征、收入大致状况、喜好程度，并通过对市场细分，确定出目标市场。以此为导向来进行景区产品设计，选择开发项目，确定设施的档次与消费水平，突出适销对路的景区产品，并制订完善的具有针对性的促销方案，以鲜明的特色和个性化来吸引游客。

(3) 符合国家标准，技术规范，方法先进，适度超前。

4.2.2 景区规划的要素

1. 旅游项目规划

景区项目的配置往往要根据景区的资源来确定。一般来说，参与型项目要与观赏型项目相结合。

2. 旅游设施配置

旅游设施包括两大类：上层设施及基础设施。上层设施主要用于解决游客住宿娱乐所必需的设施；而基础设施则是供水、供电、通信、交通、医疗保健及排水系统等设施。

3. 娱乐活动安排

不同类型的景区会安排不同的娱乐活动。例如，一般景区配备的体育设施是游泳池、网球馆、健身房，在海滨景区则配备滑水、帆船、垂钓、冲浪等。娱乐设施方面，有些景区会配备电影院、舞厅等。

4.2.3 景区规划的作用

景区规划的目的在于通过对景区特定目标的预先安排，协调景区各利益主体之间的关系，促进景区资源的合理开发和充分利用，更好地实现景区长远的发展。因此，景区的规划是景区开发和管理的指导性文件，对景区的运营管理有着重要的作用。

1. 法律保障作用

景区规划本身虽不是法律，但受到法律的保护，具有法律保障作用。景区内各种土地利用、各项建设必须符合规划的要求，服从规划的管理，因此景区规划具有一定的法律效力。景区规划一旦通过评审，就具有法律效力，景区相关的主体不得擅自更改，应严格执行。

2. 指导作用

景区规划是景区建设和运营的指导性文件，是景区发展的纲领和蓝图，它将在时间、空间等方面对景区各个阶段的运作做出总体的规划和安排，并为景区的建设、经营管理提供依据和实施原则，指导景区管理部门的各种经营活动，以实现规划所设定的预期目标。

3. 沟通平台作用

景区规划是平衡各利益群体的产物，在各利益群体间起到了沟通平台的作用。我国旅游业管理方面比较复杂，景区规划在制定的过程中，需要规划制定者在各个相关部门之间反复协调，以保证规划与相关政策法规不相抵触与违背，并对景区内资源和社区不会造成损害。因此，景区规划客观上为景区投资者、经营者、当地社区和各个相关部门提供了一个良好的沟通平台。

4.2.4 景区规划的类型

1. 景区发展总体规划

景区发展总体规划是指为景区的发展提供战略性指导的规划。编制规划时对技术有较强的专业要求，内容包括：科学评价景区旅游资源；确定景区性质、用地范围、旅游容量；重点旅游项目的策划；功能分区和土地利用；景区内外交通系统的布局、规模、位置、走向；服务设施、附属设施、基础设施、管理设施的布局；景观系统和绿地系统的布局；防灾系统和安全系统的布局；景区资源的保护等。该类规划的期限较长，一般为10～20年。其主要任务是确定旅游景区的性质，划定用地范围及空间发展方向，提出开发实施战略，处理好近期建设与远期发展的关系，指导景区合理发展。景区发展总体规划所需规划图件较少，一般仅需5～10张比例尺为（1∶10 000）～（1∶5 000）的规划图纸。

2. 景区控制性详细规划

景区控制性详细规划一般针对适中的景区编制。其目的在于控制景区各种土地的使用，即，将景区中的土地划分成若干块，并按照资源的分布来规定每一块地的用途和方式。该类型规划年限介于景区发展总体规划与景区修建性详细规划之间，一般为10～15年。规划图件方面，景区控制性详细规划的要求较高，需要大量比例尺为（1∶2 000）左右的规划图纸，其中包括景区土地利用现状图和土地利用规划图等。

3. 景区修建性详细规划

景区修建性详细规划是对要建设的景区或景区的一部分编制的修建性详细规划。其任务是在景区发展总体规划和景区控制性详细规划的基础上，进一步深化、细化，以指导各项建筑和工程设施的设计和施工。在内容上，景区修建性详细规划更为细致，包括综合现状与建设条件分析、用地布局、景观系统设计、道路交通规划、绿地规划、服务设施附属设施系统规划、工程管线设计、环境保护与卫生系统规划。规划图件是该类型规划的重要组成部分，从某种程度上来看，规划图纸更为重要。景区修建性详细规划一般包括90～100张比例尺为（1∶500）左右的规划图纸。图件除了给排水、供电、交通、环卫、绿化等内容外，还涉及建筑立面景观效果、景观视线分析、环境效果分析等。因此，景区修建性详细规划兼有景区规划与建筑设计的特点，专业性比较强。

4.2.5 景区规划的程序

景区规划是一项对科学性要求相当高的专业性活动，为确保规划的科学性与客观性，规划过程中应遵循一定的程序。景区规划制作过程大体可分为5个阶段，每个阶段都需要委托单位和承担单位共同合作完成。

1. 确定编制单位、制定规划任务书

委托方对景区规划单位的资质进行审核。委托方宜采用的招标方式有招标公告、邀请招标、委托招标3种。编制单位确定以后，开始着手准备规划任务书，主要内容有：景区规划编制背景，包括规划范围、任务、目标、时段、思路、方法与技术路线；规划编制大纲,包括基础系统、主体系统、支持系统和保障系统;规划提交成果,一般包括3类成果即规划的文字报告、规划图件和多媒体资料;工作进度,就是列出从签署协议到成果评审等一系列工作的时间表;人员安排与组织形式,包括景区规划承担单位工作简介(重点是景区规划工作的资历)、项目组的组织结构和人员构成、工作条件等;经费预算。

规划任务书是对景区规划内容的基本叙述,也是委托方了解承接方实力的一个窗口。

2. 规划的准备阶段

承接方与委托方签订协议后,首先要根据规划对象的基本特点组建规划编制班子。如果规划对象属于历史文化特色较为深厚的,则应选择历史学者;若以自然风光为主,则地理学者不可缺少。承接方组成规划机构后应制订工作计划,其内容包括:人员及分工情况;对所需的旅游资源及区域背景情况、地图情况进行列表;编制考察计划和路线。

3. 规划的制作阶段

(1) 承接方应在委托单位的配合协调下进行区域背景资料的收集、旅游资源和市场的实地考察。通过对规划区域进行科学、全面的调查,编写景区开发规划调查报告。景区开发规划调查报告主要包括室外勘查资料总结汇编及第二手交流资料总结汇编报等内容,这一部分主要对规划区域的自然条件、历史沿革、社会经济状况、旅游资源等进行综合述评,最终得到一个科学、正确的评价结果。这是规划最基础的资料之一。

(2) 承接方对调查结果进行分析,根据景区规划的性质和特点,编制规划内容。在仔细研究景区开发规划调查报告的基础上,结合各方面专家意见,综合各方面因素进行科学论证,明确景区开发规划的方向,在关键性的重大问题上取得一致意见,形成规划大纲。这一部分的主要内容包括景区的主题定位和旅游区(地)的性质、功能、特色,开发指导思想、原则,客源市场分析预测,经济效益分析,具体规划的初步设想等方面。

规划初稿完成后要和委托方进行初步讨论,沟通思想,并进行进一步修改。

4. 规划的评审阶段

在完成规划的制定之后,就要由规划委托者聘请有关的专家组成规划评审委员会,对规划的结构完整性、内容科学性和可能性等进行审批,并给出意见。

对规划进行审批,基本的要求是公正、全面、实事求是。由于各地景区的开发情况不同,并没有统一的评判标准,因此,应抓住规划中的基本内容,不要在细枝末节上过于苛求。

规划文本、图件及附件,经规划评审会议讨论通过并根据评审意见修改后,由委托方按有关规定程序报批实施。

5. 规划的监管与修编阶段

规划监管的任务:编制年度计划或阶段计划,实施旅游规划;研究制订实施计划的政策措施,保证计划顺利进行。

案例阅读

福建武夷山景区开发与规划

武夷山景区开发的成功之处表现在以下几个方面。

(1) 深度挖掘遗产地景区品质。武夷山景区发挥山水人文集聚优势,与武夷山国家重点自然保护区珠联璧合后，景区面积达到 570 多平方千米，成为真山水、纯文化的自然生态优良的人们向往的目的地景区。由于它把山、水、景、文融为一体，加上《印象·大红袍》节目，进一步推动了游客数量、收入不断增长，成为遗产地景区发展的成功典范。

（2）管理体制逐步规范，成为率先探索发展混合经济的景区。2000 年，武夷山景区实行政企分开，成立景区旅游集团公司，后成立拟上市的景区股份公司。它成为一个多元股份的混合经济组织，其中还有职工持股会，为景区企业提供了股权多元化的借鉴。

（3）景区产品联动性好，形成了景区景点、旅游交通、竹筏漂流、文艺演出、餐饮住宿、旅游商品配套体系。《印象·武夷山》演出项目的投资成功，不仅解决了夜晚没有娱乐节目的问题，还增加了收入，并且在表演中宣传了景区景点，给"大红袍"茶叶做了宣传，带动了景区的各项收入，形成良性循环。

案例分析：整体来看，武夷山景区在景区规划发展、产品开发、品牌营销、管理服务水平等方面对于相关景区都有重要的启示意义。

（1）在发展规划上，应充分重视对规划机构的选择和对景区市场策划及项目规划工作。在规划设计上，应选择有实力的规划机构，应事先考察规划机构的实力，要避免因为规划机构导致规划弃用而浪费时间和投资。

（2）在产品开发上，应更加重视突出景区资源特色和扩大优势产品的市场占有率。武夷山景区突出了景区资源特色与市场的对接，不断扩大优势产品的市场占有率。它就是结合美丽山水、文化资源打造出来的顶级旅游产品，采取多种措施吸引国内外游客。

（3）在品牌营销上，应更加重视培育景区产品的品牌吸引力。品牌是一种向往的力量，比一般意义的营销更加有力，在某种意义上甚至可以理解为一种旅游者"以偏概全"的认知。例如，成都是一个"来了就不想走的地方"，山东是"好客山东"，天津是"天天乐道、津津有味"，福建是"清新福建"等。这些说明，旅游品牌宣传、营销十分重要，必须达到"心向往之"的程度。同时，在品牌认知上，对一个事物首先要有整体性概念，如此才能在此基础上进一步去理解它。在景区或其他旅游产品宣传、营销中，要注意宣传游客最感兴趣的东西。

（4）在管理服务上，应更加重视以人为本的人性化服务，提升景区服务水平。旅游产品体现为游客十分关注的旅游体验、服务质量、景区游历和美好记忆，旅游企业和从业者必须以此为核心，以顾客为导向，提供相应的人性化的优质服务，如此才能形成景区产品和服务的有效供给。

（5）在人才配置上，应更加重视建立使用和激励景区人才的机制。人才是景区开发建设和可持续发展的重要支撑力量。景区要按照现代企业制度的改革要求，优化公司治理结构，树立人才发展导向、职业经理人改革意识，通过薪酬和各种待遇创新，探索建立使用和激励景区人才的机制。

（资料来源：https://www.sohu.com/a/210470293_776213，2017-12-14.）

4.3 景区规划的运作管理

4.3.1 景区规划的运作管理机制

景区规划完成以后，需要实施运作。要使规划顺利地实施，必须对规划的运作实行有效的管理，以达到良好的效果，凸显规划的功效，为景区的长远发展打下坚实基础。

1. 部门协调

规划是一件复杂的事情，所涉及的产业和部门较多。景区规划的实施管理必然会涉及多个管理部门，如工商部门、文物部门、旅游管理部门、土地资源管理部门、城市规划部门等。因此，景区规划要想顺利地实施，需要各个部门有效地配合和协调，只有协调好各部门之间的利益关系，才能保证规划的顺利实施。

2. 政策引导

景区规划的实施需要政府的支持，政府对景区的发展实行宏观的调控，政府的态度和决策直接影响到景区规划的有效性。旅游主管部门对景区的发展一般有政策的引导，相关政策一般由一系列的基本条款构成，涉及当地旅游发展的方向和重点，同时也表明政府发展旅游的态度。景区规划的运作管理需要政府通过有效的控制，在旅游资源开发与保护、旅游市场管理、资金投入、税收政策倾斜等方面给予大力支持、配合和协调。一方面，政府可以制定优惠投资策略，吸引社会各方面资金的投入，实行国家、集体、个人、外资一起上的方针，多渠道筹措资金，建立政府引导、政策保证、市场化运作的投资体制；另一方面，政府要完成基础设施建设，要坚持"谁投资、谁经营、谁受益"的原则，同时简化投资审批手续，提高办事效率，降低收费标准，创造良好的投资环境。

3. 人才培养

景区规划需要专业的人才，因此，要想高质量地完成规划实施，就应注重人才培养。人才培养要走人才专业化产出之路，建立景区规划人才整合利用机制，打造地方景区规划的英才。一方面，在高校建立景区规划人才培养相关专业或机构，以多学科知识结构，培养出具有宏观性战略眼界的高层精英人才。另一方面，吸引相关学科专业人才向景观规划方向发展，设立景区规划的硕士和博士培养点，为相关专业人才进入景区规划学界提供研究平台。景区规划需要整合多方面知识，如规划学、建筑学、地理学、艺术设计、管理学等，因此，景区规划需要形成跨学科研究的学科机制，便于各种专业背景人员以景区为核心点形成协调与匹配。

4. 经济调控

为了使景区微观经济活动与旅游活动的整体发展方向协调一致，可以利用经济杠杆来调节各部门、各方面的经济利益关系。经济调控涉及价格、财政收入、资源分配、税收等方面，如征收旅游资源利用税、环境保护费，建立稀缺旅游资源保护基金，控制景区门票价格等。经济调控是景区规划运行管理机制的重要组成部分。

4.3.2 景区规划的运行关系管理

景区规划的运行需要处理好以下几个方面的关系。

1. 处理好旅游业发展与其他产业的关系

旅游业是一个综合性的产业，它的发展涉及多个部分，同时又涉及食、住、行、游、购、娱多个行业，对地方经济有很大的依赖性。因此，要明确地方经济的发展阶段，为景区的发展提供方向，这样才能获取必要的人力、物力和财力的支持。

2. 处理好资源与市场的关系

旅游资源是景区发展的基础，也是旅游业发展的前提，旅游市场是发展旅游业的依据，是实现旅游发展的生产力根本，所以景区的发展过程中旅游资源与旅游市场密不可分。只有充分挖掘景区旅游资源的潜力，同时把握市场的需求，才能开发出有针对性的旅游产品，树立良好的景区形象，获得更大的收益。资源是不能直接走向市场的，旅游资源必须经过创意、策划、配置、开发等，形成独特的旅游产品之后才能走向市场。而景区的资源在开发的过程中，也不能盲目地开发，要根据市场的需求来开发，使项目符合市场的需求，同时也要符合时代的特点。

3. 处理好景区产品与营销的关系

所有的景区产品都是在营销过程中成长发育的。景区产品的质量是产品发展的基础，营销是产品发展的重要条件。所有的景区产品都是通过市场营销来占领市场的，所有营销对于景区来说是重要的环节。要使景区产品拥有更大的市场，首先需要设计出符合市场的产品和符合顾客的产品。其次要重视市场营销，即使再美的景点也要对外宣传，重视市场营销，否则就会失去市场。因此，必须处理好景区产品和营销的关系，做好景区产品的营销策划，确定合理的市场营销方案。

4. 处理好景区与环境的关系

所有的景区都必须依赖于环境存在，良好的环境是维护生态平衡、景区可持续发展的基础，因此需要处理好景区的规划和发展的关系，实现人类与自然和谐共存。景区的发展也会污染环境、破坏资源，因此在景区开发的过程中，要本着环境保护利益最大化的原则，对于没有环评的项目或者对环境破坏较大的旅游项目，坚决杜绝。

5. 处理好利益相关者的关系

景区规划涉及多方的利益，政府、企业、游客、社区是景区主要的利益相关者。景区规划需要符合相关的政策标准，并且向政府部门缴纳税金，为当地税收做出贡献；一般景区的营利性在于为企业带来利润，因此规划过程中一方面要降低成本，另一方面要与市场相契合；良好的规划才能形成景区的吸引力，吸引更多游客，因此景区规划要以游客的需求为基础；景区规划还要顾及社区利益，起到增加就业、改善社区环境等作用。

6. 处理好景区和相关主管部门的关系

由于体制上的原因，在实践中，景区发展不可避免地和相关部门所管辖的实务发生各种联系和碰撞。在资源方面，景区有可能和森林、土地、水利、建设、文化、海洋、农业、城市、交通等部门发生联系和矛盾；在管理方面，景区可能与消防、检疫、卫生、医疗、公安、市容、环境等部门产生联系和发生摩擦。为此，需要在达成共识的基础上加强景区与相关部门的协调、合作，需要全社会形成发展旅游、促进经济的共同认识，需要建立有效的协作机制。

4.3.3 景区规划的调整与修编

景区规划经过审批之后，并不代表"万事大吉"，应该对后期实施严格的监督和管理。虽然编制的时候考虑景区规划的前瞻性，但是景区规划并不能永远有效。旅游市场随着经济的发展变幻莫测，旅游者的需求也会随着社会的发展和收入的变化而不断变化，加上投资、政府政策的变化，原来的规划方案可能不符合实际而产生偏差，因此需要对景区规划进行调整和修编。

（1）调整要适时。景区规划在执行的过程中会产生偏差，对于这种偏差只有采取措施及时地纠正，才能避免偏差的夸大。及时纠正偏差，要求景区规划实施的监督人员及时掌握反映偏差及严重程度的信息。

（2）对于景区规划的调整和修编要适度，防止调整过度和不足，扼杀景区规划者的积极性、主动性和创造性，进而影响到工作效率。

（3）调整要客观且具有灵活性。景区规划要根据实际情况和具体的执行情况来进行调整和修编。另外，调整和修编要具有灵活性，使景区有能力应对突发事件。

复习思考题

一、思考题

1. 简述景区开发可行性分析的概念和内容。
2. 简述景区开发设计应遵循的原则。
3. 简述景区产品的概念和特征，以及景区产品开发的原则。
4. 简述景区规划的概念和要素。
5. 简述景区规划的类型。
6. 简述景区的规划运作管理机制。
7. 简述景区规划的程序。

二、案例分析题

多伦湖旅游规划项目重点景区规划要点

旅游规划项目组以国家5A级景区为目标，重点打造多伦湖景区、丰富旅游产品体系、完善旅游规划要素、带动滦源殿草原民族特色休闲旅游产品的开发，引导滦河源国家森林公园朝小体量、高品质森林休闲度假方向发展。在大多伦湖组团范围内形成层级分明、主题鲜明、结构清晰的休闲旅游产品体系，构建多伦生态旅游发展极核。

旅游规划专家通过对多伦县的历史文化分析，会盟文化为多伦县最具特色的文化，应该打好"会盟文化"这张牌，将文化与旅游互补，将会盟文化进行升华并与目前的方针政策进行有机的结合，这成为多伦县旅游发展的又一契机。首先，应当通过文化宣传与正面引导，使人们广泛了解、认同会盟文化的历史，并将其与民族团结相联系，将其与多伦多民族汇聚之地、古时著名的集散中心城市、当代将要打造的区域中心枢纽城市等优势相结合共同对外宣传，使人们对多伦的特点具有从文化到自然的双重认知感；其次，通过举办大型节事活动等方式强化多伦的民族和谐精神，丰富并提升多伦县旅游业的文化内涵。

（资料来源：https://www.davost.com/seo/detail/3116-bef23f4bcf.html，2013-07-05，有改动。）

问题：
1. 多伦湖旅游规划项目具有什么样的特点？
2. 多伦湖旅游规划项目给我们带来哪些启示？

第 5 章 景区市场营销管理

学习目标

景区市场营销是景区的重要工作,也是提高景区效益的重要方法。通过学习本章,学生应了解景区市场细分的原则与方法,重点掌握景区的产品营销策略和价格营销策略,以及景区的发展模式与战略目标。

知识结构

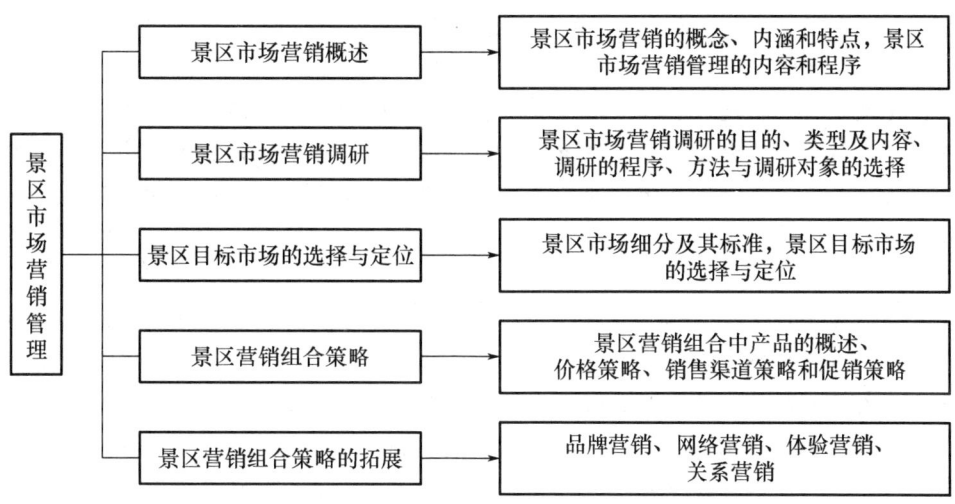

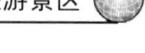

旅游景区营销的经典案例：玉龙雪山景区之"大玉龙"品牌营销

玉龙雪山，这座全球少有的城市雪山，既是丽江旅游的核心品牌，又是云南丽江现有的两个5A级景区之一。根据丽江打造世界级精品旅游胜地的发展目标，玉龙雪山旅游开发区先后投资10亿元，在50平方公里范围内，开发了甘海子、冰川公园、蓝月谷、云杉坪、牦牛坪等景点，以及雪山高尔夫球场和《印象·丽江》大型实景演出。同时，玉龙雪山景区管理层巧妙的设计了"大玉龙"的品牌新概念，将大玉龙旅游区作为主品牌，将包括玉龙雪山景区在内的八个景区作为子品牌。这一旅游景区营销的大手笔，既放大了玉龙雪山的品牌效应，使人产生良好的品牌联想，又使八个景区所形成的产品序列清晰可辨，凸显了大玉龙旅游区内的景区高品质和产品多样性。2016年玉龙雪山景区接待游客量达到418万人次，同比增长5%。玉龙雪山索道接待游客人流量达267.53万人次，同比增长41.42万人次，增长率为18.32%，到2019年其日均接待游客已经高达2万人次，为丽江旅游业的发展做出了积极的贡献。玉龙雪山景区在品牌打造、产品整合、市场营销、文化建设和节目创新等诸多方面，均有极为出色的卓越表现。可以说，玉龙雪山景区的成功并不是偶然的，其营销管理体系所培育而成的强大综合竞争力，使其成为中国旅游景区行业的市场领跑者。

1. 整合产品集群发展

玉龙雪山景区在2007年成为全国首批66家5A级景区之一，其升级后的第一个举措是整合周边六个景区的经营权，做大丽江旅游核心品牌景区。当时大多数景区都是独立经营，大玉龙旅游区形成之后，全部由玉龙雪山景区投资管理有限公司统一经营和管理，从2008年1月1日起，游客只需手持一票就可在两天内游览大玉龙旅游区。玉龙雪山景区的这种做法，本质上是一种品牌扩展策略。这种互利共赢的方式，将景区之间多年来为了争夺客源而展开的激烈竞争消弭于无形。

2. 景区营销精耕细作渠道创新

丽江市和玉龙雪山景区的游客来源，一直是以国内市场为主。2007年，旅游景区营销丽江市接待国内旅游者490万人次，接待海外旅游者40万人次，国内游客占接待总量的92.45%。其中国内市场分为传统客源市场和新兴旅游市场，前者又细分为六大客源市场，分别是珠三角、长三角、京津塘、云南省、四川省和重庆市。

但是近年来，随着丽江城市旅游环境的优化和提升，客源结构逐步呈现多样化，并且形成了一定范围内的高端客源市场。在客源结构方面，广东和上海等传统客源市场近年来有所下降，天津、河北、湖南、湖北、内蒙古、甘肃、新疆和东三省等新兴市场迅速增长。其中，天津和河北的团队游客近年来增长最快。在入境市场，日本和西欧的游客明显增加。2004—2007年，丽江市接待外国旅游者56 500人、108 231人、153 782人次和273 690人次，四年时间增长4.8倍，到了2018年境外游客已经达到了119.42万人次。

与此同时在市场细分的基础上，玉龙雪山景区的营销针对每个具体市场的特性，选择最适合的媒体，采用该市场的潜在消费群体容易接受的方式，开展促销宣传活动。面向全国市场，重点与中央电视台和新浪、搜狐等知名门户网站建立常年合作关系；针对港澳台地区的中产阶级人士，旅游景区营销着重宣传玉龙雪山与新马泰阳光沙滩截然不同的冰雪奇迹，主推"北半球最南的雪山"品牌，策划"东巴文化旅游节""雪山天籁"音乐会等活动，设计"东巴神山与世界奇峡"等主题产品；针对欧洲游客享受自然、重视在旅游过程中增长知识的心理，旅游景区营销主打"原生态的东巴文化，原生态的玉龙雪山"品牌；针对日本游客求新、爱动、追求高质量旅游的心理，主推"神秘东巴，古老神山"品牌旅游景区营销；针对泰国中青年游客喜欢刺激和创新、热爱登山滑雪的心理，旅游景区营销以"彩云之南，玉龙雪山"为品牌，突出东巴神山的资源独特性和神秘性，突出包价旅游的价格优势。

玉龙雪山景区还与有实力的策划公司建立长期合作关系，保证旅游景区新的营销活动创意层出不穷，比如将景区与民族文化、体育赛事、影视作品相结合，或者举办国际性的学术论坛，吸引国外专家学者，扩大玉龙雪山的海外知名度，进而拓展国际市场。

案例思考："大玉龙"品牌营销给景区营销带来哪些启示？

案例分析：通过案例介绍，我们可以看出，玉龙雪山景区的市场营销工作做得很扎实。无论是媒体宣传、旅游景区营销还是渠道拓展，都是建立在深入细致的市场调查分析基础上的。首先是细分目标客源市场及其旅游消费群体，其次是逐一分析每个客源市场的不同类型的游客群体的消费习惯和旅游偏好，然后再针对每个具体市场的不同情况，分别提炼宣传主题和品牌广告语，设计旅游产品和旅游线路，策划旅游文化和体育活动，这种建立在细分市场基础上的营销战术，具有精细化营销的显著特征。作为一个拥有八个景区的大型旅游区，精细化营销不仅必要，而且是市场发展的重要保证，因为它有助于提高景区营销管理水平，提升景区经营业绩。

（资料来源：http://blog.sina.com.cn/s/blog_8937e30a01012lgn.html，2012-05-01，有改动。）

5.1 景区市场营销概述

5.1.1 景区市场营销的概念、内涵和特点

1. 景区市场营销的概念和内涵

景区市场营销是景区组织为满足旅游者的需要并实现自身经营和发展目标，通过旅游市场实现交换的一系列有计划、有组织的社会和管理活动。景区市场营销的核心概念如图5.1所示。

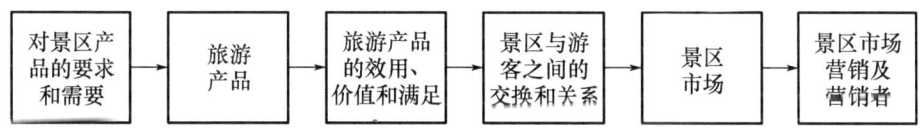

图5.1　景区市场营销的核心概念

景区市场营销的最终目标是满足游客的需求。景区市场营销者并不创造需求，需求早就存在于景区市场营销活动之前。景区市场营销者连同市场上的其他因素，只是影响了人们的欲望和需求，对需求的影响则是通过向人们指出可以满足其特定需要的产品，使这一旅游产品对旅游者具有吸引力，并有购买欲望且方便旅游者购买等一系列行为来实现的。旅游产品作为一种载体，能够满足旅游者的需求和欲望。根据经济学的观点，产品不仅有

价值，而且有使用价值，价值是产品交换的标准，使用价值是产品交换的前提。景区市场营销者看中的是旅游产品的使用价值，换句话说就是旅游产品的效用，没有它，旅游者就无法满足某种需要和欲望，就不会购买，需求就无从谈起。景区市场营销者的任务是向市场展示旅游产品所包含的利益或服务。景区市场营销的核心是交换。没有交换过程，就无法满足游客需求。交换是主动、积极地寻找机会。从市场营销学的角度来看，市场是买卖双方进行商品交换的场所，哪里有需求，哪里就有市场。市场包含3个主要因素：有某种需要的人、为满足这种需要的购买能力和购买欲望。构成市场的这3个要素是相互制约、缺一不可的，只有三者结合起来才能构成现实的市场，才能决定市场的规模和容量。

知识链接

5种营销观念

从经营观念的历史演变来看，市场营销经历了生产导向、产品导向、推销导向、市场营销导向和社会营销导向5个阶段，它随着市场供求关系的变化而变化。

（1）生产导向阶段：消费者喜欢那些可以随处买得到而且价格低廉的产品，企业管理者应该致力于降低生产成本和提高分销效率。

（2）产品导向阶段：消费者会选择那些有特色且性能和质量与众不同的产品，这就意味着生产商和服务提供者应该将重点放在提高产品质量上。

（3）推销导向阶段：除非企业进行大量的促销和销售活动，否则消费者不会足量购买产品。

（4）市场营销导向阶段：实现企业各项目标的关键，在于正确确定目标市场的需要和欲望，并且比竞争者更有效地传送目标市场所期望的产品，进而比竞争者更有效地满足目标顾客的需要和欲望。

（5）社会营销导向阶段：企业在遵循市场导向的同时，应能维持或增进消费者和社会的福利，在制定营销策略时，必须同时考虑公司利润、消费者欲望和社会效益3个方面的均衡。

2. 景区市场营销的特点

在旅游业中，景区作为游览场所的经营部门，它的经营管理与其他旅游部门（如住宿接待部门、交通运输部门和旅行业务组织部门等）存在很大差异。景区市场营销带有自身的独特性，主要表现在功能的综合性、外向性和超前性等方面。

（1）功能的综合性。景区的空间范围往往较大，产品和服务内容繁多，具体表现在导游服务、食宿服务、购物服务、其他服务（娱乐休闲服务、停车服务、安全服务及区内交通服务等）方面。

（2）外向性。景区完全靠客源生存，在景区数目不断增加、经营景区难度日益加大的情况下，营销工作相当重要，景区的经营者在竞争加剧的环境中，必须随时关注外部市场的竞争状况，始终瞄准市场，熟悉并了解旅游者品位，景区营销的方式、手段、观念及组织形式必须灵活、科学。景区营销负责人应具备全面的知识。

（3）超前性。景区的经营者要充分了解市场需求的动向，及时更新旅游景点的服务项目，紧跟市场，快速调整经营方向。旅游者需求层次的不断提高，要求更高质量的景区。营销具有超前意识，能有效满足旅游者不断提升的观赏品位。

5.1.2 景区市场营销管理的内容和程序

1. 景区市场营销管理的程序

景区市场营销是一项长期而又复杂的工作。在旅游业经营管理的实践中,营销有一系列的策略和方法,这些策略和方法在营销管理程序之中得到具体体现。一般来说,景区市场营销管理程序为:①分析市场机会(营销信息调研、营销环境分析、旅游者行为动机分析);②目标市场细分与定位(预测需求量、市场细分、目标市场选择);③设计营销战略(景区开发战略、形象定位、市场定位、景区生命周期战略);④策划营销方案(景区营销组织部门设置、营销规划、营销政策等);⑤营销活动的组织、执行与控制(景区营销组织部门设置、营销规划、营销政策等)。具体见表5-1。

2. 景区市场营销管理的内容和任务

从景区市场营销管理的程序来看,营销管理是一个过程,包括分析、计划、执行和控制,在程序的每一环节中可以看出所有的计划与执行活动都与需求相互联系。营销管理实质上就是需求管理,营销管理的任务是以帮助企业达到自己目标的方式来影响需求的水平、时机和构成。景区所面临的客源市场中需求情况不一,可能存在没有需求、很小需求、很大需求或超量需求几种情况,景区市场营销管理就是针对这些不同的需求提出不同的任务。科特勒将市场需求归结为8种不同状态,每种需求状态下有不同的营销管理任务,见表5-2。

表 5-1　景区市场营销管理的程序

程　　序	具　体　内　容
分析市场机会	营销信息调研、营销环境分析、旅游者行为动机分析
目标市场细分与定位	预测需求量、市场细分、目标市场选择
设计营销战略	景区开发战略、形象定位、市场定位、景区生命周期战略
策划营销方案	景区营销组织部门设置、营销规划、营销政策等
营销活动的组织、执行与控制	景区营销组织部门设置、营销规划、营销政策等

表 5-2　不同需求状态下的营销管理任务

需 求 状 态	营销管理任务	专 门 术 语
负需求	开导需求	扭转性营销
无需求	创造需求	刺激性营销
潜在需求	开发需求	开放性营销
下降需求	再创造需求	再营销
不规则需求	平衡需求	同步营销
充分需求	维持需求	维持性营销
超饱和需求	降低需求	低营销
不健康需求	抵制不良需求	反营销

景区市场营销管理的任务就是针对游客不同的需求状态,采取不同的方式来管理和开发游客的需求。景区的营销必须面向市场,以市场为导向,在市场调研的基础上,进行旅

游市场细分、目标市场的选择和定位，树立可持续发展的营销思想，并采取合适的市场营销策略，确保景区的良性发展。

（1）开导需求。旅游者可能对景区提供的服务项目或活动不感兴趣甚至回避，针对这种负需求状态，景区的营销工作就是开导需求。营销者的任务是分析旅游者对景区不感兴趣的原因，考虑能否通过景区重新设计、降低门票价格、加强推销等营销方案来改变旅游者的信念和态度。

（2）创造需求。当市场处于无需求状态时，景区营销的主要工作是进行刺激性营销，以创造需求。产生无需求的原因很多。例如，景区新推出几项娱乐项目、增设服务功能或联票优惠措施，许多游客因不了解这些而处于无需求状态。产生无需求还可能是因为景区游玩内容陈旧或与其他景区内容雷同、交通不便，或是辅助设施缺乏等。分析这些原因，制订适当的营销策略，设法使旅游者产生需求。

（3）开发需求。市场潜在游客对所提供的景区内容，虽然具有心理上的需求，但并不真正购买，这种情况便是潜在需求。游客对门票价格适中、交通便利、经营项目灵活多样，内容富有特色、新鲜又奇特的景区有强烈的潜在需求。营销人员应努力开发潜在游客的需求，发掘潜在游客的游览兴趣，以满足潜在游客的需要。

（4）再创造需求。当游客对景区不像过去那样有着强烈的兴趣时，若不及时采取一定措施，需求便会持续下降，这种需求状态便是下降需求。需求下降的原因可能是景区产品内容处于生命周期的衰退阶段、旅游者需求发生变化、经营同类景区的竞争者增多、某些不可控因素引起（如地震、洪灾、动乱和经济危机等）。面对下降需求状态，营销人员应采取再营销策略来扭转此趋势。例如，我国许多人造景区内容雷同，这类景点的需求下降，主要是重复建设的缘故。针对这种情况，可以通过降价、开拓新市场、景区内容更新等措施应对，从而达到良好的需求水平。

（5）平衡需求。旅游者对景区的需求会随时间、季节的不同而发生变化，这种时间性和季节性造成了旅游市场的不规则需求。不规则需求会导致一系列经营管理及经济、社会问题，不利于旅游企业开展正常经营活动。对此，营销人员的工作是平衡需求，即通过灵活定价、淡季促销等措施来平稳需求，使景区的供求达到相对平衡，避免经济损失。

（6）维持需求。当景区经营者对其业务量感到满意时，即达到了充分需求。这时景区的客流量与景区的供给能力持平，经营处于最佳状态，这种需求状态又称饱和性需求。营销人员应采取维持性营销策略来维持这一最佳需求状态。

（7）降低需求。市场需求过于强烈，超过供给能力，则处于超饱和需求状态。在这种状态下，景区如果超量接待游客，一方面人满为患会造成景区的环境污染、空气污染和噪声污染；另一方面也会使旅游资源遭受一定程度的破坏。结果是游客游兴大减，其需求不能被很好地满足，同样影响景区未来的经营。这种状况下，景区经营者应采取低营销策略，可以通过提高价格、减少广告宣传投入、削减销售渠道等措施来减少游客的需求。

（8）抵制不良需求。有些产品的市场需求，从消费者、供应者的立场来看，对于社会有不良影响，这种需求称作有害需求或不健康需求。对这种需求，必须采取反营销策略，以降低甚至消除这种需求。例如，景区内不应提供宣扬封建迷信的旅游项目。这种措施可以称作反营销，目的在于抵制此类不健康需求。

5.2 景区市场营销调研

5.2.1 景区市场营销调研的目的

景区市场营销调研是指就某个被明确限定的问题收集和分析有关信息，以提高营销人员的决策水平。它涉及与当前和潜在旅游者有关的信息，其中包括他们是谁（Who，目标市场）、他们购买的原因（Why，旅游动机）、他们来自什么地方（Where，客源地构成）、什么时候来（When，旅游的季节性）、购买什么（What，旅游偏好），以及他们如何购买（How）。除此以外，景区市场营销调研还要处理有关营销组合变量，即产品（Product）、价格（Price）、分销渠道（Place）、促销手段（Promotion），以及政策（Policy）、权力（Power）和公共关系（Public Relation）等。

5.2.2 景区市场营销调研的类型及内容

1. 景区市场营销调研的类型

景区市场营销调研的类型可按多种标准来划分，景区规划中所涉及的各种市场营销调研的分类标准及其特点、主要用途等见表5-3。

表5-3 景区市场营销调研类型对照表

分类标准	类型名称	形式	特点	主要用途	缺点
按调研目的	探索性调研	有限访谈或查找资料	简便初步	用于了解现状、发现问题、制订调研方案	准确性低
	描述性调研	对对象基本情况进行调研	客观性	广泛搜集基础性信息，准备深入研究工作	工作量大
	因果性调研	设定和控制变量调研因变量	因果性	基于描述性调研，针对特殊问题证明因果关系	调研环境难以控制
按选择对象的方法	预测性调研	对对象未来趋势进行调研	预测性	预测未来某一时期内的发展趋势	定性与定量相结合
	全国调研	对所有对象进行调研	全面精确	用于旅游资源普查等	工作量巨大
	典型调研	选择典型代表	工作量较小	适用于对象庞大且对该对象已经熟悉的调研	难以准确选择典型

2. 景区市场营销调研的内容

客源市场的偏好、结构、规模及旅游客源市场运动的规律等决定了景区发展的方向与发展的规模，因此景区进行市场调研是极为必要的。景区采用正确的调研方法，主动收集掌握与规划决策相关的景区市场需求信息，能广泛获取与景区市场有关的信息，避免主观臆断，为景区管理科学决策提供依据。景区市场营销调研内容极为广泛，主要包括：①客源地的市场环境；②游客的社会人口学特征；③游客的消费特征及需求；④旅游产品组合；⑤游客评价。

5.2.3 景区市场营销调研的程序

1. 确定问题和调研目标

景区市场营销调研要遵循目标明确、抽样适当、分析确切、节约成本的原则。确定问题和调研目标是景区市场营销调研的第一个步骤，目的是发现区域景区市场营销调研中存在的问题和确定调研工作所要达到的目标，避免盲目行事、搜集无价值的信息、浪费时间和金钱。景区市场营销调研人员在确定问题和调研目标时，对问题的陈述和定义应建立在反复研究的基础上，既不过于宽泛，又不过于狭窄。

2. 制订市场营销调研计划

在这一步骤中，要明确旅游调研决策需要搜集哪些信息，确定如何有效地搜集这些信息，最后提交书面的调研计划。

（1）确定所需要的信息。对于景区市场营销调研来讲，所要搜集的信息可以概括为以下几大方面：旅游业发展的宏观环境（包括政治、经济、社会文化、技术及自然环境等方面）；旅游业的发展水平（包括旅游景点的建设情况、旅游服务的完善情况和体现在交通、住宿、餐饮、娱乐、购物等方面的旅游收入）及发展过程中存在的主要问题；旅游业发展的主要竞争者及竞争者的旅游业发展现状；旅游客源市场的发展现状（包括景区市场的地理区域划分，旅游者的社会人口学特征，如性别、年龄、家庭结构、文化程度、职业、收入水平等）及消费行为和消费心理特征；景区市场的主要发展趋势及其可能对景区市场发展带来的机会和威胁。

（2）搜集二手资料。所谓二手资料是指经别人搜集、整理过的资料。调研人员在一个项目开始时，一般是先搜集二手资料，即案头调研。资料主要有两个来源：一是内部资料，二是外部资料。内部资料包括景区旅游组织和旅游企业储存的各种数据，如历年的旅游收入、接待的旅游人数、相关产业及服务设施的发展状况、主要竞争对手的旅游收入、主要竞争对手发展的经验及教训、有关景区市场的各种数据等。外部资料主要是政府出版物、行业协会及政府间组织的出版物、关于旅游的专业期刊和书籍、各类旅游咨询公司和旅游中介机构提供的有关数据。其中政府出版物主要包括旅游统计年鉴、经济及社会发展年鉴、有关旅游企业的统计报告及交通运输业的普查等；行业协会及政府间组织的出版物，如中国旅游协会、中国旅游饭店协会等行业组织的出版物和统计报告；关于旅游的专业期刊和书籍主要包括旅游组织、行业协会及研究机构的旅游出版物，如《中国旅游报》《旅游调研》《中国文化和旅游年鉴》等出版物。调研人员还可以在网上查询，获得国家、省、市有关旅游统计资料及方针政策。调研人员一般可以较迅速、便宜地取得二手资料，而搜集原始资料的成本则较高，并且往往需要较长时间才能完成。但是，二手资料存在着可获性、实效性和准确性等问题，为解决这些问题，使决策者得到足够、及时、准确的信息，调研人员还需要实地调研，着手搜集原始资料。

（3）搜集原始资料。要想高效地取得所需要的原始资料，必须由专业调研人员设计原始资料的搜集方案。专业调研人员设计原始资料的搜集方案时，通常要考虑四个方面：调研方法、联系方法、抽样设计、调查工具，见表5-4。

表 5-4　原始资料的搜集方法

调 研 方 法	联 系 方 法	抽 样 设 计	调 查 工 具
观察法	邮寄问卷	抽样单位	问卷
询问法	电话调研	样本大小	机械工具
实验法	面谈	抽样程序	

3. 实施调研计划

调研计划的实施主要包括搜集、整理和分析信息等工作。调研中的数据搜集阶段是花费巨大而且容易失误的阶段，因此调研人员在计划实施的过程中，要尽可能按计划去做，使得到的数据尽可能接近事实。搜集来的信息必须经过分析和处理。调研人员应利用标准的计算程序和表格将这些数据整理好，如计算一些主要变量的平均值和离散程度等。

4. 解释并报告调研结果

景区市场营销调研的最后一步是对调研结果做出解释，得出结论，向调研管理部门提交调研报告。调研报告不能只是一系列的数据和高深的统计公式，而应当是简明扼要的结论及说明，并且这些结论和说明应当对调研决策有直接意义。

5.2.4　景区市场营销调研的方法

1. 文案调研法

文案调研法又称间接调研法，它是通过搜集景区内部和外部各种现有的信息数据和情报资料，从中摘取与市场营销调研课题有关的内容，进行分析研究的一种调研方法。这种方法常被作为景区市场营销调研的首选方法，绝大多数的市场调研都可以从收集现有资料开始，该方法的优点：花费时间少，费用不高，能够为景区营销提供大量广泛的信息。

文案调研法的信息来源主要有国家机关公布的有关资料，旅游行业协会的资料，新闻媒介、书籍、旅游年鉴提供的资料，研究机构、专业情报机构、咨询机构提供的资料和研究结果，企业内部积累的资料等。

2. 询问法

询问法是指景区市场营销调研人员，以口头或书面询问被调研者的方式收集与营销调研计划有关的信息的一种方法。依据与被调研者的接触方式，询问法又可以分为以下几种形式。

(1) 面谈式调研法。面谈式调研法是指景区市场营销调研人员直接当面访问被调研者，以获取有关信息的方法。其具体形式有个别交谈、小组交谈、一次性面谈、多次面谈等。该方法的优点：能直接获取被调研者的意见，得到第一手真实资料；方式灵活，启发性好；可以针对不同的调研者采取不同的询问方法。该方法的缺点：调研时间长，费用大，调研成本高，调研结论受调研者和被调研者的主观因素影响比较大。

(2) 电话式调研法。电话式调研法是指景区市场营销调研人员根据抽样要求，选取样本，用电话询问被调研者以获得有关信息的方法。该方法的优点：获取信息速度快，经济省时；由于被调研者不受调查人员在场的心理拘束，对于那些不便当面回答的敏感问题，不失为一种好的调研方法。该方法的缺点：电话询问受通话时间的限制，提问不能太多，不能做深入的交谈，很难判断所得信息的真实性。

（3）邮寄式调研法。邮寄式调研法是指景区市场营销调研人员将设计好的调研表邮寄给被调研者，请他们根据要求填写调研表，填好后寄回的一种获取有关信息的方法。该方法的优点：调研面广，成本低；适合敏感性问题的调研。该方法的缺点：问卷回收率低，信息反馈时间长，代表性和准确性难以把握，只适用于有一定文化程度的调研对象和简单、易于回答的问题的调研。

（4）留置式问卷调研法。留置式问卷调研法是指景区市场营销调研人员把调研表送交被调研者，请他们填写，再定期收回填写好的调研表，由此获得有关信息的方法。该方法可以避免邮寄式调研法回复率低的缺点，还可以克服面谈式调研法的某些不足之处。

3. 观察法

观察法是指景区市场营销调研人员在现场观察具体事物和现象的一种收集资料的方法。该方法的优点：由于被调研者处于"无意识状态"，被调研者没有感觉到自己正在被调查，没有相互交流，没有个人主观影响，因而所取得的资料真实性较高。该方法的缺点：所需观察时间较长，并且只能观察到表面的信息，很难了解其内在原因。

观察法又可以分为亲身经历法（景区市场营销调研人员通过亲自参与旅游活动而获取旅游市场信息的调研方法）、直接观察法（景区市场营销调研人员亲自或派人到现场观察调研对象，以获取有关信息的调研方法）、行为记录法（景区市场营销调研人员用特定的装置在调研现场记录被调研对象在一定时间内的有关行为的调研方法）、痕迹观察法（景区市场营销调研人员通过观察调研对象所留下的痕迹来收集有关信息的调研方法）。

4. 实验法

实验法是指景区市场营销调研人员通过特定的小规模实验获取有关信息的方法。它通过小规模营销活动的实验来测试某一产品或某项营销措施的效果，以决定是否要进行推广。实验法的具体做法：从影响调研对象的众多因素中，选择一个或几个因素作为变量，研究这些变量对景区营销问题的影响。

常用的实验法有两种：一是实验室试验，即试验在特定控制的环境下进行。这种方法常用于传播媒体的选择和广告效果的研究，如某景区在进行传播媒体选择时，可以请一批旅游者来听取他们的意见。二是现场试验，即在市场上进行小范围的试验，也就是把旅游产品先投放到有代表性的旅游市场进行试销，由此了解旅游者的反应，收集相关资料，再进行分析、预测，最后决定是否进行全面推广。

实验法适合于因果性调研。该方法的优点：通过控制外来变量的变化，可以比较准确地获得变量之间的相关关系，从而较好地验证实验前对调研问题所做的不同假设。景区在改变产品品种、价格、广告、分销渠道等方面均可以进行试验。通过实验，可以了解引起某一市场营销问题变化的原因和结果，并能检验营销活动的结果。该方法的缺点需要时间较长，实验费用较高；而且各种变量有时难以控制，很难在纯粹的实验条件下进行。

知识链接

昌平民俗旅游调研方法

（1）二手资料法。每到一村，都与该村的干部进行座谈，了解该村的基本情况，并从干部那里收集旅游业基本情况报表，以及该村民俗旅游发展情况介绍等相关二手资料。

（2）问卷调研法。在对民俗旅游进行探索性调研后，根据此次调研的目的，设计相应调研问卷，每到一村就从民俗旅游户中抽样，然后走访抽样户，完成调研问卷。

（3）典型个案访谈法。由于各种原因，同一村中各户之间开展民俗旅游发展的水平也有一定的差别。调研组根据民俗旅游开展业绩将各户归为好、中、差3类，然后从各类中抽出1~2户进行深度访谈，每次访谈的时间为2~3个小时。

（4）半结构访谈法。考虑到村集体在民俗旅游中扮演的重要角色，每到一村，调研组都带着设计好的访谈提纲与主管民俗旅游的村干部进行深入访谈，从村里的整体角度了解该村的民俗旅游开展状况。

（5）农村快速法。请农民自己对其所经营的民俗旅游进行评估，从而获得第一手资料。

（资料来源：李珂．昌平民俗旅游调研报告［R］．北京：中国农业大学，2015．）

5.2.5 景区市场营销调研对象的选择

景区市场营销调研规划不仅包括确定资料种类及资料的搜集方法，还包括调研对象的选择、调研工具的确定和调研问卷的设计。

1. 景区市场营销调研对象的选择

景区市场营销调研人员应根据调研问题的性质、调研目标以及调研对象的特点与分布来选择调研对象。调研对象的选择共有3种方法：全面调研、典型调研和抽样调研。

（1）全面调研。

全面调研是指对与景区市场营销调研目标有关的所有调研对象进行普遍的调研。其目的是搜集全面而精确的第一手资料，如全国旅游资源普查等。通过全面调研取得的资料，比较精确。但由于全面调研的工作量大，费用、时间及人力方面耗费过多，而且需要严格而周密的组织协调工作，因此在景区市场营销调研中很少使用。

（2）典型调研。

典型调研是以现象总体中某些典型单位为对象进行调研的方法。典型调研的关键在于正确地选择典型单位。选出的典型单位应具有充分的代表性。一般应选择中等发展水平的单位为调研对象。一般情况下，如果现象总体的发展水平比较一致，选取一个或几个单位作为典型即可满足要求。在总体数量庞大且个体发展水平相差很大时，应将总体按发展水平划分为几个类型组，然后在各个类型组中选取典型单位。典型调研相对省时并节约经费，对典型单位可以进行深入细致的研究，适用于总体庞大、景区市场营销调研人员对总体了解较多的情况。从性质上讲，典型调研是抽样调研的一种特殊的形式。

（3）抽样调研。

抽样调研是从调研对象总体中抽取一部分具有代表性的个体进行调研的方法。景区市场营销调研人员能够通过对个体的调研结果，推测总体的性质或发展水平。抽样调研对经费要求相对较少，节省时间和人力，而且调研结果与普查非常接近。虽然抽样调研会产生误差，但抽样误差可以用统计方法加以计算和控制，因此，抽样调研在景区市场营销调研中应用非常广泛，绝大多数营销调研均采用抽样调研法搜集资料。景区市场营销调研人员在进行抽样设计时，应考虑抽样样本的确定、样本容量的确定及抽样方法的选择等。

① 抽样样本的确定。样本是指从统计总体中选择出来的小群体。确定抽样样本就是选择样本的过程。景区市场营销调研人员应对总体进行仔细研究后再确立适当的抽样样本。

② 样本容量的确定。样本大小的确定，应依据调研对象的特征、调研问题的性质以及要求误差的大小来进行。一般情况下，样本越大，调研结果的准确程度也就越高。但实际上，它不可能无限大，要受到时间、人员和费用等各方面的限制。因此，确定合适的样本规模是调研准备过程的一个关键环节。

③ 抽样方法的选择。

A. 随机抽样就是从调研对象总体中完全按概率原则抽取样本的方法。运用随机抽样方法时，调研对象总体中每一个个体被选出的机会均等。随机抽样完全排除了调研人员的主观判断和个人选择。随机抽样包括简单随机抽样、分层随机抽样、分群随机抽样3种。

B. 系统抽样又称等距抽样。进行系统抽样时，应先把调研对象总体按一定标志排列，然后根据一定的抽样距离从总体中抽取样本。抽样距离是由总体总数除以样本数得到的。系统抽样介于随机抽样与非随机抽样之间，可以属于前者，也可以属于后者，主要看第一个样本是如何抽取的。如果第一个样本是判断抽取的，则本次系统抽样属于非随机抽样；如果第一个样本是随机抽取的，则本次系统抽样属于随机抽样。

C. 非随机抽样是根据调研人员的需要和经验，凭个人判断进行抽样的方法。在非随机抽样调研中，调研人员有意识地选择具有代表性的个体作为样本，通过对这些样本的调研达到推测总体特征的目的。常用的非随机抽样方法有任意抽样、判断抽样和配额抽样3种。

2. 景区市场营销调研工具及问卷设计

景区市场营销调研人员用于搜集第一手资料的工具主要有两种：仪器设备和调研问卷。

（1）仪器设备。

由于景区市场营销调研仪器设备往往设计科学且能大大提高研究效率，因此，调研人员应了解如何根据市场调研方法、调研对象的特征及经费的情况选择并使用调研仪器设备。景区市场营销调研人员除利用照相机、摄像机、录音机等仪器观察记录调研对象的运动过程外，还可利用电流计、速示器等仪器设备观察被调研者对广告图像、声音及色彩等的反应情况。此外，计算机的应用使得市场调研工作发生了很大的变化。计算机不但可以用来进行数据处理，而且可应用于电话询问等领域。

（2）调研问卷。

调研问卷是景区市场营销调研工作较常用的工具，又称调研表，是为调研目的而专门设计的带有问题的询问表格。

① 问卷的询问方式。根据询问时是否将问题明确提出，以及询问是否具有结果性，可将问卷的询问方式分为以下4类。

A. 直接与结构性询问。多数的景区市场营销调研问卷属于此类。例如，在旅游者社会人口学特征的调研中，对于"家庭结构"这一项，可在问卷中做如下询问：您的家庭结构为____。a. 未婚；b. 已婚无子女或子女不在身边；c. 子女在6岁以下；d. 子女为6~18岁；e. 与成年子女共同生活；f. 其他。这种询问方式的优点是问题的个别字眼可以事先加以排选和规定，因此最后印在问卷上的问题，所用的字眼与句子比较可靠；每个问题的发问次序都已排定，减少了不同调研员对被调研者的影响；调研结果易于整理、编表和解说。其缺点是被调研者可能不愿回答或无力正确回答，而且某些字句易被误解。

B. 直接与非结构性询问。用结构性的问题询问，问题过于直接，人们可能不愿表达自己的真正动机，或者不能确定自己的动机。在这种情况下，答案的准确性会受到影响。为解决这一问题，景区市场营销调研人员借用心理学家常用的询问方法，如自由交谈方式提出问题。如果被调研者对某些问题愿意详细回答，则调研人员可从交谈中了解其真正的动机。这种方式又叫深入访谈法。采用这种方式时，无需正式问卷，因此比较被调研者答案时，平均数与百分数等的计算有困难，其准确性不高。

C. 间接与结构性询问。所谓间接与结构性询问，是指在询问被调研者时，被调研者本身并不知道询问的真正目的，不过询问的问题仍然具有结构性。采用这种询问方式的主要目的是避免被调研者预先知道询问目的而故意不作答，并减少在交谈中调研人员对被调研人的影响。

D. 间接与非结构性询问。有许多人不愿在询问时表明自己的真正态度或动机，因此景区市场营销调研人员可采用间接与非结构性询问法来探测被调研者的真正动机。采用这种调研方法可使被调研者非自觉地表现其个性、态度与动机。

② 问题的设计方法。调研问卷问题的设计方法有许多种，下面主要介绍景区市场营销调研中常用的问题设计方法。

A. 二项选择法。二项选择法又称是非回答法。问题的答案分为"是"与"否"，或者"有"与"无"两种，由被调研者选择其一。二项选择法的优点是调研人员可以在短时间内得到明确的判断，或者使中立者的意见偏向一方。但该方法不能表示意见程度的差别。

B. 多项选择法。多项选择法是指一个问题可提出三个或更多的答案，由被调研者从中选择一个或几个答案。使用多项选择法时，一般应将答案予以编号。选择答案必须包括所有可能的情况，要求被调研者选择的答案不宜过多。

C. 顺位法。顺位法是要求被调研者从所列问题的答案中，按照一定标准进行先后选择或排序的方法。顺位法可以要求被调研者选择最重要的一项答案，也可以要求其选出认为最重要的两项、三项或更多项答案，还可要求被调研者将各项答案按重要性排序。

D. 数值尺度法。数值尺度法要求被调研者就某一现象的发展水平或被调研者与某现象或事物的关系进行程度上的判断，如"很好□　不错□　一般□　差□"。调研人员对每个答案分配分值，以便于统计测算。该方法简单易行，应用非常广泛。

E. 项目核对法。运用项目核对法时，调研人员应列出某产品、服务或其他现象的各种特性，针对每项特性测量被调研者的意见。

F. 自由回答法。自由回答法是开放式问题中重要的一种。被调研者可以不受约束地回答问题。自由回答法的优点是设计问题时比较容易，可获得的信息多种多样。由于没有提示，自由回答的结果受被调研者的素质影响很大。

G. 回忆法。在景区市场营销调研项目中，回忆法一般用于测量服务项目、企业名称以及广告等的印象强度。回忆法通过测量被调研者记忆的强度来推测印象强度。拟订问题时，调研人员应明确划定回忆的范围，避免使被调研者产生误解。

阅读材料

某景区市场现状调研报告

一、前言（略）

二、调查实施

本次客源市场抽样调查分别在主要客源地宜昌和武汉两地进行，调查时间为2月18日—2月20日（宜昌）和3月5日—3月8日（武汉），获得有效调查800份。

三、旅游客源市场现状分析

1. 游客人口学特征统计分析

（1）游客性别结构分析：从总体情况看，被试游客的性别构成中男性多于女性，不同性别游客身体条件和心理特征的不同影响其出游能力。

（2）游客年龄构成分析：从整体情况看，32.2%的被试游客集中在31～45岁年龄段中，游客数量随年龄的增大呈减少的趋势。30岁以下的游客占被试游客总量的20.5%，这个年龄段的游客虽然不具有雄厚的经济实力，但具有很强的旅游欲望，是旅游的主要客源之一；尤其是20岁以下的中小学生，是不容忽视的旅游群体。45～60岁年龄段占29.6%，此年龄段游客具备一定的经济实力，是旅游消费的潜在主体。

（3）游客职业构成分析：从整体情况看，被试游客的职业分布以国有、私营企业职员和学生为主，占被试游客总量的49.86%。事业单位员工、机关干部和农民在被试游客中也占较大比重，分别为11%、8%和9.71%。他们的工资水平相对稳定，其出游能力较强，且度假休养的机会也相对较多。

（4）游客家庭人均月收入构成分析：从整体情况看，游客的经济收入水平总体上呈正态分布，家庭人均月收入以中等收入为主。

2. 旅游行为特征分析

（1）出游方式：出游方式以单位组织为主，其比例占43.23%；其次为参加旅行社团和与友人结伴同游，其比例分别为26.67%和14.44%，表明该景区客源市场促销的重点应是企事业单位、社会团体或通过旅行社组织的旅游团队。

（2）出游目的：游客的最主要出游目的是休闲观光，其比率高达58%；探亲访友和度假的比例共占21.05%。

（3）出游时间：游客的出游时间基本上以节假日为主，主要集中在周末、"五一"、"十一"和传统节假日。其中以周末出游比例最高，为32%；其次为"五一"和"十一"。可见，随着节假日的延长，人们的旅游愿望不断增强。

（4）出游喜好：游客对不同类型旅游地的喜好程度十分接近，大多数人向往名山，实际上是对自然生态地的向往。这类游客在宜昌和武汉两地的被试游客中分别占30%和29%，表明两地居民的旅游消费尚处于启动期，处于观光游览的需求阶段。

（5）出游方式：宜昌居民更喜欢与家人一起外出，占42.58%，其次是希望和亲戚朋友一起外出，占39.12%；武汉居民也是希望和家人一起外出旅游，占45.46%，其次是希望和亲戚朋友外出旅游以及单位组织外出旅游，分别占31.12%和11.65%。这说明宜昌市场的自助旅游、家庭旅游前景广阔，而武汉市场的家庭旅游消费和单位团体旅游消费潜力很大。

（6）停留时间：两地居民出游在外的停留时间多在2~3天，说明其休闲度假消费欲望和需求均很强烈。宜昌居民选择在景区停留3天的比例占28.52%，停留2天的比例占26.76%，选择停留4天以上的比例占15.70%，而选择停留1天的比例占12.62%；武汉居民选择在景区停留3天的比例占31.25%，停留2天的比例占25.20%，选择停留5天以上的比例占16.26%。这说明武汉居民的周末休闲需求较旺盛。

（7）消费额度和住宿价格：两地居民的旅游消费能力均属于较强范围之列，但武汉地区居民的消费能力明显比宜昌地区居民的消费能力强。

（8）购物行为：游客的购物首选是有地方特色的旅游商品，小型纪念品也有较好的市场，这正说明该景区的地方特色旅游商品开发大有可为，需进一步大力开发具有浓郁地方特色的山野食品系列和以当地材料制作的纪念品，并发挥品牌效应，提高知名度。

（9）就餐行为：游客选择当地特色菜肴的比例较高。相对于宜昌居民而言，武汉居民有16.30%选择家常便饭，表明武汉居民对旅游地饮食的要求与其日常习惯相似，对就餐地点、档次等不是很讲究。说明该景区今后大力发展具有特色、价格适中的旅游饭店和特色的"农家饭"餐饮系列具有现实必要性。

（资料来源：陈才、王斌主编．旅游景区管理【M】．大连理工大学出版社，2011.05．有删减。）

5.3 景区目标市场的选择与定位

在对旅游市场细分进行界定之前，首先要理解一般意义上的市场细分。在大众化营销阶段，卖方通过大量生产、大量分配和大量促销，向所有的买主提供单一的产品。例如，福特汽车公司提供T型汽车给所有的顾客。顾客从它那里可以得到的汽车"除了黑色以外没有其他颜色"。可口可乐公司也在相当长的一段时间里开展了大众化营销，它曾经只卖一种6.5盎司一瓶的可乐。但随着社会经济的发展和人们需求的多样化，任何一家企业都不可能满足整个市场和全部消费者的需要。广告媒体和分销渠道的多元化使"所有人都使用一种规格"的营销越来越困难，大众化营销正在走向衰落。面对激烈的市场竞争，越来越多的企业选择建立在市场细分基础上的目标市场营销。就市场而言，它存在许多不同的特征，这些特征将市场分割成若干性质有所差异的组成部分，每个部分构成一个细分市场。企业进而在子市场上同对手竞争，而不试图在整个市场内竞争。以上原则对于旅游市场也是适用的。因为任何一个旅游目的地或旅游企业都不可能满足整个旅游市场和所有旅游者的需要，所以进行市场细分是很有必要的。所谓旅游市场细分，实际上就是在对旅游市场进行市场调查的基础上，依据旅游者的需要、行为、习惯等方面的差异性，把整个旅游市场划分成若干个旅游者群的过程。旅游企业通过市场细分，制定不同的旅游产品、价格、营销渠道、促销方法等不同的营销组合，以便更好地满足各种旅游消费者的不断变化着的需求。另外，旅游市场细分可以使旅游经营者更清晰地认识市场；通过对市场的各种特性进行整理、观察和分析，可以发现新的市场机会，挖掘出新的市场特性。在旅游市场被按照一定特性切割之后，旅游企业可以找出对自己最为关键的市场部分，利用自身有限的资源，集中对这部分市场进行开发和拓展。这样，资源就得到了充分的利用，使企业的行为效率最大化。

5.3.1 景区市场细分及其标准

景区市场细分是从旅游消费者的需求差异出发，根据旅游消费者消费行为的差异，将整个景区市场划分为具有类似性的若干不同的消费群体——子市场。对景区市场进行细分，有利于旅游企业发现市场机会，制定正确的市场调查战略。一般可以通过市场细分，选择具有发展潜力的子市场，作为景区发展的目标市场。

1. 景区市场细分的标准

景区要进行有效的市场细分，必须找到科学的细分依据。每个旅游者的特点（如年龄、职业、文化程度、购买习惯等）是导致顾客需求出现差异的因素，这些因素都可以作为对市场实施细分的依据。对于不同类型的市场，细分的因素也有所不同，而且这些因素又处于动态之中，因此被称为"细分变量"或"市场细分标准"。总体上来说，景区市场可以按照以下几种标准进行细分。

（1）地理细分。

旅游活动本身是以旅游者的空间位移为典型特征的，因此，按照地理因素对旅游市场进行细分有着非常重要的意义。例如，世界旅游组织根据地区间在自然、经济、文化及旅游者流向等方面的联系，将世界旅游市场细分为六大旅游区域：欧洲市场、美洲市场、东亚及太平洋市场、南亚市场、中东市场和非洲市场。人们通常所说的"国内旅游市场"和"国际旅游市场"是按国界进行的市场细分，这是旅游目的地国家或地区细分国际旅游市场较常用的形式。此外，地区、城市、乡村、不同的气候带、地形地貌等也可以作为旅游市场细分的标准。

（2）人口统计细分。

人口统计细分是以人口统计学变量如年龄、收入、教育程度、职业、种族、性别、宗教、家庭规模、社会阶层等为基础划分成群体的方法，这些变量往往易于识别且便于衡量。人文统计细分也是划分旅游者群体常用的方法，旅游者的消费欲望、兴趣爱好和旅游频率往往与人口特征有因果关系。一般情况下，旅游企业选择其中的一个或几个变量作为划分的标准。例如，按照人口年龄段，旅游市场可细分为老年人旅游市场、中年人旅游市场、青年人旅游市场、儿童旅游市场4个子市场。旅行社也可以按照家庭生命周期将旅游市场划分为新婚家庭旅游市场、中年家庭旅游市场和老年家庭旅游市场，从而相应地推出新婚旅游、合家欢旅游和追忆往昔旅游等不同的旅游产品来满足个性化的需要。

（3）心理细分。

旅游者在心理上也具有许多不同的特征，如旅游动机、生活方式、兴趣爱好、价值取向、旅游习惯等，心理细分就是按照这些标准对旅游市场进行的细分。人们在旅游活动中更多地获得心理上或精神上的满足，而人与人在心理满足上又有很大的差异性。例如，有的人旅游是为了寻求刺激，有的人旅游是为了寻求安宁。因此，旅游经营者应利用这种差异对市场进行细分，创造不同的市场特色。鉴于不同的心理需求、不同的个性，旅游者会产生不同类型的购买动机，有的追求新颖，有的追求实用，有的对质量要求很高，有的则只求物美价廉。由于旅游者心理需求具有多样性、时代性、可诱导性等特性，因此，心理因素是很难严格加以判定的，很难量化和把握的，但它对旅游市场划分却是极为有效的。例如，根据旅游动机可以将在饭店住宿的客人分为公务客人和度假客人，与之对应的细分市场就是公务旅游市场和休闲旅游市场。饭店要根据自身的情况，确定自己的目标市场，进行产品定位和营销活动。

（4）行为细分。

不同的旅游者在行为上往往会有很大的差异，因此，按照旅游者的行为进行市场细分是很有效的。依据购买组织形式变量将旅游市场细分为团队市场和散客市场，这是旅游市场最基本的细分形式之一。近年来，散客市场得到了很大的发展，成为世界旅游市场的主题，在这一市场中，形式日益复杂多样，出现了独自旅游、结伴同游、家庭旅游、小组旅游等形式。例如，有些旅游者在旅游时只乘坐某一家航空公司的飞机或只住一家旅店，因此，航空公司和饭店可以按照这种行为习惯将旅游者分为坚定的品牌忠诚者、转移型忠诚者和无品牌偏好者，然后通过一系列市场营销活动来扩大市场占有率。一些旅游方面的专家认为，随着旅游市场全球化进程的加快，用来划分国际市场的一些传统变量，如地理变量和国家界限等，将会逐渐被心理变量、行为细分所代替，因为它们能够更加准确地反映顾客之间的文化异同，从而更加有利于确定目标市场。在西方发达国家，新出现的一些细分市场包括老年人市场、年轻的单身者市场、旅游探险者市场、文化探索者市场、高尔夫爱好者市场和其他特殊兴趣团体市场。

出游中的景区市场细分情况及景区市场细分术语分别见表5-5和表5-6。

表5-5 出游中的景区市场细分情况

变　　量	细　分　类　型
季节性市场	12月至次年2月（冬季市场）、3～5月（春季市场）、6～8月（夏季市场）、9～11月（秋季市场）、周末市场、工作日市场
旅行时间	一日内休闲市场、一日游、二日游、三日游、一周游、其他时段
旅行距离/千米	0～500、500～900、900～2 000、＞2 000
出游目的	会议与商务会议市场，采购、销售、其他商务市场，休闲、度假市场，观光、游览市场，修学市场，文化节、体验旅游景区市场，探亲访友市场，其他家庭或个人事务市场，购物市场，疗养康体市场
旅行方式	汽车旅游市场、火车旅游市场、飞机旅游市场、轮船旅游市场、单位交通工具市场、自行车旅游市场、步行旅游市场、其他综合目的市场、综合交通方式市场
组织方式	散客、团队

2．景区市场细分的原则

要使景区市场细分真正发挥其作用，还必须符合某些原则，即有效的细分市场必须具备足够的容量，是可以区分、可以衡量的。

表 5-6 景区市场细分术语

细分标准	细分因子	细分亚标准	细分类型	优　点
按人口统计细分	年龄、教育程度	年龄细分法	学龄市场、青年市场、中年市场、老年市场等	便于研究消费结构
	性别、家庭、年龄结构、收入、宗教	家庭结构细分法	情侣市场、蜜月旅游市场、老年夫妇市场等	便于开展针对性服务
	职业文化圈	职业细分法	公务旅游、商务旅游、职业旅游、农民旅游、学生团体旅游	便于寻找不同职业客户的不同需求
按地理细分	常住地	区域细分法	欧洲市场、亚洲市场、东北市场、华南市场	便于研究促销地、旅行社定点
	与市场距离	距离细分法	近时距市场、中时距市场	便于研究时间、费用的支付能力
	气候	气候细分法	避暑市场、避寒市场、冬季（滑雪）市场、夏季（游泳）市场	便于研究季节人流特征
按心理细分	性格	心理需求法	安逸者市场、冒险者市场、廉价购买市场	便于安排项目内容
	习惯价值观	生活方式法	基本需求者市场、自我完善者市场、开拓扩张者市场	便于探索"满意经历"的内在机理
按消费行为细分	消费动机	旅游目的法	度假市场、观光市场、会议商务市场、福利旅游市场、教育旅游市场、探亲访友旅游市场	便于安排组织工作
	消费水平	价格敏感度法	豪华型旅游市场、工薪层旅游市场、节俭型旅游市场、温和型旅游市场	便于研究价格策略
	服务敏感度、价格敏感度	频率分类法	随机性市场、选择性市场、重复性市场	便于安排促销重点

（1）可衡量性原则。可衡量性指各细分市场的需求特征、购买行为等要能被明显地区分开来，各细分市场的规模和购买力大小等要能被具体测量。要做到这一点，必须对旅游者各方面的旅游消费需求做全面、准确的了解，要保证所选择的细分标准清楚明确，能被定量地测定，这样才能确定划分各细分市场的界限。另外，所选择的标准要与旅游者的某

种或某些旅游购买行为有必然的联系,这样才能使各细分市场的特征明显,且范围比较清晰。

(2) 营利性原则。景区市场细分的范围大小必须合理,即细分市场的规模大小必须适当,既要保证有利可图,又要具有相当的发展潜力。细分出的市场在旅游者人数和购买力上,足以保证企业取得良好的经济效益。首先必须保证细分市场的相对稳定性,也就是说,企业在占领市场后的相当一段时期内改变自己的目标市场,以便制定较长时期的经营策略,不仅要保证短期利润,还必须有一定的发展潜力,保持较长时期的经济效益,从而不断提高竞争能力。

(3) 可接受性原则。可接受性即经过细分后所确定的目标市场,要使旅游产品有条件进入并能占有一定的市场份额。旅游企业必须从实际出发,以保证细分出的市场是企业的人力、物力、财力等资源所能达到的,是企业经营力所能及的,否则不能贸然去开拓。此外,景区营销人员要有与客源市场进行有效信息沟通的可能,具有畅通的销售渠道,这对于具有异地性特征的景区市场尤其重要。

3. 景区市场细分的步骤

根据美国营销专家麦克阿瑟的观点,景区市场细分流程一般由以下7个相互关联的步骤组成。

(1) 选定市场范围,确定经营方向。旅游经营者在确定总体经营方向和经营目标之后,就必须确定其经营的市场范围,这项工作是景区市场细分的基础。市场范围是以旅游者需求为着眼点确定的,因此通过调查工作,分析市场需求动态是必要的。同时,景区应充分结合自己的经营目标和资源,从广泛的市场需求中选择自己有能力服务的市场范围,不宜过窄或过宽。

(2) 了解客源市场,确定潜在市场需求。在确定适当的市场范围后,根据市场细分的标准和方法,了解市场范围内所有现实和潜在顾客的需求,并尽可能详细归类,以便针对旅游者需求的差异性,决定采用何种市场细分变量,为市场细分提供依据。

(3) 分析可能存在的细分市场。通过分析不同旅游者的需求,了解旅游者需求类型的地区分布、人口特征、购买行为等方面的情况,做出分析和判断,构成可能存在的细分市场。

(4) 确定主要的市场细分标准。景区应分析哪些需求因素是重要的,通过与景区实际情况和各个细分市场的特征进行比较,寻找主要的细分因素,筛选出最能发挥本景区优势和特点的细分市场。

(5) 为可能存在的细分市场命名。旅游经营者可以根据各个细分市场的主要特征,用形象化的语言或其他方式,为各个可能存在的细分市场确定名称。

(6) 评价初步细分的结果,进一步了解各细分市场的消费需求和购买行为。通过深入分析各细分市场的需求,了解旅游市场上旅游者的购买心理、购买行为等,对各细分市场进行必要的分解或合并,这项工作将帮助旅游经营者寻找并发现最终的目标市场。

(7) 分析各细分市场的规模和潜力。在前面6个步骤完成后,各细分市场的类型已基本确定,此时景区应估算各细分市场的潜在销售量、竞争状况、营利能力、发展趋势等,并找出市场的主攻方向,进而确定目标市场。

以上市场细分的步骤有利于景区在市场细分中，正确选择营销目标市场，但无须完全拘泥于某一种模式，可以根据实际情况进行简化、合并或扩展。

案例阅读

家庭旅游成为旅游消费市场主力

2017年10月21日，在河南开封举行的2017年中国旅行服务产业发展峰会暨"一带一路"城市旅游联盟年会上，中国旅游研究院发布了《中国旅行服务业发展报告2017》。该报告显示，2016年旅游服务行业整体扭转了2015年的下降趋势，营业收入、接待人数等指标稳步回升，其中家庭旅游成为旅游消费市场主力。

根据国家旅游局数据中心数据，2016年全年实现国内旅游44.4亿人次，比2015年增长11%；入出境旅游2.6亿人次，增长3.9%；全年实现旅游总收入4.69万亿元，增长13.6%。

调查数据显示，国内旅游仍然是我国旅游市场的主要增长点，散客化和自由行趋势明显。同时，出境入境旅游稳步增长，商务旅游是入境旅游市场的重要推动力，占比约为18%。

值得一提的是，居民出游目的呈现出度假休闲和观光旅游并重的态势，分别占52.57%和50.80%，以亲子游、爸妈游为代表的家庭旅游成为旅游消费市场主力。据中国旅游研究院、国家旅游局数据中心调查，2016年，和家人一起出游的比例在国内团队和国内散客中分别为52.23%和48.23%。

（资料来源：中国新闻网，2017年10月22日，有改动。）

案例分析：从该案例中可以看出，游客的出游方式发生较大的变化，观光游和度假游以及亲子游占领主要市场，家庭出游的比例也正在上升，因此，景区应对该细分市场进行宣传。

5.3.2 景区目标市场的选择

经过细分市场的评估，景区可能会面对多个有可能成为目标的细分市场。如何从中选择，这就是目标市场的确定问题。选择目标市场一般有3种策略，即无差异市场营销策略、差异性市场营销策略、密集性市场营销策略，如图5.2所示。

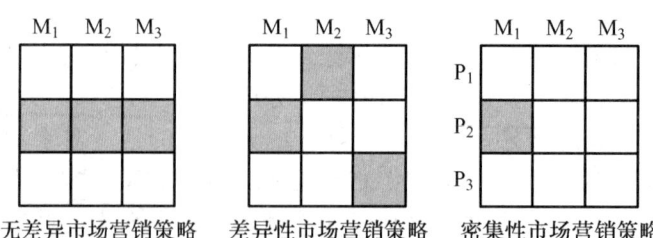

图5.2 选择目标市场的策略

1. 无差异市场营销策略

无差异市场营销策略是景区把旅游者需求看成是一个无差别的整体市场，认为到景区的旅游者都具有同样的旅游需求，即使只采用比较单一的营销组合也能满足整个市场的旅游需求的目标市场策略。当景区市场营销人员经过市场分析后，发现各个细分市场之间的差异比较小的时候，景区就可以考虑采取这种市场营销策略。其优点是不必对市场进行细分，可以降低景区的营销和管理成本；缺点是忽视了旅游者需求的差异性，不能适应旅游市场发展的需要。

2. 差异性市场营销策略

差异性市场营销策略是景区在市场细分的基础上，以两个以上乃至全部旅游者作为目标市场，分别为之设计不同的旅游产品，采取不同的市场营销组合，满足不同旅游者需求的目标市场策略。景区根据各个细分市场的特点，增加旅游产品的种类，或制订不同的营销计划和办法，以充分适应不同旅游者的不同需求，吸引各种不同的购买者，从而扩大景区产品的销售量。其优点是在产品设计或宣传促销上能有的放矢，分别满足不同类型旅游者的不同需要，增加产品的总销售量，同时可使景区在细分市场上占有优势，从而提高市场占有率，在旅游者心目中树立良好的景区形象，有利于降低景区的经营风险。其缺点是，由于景区同时经营多个细分市场，景区的各种费用较高；另外，要同时满足不同细分市场的需求，总会在景区的经营过程中出现这样或那样的矛盾，对景区的管理能力将会是非常大的考验。因此，采用差异性市场营销策略的景区，一般具有比较强的经济实力和比较丰富的管理经验。

3. 密集性市场营销策略

密集性市场营销策略是景区将一切营销资源集中于一个或少数几个有利的细分市场的目标市场策略。这种策略对于经济实力不够、处于市场开拓期的景区更为适用。它的优点主要在于占用景区的资金相对较少，资金周转相对较快，有利于提高景区的投资收益率和利润率。由于其市场针对性更强，景区可以更加深入地了解这部分游客的需求，从而在产品设计上能更好地、更有针对性地满足旅游市场的需求，因此能在这些市场上形成比较强劲的竞争力和比较高的市场占有率。它的主要缺点在于，这种策略由于过分依赖少数几个甚至一个市场，景区未来的经营会比较脆弱，一旦这些市场出现危机，就会对景区造成致命的打击。

5.3.3 景区目标市场的定位

经过市场细分和目标市场的选择，景区能够确定自己的经营空间和营销对象，为了使目标市场旅游者能够非常容易地识别出本景区的产品，以便与竞争对手区别而形成自己独特的经营风格和做法，就需对产品进行市场定位。

市场定位是企业为了适应消费者心中某一特定的看法，通过为企业、产品、服务创立鲜明的特色或个性而塑造出的独特的市场形象的行为过程。景区目标市场定位就是要确立景区在市场上的位置，其实质就是把景区的形象植入旅游者心中，使景区在市场上确立强有力的竞争地位。景区要想在市场中取得优势，就得在信息传递中把自己的特色突出地展现给广大旅游者，让自己的产品占据一定的市场地位，通过定位提升景区形象，树立景区品牌。在景区中比较常用的定位方法有以下几种。

1. 攀附定位

攀附定位是借用著名景区的市场影响来突出、抬高自己的定位方法，如把三亚誉为

"东方夏威夷",把小浪底水库誉为"北方的千岛湖"。采用这种定位方法的景区并不去占据攀附对象的市场地位,与其发生正面冲突,而是以近、廉、新的比较优势去争取攀附对象的潜在顾客群。采用这种定位方法不可与攀附对象空间距离太近,因为这种定位是吸引攀附对象景区的远途的潜在顾客。另外,对于著名的景区(点)和具有独特风格的景区(点)不能随便采用此种定位方法,这是景区经营之大忌。因为,市场已经赋予著名的景区特定的位置,仅需要维护和保持这种特色位置不被失去就可以,而不应贸然只为一时、一地市场的开发而别出心裁地突出另外的特色,这样会冲淡自己原有的特色,动摇原先的市场地位。对于新开发的景区,如果能从与其他景区的比较中找出自己突出的、有特点的风格,就不要贸然采用攀附定位的方法,因为攀附定位会掩盖景区的真正特色。

2. 心理逆向定位

心理逆向定位是打破消费者的一般思维模式,以相反的内容和形式标新立异地塑造市场形象的定位方法。例如,河南省林州市林虑山风景游览区以"暑天山上看冰堆,冬天峡谷观桃花"的奇特景观征服市场。再如,深圳野生动物园一改传统动物园将动物囚禁在笼中观赏,采取游客与动物对调的方式,人被囚禁在车中,而让动物在宽阔的空间自由活动。这种模拟自然环境的动物园,打破了我国游客对动物园的惯性思维,从而赢得了市场的认可。

3. 狭缝市场定位

狭缝市场定位是景区不具有明显的特色优势,而利用被其他景区(点)遗忘的旅游市场角落来塑造自己旅游产品的市场形象的定位方法。例如,河南省辉县市有名的电影村——郭亮村,本来是一个普普通通的太行山村,自从著名导演谢晋在此拍过一次电影后,山村开始走旅游发展道路。它以洁净的山泉水、清新的空气、干净卫生的住房条件,用比市场低的价格占领了附近城市的休闲旅游市场和美术院校校外写生市场。

4. 变换市场定位

变换市场定位是一种不确定的定位方法,它主要是针对那些已经变化的旅游市场或者易变的市场而言的。市场发生变化,景区的特色定位就要随之改变。例如,深圳在改革开放的初期以"改革开放窗口"为特色,吸引全国各地的游客前来参观学习;随着时间的推移,这一特色的影响力迅速衰退,于是推出以人造景观为主的大型游乐主题公园,重拾快速发展的道路。不过,一般的人造景观如主题公园类型的景区(点),面对的却是易变的市场。对于易变的旅游市场更要采用变换的定位方法,不断改变旅游产品的内容和形式,让游客常游常新,以变取胜。但是,我国的主题公园大多数存在市场趋淡的问题。以深圳锦绣中华为例,该景点在1989年9月开业,当年人流如潮,每日约有8 000名游客,维持了3年;如今降到每日约3 000名游客。面对这样的问题,景区一般会有两种选择:一是走规模扩张的道路,扩建新景区,以新带旧,壮大声势;二是走内涵变换的道路,即采用变换市场定位策略,改变和增加景区活动内容、赋予主题新的含义。锦绣中华的业主深圳华侨城集团选择了前一种道路,连续建成中华民俗文化村、世界之窗和欢乐谷,虽然取得了良好的经济效益,但这样靠资金和土地支持,总会有尽头,终究还是要回归到变换市场定位道路上来。

知识链接

生态旅游岛景区的营销定位

旅游是众多相关产业的结合。旅游本身具有六大要素，涉及社会经济生活中的六大行业，还涉及公安、城管、环保、文化、建设、教育、体育、水利、卫生等方面，旅游产业的关联性特别大。旅游要发展离不开相关各行业和社会各方面的支持、帮助，而旅游的发展又会带动相关各行业和社会各方面的发展与进步。旅游是为数不多的、不以牺牲自然资源为代价的产业之一。例如，梁子岛处于景区较密集区，同类型景区也较多，其市场竞争是不可避免的。要在激烈的市场竞争中处于领先地位，必须采用差异化策略，紧紧抓住"激情"主线，全力打造优美环境，推出高品位特色项目，以优质的特色服务来赢得市场。因此，该旅游区在区域中的定位是做成华中地区旅游带中的精品景区。

梁子岛作为武汉周边最大的湖泊中的岛屿，可堪此地位，集动感休闲与绿色度假于一体，是营销中需明确的功能产品。梁子岛的休闲是水上、亲水与山地相结合的休闲，整体上呈现出动感、快乐、轻松的氛围；而度假方面，由于远离都市，不受任何干扰，更亲山近水，环境优越。因此，它属于绿色、纯净、天人合一的真正度假。梁子岛是以良好的生态为基础的，这不仅包括自然生态，而且包括文化生态，乃至可满足都市人需求的经济生态，针对不同的目标市场和目标客源层、诉求季节及其推广产品，将制定不同的主题和口号。随时间的推移，梁子岛还应该结合中国、湖北旅游的主题与宣传口号的不同适时调整，以能够满足营销需求。

（资料来源：https://www.davost.com/seo/detail/2765-b8022be0f7.html，2013-03-05.）

5.4 景区营销组合策略

景区营销者在进行营销总体设计后，必须从目标市场中寻找自己的营销目标，将营销总设计转化为营销方案，要求在营销费用、营销组合和营销资源分配上做出基本决策。这就是有关营销组合的问题。景区营销组合就是用来从目标市场中寻求其营销目标的一套营销工具。景区营销组合的要素很多，一般概括为4类：产品、价格、销售渠道和促销。

5.4.1 景区营销组合中产品的概述

1. 景区产品的概念

景区是一个地理区域的概念，而景区产品是旅游经济概念。那么，凡是能够纳入旅游业发展规划中的景区，统称为景区产品。景区产品是一种特殊的旅游产品，虽然它属于旅游经济中的一项产品类别，但又不能完全属于私人产品，本质上它属于公共经济中的一种具有自然垄断性的混合产品，即介于公共产品和私人产品之间的产品。

2. 景区产品的构成

科特勒认为，产品的营销人员需要从整体产品概念出发，来对自己的产品做出考虑。所谓整体产品，即把产品理解为由核心产品、有形产品和扩展产品3个层次所组成的一个整体产品。

(1) 核心产品——景区吸引物。

博尼费斯和库珀指出，吸引物是旅游赖以生存之本，旅游吸引物促生了游览，引发了远程旅行，并创造了整个旅游业。斯沃布鲁克认为，旅游吸引物是旅游业的核心，是人们想去一个地方旅行的动机。旅游吸引物是旅游吸引力的主要发动机，是景区经营和招徕游客的招牌，也是景区赖以生存的依附对象，游客正是为了观赏景区的风景才不远万里、不辞辛苦地来景区旅游的。如果没有旅游吸引物，游客是不可能来景区消费的。欧洲旅游委员会指出，旅游吸引物的目的是满足公众娱乐、兴趣和教育的需求。

景区吸引物就是景区内标志性的观赏物，它是景区旅游产品中最突出、最具有特色的景观部分。旅游从某种角度讲，也可称作"眼球经济"。吸引物是景区赖以生存的依附对象，是景区旅游产品的主要特色显示。没有这个吸引物，游客就不可能来景区旅游消费，尤其是在今天旅游市场竞争日益激烈的情况下，吸引物不仅靠自身独有的特质来吸引游客，还要靠良好的形象塑造和宣传起到应有的引力效果。所谓对景区（点）吸引物的塑造，实际就是给景区旅游产品定位，就是把景区最吸引人的、最突出的特色表现出来。这个特色进一步打造，还可以形成景区的品牌，进而形成旅游市场的名牌。世界上著名的旅游胜地都是以其独特的地貌景观、建筑景物、历史遗迹、风俗民情等来吸引四面八方的游客前去游览的，如埃及的金字塔，美国纽约的自由女神像，中国北京的长城和故宫、西安的秦始皇陵兵马俑、长江三峡的神女峰等。

需要说明的是，旅游吸引物的构成是不断变化的，一些旅游吸引物由于人为破坏、游客偏好变化等原因逐渐消失，一些原先不是旅游吸引物的事物则成为新的旅游吸引物。

核心产品是顾客购买的基本对象，它能够满足顾客的核心利益和主要需求，即购买者认为能够通过所购产品来满足个人所追求的核心利益或基本效用。这里的核心利益通常是无形的，在很大程度上与主观意愿，如气氛、过程、松弛、便利等有关，顾客所寻求的是能够解决他们的问题或满足他们需求的产品。也就是说，顾客只会买能给自己带来利益和满足自身需求的那些产品。

(2) 有形产品——景区活动项目。

景区活动项目是结合景区特色、围绕景区主题举办的常规性或应时性的，供游客欣赏、参与的各种类型的群众性盛事和游乐项目。其内容丰富多彩，如文艺演出、体育比赛、民间习俗再现、各种节日庆典等。景区活动项目也是旅游吸引力的来源之一。景区（点）活动能使游客的旅游感受更有趣味性，使旅游服务的主题更加鲜明和更有吸引力。例如，河南博物院除了在造型古朴别致的建筑内展示中原 5 000 年以来的出土文物外，每天还进行两场古乐器演奏会，使中原古文化以丰满的姿态展现出来，受到中外游客的欢迎。办好景区的活动项目，有利于提升景区的文化品位，丰富景区产品内涵以及吸引更多的游客。

有形产品是核心产品的实现形式，即核心产品在市场中表现出的产品实体或劳务的外观，是营销人员把核心产品有形化的结果，即能满足顾客需求的实实在在的消费对象。有形产品具有 5 个要素：特色、品牌、质量、设计、包装。

(3) 扩展产品——景区管理和服务。

扩展产品是指顾客购买产品时，所能得到的有形和无形的附加服务与利益的总和。刘易斯和钱伯斯认为，扩展产品是解决顾客的所有问题的组合产品，我们甚至可以把顾客未想到的问题纳入其中。

景区产品形式尽管呈多样化，但其核心内容仍是服务。景区产品的特点就是生产与消费的同时性。每一次服务的失误都不可能像其他产品一样重新产出，现场服务质量的高低关系到游客旅游质量的高低。服务过程中的管理是至关重要的，管理是为了更好地服务。景区管理包含三个层面：一是对员工的管理，二是对景区的管理，三是对游客的管理。不论是哪种管理，都是为了最大限度地满足游客需求，提升游客的体验质量。

另外，景区的交通也可以看作扩展产品的组成部分。由于很多景区处在交通不发达的偏僻地区，游客出入景区难已成为制约景区发展的一大瓶颈。景区产品生产与消费的同时性，使得游客必须到达现场才能消费景区产品。所以，如何改善交通条件和基础设施，对于增加游客数量、提升游客旅游质量有着很大的作用。

3. 景区产品的特点

景区产品是一种服务业的产品，它作为服务类产品中旅游产品中的一种，具备旅游产品的一些共同特征。

(1) 旅游产品只向游客提供共享使用权。购买机票的人是不能选择与谁共乘一架飞机的，海滨的度假者必须与在同一时间内选择去海滩的任何人共享海滩。同样，主题公园的游客必须与在那里的其他游客一起游览公园共享游乐设施。如果不同的使用者有相互矛盾的期望和需求，就会削弱游览的品质，如活跃、好动的年轻人可能与好静、行动迟缓的老年人的游览需求不同。因此，游客管理的效果和作用取决于哪些人共享产品，他们之间是互补的还是矛盾的。

(2) 消费者只享有产品的暂时使用权。例如，度假者使用住宿设施的时间一般只有1～2周，主题乐园的门票一般只能当天使用，剧场的门票只能看一次演出。

(3) 产品的季节波动性和脆弱性。旅游产品受到多种因素的影响和制约，包括季节、气候等自然因素以及其他政治、经济、社会因素。这与服务产品的不可储存性有关。服务产品实际上是有形的制品和无形的服务的组合，因此，服务产品被称作"制品服务组合"，它以满足目标市场的需求为目的。

景区产品即是一种有形产品与无形服务的组合，景区的有形部分是游客获得体验的基础，景区内员工的仪容仪表、态度、行为和能力、游客的心理预期以及一些不可控因素都会影响游客在景区的总体感受。例如，苏州乐园之类的主题公园，就是由游乐项目这样的有形成分和乘坐游乐项目产生的刺激、害怕等感受所组成的；博物馆产品可以使游客产生回顾历史的感受。参观建筑物的乐趣不仅由于建筑物有形的建设样式、颜色、体量、装饰、雕塑等对游客产生影响的具体特点，还有气氛、精神感染对建筑历史的共鸣等无形成分的影响。自然景观同样也是有形成分与无形成分的组合，如海滨是有形的，同样的海滩，不同的时间和不同的同伴，其感觉和经历不一样，其无形的成分也不一样。

无论是景区有形的景观、设施，还是无形的服务，都是游客无法带走的，游客所得到的只是一次旅游的经历和在景区所获得的体验。具体来说，影响游客体验品质的因素可分为以下几类。

(1) 产品的有形成分：包括游乐项目设施、商店、餐厅和景区的整洁等。

(2) 提供服务的要素：包括员工的仪容仪表、态度、行为和能力等。

(3) 游客因素：游客的心理预期、行为和态度等。

(4) 一些景点经营者和游客都无法控制的因素：如某一特定时间使用景点的游客构成、去往景点的交通状况以及天气情况等。

上述各因素之间的关系，使得每位游客的体验各不相同。景区景点产品是体验型产品的典范。

4．景区产品的发展

(1) 景区产品的功能类型。

按照景区产品的功能，可以将景区产品分为3个类型，见表5-7。

表5-7 景区产品类型的划分

层　次	类　型	项目内容	产品功能	举　例
基础层次	陈列式观光游览	自然资源、风景名胜与人文历史遗迹	属于最基本的旅游形式，是旅游规模与特色的基础	深圳锦绣中华、世界之窗景区，黄山、泰山等
提高层次	表演式	民俗风情与游乐	满足游客由"静"到"动"的多样化心理需求，通过旅游文化内涵的动态展示，吸引游客消费向纵深发展	深圳民俗文化村景区等
发展层次	参与式娱乐与相关活动	亲身体验与游戏娱乐	满足游客的自主选择、投身其中的个性选择，是形成旅游品牌特色与吸引游客持久重复消费的重要方面	深圳欢乐谷景区等

(2) 景区产品的阶段模式。

从景区产品的发展阶段来看，景区产品发展可分为三个阶段，见表5-8。

表5-8 景区产品发展的三阶段模式

阶　段	产品类型	主要特征	举　例
第一阶段	人文自然景观型旅游	以名胜古迹、自然山水景观为载体，具有明显的地域特色和局限性；属于早期旅游的主要形式并延续至今；借助本地特色，开发成本较低	黄山、泰山、武夷山风景区，曲阜三孔景区等
第二阶段	人造景观型旅游	对世界各地自然人文景点的移植荟萃，突破时空局限；主要借助大投入产生轰动效应，但人工痕迹明显难以产生持续吸引力	深圳华侨城主题公园
第三阶段	科技参与型旅游	在旅游中引入高科技的休闲娱乐项目，强调游客的高度参与；彻底突破时空局限，营造一个充满游戏的文化空间	苏州乐园景区、常州恐龙园

5．景区产品的生命周期策略

每一种产品都是为满足消费者需求而提供的，但一种产品在时间的序列上难以永远满足需求，这是因为人们的旅游需求处在变化之中，所以产品就有一个由兴至衰的过程，景区产品也是如此。一般来说，景区产品的生命周期通常以游客人次和时间来衡量，分为4个阶段：市场进入期、成长期、成熟期、衰退期。在景区产品不同生命周期阶段，营销者所采用的策略也不同。

(1) 市场进入期。市场进入期又称为导入期或投入期，指景区产品从按预先方案规划、开发、完成施工建设，到正式向游客开放的阶段。在这一阶段，刚进入市场的景区产品尚未被游客了解和接受，游客接待人次增长缓慢；为打开市场，经营者投入较大，所以单位成本较高。这一时期营销者应致力于加大投入，创造知名度，培育市场形象，通过广告、宣传向目标市场传递信息，以刺激市场增长。这一时期，市场上一般没有或有较少同行竞争。

(2) 成长期。当景区产品基本被市场接受时，就进入成长期。这一阶段来访游客的数量稳步增长，经营者渐渐收回投资，利润上升速度快，而用于广告宣传的费用相对减少，销售成本大幅下降。在这一阶段，营销者要及时抓住有利的市场机会，迅速提高接待能力，同时努力维持产品质量，挖掘市场潜力，为防止竞争者仿效抄袭，必须着手构思新产品的开发。

(3) 成熟期。在景区产品的成熟期，潜在顾客很少，市场需求量趋于饱和，游客总量达到最高点。此时，市场上不断出现仿效者和替代产品。景区产品利润率开始下降，用于应对竞争对手和保持市场份额的费用增加。处于成熟期的景区产品，其营销重点应放在保护市场份额和开拓新需求上，依靠产品价格的差异化吸引客源；开发新产品和服务项目，稳定质量创造回头客；加大促销力度；改进销售渠道。

(4) 衰退期。经历成熟期后，景区产品便渐渐或很快失去吸引力，市场上出现新的景区产品，市场被严重分割。这一阶段景区的游客流量明显下滑，游客的需求和兴趣转向新的产品，与之相伴的是经营收入迅速下降。另一种可能是景区经营者预先采取产品改进方案，使景区产品重获生命力，生命周期再次循环，产生再生期。对于由成熟期转入衰退期的景区产品，经营者面临两种选择，要么采取行动退出市场，要么对现有产品改进。无论做何种选择，营销人员必须对具体情况认真分析研究，找出原因，以便决定新的营销策略。

6. 景区产品的设计与策划

(1) 景区产品设计与策划的原则。

景区产品的设计与策划应遵循依托资源、面向市场、突出主题、注入文化、形成系列、塑造品牌的原则。

① 依托资源。景区产品的规划设计要充分依托本地资源、充分挖掘和利用资源优势。

② 面向市场。景区产品的规划设计要面向市场，在对市场进行充分研究的基础上，根据市场的结构和偏好设计出为市场所喜闻乐见的景区产品，如面向年轻人开发的刺激游乐项目、面向城市学生开发的农业体验旅游项目。

③ 突出主题。景区产品的规划设计要围绕某一主题，体现出鲜明的特色，这样才容易吸引目标客源。特色鲜明、主题突出的景区产品便于形成规模化的景区产品，提供专业化的服务，促进持续的品牌建设、营销推广，保持市场的关注，产生较大的市场影响。

④ 注入文化。一种文化的表现形式就是一种文化产品，景区产品的设计要注重文化的注入，在整个旅游活动中的硬件和软件（设施和服务）中都要体现出一种主题文化，要在景区产品中营造出浓郁的文化氛围，体现出景区产品的文化品位。因此，在景区产品的设计中，要透彻地分析地方文脉，充分挖掘地方文化内涵，或根据景区产品的主题注入相关的文化内涵，并对景区产品进行文化包装。文化注入包括3个方面：文化内涵的挖掘与丰富；注重文化的表现形式；注重过程的文化性，如消费活动细节、建筑小品、绿化小品等细节。目前，挖掘文化遗产已经成为景区产品创意的潮流。例如，河南开封的清明上河园、浙江杭州的宋城、陕西西安的大唐芙蓉园都是以历史文化作为创意的成功景区产品；而云南的《印象·云南》《纳西古乐》，广西桂林的《印象·刘三姐》则以绚丽的民族文化作为创意的核心，大受追捧。

⑤ 形成系列。景区产品的设计要依托地方旅游资源，面向市场设计出系列景区产品。系列景区产品要围绕景区产品主题设计出系列化的旅游活动。

⑥ 塑造品牌。目前，人们的消费已从实物消费进入品牌消费的时代。品牌具有很强的心理定式，是一种购买导向；品牌也是一种精神境界和心理享受。所以，景区产品的设计要突出主题、注入文化，进行品牌建设和塑造品牌，实行品牌运营。

(2) 景区主题产品策划。

主题活动具有渲染娱乐气氛、促进游客参与、丰富游客经历、增强景区亲和力和强化景区产品的营销效果、形成市场的冲击力、营造商业卖点、推广景区形象等优越性，因此，景区要根据自身性质开展旅游主题活动，策划四季旅游主题产品。景区旅游活动主要包括节庆活动、庆典活动、趣味活动、表演活动和综合性旅游主题线路5大类。

① 景区的节庆活动。节庆活动是一项影响面大、参与人数多、经济效益明显的景区产品。同时，节庆活动还是塑造和推广景区旅游形象和旅游产品的有效手段，因而受到越来越多的景区重视，发展前景十分广阔。景区节庆活动产品的设计应注意以下几个方面。

A. 主题突出。景区节庆活动要有明确的主题，其主题要体现出深刻的文化内涵，以便推广其主题旅游形象；节庆活动还应通过每年的逐步深入，走向深化。同时，节庆活动主题设计要与国家旅游局（2018年改为中华人民共和国文化和旅游部）每年推出的旅游主题相联系。为了将丰富的旅游资源更好地介绍给国内外游客，自1992年起，国家旅游局（2018年改为中华人民共和国文化和旅游部）每年推出不同的旅游主题，每个主题都侧重一种旅游特色。例如：1992年：中国友好观光年；1993年：中国山水风光游；1994年：中国文物古迹游；1995年：中国民族风情游；1996年：中国休闲度假游；1997年：中国旅游年；1998年：中国华夏城乡游；1999年：中国生态环境游；2000年：中国神州世纪游；2001年：中国体育健身游；2002年：中国民间艺术游；2003年：中国烹饪王国游；2004年：中国百姓生活游；2005年：红色旅游年；2006年：中国乡村游；2007年：中国和谐城乡游；2008年:中国奥运旅游年；2009年：中国生态旅游年；2010年：中国世博旅游年；2011年：中华文化旅游年；2012年：中国欢乐健康游；2013年：中国海洋旅游年；2014年：中国智慧旅游年；2015－2017年：中国丝绸之路旅游年；2018年：全域旅游美好生活。

B. 根植地方文化。景区节庆活动要根植地方文化，体现地方文脉，只有这样才能具有生命力。同时节庆活动可以结合我国丰富的节日（如国庆节、春节等民族节日）和有关的国际节日（如五一节、儿童节），甚至西方节日（如情人节等）展开。

C. 固定化和规范化。景区节庆活动的固定化和规范化有利于旅游形象、节庆产品和节庆产品品牌形象的持续建设和推广。

D. 运作商业化。景区节庆活动应采用商业化的运作模式，可以采取拍卖的方式由专业会展机构与赞助商来承办。

E. 规模化。景区节庆活动前期的推广、组织要耗费一定的人力和物力，节庆活动有一定的规模才能产生规模效益；同时，节庆活动只有规模化才能产生较大的影响力。景区如能主办或承办一些全国性和地方性的节庆活动，则更有规模化和市场影响力。

② 景区的庆典活动。庆典活动的规模一般仅次于景区的节庆活动，是景区的一种主题活动，也可以升级为节庆活动。

③ 景区的趣味活动。景区的趣味活动能够增加景区的亲和力、调动游客的旅游情绪。景区的趣味活动参与性、趣味性强，对游客的吸引力大，能延长游客在景区的逗留时间，取材丰富、成本低廉、组织容易、应用面广，在任何景区都可以结合景区的情况，开展丰富多彩的趣味活动。趣味活动也可与各种节庆活动相结合，成为各种节庆活动的组成部分。趣味活动可分为3种类型：竞赛活动、游戏活动、抽奖活动。

④ 景区的表演活动。表演活动可根据一定的主题在固定的时间内进行，它往往成为景区吸引游客的重要因素。例如，在湖北洪湖市蓝田景区，结合人们熟悉的电影《洪湖赤卫队》的情节，聘请洪湖市的歌舞剧团演员，在每天上午、下午各表演一场电影中活捉彭霸天的片段，游客可以租借服装扮演电影中的人物随演员一起上场参与活动，表演结束后游客还可以与演员拍照。这一表演活动不仅延长了游客的逗留时间，增加了游客的消费，还给游客留下了深刻印象，对游客产生了巨大的吸引力。景区的每场表演都吸引了大批游客。

知识链接

景区表演项目

景区可以通过舞台表演的形式凸显景区文化，使之更加立体化、形象化、艺术化，从而深化主题，使游客在艺术享受中对景区文化有进一步的认识，提高体验质量。

杭州宋城通过每天多达15种民间杂艺表演、9种宋史人物表演、17种作坊表演和4种大型影视表演，成为800年前"东南形胜，三吴都会"的鲜活标本。尤其是其推出的大型音乐舞蹈史诗《锦绣天城》，让游客在艺术的氛围中领略宋都杭州的历史与传说的无穷魅力；《汴河大战》《宋城千古情》《金戈铁马岳家军》等品牌节目也让游客百看不厌。

再如，西湖景区的《印象·西湖》表演项目是继《印象·刘三姐》《印象·丽江》后又一部"印象"系列实景演出，它以西湖浓厚的历史人文和秀丽的自然风光为创作源泉，深入挖掘杭州的古老民间传说、神话，重现西湖人文历史的代表性元素，同时借助高科技手法再造"西湖雨"，从侧面反映雨中西湖和西湖之雨的自然神韵。整场山水实景演出，通过动态演绎、实景再现，将杭州的城市内涵和自然山水浓缩成一场高水准的艺术盛宴，向世人推出。

《印象·西湖》的演出地点在岳湖景区：南至赵公堤，北至岳湖楼，西至曲院风荷，东至苏堤。在岳湖楼南侧设置可容纳1 800人的升降式、可收缩、可移动阶梯形看台；在湖面演出区域内配备特制的灯光和激光照射，以满足舞台及背景的需要。演员的表演在西湖水域上表现，以自然的山水、景观为天然舞台。这是一个特别的水上剧场，拥有一个具有千年文化积累、超大的视觉空间。它的演出内容与自然景观一致。

（资料来源：http://www.docin.com/p-2187993993.html，2020-07-16。）

⑤ 景区的综合性旅游主题线路。景区可以将各种活动结合在一起推出突出某一个主题的主题旅游线路。主题旅游线路能够树立鲜明的产品形象，开拓固定的、个性化的客源市场。

7．景区的新产品开发

随着人们旅游需求的不断变化，旅游市场上传统的观光旅游产品难以满足现代旅游者的需要。景区经营者只有不断开发新的旅游产品，才能使景区更好地生存和发展。景区大多依靠增加服务项目、模仿竞争者的旅游项目、改进产品质量等方式进行新产品开发。只要是景区中任一构成部分的创新或改革，都属于新产品之列。景区新产品大致可分为以下4种。

（1）全新产品。全新产品是为满足旅游者新的需求而创新的景点，这种景点是旅游市场上以前未出现的，如上海黄浦江南岸的滨江大道。全新产品往往耗时较长、投资巨大且风险性高。

（2）换代产品。换代产品是对现有景区的旅游内容进行较大改革后形成的产品。过去许多山地景区没有索道，游客只能靠步行、攀爬进行游览。有了索道，游客可以在缆车内欣赏沿途景色风光。

（3）改进产品。对景区产品进行局部的改变便是改进产品。例如，有的景区增设体育用品出租服务，为在景区内进行体育运动的游客提供体育器材。推出改进产品是景区经营者吸引游客的一种有效手段。

（4）仿制产品。仿制是一种重要的竞争策略。景区模仿市场上已经存在的产品，可分享其他企业的部分推销成果，能较快获得增长的客源，故多被采用。旅游需求的发展日益呈现文化、保健、参与、新奇、环保、增强体验效果的趋势，因此，景区经营者在开发新产品时，必须对新产品进行风险性分析，并密切注意景区产品的发展动态，以避免新产品缺乏吸引力。

5.4.2 景区营销组合中的价格策略

景区产品的价格是景区营销策划中的重要内容，也是旅游者较为敏感的因素，制定适当的门票价格，是景区有效的竞争手段之一。

1．影响门票定价的因素

像其他商品的价格一样，门票价格受到多种因素的影响，这些因素主要有成本、市场条件与环境、市场需求。

（1）成本。成本是价格的重要决定因素。景区产品的成本可分为固定成本、可变成本、总成本、边际成本等。一般来说，在人造景区（如主题公园）的成本中，固定成本比重较大,而自然旅游景点可变成本较大,前者的总成本大大超过后者。

(2) 市场条件与环境。在完全竞争的市场条件下,价格完全由产品的供求关系决定。景区产品的供给在某种程度上有不易变动的特点,而某些景区的门票价格体现一定的垄断性。

(3) 市场需求。旅游者对某些景区的旅游需求的大小与门票价格成正相关变动,不同的需求情况反映在价格上就是地区差价、季节差价、批零差价。

2. 门票定价目标

景区的总体目标可分解为营销目标、财务目标及其他目标。前两者直接决定定价目标。因此,景区门票定价目标可具体分为利润目标、营销目标和竞争目标,见表5-9。

表 5-9 景区门票定价目标分类

目 标 类 型	目 标 内 容
利润目标	当前最大利润/满意利润/投资回收率
营销目标	最大销售量/维持市场份额/保持与分销商的长期关系
竞争目标	维持生存/保持价格稳定,应付和避免竞争/质量损失

(1) 利润目标。不同的利润目标直接影响景区门票价格的高低。在市场竞争中处于绝对优势地位的景区,可以当前利润最大化为目标进行门票定价;在实际运营中的景区难以达到理论上的最大利润,在经营者允许的基础上,可以以满意利润目标来定价;追求不同投资收益率的景区经营者,在定价时可以理想的投资收益率为目标。

(2) 营销目标。要有效地吸引和保持来访游客,意味着销售量在现有程度上必须继续扩大,门票价格就有必要进行调整。从长计议的景区,扩大市场份额比提高销售量更重要,前者既有利于后者,又有利于提高收益率。具有较大市场影响力的景区,其营销策略的制定和实施的主动性更强。专业化的销售分工有利于提高产品分销效率,节省企业的营销费用。调动旅游分销商销售产品的积极性,必须与旅游中间商维持良好的长期合作关系,制定能为他们带来利润的价格措施。

(3) 竞争目标。把维持生存作为运营首要目标的景区,必须通过制定满足顾客要求的价格来扩大需求,生存价格以不低于成本为下限。在旅游业中占据举足轻重地位的景区常以稳定价格树立良好形象为目标。在不同的竞争状况下,大多数景区为应对竞争对手而选择有利于竞争的价格调整。

3. 门票定价策略

门票定价策略是景区制定价格时依循的总体指导思路,是营销人员解决定价问题的基本原则,包括新产品定价策略、心理定价策略和促销定价策略3种。

(1) 新产品定价策略。

新产品定价具有较大灵活性,基于弥补景区开发成本或限制竞争等因素,它可以分为市场撇取定价和市场渗透定价两种策略。市场撇取定价是指景区的新产品或新景区投放市场时,可以制定大大高于产品成本的定价,这是因为新产品较早进入市场,很少有竞争性的替代产品,需求的价格弹性小。制定高价有利于景区在初级市场中培育独特的、高价值的形象,使企业迅速回收投资,为市场成熟期制定价格留有余地。但若产品易被仿效和被竞争者跟随，就不宜采用此策略。与之相反的是市场渗透定价。市场渗透定价是指以保本或微利的价格将产品投放市场的策略。采用这种方法，容易为消费者所认同，使产品在市场上迅速打开销路。虽然价格较低，但随着市场占有率的扩大，销售量不断增加，容易形成规模经营，最终达到薄利多销的目的。由于价格较低，单位产品收益很差，从而有效地防止了竞争者的蜂拥而入，有利于长期占领这一市场。这种定价策略适用于具有大批量接待能力、经营缺乏垄断性和需求价格弹性较大的景区产品。这种策略适宜于价格敏感型的客源市场。

(2) 心理定价策略。

心理定价策略要求营销人员在制定门票价格时，考虑游客情绪对价格的反应。这种策略更适合为传统型景区所使用。心理定价策略主要有尾数计价法、声望计价法和分级计价法等。

① 尾数计价法。尾数计价法是利用消费者相信产品价格应有一个尾数的这种感觉，在价格的尾数上大做文章，使消费者觉得产品价格便宜或者物有所值。例如，旅游线路的价格定为 3 000 元，就不如定为 2 980 元，一般而言，后者会让顾客感觉这个价格在 2 000 元范围内。尾数计价法要求避免以整数来设置价格，尽量在尾数上保留非零的数字，给人一种计算精确、值得信任的感觉。

② 声望计价法。声望计价法要求旅游企业考虑价格的心理学，而不能简单地考虑价格的经济学。许多顾客把价格作为质量的一种指标，抱有"价高质必优"的心理。声望计价法即是利用名牌效应制定高价的策略。当产品有较高知名度、质量优良时，制定高价，可满足一部分消费者显示身份、地位的心理需要。同样，在保证产品质量的前提下，制定高价，往往也会给消费者一种高价优质的感觉，也会增强产品的吸引力，产生扩大销售的良好效果。为此，旅游企业在设计产品时，如能安排入住著名饭店、在名人就餐过的地方就餐，利用名人效应提高产品的声望，就会让客人产生优质高价的感觉，使其心理得到极大的满足。这样的产品制定高价是比较容易让消费者接受的。

③ 分级计价法。分级计价法是指旅游企业根据不同层次旅游消费者的不同消费心理，将一系列功能相近的旅游产品分成几个不同的档次，每个档次制定一个价格，以满足不同旅游消费者需要的计价方法。旅游企业常根据旅游产品在质量、性能方面体现出的差别感，把包价旅游产品分为经济等、标准等和豪华等 3 种价格。

(3) 促销定价策略。

促销定价策略是指为了扩大销量、提高经营效率，对购买者（包括中间商）做出适当让价的策略。当购买者的交易方式、购买数量等条件对旅行社有利时，为了鼓励消费者消费，吸引更多的客源，旅游企业一般会制定一定的折扣策略，常见的有数量折扣、季节折扣、现金折扣等策略。

① 数量折扣。数量折扣是根据购买数量或金额的多少而给予折扣的优惠，以吸引更多的客源，同时和购买者建立良好的合作关系。数量折扣又分为累计数量折扣和一次性数量折扣两种。累计数量折扣是指当购买者在一定时间段内的购买数量达到规定数额时，就给予相应的折扣。一次性数量折扣是指当购买者一次性购买数量达到一定数额时，就给予相应的折扣。例如，当购买产品的消费者达到 30 人时，给予 5% 的价格折扣；达 100 人时，给予 10% 的价格折扣等。

② 季节折扣。旅游市场是一个淡旺季明显的市场，为了减少旺季客人数量，鼓励客人在淡季购买，旅游企业根据不同的季节制定不同的价格策略，这称为季节折扣策略。在旅游淡季，旅游企业购买的各种产品的价格如饭店住宿费、交通费等，往往也会跟着降价，产品的成本随之下降，因而在淡季降价，并不意味着降低收益。

③ 现金折扣。现金折扣是指在允许购买者延期付款的情况下，为了鼓励购买者迅速付款，根据付款时间期限按原价给予一定的折扣，又称为付款期限折扣。延期付款对旅游企业是十分不利的，但有时是无法避免的。为了资金及时到账，必然会增加许多不必要的管理费用，有的还会变成呆账和坏账，造成不必要的损失。为了避免经营风险，给予一定现金折扣是必要的。例如，某公司是旅行社的长期客户，为了鼓励该公司迅速付款，旅行社允许该公司延期付款 30 天；在 10 天内付款的，给予 2% 的现金折扣，即应付款为 10 000 元时旅行款只需付 9 800 元；如果超过 10 天付款，则该公司将损失 2% 的现金折扣。应当注意的是，只能针对那些支付信誉好且有支付能力的客户采取现金折扣策略，同时严格制定支付期限，以便保证资金及时到位。

阅读材料

张家界景区门票涨价引争议

2004 年 12 月 28 日上午 8 时 30 分，张家界举行武陵源风景名胜区调整门票价格听证会。针对从 158 元上调至 243 元的涨价提议，出席会议的代表各抒己见，争论激烈。

正方：世界自然遗产负债累累

"旅游门槛太低，不利于保护环境，调价可以缓解成本大的压力。"湖南省建设厅代表王军赞成调价。张家界武陵源风景名胜区是我国第一个国家森林公园、世界自然遗产和世界地质公园。为塑造和维护旅游品牌，张家界付出了高昂的代价。据统计，在林木禁伐、安置拆迁居民、保护世界遗产区内生态的多样性、保护张家界景区特殊的地质构造、景区防火、健全森林病虫害防治体系等方面，张家界每年要新增开支近 6 000 万元，各个项目资金缺口比较大。

景区必须体现品牌价值，优质优价。湖南省政协代表覃仕斌与王军的观点相同。

武陵源风景名胜区面积大，地质结构复杂，保护难度大，景区目前已超负荷经营，作为"老、少、边、穷"地区的张家界，自身财力非常有限，要拿出一大笔经费来是不切合实际的。通过适当上调景区门票，可以获得保护遗产所需的经费。

反方：额外成本不能转嫁给消费者

"公路建设费 5 元，机场建设费 10 元……这些门票组成费用让人看不懂！"来自张家界消费者协会的代表郜国斌对门票价格构成提出质疑。

"消费者不坐飞机来旅游，为何还要被强制交纳机场建设费？机场、污水处理厂等都应属于自负盈亏的企业，应该通过市场化手段寻求发展，不能把这些无关费用转嫁给消费者。"对此，湖南省物价局价格成本调查队解释，景区门票成本包括直接运行成本、配套服务成本、发展成本。在本地政府财政有限的情况下，通过其他收入补偿财政是我国通行的做法。

折中：分层定价更人性化

郜国斌是张家界人，每年都要接待不少外地朋友，很多只玩一天的朋友也要买两天的

158元门票，高昂的接待费用让他头痛不已。

"门票不宜再涨，可以把现在的两天一票调整为一天一票。"王爱民在张家界旅游界工作多年，他对现行的单一门票弊端提出了自己的看法，认为双票制方便游客，可以平衡淡旺季流量。

湖南省消费者权益保护委员会代表李晓明提出，可以核定实行一天、两天、三天的不同票价，让消费者有充分的自主选择权，体现人性化理念。

意见：调价后的所得收益应当用来保护遗产

"调价可以，但要加强调价后的收益监管。"湖南大学工商管理学院袁凌教授说，"调价并非目的，目的是加大世界自然遗产资源保护的力度。调价后的所得收益应当用来保护遗产，加强相关设施建设。张家界今后应该加强旅游兴市的战略研究，在让消费者满意旅游的同时，也要让当地老百姓真正得到实惠。"

（资料来源：陈才，王斌. 旅游景区管理［M］. 大连：大连理工大学出版社，2011.）

5.4.3 景区营销组合中的销售渠道策略

1. 销售渠道的概念

销售渠道的概念内涵较宽，除景区在其生产现场直接向来访游客出售其产品和服务的传统销售方法，还包括景区借助旅游中间商向顾客出售其产品的间接销售途径，以及依靠自身的力量在其生产地点以外的其他地方向旅游者出售其产品的直接销售方式。因此，景区销售渠道是指景区经营者通过各种直接和间接的方式，将其旅游产品转移到旅游者手中的整个流通结构。

2. 销售渠道的类型

景区产品的销售渠道可归纳为两类：直接销售渠道与间接销售渠道。直接销售渠道是指不经任何中间媒介，将景区这一旅游产品直接销售给顾客的途径；间接销售渠道则意味着产品经由旅游中间商转移到顾客手中。

（1）直接销售渠道。直接销售渠道简称直销，是指在景区与目标市场之间不存在中间环节，直接面对旅游者进行销售的途径。由于旅游目的地和客源市场的地域关系，两者之间存在距离且较分散，旅游者不会相对集中于一个区域，需要由大量处在不同地方的服务供应企业，如饭店、餐馆及交通等和产品销售中介旅行社组成一个庞大的网络，才能完成景区直接销售和接待的任务。电子商务高速发展的今天，旅游直销也快速发展，旅游产品（票务、服务等）通过网络进入每一个家庭，使每一个人都可以成为旅游直接销售渠道的购买者。毫无疑问，这正在很大程度上改变着景区的营销理念。

（2）间接销售渠道。间接销售渠道意味着在景区和旅游者之间存在着中间环节，它往往由旅游批发商、零售商、经纪人、代理人等组成，并由他们组合成一个市场的销售网络体系。对景区经营者来说，建立起自己完善的分销渠道是十分重要的，特别是对自己力所不及的市场，以及省外、海外的市场，培育起自己的分销网络对景区的发展更是意义重大。在初期，景区往往对分销渠道的中介商给予大力支持，如通过为中介商提供大量分销成本来提高中介商的积极性。这些手段在初期也是必要的，尽管会提高分销成本，但比亲自销售所消耗的成本低得多。在旅游市场发展成熟后，这种景区产品应该由专业的供应者整体包装后进行分销,借此培育起自己的市场销售网络。

5.4.4 景区营销组合中的促销策略

营销人员不仅要将有吸引力的景区产品推向旅游市场,使旅游者获知并接受,还要与目标顾客进行沟通,担负起信息传播者和促销者的角色。研究景区促销策略,对于有效地诱发旅游者购买动机、提高销售量,以及树立品牌形象都具有重要的作用。

1. 景区促销的概念及其作用

景区促销是指营销人员为提高游客来访量,促进目标顾客购买动机,通过向市场传递自身旅游信息而采取的综合行动。促销策略与产品策略、价格策略、销售渠道策略一样,在景区的营销活动中占有重要地位,特别是服务产品产销一致性的特点使促销的重要性更加突出。

促销在景区营销活动中主要起3个方面的作用。

(1) 信息作用。促销旨在让消费者了解有关景区的信息(坐落地点、服务项目、特色、风格等),能有效克服景区不可转移性的缺点,缩短经营者与旅游者之间的距离。在旅游市场范围快速扩张的今天,人们希望更加便捷地获取丰富的旅游信息,这对景区如何传递信息提出了更高的要求。景区促销活动的核心就在于向旅游者传递信息,引起目标群体的注意,从而吸引更多的旅游者到访景区。

(2) 诱发作用。在竞争激烈的旅游市场中景区通过突出自身的特色,能有效地诱发旅游者来访的欲望。促销的关键就在于突出景区自身与竞争者之间的差异,让人们感知到其能带来的独特利益,从而激发人们了解景区的欲望,继而形成出游的动机和需求。如何有效诱发人们的出游动机,是景区促销工作中的重要问题。

(3) 树立形象。树立景区在一地或国际市场上的形象,是旅游促销的重要使命。许多研究表明,旅游地的良好形象不仅能积极推动旅游者购买的热潮,而且对于挖掘旅游市场潜力有重要意义,不可低估。通过促销树立形象是一项系统工程,需要各景区及旅游管理部门的长期努力和通力合作。

2. 景区促销常用的工具与策略

在景区的营销活动中,促销工具往往结合其他营销手段,共同实现预期的营销效果。根据景区信息传播的不同方式,促销所采用的工具有广告、销售促进、公共关系与宣传、直接营销,每一种工具对应不同的策略。

(1) 广告。

景区广告是指通过购买宣传媒介的空间或时间,向特定的公众或旅游消费市场传播景区信息的营销工具。根据所选择的媒介,景区广告可分为以下几种形式。

① 大众传媒广告:报纸杂志广告、电视广告、广播广告。

② 户外广告:户外广告牌、广告画、交通工具广告、空中广告。

③ 印刷品广告:旅游画册、招贴画、旅游手册、宣传小册子、明信片、挂历、清单。

④ 电子广告:社交媒体上的短视频、图片、文章。

景区广告,一方面有助于景区树立长期形象;另一方面也能在短期内促进销售。由于使用的媒介不同,不同广告形式之间的预算差别可能非常大。由于旅游产品与其他产品有不同的特点,在进行广告宣传时,景区自身单独做广告的同时,往往依托当地的环境与其他景区或饭店企业联合做广告,或由旅游管理部门承担部分营销工作,以吸引旅游者。

不同类型的景区往往采用不同的广告形式。客源型景区多在地方大众媒体上花费较多的成本,集中力量进行广告宣传,电视台、电台及当地报纸是重要的宣传阵地;同时使用印刷品广告,在人群密集地带,如商业中心、车站、机场等地,向游人广为散发。资金实力雄厚的新景点还会采用户外广告形式,营造气氛,刺激旅游需求。对于大型的以观光游览为主题的传统景区,在联合对外促销时,较常采用印刷品广告和电子广告的形式宣传旅游景区。

另外,景区处于不同的生命周期阶段,选择的广告类型也有所不同。广告类型可分为通知性、说服性和提醒性3类。通知性广告主要用于景区的市场开拓阶段;说服性广告适合景区的市场宣传,任何生命周期阶段都可采用;成熟期采用提醒性广告,可以达到意想不到的效果。例如,一幅夕阳下的科罗拉多大峡谷的照片,照片中没有一个字,但其宁静而壮美的意境对于去过或没去过大峡谷的旅游者都能产生强大的感染力。

(2) 销售促进。

销售促进是一种鼓励人们来访的短期刺激活动,促销的对象主要有3种:旅游者、中间商、推销人员。针对旅游者进行促销的手段通常是赠送纪念品、宣传品、实物礼品或折价券,以及减价和进行抽奖。为达到使旅游者留下印象、向他人推荐或鼓励重游的目的,景区可以向旅游者赠送旅游地风情画册、特产、纪念品,也可以让旅游者享受购物优惠。举行针对中间商的销售促进活动,目的在于扩大和增加景区同旅游者之间联系的渠道,向中间商提供不同层次的优惠折扣,对于提高旅游者接待量有重要意义。这种销售促进除以价格为中心的手段外,还采用展览的方式进行针对推销人员的销售促进,目的在于调动推销人员的积极性。

(3) 公共关系与宣传。

根据科特勒的观点,公关活动中的公共宣传和促销的关系很密切。他认为公共宣传就是"以不付费的方式从所有媒介获得编辑报道版面,供公司的顾客或潜在顾客阅读、看到、听到,以帮助达到特定销售目的的活动。"景区的公共关系与宣传活动,主要针对新闻界和社会公众来进行。正像科特勒所说的那样,与新闻界关系的目标,是将有新闻价值的景区信息通过新闻媒体的传播来引起人们对旅游项目或服务的注意。景区一般比较强调针对旅游者的公关活动。据统计,旅游业中有50%以上的顾客是通过朋友、熟人介绍来的。把每一位客人都看作公关的对象,其效果并不比利用新闻媒体差。景区要与新闻界等社会公众建立关系,应慎重选择公共宣传的内容,这就必须去寻找和创造有宣传价值的新闻。景区营销人员要具有新闻敏感性,寻找旅游者关心的焦点问题,如奇特的风土人情、重大庆典活动及体育比赛、旅游地趣事。创造新闻需要高度的技巧,如举办展览、艺术表演、舞会及比赛、演唱会,请知名人士光临等。创造出来的新闻一定要有特殊的价值,否则就会流于平淡。

(4) 直接营销。

直接营销是一种不使用中介环节,浓缩促销活动的行为。近年来,由于社会、经济和科技的发展,旅游业中直接营销逐渐被采用并日趋多样化,包括门市销售、邮购、电台和电视台直播、电子销售等形式。这些促销形式的共同特点是直接激发旅游者游览某景区的欲望。这里着重讨论两种适于景区采用的直接营销的方式：一为组织购买，二为电子销售。

① 组织购买指景区通过推销人员，直接向组织寻求购买反应来增加游客数量。使用这种方法的推销人员结合门票价格的优惠措施或其他活动，与目标顾客或组织建立良好的关系。对存在特定客源市场的景区来说，采用向组织推销的直接营销方式往往能获得数量可观的顾客，而且客源稳定。例如，上海浦东孙桥现代农业开发区作为新型农业科技教育基地，在成为旅游吸引物后获得了一个重要客源市场——学生市场。每年前来参观的学生及其他团体络绎不绝，这无疑得益于其旅游接待部工作人员向教育机构进行的推销活动。我国各地的博物馆也同样可以采取这种方法提高旅游者接待量，拥有稳定可观的客源。

② 电子销售是一种新型的销售促进方法，包括视频信息系统和网上信息系统。目前在我国部分景区已采用这两类信息系统。用于景区的视频信息系统为旅游者提供旅游信息咨询服务，是一种计算机信息库的单向装置，旅游者可以通过视频查询到自己感兴趣的旅游信息。该类装置多摆放在繁华商业区、旅游信息咨询中心、大型旅行社门市、高星级饭店内或景区周围等旅游者较密集的地方。视频信息装置能提供给游客包括声音、图像、指示图和文字说明等体现旅游内容的综合信息，寓宣传于服务之中，促销效果显著。网上信息系统作为信息宣传手段的出现，是在视频信息系统之后出现的。景区将地区的旅游节目制作成声情并茂、丰富多样、形式灵活的网页，供旅游者访问、查询，是高效、低成本、无障碍宣传促销的最佳手段，真正实现了旅游信息提供的现代化。借助现代数码摄影技术和专业软件的支持，旅游者在景区网站可以享受到身临其境般的动静结合的感受。电子销售在为旅游者提供方便、乐趣、速度等一系列好处的同时，也给景区营销人员提供了更广泛的潜在市场。

案例阅读

"老家河南旅游粉丝狂欢月"探索目的地营销新模式

随着"互联网＋旅游"热潮的到来，线上、线下整合营销已成为旅游目的地营销的新趋势。

2017年11月11日—12月12日，河南省旅游局以"线上＋线下"的创新模式推出了"老家河南旅游粉丝狂欢月"活动，联合全省重点旅游企业推出多项旅游惠民活动，吸引了全国旅游爱好者的关注。在短短一个月时间，该活动通过同程旅游平台预订产品到河南旅游的人数高达200万人次，既让游客得到了实惠，又有效地提升了"老家河南"的品牌影响力。在本次活动期间，少林寺、老君山、云台山、康百万庄园、信阳鸡公山是最受欢迎的5个景区。

线上线下密切配合，"老家河南"品牌更加深入人心。线上、线下同步推进是这次活动的最大特点。在前期，为了给活动预热，"探秘老家河南11·11秘密通道，为河南旅游打call"的创意H5在网络率先推出，它创新运用主持人进入虚拟场景实时互动的形式，使官方推介与趣味互动融合，全面预告"老家河南旅游粉丝狂欢月"系列活动。在活动举办期间，为期一个月的线上优惠活动按 3 个不同主题同步在同程旅游客户端、官方网站进行推广，并通过大数据技术面向近千万河南旅游潜在消费人群精准推送，充分保障了活动的人群覆盖面和传播效率。强大的线上活动支持得到了全国近百家重点媒体的报道，达到预期传播效果。

在线上活动紧密推进的同时，线下活动也有条不紊地进行着。11 月 10 日，"扫一扫二维码，购买河南特惠门票，11.11—12.12 畅玩大河南"活动在郑州二七广场、国贸 360、1 号线地铁站等商圈上演了活动宣传创意快闪秀。此外，南京、上海、苏州、无锡、徐州等江浙沪重要客源市场均同步开展了系列推广活动，为线上活动提供了有力支持。

例如，老君山景区在本次活动中共提供秒杀门票 2 000 多张，让利游客。网民对老君山风景区的关注度上升 36 个百分点。鸡公山景区提供了 40 张免费门票和数十间免费酒店客房支持同程平台的抢购活动，通过参与"老家河南旅游粉丝狂欢月"活动预订门票的游客都有专人接待，并且会提供讲解服务。这次活动大大提升了鸡公山景区的知名度。

（资料来源：http://nb.ifeng.com/a/20171214/6228434_0.shtml?ivk_sa=1023197a，2017-12-14.）

案例分析："老家河南旅游粉丝狂欢月"线上线下共同推广营销活动取得了较大的成功，本次活动覆盖千万游客，吸引百万游客前往河南旅游度假，为打造省域目的地创新营销提供了全新样板，为实现河南旅游"过境地""顺访地"向旅游目的地、休闲度假地的有效转变，提供了重要支撑。

5.5　景区营销组合策略的拓展

5.5.1　品牌营销

1. 品牌营销的含义

品牌营销是从景区自身构成要素中提炼出的具有足够价值力的、足以代表景区的标志，它是由旅游项目、基础设施、自然人文景观、地域文化底蕴和服务等构成的一个综合吸引单元。

2. 品牌营销的作用

（1）有利于品牌延伸，获得更大价值。一般而言，品牌营销是一种有效拓展经营范围和产品种类的方法。实施品牌营销，景区可借助强势品牌使新产品迅速打开市场，大大降低营销宣传成本，能够节约打开市场的时间，为企业新的产品抢占市场开辟道路。景区还可以通过品牌营销传达企业阵容，从而进一步为品牌增值创造条件，有利于巩固企业核心品牌形象。

（2）提高景区知名度。品牌营销能大大提高景区知名度，知名度越高，旅游者购买此产品的可能性越大，抵御竞争对手的能力也越强。当品牌达到这一阶段时，旅游者对之已有了相当的品牌联想度，能够透过品牌联想到品牌形象，这一形象如果是旅游者所需的，旅游者便会通过购买加以满足。例如，云南省迪庆州打造的文化品牌有香格里拉、茶马古道、三江并流、梅里雪山、东巴文化发祥地——三坝白水台等"王牌"。旅游者头脑中的迪庆文化可以用"静谧、友善、容和、坚毅"来形容，所以当旅游者产生旅游动机，需要一块令世人向往的、远离都市喧哗的净土时，就会想到迪庆。

5.5.2 网络营销

1. 网络营销的概念与特点

计算机网络技术的发展与应用,改变了人们对信息的分析和接受方式,也改变了人们的生活、工作、学习、交流环境,企业必须积极利用新技术来变革经营理念、经营方法。网络营销是适应网络技术发展的新生事物,它利用互联网开展市场营销活动。网络营销具有以下特点。

(1)跨时空。国际化是近年来市场营销的一个发展趋势,然而传统的国际营销受到种种限制,如巨额费用、营销活动深入程度参差不齐等。而互联网能够超越时间约束和空间限制进行信息交换,使得营销脱离时空限制,进行交易变成可能,企业有了更多时间和更大空间进行营销,甚至可以随时随地地提供全球性营销服务。

(2)多媒体。互联网被设计成可以传输多种媒体的信息,如文字、声音、图像等信息,使得为达成交易进行的信息交换能以多种形式存在和进行,可以充分发挥营销人员的创造性和能动性。

(3)交互式、个性化。传统的市场营销是单向式的。以广告为例,电视、报刊、广播都通过单向信息吸引受众的视觉、听觉。而在网络营销中,消费者由被动变为主动,参与到双向互动营销过程中。消费者有权自由访问,既可以粗略浏览,又可以深入查询。

互联网上的促销是一对一的、理性的、消费者主导的、非强迫性的、循序渐进式的,而且是一种低成本与人性化的促销。它能够避免推销员强势推销的干扰,使企业通过信息提供与交互式交谈,与消费者建立长期良好的关系。

(4)高效性。计算机可储存大量的信息,供消费者查询;其可传送的信息数量与精确度,远超过其他媒体,并能适应市场需求,及时更新产品或调整价格,能帮助企业及时有效了解并满足顾客需求。

2. 网络营销的优势

与传统营销相比,网络营销具有如下优势。

(1)在产品方面,传统营销只能对现有产品开展营销活动,而网络营销既有现有产品的经营,又可以为消费者实施定制营销,满足其个性化需求。消费者可以在网上得到某一类产品的全部信息,也可以参与到制造产品的过程中来。这使消费者个人满足程度大大提高,又能使其在更大范围内选择产品。

(2)在价格方面,网络营销费用大大低于传统营销费用,并且网上的商品交易价格完全公开,某一企业的产品价格要受同行业、同类产品价格的约束。

(3)在销售渠道方面,网络本身就是渠道的最佳形式,它使整个交易过程都在举手之间完成,真正实现消费者与厂商的直接沟通,方便消费者购买,同时信息反馈也更加及时。

(4)在广告和促销方面,传统营销是单向的,同时企业成本较高,无论消费者是否需要这类产品的信息,各类广告也经常充斥在消费者的生活空间。而网络是一对一和交互式的,更容易引起消费者认同,加强了企业与消费者的沟通与联系。

3. 网络营销在景区中的应用

(1)虚拟景区的设立。游客在进行游览之前需要对景区景点进行了解,虚拟景区的设立将极大提高游客的游览兴趣,激发其购买欲望。景区可以在网络上通过多媒体手段,将声、画、视频结合起来,立体、生动地展示景区全貌、标志性景点及相关资料。

(2)网上促销。景区可以建立自己的网站,将其作为自己网络促销的阵地。网页的设计要给顾客留下鲜明、深刻的印象,界面美观友好;网页结构设计要合理,层次要清楚,让游客可以方便地进行浏览和检索;网页的内容应该全面,尽量涵盖游客所需的信息。景区还可以采用电子邮件的方式与顾客获得联系,在大型门户网站提供网站查询检索服务等方式进行网络宣传。

(3)利用网络提高游客满意度。景区的网站应该能让游客在网络上找到自己所需的所有信息,甚至实现自行定制旅游线路,选择相关项目与服务。还可以通过论坛等方式,让有兴趣游览景区及曾经游览过景区的游客有机会相互认识,组成虚拟社区,进行交流,彼此回答对方提出的问题,交流旅行感受。这些做法将使游客进一步建立对景区的感情,提高游客满意度。

5.5.3 体验营销

1. 体验营销的内涵

体验营销是体验经济的产物。未来学家托夫勒在20世纪70年代预言人类的经济形态将在经历农业经济、工业经济和服务经济之后步入体验经济时代。美国经济学家约瑟夫·派恩二世和詹姆斯·吉尔摩于20世纪90年代撰写了《体验经济》一书,对体验经济的内涵、特点及实施策略进行了深入的探讨。他们指出"体验就是企业以服务为舞台,以商品为道具,以消费者为中心,创造能够使消费者参与、值得消费者回忆的活动"。体验经济的特征是企业由原来的为消费者提供货品、制造商品的商业模式发展到为消费者提供服务,最终与消费者实现共同体验的商业模式。在这个商业模式的演进过程中,企业实现了消费者需求的逐步贴近,同时凭借它实现自身品牌认知质量的提升、构筑更强的市场竞争力、获得更高的品牌溢价。

体验营销的内涵可延伸为以下几个方面。

(1)体验营销重在挖掘体验的经济价值。在体验营销中,景区筹划了形形色色的生活体验,更容易强调自己的独特性,因而景区不必按照通常的竞争所形成的市场价格定位,而是基于它们所提供的独特价值收取较高的费用,从而摆脱低价竞争。

(2)体验营销强调减少顾客的损失而使顾客满意。在传统的顾客满意度衡量中,顾客满意值通常理解为顾客期望值和顾客体验值之差。这种度量,实际上强调理解顾客对景区已有产品的期望所得,而忽视了顾客的真正需求。所谓顾客损失,就是顾客真正期望所得与顾客不得不接受的所得之差。为此,必须辨识顾客接受的和顾客真正需要之间的差别。在体验营销中,顾客满意度的提升要通过减少顾客损失来实现,如果通过较少的顾客损失,把一种普通的服务转化为一个值得记忆的事件,就能使顾客的满意度得到提升。

(3)体验营销创造一种独特的客户价值。为客户量身定制将会给其提供一种积极的体验,但是量身定制只是一种手段,其根本目的是为景区创造一种独特的客户价值。

2. 景区实施体验营销的要点

景区产品本质上就是一种体验。这种体验从游客有前往景区的打算和制订旅行计划开始,在访问的过程中达到高潮,包括前往景区和离开景区的旅行,以及在景区的活动,形成旅游的整体印象,终结于旅游结束。所以,景区营销的目标就是提供给游客令其最难忘的体验，保持景区的生命力。

（1）景区营销设计以体验为基础。景区营销设计应该重视旅游者心理需求的分析研究，挖掘出有价值的营销机会。只有直接与旅游者进行深度调研，才能发掘他们内心的渴望，使产品和服务的开发与目标顾客的心理需求相一致。要深入分析并测量构成旅游者体验的因素，必须借鉴应用心理学、消费者行为学等理论，进行以情感为主的针对性、实用性调查，设计出全面激发旅游者兴趣的体验。景区要将自己的特定资源优势与目标消费者的需求结合起来，开发体验产品，实施体验营销。

（2）旅游者体验主题化。体验只有围绕主题才能将最佳诉求传递给旅游者。要创造令人难忘的景区体验，景区营销人员要从广泛的层面进行横向与纵向的联系，围绕主题，不断推出吸引游客的体验项目。一般来说，创意好的景区体验主题有以下标准：①具有诱惑力，且能够调整人们的现实感受；②能够通过影响游客对空间、时间和事物的体验，彻底改变游客对现实的感觉；③能够将空间、时间和事物协调成一个不可分割的整体；④能够在景区内进行多景点布局；⑤能够符合景区本身的特色。

（3）因地制宜，设计营销事件。体验是通过精心设计的事件创造出来的，因此，必须在目标顾客对体验消费习惯和体验营销的要求的基础上，设计营销事件和刺激，同时自始至终不能偏离体验主题。这需要根据不同的地区特征和消费终端环境，展现不同的体验诉求，把游客的敏感区域激发出来，以正面线索使体验的结果达到和谐。景区必须引入确认体验之本质的线索，同时必须向游客介绍线索，每个线索都要体现主题。同时，还要淘汰负面因素，删除任何削弱、抵触、分散主题中心的环节，这些消极的印象会对游客的体验产生负面的影响。

（4）借体验媒介，调动游客参与主动性。要充分利用景区资源，将各种工具进行全方位的组合运用，让游客充分暴露在景区提供的氛围中，主动参与到设计的事件中来，从而完成体验生产和消费的过程。景区体验式营销执行工具的体验媒介包括：旅游企业通过广告等与外部的沟通，如杂志型广告目录、宣传小册子、新闻稿、公司年报以及品牌化的公共关系活动等；景区内部员工与游客的沟通；视觉识别，一般是指可以使用于创造感官、情感、思考、行动及关联等体验的事物，包括景区的主题、口号和标志等；产品呈现，一般包括产品、设施以及标志或是吉祥物；空间环境，包括景区的外观建筑、游乐设施、停车场、园内餐厅、商店、洗手间位置和卫生等；电子媒体与互联网的出现极大地改变了人们沟通的方式，也为旅游企业的体验式营销提供了理想的舞台；人员主要包括企业后台管理人员、维护设施与园内秩序、清洁人员、前台服务人员、表演人员以及任何可以与公司品牌相关的人。对于门票价格越贵的产品，越需要销售人员去创造游客的体验。

（5）持续创新，增加附加体验值。在众多的景区纷纷把目光投向体验营销，企图通过体验来吸引更多消费者的今天，景区应始终关注新一代消费热点，不断推出新的体验经历将是必然的选择。人们并不喜欢一成不变的东西，体验只有不断创新推出，才能够增强景区的吸引力。

5.5.4 关系营销

1. 关系营销的含义

所谓关系营销，是把营销活动看成景区与旅游者、旅行社、导游、饭店、竞争者、政府机构及其他公众发生互动作用的过程。其核心目标是建立和发展与这些公众的良好关系（如坦诚的、相互信任的、持久的伙伴关系），这种关系一旦建立，对方就不会因服务价格的细微变化而轻易改变"合伙"对象。景区维系的不只是一般游客，还应该包括旅行社，应与旅行社达成双向沟通、合作、双赢、亲密的关系。

关系营销与传统的交易营销相比，它们在对待顾客上的不同之处主要在于以下几点。

(1) 交易营销关注的是一次性交易，关系营销关注的是如何保持顾客。

(2) 交易营销较少强调顾客服务；关系营销则高度重视顾客服务，并借顾客服务提高顾客满意度，培育顾客的忠诚。

(3) 交易营销往往只有少量的承诺，关系营销则有充分的顾客承诺。

(4) 交易营销认为产品质量应是生产部门所关心的，关系营销则认为所有部门都应关心质量问题。

(5) 交易营销不注重与顾客的长期联系；关系营销则侧重于发展与顾客的长期、稳定关系，它不仅将注意力集中于发展和维持与顾客的关系上，而且扩大了营销的视野，它涉及的关系包含了企业与其所有利益相关者间所发生的所有关系。

2. 关系营销的作用

(1) 有效对抗外界压力。景区处于竞争激烈、瞬息万变的环境之中，与环境发生着错综复杂的关系。对于景区营销而言，旅游者、旅行社、旅游社区及政府管理部门都与景区发生着联系，景区只凭自己的力量不能生产所需的全部资源，只有相互营造良好的合作关系，才能实现共赢。

(2) 双向沟通和合作。在关系营销中，通过双向沟通，赢得各个利益相关者的支持与合作，通过合作实现双赢，即关系营销旨在通过合作增加关系各方的利益，而不是通过损害其中一方或多方的利益来增加其他各方的利益。

案例阅读

峨眉山景区的营销推广方式

峨眉山景区的营销推广在全国是比较优秀的。其推广策略和推广费用也比较精到。

(1) 利用一切机会争创全国第一，如评级、评优、创优。不管是集体还是个人在国家旅游局的各类评优中都有峨眉山景区，它形成了长期的、全国性行业的良好口碑。口碑传播是产品推广最经济、最有效、最高境界的传播方式。

(2) 始终保持景区的变化性、高品质性。这点与景区的决策层性格有关系。虽然是政府管理体制下的景区，但峨眉山景区在专业运作上不亚于企业性经营景区。由于产品在优化，提供给营销推广机构的内容就丰富，对外形象也越来越好。

(3) 营销渠道、媒介关系的丰富性、稳定性。峨眉山景区在国内的办事处有好几个，有专门的营销推广机构、人员，同时与国内外媒体保持着良好的沟通关系。有许多信息是媒介机构主动来推广的。峨眉山景区在渠道上既重视传统媒体，又重视新型媒体，非常重视网络营销推广，近年开始以网络直播的形式推广景区。它对于会议、论坛方式的推广也重视，每一次会议就是一次最有说服力的推广。

(资料来源：http://www.sohu.com/a/160491790_368060，2017-07-28.)

案例分析：峨眉山景区利用一切机会积极提高景区的知名度，同时优化景区的产品，且营销媒介丰富稳定，便于保持媒体的公众形象和对外保持良好的联系及沟通渠道，对景区知名度的提高和推广起到了至关重要的作用。

复习思考题

一、思考题

1. 景区市场细分的标准有哪些？景区市场细分的步骤是什么？
2. 选择你熟悉的景区，进行市场细分，制订市场推广方案。
3. 简述景区市场营销的特点。
4. 景区产品构成的3个层面是什么？
5. 景区的营销策略有哪些？如何应用于景区？
6. 结合章首案例，论述景区营销创新思维的必要性与具体措施。

二、案例分析题

华山景区的市场细分

陕西省的华山景区多年来在国内旅游市场中拥有较高的地位。而近几年，旅游业发展迅猛，新开发景区（点）如雨后春笋，旅游市场竞争日益激烈。没有一个科学的市场细分和有效的营销手段，就难以满足旅游者日益扩大的消费需求和瞬息万变的市场竞争。现结合华山景区的实际情况，探讨市场细分的4类因素。

1. 地理因素

按地理因素细分旅游市场是一种传统的但至今仍然得到重视的细分方法，主要以地域、距离、气候为划分依据。旅游景点、企业的接待对象来自世界的各个地区，分布于不同地区的旅游消费者对同一类旅游产品或服务的需求、偏好存在着较大的差异，对旅游产品的价格、销售渠道和促销措施的反应也不同，而且地理因素相对来说是静态因素，利用比较容易，细分出的市场也较易辨认，按照细分市场所在地安排广告促销、布局销售网点，费用合理，营销力量也比较集中。这是景区（点）、企业细分市场遵循的重要因素。华山景区目前面对的市场主要是国内旅游市场，国际旅游市场占有份额非常小。国内旅游市场以市场占有额相对稳定的黄河金三角地区为中心，循序渐进，向外辐射。在气候方面，华山地处北温带地区，可根据自身优势把旅游市场划分为南北两大市场。春夏的市场营销重心放在北方地区和交通较为便捷的地区，用秋冬品牌主打长江以南地区，效果会非常明显。国外旅游市场的营销必须突出区别于其他景区（点）的旅游产品，华山攀岩就是一个推向国际市场相当好的产品。

2. 心理因素

按心理因素细分旅游市场，主要根据旅游者的个性特征、兴趣和爱好、生活方式等因素作为划分旅游者群的基础，注重同一区域需求的差异性。但具有相同心理因素的旅游者通常分散于不同的地理区域，这就增加了景（区）点针对各细分市场布置营销力量的难度；而且心理因素是动态的，不如地理因素容易把握。因此，在旅游市场细分中，应着重考虑将心理因素与地理因素结合起来。

3. 购买行为因素

购买行为因素是指以旅游者的旅游动机、旅游组织方式、购买时机、对企业营销的敏感程度、购买频率、购买数量及对品牌的信赖程度等因素为基础进行市场细分。首先，按旅游动机细分，有探亲访友旅游、观光旅游、度假旅游、公务旅游、奖励旅游5类。其次，按购买时机、频率、数量细分，有淡季旅游市场、旺季旅游市场和平季旅游市场等。在当前市场条件下，华山景区可尝试使用淡旺季门票价格平抑淡旺季旅游市场，同时充分利用华山季节变化形成的风光优势，进一步包装旅游产品，炒热淡季旅游。

4. 人口因素

人口因素是一个复杂的变量系统，它包括年龄、性别、职业、收入、教育、家庭状况、民族、国籍等。按年龄可将旅游市场细分为青年旅游市场（15~24岁）、成年旅游市场（25~34岁）、中年旅游市场（35~54岁）和老年旅游市场（55岁以上）。青年旅游市场以求知、猎奇为主要动机，如探险、骑自行车、武术、修学旅游等颇受青年人欢迎。寻根旅游是老年旅游市场和海外华侨旅游市场的一个亮点。前些年华山景区曾尝试举办过一次杨氏寻根祭祖活动，在国内引起较大反响。进一步挖掘杨氏先祖在华阴的踪迹，通过多种形式对外宣传，提高杨氏寻根旅游市场的效应，同时与道教文化相辅相成，也是对华山旅游产品的强有力补充。

（资料来源：https://wenku.baidu.com/view/4a4ad534ee06eff9aef8078a.html，2011-10-04，有改动。）

问题：

1. 对华山景区的目标市场选择和市场定位进行分析和讨论，并提出合理化建议。
2. 华山景区的市场细分给我们哪些启示？

第6章 景区人力资源管理

学习目标

对于景区来说，人力资源是其核心竞争力。通过学习本章，学生应掌握人力资源管理的概念、基本管理、人力资源管理的内容，员工招聘的原则与程序，员工激励培训的重要性和方法。了解景区人力资源管理的重要性和存在的问题，景区员工的层次，以及员工绩效评估的方法和重要性。

知识结构

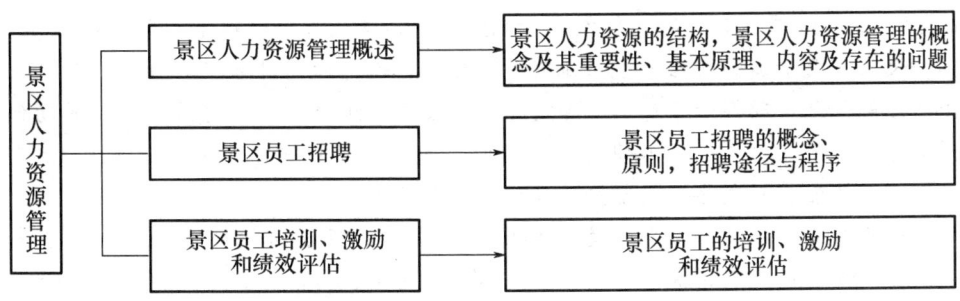

导入案例

日本东京迪士尼乐园：员工比经理更重要

日本东京迪士尼乐园非常重视对员工的培训，下面就看看它从哪些细节入手做到这一点。

1. 重视员工培养，引客回头

开酒店或经营乐园，并不是希望客人只来一次。因此，东京迪士尼乐园想要让老客户回头，就得多动脑筋。到东京迪士尼乐园游玩，人们不大可能碰到迪士尼乐园的经理，门口卖票和剪票的也许只会碰到一次，碰到最多的是做扫地等清洁工作的员工。所以东京迪士尼乐园对从事此类工作的员工非常重视，将更多的训练和教育集中在他们的身上。

2. 从扫地的员工培训起

东京迪士尼乐园扫地的员工中，有些是暑期打工的学生，虽然他们打工的时间只有两个月，但是培训他们要花3天时间。在这3天的时间内要培养员工多种技能，首先从扫地做起。

第一天上午要培训如何扫地。扫地有3种扫法，怎样扫树叶才不会让树叶飞起来？怎样刮纸屑才能把纸屑刮得干净？怎样掸灰才不会让灰尘飘起来？这些看似简单的动作却都经过严格培训。而且扫地时另有规定：开门时、关门时、中午吃饭时、距离客人15米以内等情况下都不能扫。这些规范都要认真培训，严格遵守。

第一天下午学照相。游客会叫员工帮忙照相，他们所带的相机可能是较先进的照相机，如果员工不会使用照相机，就不能满足游客的需求，所以东京迪士尼乐园的员工要学会使用先进的照相机。

第二天上午学如何抱小孩和怎么给小孩换尿布。孩子的妈妈可能会叫员工帮忙抱一下小孩，但如果员工不会抱小孩，就会增添游客的麻烦。因此，东京迪士尼乐园会培训员工如何抱小孩和给小孩换尿布。

第二天下午学辨识方向。游客经常会询问位置，所以每一名员工都要熟记整个东京迪士尼乐园的地图，对迪士尼的每一个方向和位置都要非常明确。

3. 会计人员也要直接面对顾客

有一种员工是不太接触顾客的，就是会计人员。东京迪士尼乐园规定：会计人员在前两三个月中，每天早上上班时，要站在大门口，对所有进来的顾客鞠躬、道谢。东京迪士尼乐园这样做，就是为了让会计人员充分了解顾客。

首先是培训怎样与小孩讲话。东京迪士尼乐园的游客中有很多小孩，东京迪士尼乐园的员工遇到小孩问话，统统都要蹲下，蹲下后员工的眼睛与小孩的眼睛要保持在同一高度，不要让小孩子抬着头去跟员工讲话。

其次是怎样对待丢失的小孩。在东京迪士尼乐园小孩子走丢后从不广播。如果广播，所有妈妈都会担心。所以在东京迪士尼乐园里设下了10个托儿中心，只要看到小孩走丢，就用最快的速度把他送到托儿中心。然后想办法在网上开始寻找，尽量用最快的方法找到父母，用电车把父母立刻接到托儿中心，而小孩正在喝可乐，吃薯条，啃汉堡，过得挺快乐，这才叫乐园。

（资料来源：http://wenku.baidu.com/view/1bca7d2558fb770bf78a5583.html，2011－03－22，有改动。）

案例思考：东京迪士尼乐园的人力资源管理给我们什么启示？

案例分析：东京迪士尼乐园为了提升员工的景区吸引力，不断地加强对员工的培训，通过对景区员工全方位的培训，让员工意识到自身工作的重要性，做好自身分内的工作。

6.1 景区人力资源管理概述

6.1.1 景区人力资源的结构

1. 景区人力资源的层次结构

（1）管理层。

管理层主要由部门经理以上的管理者组成。景区中高级管理人员应具备有关景区开发、建设与管理的知识、素质和能力。

管理层应建立相应的层次结构。景区一级管理层可称管理局，由于管理范围广，主任（或局长、总经理）一级可设 1 名正职、2~3 名副职。一级管理层要求具有较高的综合管理能力，要善于用人及协调各种相关关系；要能根据有关信息资料，做出战略性决策；要有全局眼光，树立大旅游的观念，坚持持续发展的思想，引导景区健康持续地发展。二级管理层，即各部门管理人员的设置，可根据部门管理范围的大小和人员的多少，按一定比例配置。一般情况下，由于部门管理面较窄且管理较为直接，部门级管理人员的设置以设 1 名正职而不设副职为宜，必要时可设置 1 名副职，当正职不在岗时可代行管理之职。当然，由于部门专业性较强，若部门较大、工种较多，可考虑设置 1~2 名副职，实行分工管理。二级管理层不仅要有管理才能，而且必须掌握相应的专业知识，必须是工作中的带头人，要善于调动员工的积极性，指导员工的工作，处理部门的各类事务。

景区一级、二级管理层应组成一个三角形结构。也就是说，部门级管理层的跨度必定大于景区一级管理层的跨度，绝不能形成一级管理层一名副职分管一个部门的现象，形成矩形结构。

（2）作业层。

作业层是指景区主管及以下的人员结构。景区的一线工作人员对这一层次工作人员的安排，应遵循最大限度地发挥员工积极性和主观能动性、人员与岗位相适应的原则。根据各岗位的具体知识、技能、素质要求安排员工，最大限度地提高工作效率。

景区人力资源层次结构如图 6.1 所示。

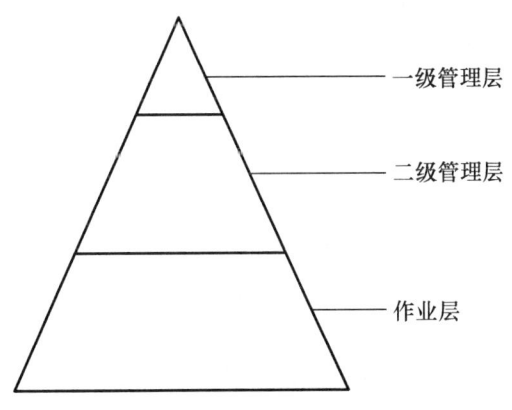

图 6.1 景区人力资源层次结构

2. 景区人力资源的专业结构

专业结构主要指根据景区各种业务开展的需要而合理配备的各种专业人才。所谓专业人才，是指经过专业训练具有本专业所应具备的知识、技能、能力的人员。景区的专业人才主要有以下几种。

（1）经营管理人员。这类人员不仅要具有景区主要业务的专业知识，还要具有一定的管理知识和能力，具有较高的行业素质、经营管理意识、管理者应有的气度和胸襟等。

（2）公关营销人员。这类人员应具有市场营销、公关宣传的一般知识；对景区特色有全面的了解；应具有组织客源、推销的能力；应有相当水平的组织能力和社会活动能力；具有组织景区营销活动的能力。

（3）资源调查、规划人员。这类人员要具有旅游资源调查、规划的一般知识；对景区资源有全面的了解，能根据本景区的资源特点，结合公关营销人员所提供的市场信息，合理地做出资源开发规划，不断制定出新项目及线路产品。

（4）接待人员。接待人员主要指景区定点导游人员，景区餐饮、住宿、娱乐设施的一线服务人员。这类人员应具有相应的专业知识，具有灵活应变的接待组织能力以及娴熟而灵活的技术与技能。

（5）人事管理人员。这类人员对景区的人力资源开发负有直接责任。他们必须熟悉并掌握国家有关劳动用工制度和规定；需要有人员招聘、人事培训、人才使用、劳动定额、编制定员、报酬待遇、劳保福利、人事档案、劳动考核等方面的知识。

（6）财会人员。这类人员要懂得景区业务和景区经济活动，熟悉并掌握国家有关财税的规定，执行财会制度；应有业务知识和技能，具有相应的专业职称；还应有管理知识和当家理财的才能。

（7）其他人员。根据景区的规模和特色，所在地区和管理权限的不同，景区还应拥有其他一些人员，如行政人员、后勤保障工作人员、特种技术工人（如电工、司机等）。这类人员都应有本专业所需要的各种知识和技能。

知识链接

"互联网＋"时代旅游人才需求多元化

"互联网＋"的旅游理念逐步渗透到旅游业的各个环节，越来越多的企业开始运用互联网开展在线旅游业务，企业对于人才的需求发生了深刻变化，特别是对于新媒体营销、个性化服务定制、智慧景区建设与管理、跨界复合型等人才的需求日益突出。

1. 新媒体营销人才

新媒体是相对于传统媒体而言的，目前在旅游业被广泛使用的新媒体包括微信、微博、社区网络、社交网络、视频等，这些媒体使传播者与受众的角色变得模糊，使单向传播变为双向交流。在"互联网＋"背景下，旅游企业借助新媒体进行营销是必然选择，而旅游从业人员对新媒体的了解和掌握程度，以及使用新媒体进行旅游营销的能力至关重要。

2. 个性化服务定制人才

随着大众旅游时代的到来，民众对旅游公共服务的要求迅速提高，特别是面广量大的自助游客和散客，他们数量众多，占整个旅游人数的85％以上，而且需求各异。旅游个性化定制服务就是要满足游客的不同需求,借助大量的旅游信息为游客设计适合的产品。旅游企业只有广招优秀的人才,为广大旅游消费者提供满足其兴趣爱好等个性化需求的产品与服务,才能在竞争日趋激烈的旅游市场中胜出。

3. 智慧景区建设与管理人才

智慧景区是智慧旅游的核心载体之一。智慧景区建设的目标是结合景区特点,将物联网、泛在网、移动通信和云计算等新兴的信息技术集成起来构建智慧网络,增强人类感知、控制和管理的能力,实现对景区的资源环境、基础设施、游客活动、灾害风险等全面、系统、及时的感知与可视化管理,极大提高资源利用率和生产力水平,从而更有效地保护旅游资源,为游客提供更优质的服务。因此,既懂得网络信息技术又掌握旅游专业知识与技能的人才将备受景区欢迎。

4. 跨界复合型人才

在"互联网+"背景下,云计算、物联网等新一代信息技术已渗透到旅游业的各个领域,大数据分析、智能终端应用等对旅游从业人员提出了新要求,这就要求旅游人才掌握跨学科知识,成为跨界复合型人才。同时,旅游业向商务、养生、研学、度假、情感、探奇等方向的不断拓展以及旅游国际化的发展,都要求旅游人才朝着复合型的方向发展。

(资料来源:http://tour.cqnews.net/html/2018-02/08/content_43810439.htm,2018-02-08,有改动。)

6.1.2 景区人力资源管理的概念及其重要性

1. 景区人力资源管理的概念

(1) 人力资源管理的概念。

人力资源一词最早是由美国管理学大师彼得·德鲁克于1954年在《管理的实践》一书中提出来的,以后逐渐成为管理学方面研究的热点内容,受到广泛的重视,但是对于人力资源的概念还没有统一的认识。一般认为,人力资源的概念分为广义的和狭义的。从广义上讲,人力资源是指一切具有劳动能力且为社会创造物质财富和精神财富的从事脑力劳动和体力劳动的人口的总称;从狭义上讲,人力资源是指在全社会具有劳动能力并能够作为生产要素投入社会经济活动的劳动人口。

要想使企业的人力资源的配置达到最优,必须对人力资源进行合理的调配和利用,所以必须对人力资源进行科学的管理。人力资源管理是指科学地运用现代管理学、人才学、社会学、心理学等原理,对企业人力资源进行有效的利用与开发,以提高企业人员的素质,并使其得到最优的配置、发挥最大的积极性,从而不断提高企业的劳动生产率。人是管理活动的主体,管理就是通过人的活动完成企业的目标。因此,最大限度地挖掘人的潜在能力,充分调动人的积极性、主动性和创造性,使有限的人力资源发挥出尽可能大的作用,是现代管理的核心。

传统人力资源管理仅仅包括行政管理和事务管理两个方面,现代人力资源管理不仅包含原有内容,而且管理重点由以事为中心转变为以人为中心,成为企业战略管理的重要组成部分。现代人力资源管理与传统人力资源管理相比,在管理内容、管理形式、管理方式、管理策略、管理技术、管理体制、管理手段上有着明显的区别。这里主要介绍二者在管理内容、管理形式和管理方式上的区别。

① 在管理内容上,传统人力资源管理以事为中心,主要工作就是管理档案、人员调

配、职务职称变动、工资调整等具体的事务性工作。而现代人力资源管理则以人为中心，将人作为一种重要资源加以开发、利用和管理，重点是开发人的潜能、激发人的活力，使员工能积极主动地、创造性地开展工作。

② 在管理形式上，传统人力资源管理属于静态管理，也就是说，当一名员工进入一个单位，经过人事部门必要的培训后被安排到一个岗位，完全由员工被动性地工作，自然发展。而现代人力资源管理属于动态管理，强调整体开发，也就是说，对员工不仅安排工作，而且根据组织目标和个人状况，为其做好职业生涯设计，不断对其进行培训，不断进行横向及纵向的岗位或职位调整，充分发挥个人才能，量才使用，人尽其才。

③ 在管理方式上，传统人力资源管理主要采取制度控制和物质刺激手段；现代人力资源管理采取人性化管理，考虑人的情感、自尊与价值，以人为本，多激励、少惩罚，多表扬、少批评，多授权、少命令，发挥每个人的特长，体现每个人的价值。

在知识经济时代，人力资源管理的发展趋势主要体现在人力资源资本化、管理方法人性化、管理手段科学化等方面，这些变化应引起我国人力资源管理工作者的高度重视。为此，各类企业应坚持科学化、系统化、制度化与创新化的原则，树立以人为本的管理核心，加强从业人员的培训，适应人力资源管理的新趋势。

（2）景区人力资源管理的概念。

景区人力资源管理是指以景区发展的目标和景区制订人才计划为依据，景区获取、利用、激励、调整工作人员的能力和活动。

从目前我国景区的发展状况来看，我国景区旅游资源的复杂性决定了景区人力资源结构的复杂性。目前，景区的人力资源结构划分方式主要有以下两种。

① 按照人力资源的层次结构，分为决策人员、管理人员和操作人员三大部分，决策人员主要由投资者和法定代表人组成，对景区的发展有决策作用；管理人员包括总经理、副总经理、部门经理、主管人员，负责景区的各项管理工作，管理人员素质和水平的高低也决定着景区业务发展的好坏；操作人员主要是由后勤保障人员、接待服务人员及保洁人员等其他人员组成，负责整个景区的基层工作，操作人员水平和素质的高低直接影响景区的形象。

② 按照景区人力资源的专业类型，分为经营管理人员、专业技术人员、行政管理人员、服务人员、后勤保障人员。经营管理人员包括高级职业经理人、规划设计人员、财务会计人员等。专业技术人员指已取得国家承认的专业技术证书，又从事本专业工作的在岗员工，主要包括高级技工、导游员、司机、厨师、演员等。行政管理人员主要有两类：一是职能部门文员，指在行政职能部门（包括总经理办公室、人事部、财务部等）担任业务主管工作的员工；二是业务部门文员，指在业务部门从事文书、核算、内勤等工作的员工。服务人员包括售票员、检票员、营业员、服务员、保洁员、车场管理员等。后勤保障人员包括助理导游员、保安员、救生员等。

2. 景区人力资源管理的重要性

与酒店、旅行社和交通工具等旅游要素相比，景区具有较强的不可替代性，是旅游业发展的核心要素、旅游消费活动的最终载体。在观光游阶段，景区毋庸置疑是第一主角，也是最为受益的旅游子行业。在休闲度假游阶段，景区的角色分量虽然会有所弱化，但也是决定该休闲度假区域是否具有较强竞争力的关键条件。因此，某一地区或某一国家要想发展旅游产业，必须在开发景区旅游资源上下足够的功夫。景区直接面向旅游者，主要通过为旅游者提供旅游产品，使旅游者获得精神消费的满足。面对不同消费需求、消费偏好、消费能力的旅游者，景区必须在依托自身物质性旅游资源的基础上，甚至是在物质性旅游资源匮乏的情况下，制定发展战略，找准市场定位，开发差异化产品，选择适宜的营销策划手段，为旅游者提供周到、细致的服务。因此，景区需要有一支精干、高效的专业化队伍，人力资源的开发与管理就成为景区资源开发与管理的关键性工作。

6.1.3　景区人力资源管理的基本原理

1．激励原理

激励原理是指通过对员工的物质或精神的需求欲望给予满足的允诺，来强化其为获得满足就必须努力工作的心理动机，从而达到充分发挥积极性、努力工作的结果。

激励是景区人力资源管理的重要内容，它是心理学术语，人在工作过程中是否有积极性，或积极性有多高，取决于激励的方法是否有效。员工的工作能力只有在工作中才能发挥出来。但每个人的能力不同，完成的任务量也是有差别的。这除了受到诸如工作环境、工作条件，以及单位或组织内人际关系（包括上下级关系、同事关系）的协调、配合情况等客观因素影响之外，还要受到人的积极性的发挥程度这一主观因素的制约。在客观因素相同的条件下，主观因素是个人能力发挥的决定性因素。

景区的人力资源管理者的任务除了获取景区发展所需的人力资源以外，还要通过各种开发管理手段，合理使用人力资源，提高人力资源的利用率，为此就必须坚持激励原理，去正确地诱导员工发挥最大的工作积极性。

2．增值原理

增值原理是指对人力资源的投资可以使人力资源增值，而人力资源增值是指人力资源品质的提高和人力资源存量的增大。人力资源是指社会劳动者的劳动能力，而劳动能力的提高主要靠两个方面的投资，即健康的投资和教育的投资。景区的工作人员要想提高自身的价值，重要的是教育培训投资。因此，要想使景区的工作人员提高自身的素质和能力，就必须对其进行业务培训。

3．反馈控制原理

人力资源管理中的各个环节是相互关联的，形成一个反馈环，某一环节发生变化都会产生连锁性反应。

反馈控制原理的利用关键在于如何建立企业内部的沟通机制。通常，人们会认为有关沟通的事宜应该由行政部门来进行，而作为人力资源管理系统，其实需要组织沟通的地方有很多。例如，组织进行内部员工满意度调查便是一件上到企业最高领导、下到基层员工的一个全面的工作信息沟通过程，通过这个沟通过程，可以系统地做出包括公司宏观发展战略、经营管理理念、各项规章制度、组织管理和企业文化等方面的评价。

4．差异原理

人力资源管理的根本任务是合理配置使用人力资源，提高人力资源投入产出比率。要合理使用人力资源，就要对人力资源的构成和特点有详细的了解，"知己知彼，百战不殖"。人力资源是由一个个劳动者的劳动能力组成的，而各个劳动者的劳动能力因身体、受教育程度、实践经验等因素的影响而各自不同，形成个体差异。就个体能力来说，这种差异包括两个方面：一是能力性质、特点的差异；二是能力水平的差异。"用人之长，避人之短"是人力资源管理的基本原则。

承认人与人之间能力水平上的差异，目的是在人力资源的利用上坚持能级层次原则，大才大用，小才小用，各尽所能，人尽其才。在人力资源管理中，差异原理是指具有不同能力层次的人，应安排在要求相应能级层次的职位上，并赋予该职位应有的权利和责任，使个人能力水平与岗位要求相适应。

6.1.4 景区人力资源管理的内容

1. 人力资源规划

景区根据经营管理目标和组织结构的需要，以景区的发展战略为指导，全面核查景区现有的人力资源和分析各项工作的性质、各岗位的职责及素质要求，从而确定景区员工的需求量和需求标准的预测活动。其内容包括景区总体人力资源的规划、景区人力资源的补充计划、景区人力资源的调整、薪酬、培训和管理等方面。

2. 工作分析

工作分析就是景区通过一系列科学的方法，对某项工作进行完整的描述或说明，确定景区中各种职位的工作内容和职位对员工的素质要求的过程。工作分析主要从以下 8 个要素着手进行，即 7W1H。

（1）Who：谁从事此项工作，责任人是谁，对人员的学历及文化程度、专业知识与技能、经验以及职业化素质等资格要求。

（2）What：员工要完成的工作任务当中，哪些属于体力劳动的范畴、哪些属于脑力劳动的范畴。

（3）Whom：为谁做，即顾客是谁。这里的顾客不仅是外部的客户，也可以是企业内部的员工，包括与从事该工作有直接关系的人，如直接上级、下级、同事和客户等。

（4）Why：为什么做，即工作对该岗位工作者的意义所在。

（5）When：工作任务要求在什么时间完成。

（6）Where：工作的地点、环境等。

（7）What qualifications：从事这项工作的员工应该具备的资质条件。

（8）How：如何从事此项工作，即工作程序、规范以及为从事该工作所需要的权利。

3. 招聘与甄选

景区的招聘与甄选就是按照景区人力资源计划，借用各种信息发布，通过一定的渠道发现、吸引符合要求的工作候选人，以满足组织的人力资源需求的过程。招聘录用的员工应当按照科学的标准，达到人与岗位的最佳组合。为了实现有效的招聘，景区应制定完整的招聘计划，包括招聘的地点、时间、渠道、宣传和信息发布等内容。

4. 培训与开发

培训与开发是人力资源开发的重要组成部分，它与职业生涯开发、组织开发一起构成人力资源开发体系。景区的员工培训与开发是指景区创造某种环境，使员工能够在这一环境中获得或学习特定的与景区工作要求密切相关的知识、技能、能力和态度。其中人力资源的培训包括岗前培训、在岗培训、转岗培训等。

5. 绩效考核

景区的绩效考核是对员工的工作表现和工作业绩进行评估的手段，即激励员工的有效机制。绩效考核的作用表现在以下几个方面：首先，它可以加强人力资源管理决策，为人力资源开发工作提供信息，因此考核的首要目的便是为招聘、调迁、升职、委任、奖惩等人事决策提供科学的依据；其次，利用其评价和反馈功能，能够促进员工的职业生涯发展；最后，它能推动企业管理职能的有效发挥，绩效考核是企业运行状况诊断的重要内容，并可以作为组织绩效改进的一种有力措施。

6. 员工激励

员工激励是指建立一套合理有效的激励运转办法，使组织和个人绩效能够得到持续不断的提高或改进的过程。有效的激励既要使其诱因同人的内在需要发生共鸣，又要把个人需要的满足和组织目标的实行有机结合起来。

6.1.5 景区人力资源管理存在的问题

1. 管理理念和管理方式落后

大多数景区采用的仍然是传统的人力资源管理模式，没有把景区人力资源的开发与管理放在应有的高度。不少传统的文化、自然景区在属性上仍是事业单位，在选人、用人、育人、留人等各个环节缺少自主性。一些新兴的景区和改制为企业的景区，虽然在人力资源管理方面有了较大的自主性，但受制于管理者自身的局限，往往管理手段单一，缺乏科学性和系统性的规划。尤其是在一些规模较小、位置偏远的景区，旅游产品设计单一，从业人员数量少，专业人才又不愿意到这样的景区工作，导致管理的随意性较强。

2. 高素质专业人才缺乏

景区提供了大量的就业岗位，但从业人员的素质参差不齐。直接接触旅游者的一线工作人员进入门槛低、待遇低、流动性大，形成恶性循环，而他们的服务在很大程度上影响旅游者对景区的印象和评价。同时，景区的产品开发、包装策划、营销推广等工作需要具有较高的综合素质和专业素质的人才，而目前这类人才比较稀缺。许多景区在产品开发上跟风复制，产品严重趋同；或者做浅层开发，以噱头赚眼球；或者形象定位模糊，盲目推广；甚至一些景区主打神、鬼、怪等落后文化主题。这些都反映出景区缺乏系统了解景区运作、旅游市场发展的规律，以及旅游消费者心理的专业人才。

3. 人力资源开发投入不足

不少景区在硬件的开发上往往不惜投入重金，但在软件开发特别是人力资源的开发上却显得保守。视人为"成本"的观念还有一定的市场，通过人力资源的开发所获得的收益具有一定的无形性，也在无形中影响了管理者对人力资源开发本身的价值判断。因此，景区花费在储备培养高素质专业人才、对员工进行系统性培训、提高员工福利待遇等方面的资金常常让位于其他投资活动。景区管理者"有钱就有人"的思维方式制约了景区自身从业队伍的建设和提高，必然影响景区的可持续发展。

6.2 景区员工招聘

6.2.1 景区员工招聘的概念

招聘是指企业为了生存和发展的需要，根据人力资源规划和工作分析要求，结合旅游企业的经营状况，吸引具备工作资格的个人补充企业空缺职位的过程。招聘工作首先要向应聘人说明工作的要求，其次选择适合这份工作的人。

6.2.2 景区员工招聘的原则

招聘工作涉及的环节较多，需要注意的事项较多，同时它也是一项艺术性与科学性相结合的工作。为了选出优秀的人才，以达到景区理想的经营目标和经济利益，在招聘中就一定要严格。必须坚持"公开招收、自愿报名、全面考核、择优录用"的原则，同时还要考虑景区的工作性质、工作时间及行业的特殊要求来进行招聘。具体来说，招聘应遵循以下原则。

1. 因事择人原则

所谓因事择人，是指以景区的岗位空缺或实际工作需要为出发点，根据岗位的工作要求对任职者进行选择。其主要包括两个方面的内容：一是数量方面，根据景区发展的需要招聘员工；二是质量方面，考虑到景区发展需要什么样的员工，就招聘什么样的员工。

2. 开放性原则

招聘前，景区的人力资源部门应确定应聘的条件、种类、数量、要求、应聘方法等。通过公开的途径向全社会发布，保持招聘信息、招聘渠道的开放性，确保应聘者能获取最充分的招聘信息。开放性原则还需求在招聘中坚持公开、公平、公正地筛选，将招聘工作置于公开监督之下，给予合格者同等的获选机会，避免以权谋私、假公济私的现象。

3. 择优录取原则

择优录取是招聘选人的主要依据原则，特别是随着旅游企业自主权的增加，员工的招聘渠道越来越多，对员工的选择余地较大，为了确保所招员工的质量，必须坚持择优录取的原则。景区在进行招聘时，必须制定合适的用人标准，不能把标准定得太高，让人望而却步，也不能标准太低，给滥竽充数者提供机会。景区制定合适的标准后，应对应聘者的业务能力、思想素质、道德素质等进行全面的考察，严格按照标准择优录取。

4. 先专业学校后社会招收原则

景区对于员工的专业性要求相对较强，特别是景点讲解人员，需要在专业院校受过专门训练的人才。因此，景区在选择招聘对象时，优先考虑招收专业院校的毕业生，原因如下：一是专业院校的学生学习过相关知识，虽然经验不足，但接受能力较强，能够较快地适应工作；二是专业院校的学生一般思想稳定，素质好；三是专业院校的学生一般基础比较扎实，经过一段时间的训练之后，能够充分发挥作用。因此，在招聘时应先考虑专业院校，后考虑社会招聘。

5. 效益最大化原则

景区在招聘的过程中，应本着用最小的成本来招聘到最适企业发展的人才的目标。一方面，要在实施招聘的过程中，尽量地控制成本。如果景区内部需要增加人员，可以在现有的员工中调剂，调剂不了再招聘，这样可以节约成本与时间。另一方面，注意招聘忠诚、稳定的员工，以减少员工流失而带来的各项损失。

6.2.3 景区员工招聘的途径

1. 内部选拔

内部选拔是指当景区内部出现职位空缺时，通过内部提升和调用的方式优先从现有的员工中调剂解决。通过内部调用，景区能够比较清楚地了解被调用员工的优缺点，选择的人员比较可靠，这样可以节省招聘费用和培训费用。同时，员工也比较了解景区的业务，便于工作的展开。如果空缺职位是较高的职位，还可以增加员工的晋升机会，这样有利于激励员工，增加员工的忠诚度。内部调用能为员工带来新鲜感和动力，手续方便。因此，景区应充分了解和掌握员工的情况，注意听取各个部门的意见，按照员工的工作能力、职业素质来合理调用。

2. 外部招聘

外部招聘是指景区通过公开招聘、校园招聘、参加招聘会、人才中介、网络招聘等方式面向社会发布招聘信息，从景区的外部获得所需要的工作人员的招聘方式。一般情况下，当景区出现职位空缺而内部没有合适的应聘者，或者内部人员不能满足岗位所需的人数时，需要从外部招聘人才。

外部招聘可为企业注入新鲜的血液，可以避免内部招聘造成的员工不团结、缺乏创新意识等问题。但是有时候，招聘者容易被应聘者一时的表现所吸引，难以分辨其真正的能力与忠诚度，并且新招来的员工，对景区工作的熟悉需要一个过程，不能迅速地开展工作。

外部招聘主要是利用电台、电视、报刊、网络、张贴广告等媒体进行招聘。招聘广告的内容主要包括以下几个方面。

(1) 职位名称、工作内容、工作时间以及工作条件。
(2) 职位的大概收入。
(3) 招聘的条件（如专业、学历、学位、性格、工作经验等）。
(4) 景区基本情况介绍。
(5) 应聘办法（时间、地点、联系方式等）。

在对外招聘时，景区的招聘广告应措辞严谨、内容清楚，能够引起求职者的注意。

6.2.4 景区员工招聘的程序

1. 确定招聘计划方案

景区要招聘员工，首先要对景区现有的岗位进行分析，看哪些岗位有空缺，需要什么样的人才，再确定招聘方案。

2. 确定招聘的对象、来源和途径

景区人力资源部门应根据各部门计划，在定编定员的基础上，经审核后，确认各部门所需招聘员工的数量和工作性质、层次，并确定招聘员工是外部招聘还是内部聘用，是用刊登广告的方式还是景区内部员工推荐的方式或是同步进行，以及学历和专业技术职称要求，等等。

3. 确定招聘的时间和地点

在行业竞争日益激烈且注重人才的背景下，选择适当的招聘时间就显得很重要。例如，每年高校毕业季就是招揽人才的好机会。又如，在一个地区，几家同行业企业的招聘工作刚结束，或是较大规模的人才交流会连续举办，那么景区采取一般性的招聘做法，就很难招到合适的员工。在招聘过程中，应试的地点也很重要，它在某种程度上也会直接或间接地影响应聘者的情绪。所以，应试地点究竟是设在景区内，还是安排在某所学校或是另有选择，应视诸如招聘员工的数量、气候、交通、周边环境、测试内容等具体情况而定。

4. 资格审查

在招聘活动结束后，人力资源部门应该根据招聘岗位的要求，针对应聘人员的个人资料进行审查。例如，通过应聘人员的个人简历、资格证书等，把符合要求的应聘者筛选出来，把资料交给用人部门进一步审查，选出参加测试的人员，这就完成了初选。

5. 测试

测试是景区通过职位的要求，对参加测试的应聘者的个性、业务能力、职业倾向和个人素质等进行考察，并以具体的分数来进行量化的方法。这种方法能够较客观和全面地了解应聘者的个人特性，以便合理地配置工作岗位。目前常用的测试方法有能力测试、个性测试、心理测试等。

6. 面试

通过面试，招聘者能够客观地了解应聘者的知识水平、外貌、风度、表达能力、反应能力、逻辑思维能力、个人修养、工作经验、反应能力、求职动机等多方面的信息，从而更加准确地了解应聘者，确定其是否能够录用。由于岗位不同，需要考察和面试的内容也有所不同，但一般来说，面试涉及以下问题。

(1) 请你自我介绍一下自己。
(2) 你有什么业余爱好？
(3) 你为什么会选择我们公司或者这个职位？
(4) 对待这项工作，你有哪些预知的困难？
(5) 如果我们录用你，你怎样开展工作？
(6) 你能接受公司指定的加班或者是出差吗？
(7) 你对薪酬有什么要求？
(8) 你希望和什么样的上级相处？
(9) 你未来3~5年有什么样的打算？

面试是用人部门获得优秀人才的一个重要环节，因此，人力资源部门应根据职位的空缺情况设计一些有针对性的问题，以便在面试的时候能够选出最适合的、最优秀的人才。

知识链接

面试时自我介绍的技巧

求职者应聘时，往往要先进行自我介绍，这是突出个人优势和特长、展现自身综合素质的好机会。求职者讲得好，会给人留下良好的第一印象；讲得不好，可能对整个面试都会有很大的影响。面试时的自我介绍一般有下列技巧。

（1）开门见山，简明扼要，一般不要超过3分钟。
（2）实事求是，不可过于夸大。
（3）突出长处，但也不隐瞒短处。
（4）所突出的长处要与申请的职位有关。
（5）善于用具体生动的实例来证明自己、说明问题，不要泛泛而谈。
（6）说完之后，要问面试人员还想了解自己的哪些方面。

为了更好地展现自己，求职者在面试前应做好充分的准备。面试官不同，给求职者的自我介绍时间不等。求职者明智的做法应是分别准备时长1分钟、3分钟、5分钟的介绍稿，以便面试时随时调整。而1分钟的介绍以基本情况为主，包括姓名、学历、专业、家庭状况等，注意表述清晰；3分钟的介绍除了基本情况之外，还可加上工作动机、主要优缺点等；5分钟的介绍，可以谈谈自己的人生观，说些生活趣事，举例说明自己的优点等。面试时，时间的把握一定要准确，充分利用时间展示自己的才华，不能超时，也不能不到时间就结束。所以，面试前的充分准备是必不可少的工作。

7. 面谈结束的处理和体检

正式面谈结束后，人力资源部门应立即将各种记录汇总整理，结合背景资料，做出综合判断，决定是否录用。如果是景区中层和高层职位的应聘工作，则应由景区中、高层领导再次或多次与之面谈后再行定夺。对于初步确定的录用人员，还要进行体检。景区是服务行业，直接面对客人服务，因此，健康的体魄是胜任工作的基本条件之一。

8. 员工的录用

当审核确定无误和体检合格之后，就基本确定了员工的录用。景区要为新员工发放录用通知。为表示郑重，录用通知以书面为宜。其设计和内容的繁简视景区的具体情况而定，一般应独具匠心、不落俗套，从中反映出景区的品位和诚意。为使新员工减轻在新的工作环境中产生的不安和压力，尽快地进入状态，适应工作要求，景区应以各种方式让其熟悉大到景区的基本情况（如组织机构、部门设置、主要管理人员等），小到关于工作时间、就餐的方法、工资支付形式、工服的发放和仪表的要求等。同时，要向新员工介绍他的工作岗位和具体的工作内容，并将新员工介绍给其他同事。

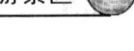

竹溪培育乡土旅游人才，让农民当导游讲乡愁

为破解旅游专业人才短缺瓶颈，竹溪县出台乡村旅游人才培育计划，在本地发现并培养了10余名旅游人才，将其全部安排到旅游岗位就业。2017年6月，竹溪县以第二届"楠木文化"旅游节为契机，举办旅游形象大使选拔赛，全县60余名选手参加角逐，18人脱颖而出，被纳入该县旅游讲解人才库。

为提高乡土旅游人才综合素质，竹溪县聘请武汉商学院专家教授，对全县70余名乡村旅游经营管理人才进行培训。此外，该县先后派出12批次200余人到北京、武汉、西安等地学习，并在县内举办酒店管理、烹饪等各种旅游培训班20余次，受训人数达500余人次。

竹溪县通过培育旅游人才，有力带动了全域旅游发展。据统计，2017年1—9月，该县共接待游客106.3万人次，旅游收入达6.48亿元。

（资料来源：https://baijiahao.baidu.com/s?id=15795999498851 66703&wfr=spider&for=pc，2017-09-26.）

案例分析：这种做法的优点表现在，首先，当地农民对景区比较熟悉，非常了解景区的特色，通过培训能够更加详细地介绍景区；其次，可以提升当地农民的就业率以及对景区管理的参与，可谓一举两得。

6.3 景区员工培训、激励和绩效评估

为了景区更好地发展，提升景区的形象，也为了能充分地利用人才资源，同时开发新的人才资源，提高员工各项业务技能与素质，景区应该加大对员工的培训力度，这也是人力资源部门的重要职责。员工培训是景区人力资源管理的一项长期重要的内容，对新老员工要进行定期的培训，培训的内容不仅包括知识和技能，还包括景区的知识、先进员工的事迹，宣扬企业价值观念与企业文化，增强企业的凝聚力、向心力和员工的积极性。

6.3.1 景区员工的培训

1. 培训的目的与意义

培训的直接目的就是使新员工能够尽快适应工作，老员工能够提高业务水平。培训本身是提高员工素质和工作能力的重要手段，通过培训可以提高景区的管理水平，增强景区的竞争力，改善景区员工的工作质量，培养员工的适应能力，提高员工的工作效率，挖掘员工的潜在能力。现阶段，随着景区之间的竞争日趋激烈，只有不断加强员工培训，提高员工的素质和技能，才能使景区在新的竞争环境下立于不败之地。

2. 培训的内容

（1）职业道德培训。职业道德培训是景区人力资源培训的一项主要内容，包括使员工了解国家发展旅游产业的意义和旅行社在旅游产业中的作用，帮助员工树立主人翁意识、

职业自豪感和荣誉感；使员工了解景区的经营目标、经营理念、文化传播手段，自觉维护景区的形象；培养员工自觉的劳动态度和敬业精神，树立良好的服务意识，增强职业责任感，自觉养成良好的职业道德；增强员工的团队意识与合作精神，培养精益求精的工作作风；提高员工的遵纪守法意识和道德水准，自觉地遵守国家的法律法规，遵守景区的规章制度，坚持诚信原则，树立正确的价值观，培养高尚的道德情操。

（2）知识培训。景区经营应该具有时代意识，适应宏观与微观经营环境的变化，通过培训使员工掌握工作所必需的知识，实现景区人力资源的现代化和知识化。知识培训的内容包括景区知识、旅游理论知识、旅游法规知识和相关学科知识等。

（3）能力培训。景区通过能力培训，使员工掌握完成本职工作所必须具备的各种能力，这种能力包括业务能力、管理能力、经营能力和学习能力等。

案例阅读

洪洞大槐树寻根祭祖园：员工培训成为常态化

2017年严冬降临，北方旅游市场进入淡季，洪洞大槐树寻根祭祖园（以下称大槐树景区）进入了一年一度的淡季培训提升阶段。在景区的北门广场，身着迷彩服的景区员工队列整齐，为期10天的景区军训拉开了帷幕，训练内容包括军姿、停止间转法、齐步走、跑步、正步走等科目，目的是在进一步提升员工精气神的前提下，加强员工之间的沟通、协作能力，增强团队成员之间的融合度和亲和力，提高团队向心力、凝聚力，打造一个坚不可摧的大槐树精英团队，为大槐树景区创建国家5A级景区而不懈努力。一直以来，大槐树景区始终从基层抓起，严把各项工作细节，严抓各种工作流程，始终秉承着打造高素质、高标准团队的发展理念。

（资料来源：http://www.sohu.com/a/204640369_696716，2017-11-15.）

案例分析：大槐树景区在旅游淡季对员工进行培训，不影响景区的接待工作，同时还可以提高员工的整体素质和服务水平，提升员工爱岗敬业的精神，加强员工之间的沟通、协作能力、团队精神，这些对景区的发展至关重要，这些做法值得其他景区借鉴。

3. 培训的形式

景区常见的培训形式是岗前培训、脱产培训和在职培训。

（1）岗前培训。根据中华人民共和国文化和旅游部提出的在旅游行业中必须实行"先培训后上岗"的制度，新员工进入景区之后，应接受岗前培训。岗前培训内容有景区介绍、敬业精神、服务观念、操作规范、业务知识、导游知识、规章制度等。

（2）脱产培训。脱产培训是通过各级旅游主管部门、旅游企事业单位、旅游院校等举办的各种旅游专业培训班，对在职的旅游干部、职工进行的中短期培训，可以采用课堂教学、多媒体教学、模拟训练、角色扮演、案例分析等多种方式进行。这种培训一般比较正规，理论知识学习比重大，是一种充电式的学习。学习的内容一般包括语言、政策法规、导游知识、管理知识、旅游心理学等。其特征是比较系统、全面、有深度，对于提高管理人员和技术人员的素质非常有效。

(3) 在职培训。在职培训是指为提高在职劳动者的技术技能水平,由用人单位直接或委托其他培训机构对劳动者实施的培训。在职培训可以利用业余时间、节假日时间进行,有示范、指导、岗位轮换等多种方式。

4. 培训的程序

(1) 制订培训计划,确定培训需求。景区的培训工作必须具有目的性和针对性,因此制订合理的培训计划十分必要。景区管理层在制订培训计划时,首先,要考虑培训所需的费用,确定合理的费用分配,避免预算与实际产生的费用有冲突。其次,应当通过调研确定培训要求。为此景区管理层必须根据具体岗位确定完整的、有针对性的培训和发展要求;对岗位职能进行分析,确定各岗位的职责、主要工作成果、所需工作技能、知识等;对员工个人能力特点、绩效表现进行初步的考评,以确定员工的不足并明确培训的重点。

(2) 确定培训目标。培训目标就是培训要达到的效果。一般来说,培训目标主要根据任务要求、知识、技能和态度来确定。

(3) 选择培训方式。根据景区现状,选择不同的培训方式,对培训计划进一步核实、实施。

(4) 培训考核。在实施培训以后,景区还必须进行培训考核,以检验培训的效果,查找培训工作的不足。

6.3.2 景区员工的激励

合理的激励措施能够充分调动员工的积极性,而且有利于吸引人才、留住人才。讲到激励,比较容易让人联想到工资与福利待遇。的确,制定合理的工资与福利待遇是保证员工积极性的基础。但人的心理需求具有多样化,替员工设计一个比较明确的职业规划,给员工到外地或出国深造培训的机会、提供奖励旅游等,都可以激励员工。

1. 景区员工激励的概念与作用

景区员工激励是指创造满足员工需要的条件,激发员工的动机,使之产生实现景区目标的特定行为的过程。景区员工激励通常分为物质激励和精神激励两大方面。其作用体现在以下几个方面。

(1) 吸引优秀人才、留住优秀人才。在发达国家的许多企业中,特别是那些竞争力强、实力雄厚的企业,通过各种优惠政策、丰厚的福利待遇、快捷的晋升途径来吸引企业需要的人才。这种方式也适用于景区。因此,景区要抓好自身的建设,建立完善的激励机制和改善员工的成长环境,这样才能留住现有的优秀人才,并吸引人才回流。

(2) 开发员工的潜在能力。美国哈佛大学的詹姆士教授在对员工激励的研究中发现,按时计酬的分配制度仅能让员工发挥20%～30%的能力,如果受到充分激励,员工的能力可以发挥出80%～90%,两种情况之间60%的差距就是有效激励的结果。

(3) 提高管理效率,实现企业目标。对于景区而言,对员工或多或少都有规定,使员工明确应该做什么、不应该做什么。但要想提高员工的工作效率,应该把重点放在对员工的激励上。激励是一种非常有效的管理手段,可以克服消极怠工,使员工主动地向目标努力,也可以提高景区的管理效率,最终实现景区的目标。

2. 景区员工激励的方法

(1) 工资激励。工资是体现每个职工收入分配的结果,也是员工个人价值的一种体现,是按劳分配的主要形式。景区的工资政策要有吸引力。景区工作政策的吸引力,一方面来自工资标准,即工资的绝对值,另一方面来自工资结构及分配方法。景区的工资政策必须体现按效率、效益分配的原则,以成果多少和贡献大小来决定员工的工资高低。即根据劳动的复杂程度、繁重程度、精确程度和工作责任大小等因素划分等级,按等级规定工资标准,支付劳动报酬。只有员工的价值与所得合理,才能调动员工的积极性。

(2) 奖金激励。奖励是工资分配的补充。要使一个企业活起来,除了思想建设上不断有措施外,奖金也要体现每个人的实际工作效益和能力,在奖金分配中拉开距离,以鼓励先进,促进后进。奖金紧密结合企业生产经营和职工劳动的特点,对于弥补计时工资不足、调动员工生产经营积极性、增加社会财富、改善员工生活等方面具有显著的作用。景区工作人员的工作分工不一,工作的繁重程度和文化的要求也不同,一般在奖励中应有所体现。在使用奖金时应遵循以下原则：奖金量要与员工提供的超额劳动量相一致；奖金的考核、发放要紧密结合旅游的工作特点,避免平均主义和重复奖励；按员工过去实绩考核发放奖金。

(3) 福利激励。景区的集体福利项目主要有各种保险金（如养老保险、医疗保险、失业保险等）、各种基金（如住房公积金等）、带薪假期（如婚假、探亲假等）、额定报销费用（如培训费、书报费等）、免费后勤服务（工作服、工作餐等）。

(4) 精神激励。在坚决贯彻多劳多得原则的前提下,景区管理者必须重视员工的心理感受,这样才能使员工得到更高层次的、全面的心理满足,也才能真正留住人才。

知识链接

成功的领导者如何激励员工

(1) 工作上共同进退,互通情报。
(2) 倾听员工意见,共同参与决策。
(3) 尊重员工建议,缔造交流桥梁。
(4) 做一个投员工所好的领导。
(5) 兴趣为师,给员工更多工作机会。
(6) 赞赏是最好的激励。
(7) 从小事做起,了解员工的需要。
(8) 让业绩为员工的晋升说话。
(9) 能者多得,给核心员工加薪。

6.3.3 景区员工的绩效评估

绩效评估是指景区对员工在其工作岗位上所完成的工作数量、质量及效率状况等进行考核评估的一种人事管理活动。绩效评估依据一定标准对员工在工作岗位上的行为表现进行衡量与评价,以形成客观公正的人事决策。绩效评估的主要作用具体表现在以下几个方面。

1. 绩效评估的作用

绩效评估对景区的管理具有重要的作用,主要体现在以下几点。

(1) 绩效评估是维持和提高工作效率的一种重要手段。通过对员工的工作业绩、工作能力、态度等方面进行考核，可以全面评价员工的工作。取得良好业绩的员工可以获得较高的评价，从而受到奖励；对于业绩不好的员工，评价相对较低，但能起到对其鞭策的作用。

（2）绩效评估是调整职位和岗位的重要依据。通过绩效评估，可以全面充分地了解员工的工作情况与业绩、为人处世，为员工的晋升、任免、调任提供依据。

（3）绩效评估可以促进管理者与员工的沟通，帮助员工的发展。绩效评估可以使员工全面地了解公司对自己的评价，可以与管理者进行沟通，防止员工因不了解公司对自己的评价而产生不必要的矛盾。同时，通过评价，还可以使员工意识到自己工作中的不足，引导员工弥补自己的不足，促使他们在今后自我发展中发挥长处，强化目标，使整体工作业绩提高。

2．绩效评估的原则

（1）公开性原则。公开性原则表现在事前公开考评的目的、标准、程序及方法；考评过程公开，不搞"暗箱"操作；考评的结果公开，使每个人都知道自己和他人的业绩评价信息。此项原则会使员工对绩效评估的工作和结果产生信任感，接受考评结果，并且能够确保评估的权威性。

（2）客观性原则。景区在评估员工的绩效时，只要员工的工作表现和结果达到景区规定的标准，就可以认为他是一名合格的员工。此原则避免加入主观色彩，要求客观地对员工的业绩进行评价。

（3）直接性原则。在绩效评估时，员工的直接上级应该负责评估其工作绩效。因为直接上级最了解员工的实际工作，也最有可能反映真实情况。由员工的直接上级进行评估，不仅能够明确评估的职责，而且能够将评估工作与日常管理有机地结合起来，有利于对员工的管理。

（4）多层次、全方位评价原则。员工在不同的时空条件下往往有不同的表现。为了使评价更真实，应建立起多层次、多渠道、全方位的评价体系，包括员工自评，上级、同级、下级的评价，服务对象和业务协作单位的评价等。

（5）规范化原则。绩效评估应作为一项长期化、制度化的管理工作，与其他日常职能管理工作相结合，形成一种科学、有效的人事管理机制。因此，应事先制定和明确评估的规范、标准、要求、依据以及评估的组织管理、评估者的权限、程序和相关责任等，并在评估的过程中严格依照标准执行，避免由于随意性和人情出现评估偏差，影响对员工的判断。

3．绩效评估的内容

员工绩效评估的内容大致可以分为德、能、勤、绩4个方面，根据不同的需要，评估时可有所侧重。

（1）德。德主要指员工的工作态度和职业道德。整个景区的经营管理都以人为中心，集中地体现在人才的作用上。景区员工的创新性意见与建议，往往能给景区带来极大的效益，而这种创新仅靠监督的办法是难以从员工头脑中开发出来的。因此，景区不仅需要有适当的激励方法，而且需要景区员工具有较强的敬业精神和责任感。从德的方面评估员工，主要也就是评估这种精神和责任心。

（2）能。能主要指员工从事本岗位工作的能力，包括分析和解决问题的能力，以及独立工作的能力。对不同岗位上的员工，有不同的能力要求。一般来说，理解能力、操作能力、交往能力、创新能力、组织能力等是员工技能评估的主要方面。

（3）勤。勤主要指勤奋精神，包括积极性、纪律性、责任感、出勤率4个方面。具体地说，就是是否具有良好的工作态度、事业心、工作责任感和服务精神；是否肯学肯干，任劳任怨；是否达到规定的出勤率，等等。

（4）绩。绩主要指员工的工作成绩，包括岗位上取得的成绩和岗位外取得的成绩。岗位成绩与岗位职责有关，是员工成绩的主体。在景区管理中，岗位职责体现为一系列任务标准和操作标准，这种标准是每一个员工都要达到的，达标成绩是员工的基础成绩，在此之上，根据工作任务和工作规范的执行情况，评定员工的不同业绩水平。除本职工作之外，员工也可能为景区做出其他方面的成绩，这些成绩同样体现着员工对景区的贡献，评估时不能忽视。

绩效评估应作为一项长期化、制度化的管理工作来抓，并与其他日常职能管理工作相结合，形成一种科学、有效的人事管理机制。

4．绩效评估的方法

绩效评估中所采用的方法直接影响评估结果的公正与否。一种好的评估方法应该具备良好的可信度和普遍性，并能够真实客观地反映员工的成绩差异。通常，景区员工绩效评估可采用的方法有以下几种。

（1）量表评估法。这是一种应用最广泛的绩效评估法。首先，要设定明确的评估项目，如评估中级管理人员的工作实绩时，制定的评估项目有政策水平、责任心、决策能力、组织能力、协调能力、应变能力和社交能力等；其次，每项设立评分标准；最后，把各项得分相加，即可得出被评估员工的绩效评分。

（2）关键事件法。关键事件法是一种以搜集关键事件作为评估资料，对员工绩效进行客观评估的方法。所搜集的评估资料，都是明确、易观察且对绩效好坏有直接关联的。关键事件法分为三个步骤：一是当有关键性事件发生时，填在特殊设计的考核表上；二是摘要评分；三是与员工进行评估面谈。采用这种方法，实施评估者必须从正反两个方面的事实着手。否则，评估会有偏差，员工也无法公正地对待和接受评估。

（3）指数评估法。一般来说，指数评估法分为定性评估和定量评估两个方面。定性评估包括接待服务质量状况、旅游者满意度、有无重大责任事故等；定量评估包括接团人数、外联天数、销售总额、销售利润和旅游者投诉量等。在指数评估法中，以定量评估为主、定性评估为辅。

复习思考题

一、简答题

1．传统人力资源管理与现代人力资源管理有什么区别？
2．景区人力资源管理有哪些基本原理？
3．景区人力资源管理涉及哪些方面的内容？
4．景区员工招聘的原则与程序有哪些？
5．景区员工激励的重要性以及主要的激励方法有哪些？
6．简述员工培训的意义以及培训的主要途径。

7. 简述员工绩效评估的重要性以及绩效评估的方法。

二、案例分析题

芦笛景区用人突破常规，用人重才

　　景区要发展，管理是关键。多年来，芦笛景区树立"向管理要效益"的观念，用严密的制度来规范人和事，用严格的执行来保障制度的落实，用严明的奖惩来减少和杜绝各种违反制度的现象，从而使景区的管理理念逐步适应现代企业发展的需求。特别是在用人方面，芦笛景区借"三项制度改革"之机，大胆打破旧的景区管理用人的观念，在管理人员和生产骨干的选拔聘任上，不搞论资排辈，不搞任人唯亲，公开向社会招贤纳士。景区还建立起动态的人才管理机制，坚持做到承认每个人的价值，尊重每个人的权利，把合适的人放在合适的岗位上，满足人才提升的愿望，为各类人才发挥才能，创造有序、宽松的环境。良好的人才文化氛围使景区管理的各项工作都呈现出生机勃勃、活力迸发的向上景象。

（资料来源：https://www.davost.com/seo/detail/1075-de63673305.html，2012-12-26，有改动。）

问题：
1. 芦笛景区是如何突破旧的用人机制的？
2. 芦笛景区用人的理念给其他景区带来怎样的启示？

第 7 章　景区游客管理

学习目标

通过学习本章,学生应该了解景区游客管理的内涵和目标、景区客流的时空分布特征、景区环境容量的确定与控制和景区客流的管理技术。了解游客的心理变化规律、行为特征和相应的管理办法,使学生在参加工作后具备相应的理论知识和工作能力。

知识结构

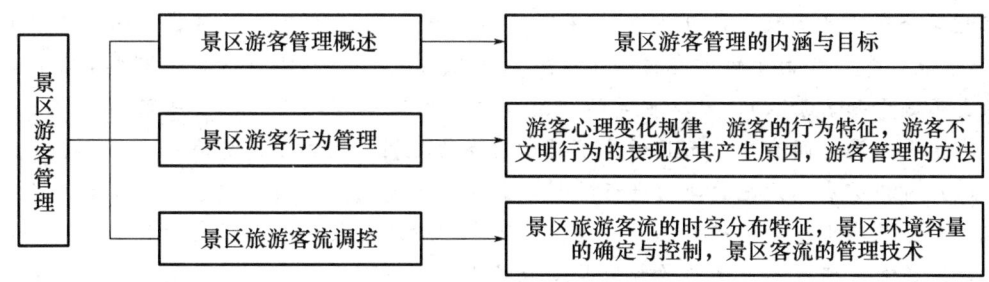

> **导入案例**

威尼斯游客管理的经验

历史悠久的世界著名水城——威尼斯位于意大利东北部亚得里亚海岸，以其如诗如画的水城风光、历史悠久的古城文化而赢得"亚得里亚海明珠"的美誉。同世界其他著名旅游胜地一样，旅游业的发展为威尼斯带来滚滚客源和财源的同时，也给当地旅游环境、历史遗迹带来了一定程度的负面影响。威尼斯借助"威尼斯旅游智能卡"这一旅游预订系统来调控旅游需求，从而有效地将高峰时期的客流分流到旅游淡季，既有效减轻了高峰时期的旅游接待压力，又拉动了淡季旅游需求，而且给游客带来了高质量的旅游体验。

威尼斯为调整游客在空间上的合理分布采取了两项措施。

（1）开发新的旅游线路改变游客游程，减轻城市中心区域的接待压力，实现更合理的游客空间分布。具体做法是开发新的旅游线路，这些旅游线路将一些著名的中心城区的"必游景点"和一些由于缺少宣传而不太知名的城郊景点（事实上这些旅游吸引物的旅游价值也不逊于知名景点），以及重要的旅游设施合理地串联起来。旅游线路的改变不仅合理分布了游客的空间布局，而且延长了游客的停留时间，增加了旅游消费。

（2）对旅游基础设施的使用进行限制以引导客流流向。主要措施包括：不让私人轿车和旅游车进入城市中心和历史文化遗迹；游客在中心城区使用公共设施时征收一定的附加费，外地游客乘船进入大运河的费用是本地居民的8倍以上。高昂的旅游成本在调控游客在城区逗留时间方面起到了一定的成效。威尼斯在规范游客和当地居民的环境保护行为上采取了"软硬兼施"两种方法：首先，大力开展环境保护教育和宣传活动，以培养和提高游客及当地居民的旅游资源环境保护意识，形成环保内在驱动力；其次，在加强旅游者环保意识教育的同时，还切实加强环保执法力度，从而有效地规范了游客行为，保护了旅游资源环境。

（资料来源：中国旅游报）

案例思考：威尼斯游客管理的成功经验有哪些？
案例分析：第一，借助"威尼斯旅游智能卡"预订系统来调控旅游需求；第二，开发新的旅游线路改变游客游程；第三，对旅游基础设施的使用进行限制以引导客流流向；第四，开展环境保护教育和宣传活动；第五，开展环保执法，有效规范游客行为。

7.1 景区游客管理概述

7.1.1 景区游客管理的内涵

1. 游客的定义

研究游客，首先接触到的就是游客的概念和界定问题，即什么样的人才能称为游客。对游客的定义问题，不同的学科背景、不同的研究视角、不同的研究目的、不同的研究主体都会得出不同的结论。游客的定义也可以分为两类：一类是概念性定义，1811年英文版的《牛津词典》中，第一次出现了游客一词，其意为"以观光游览为目的的外来旅客"。

另外，也有人将游客解释为出于一种好奇心，为了得到愉快而进行旅行的人。这种认识未将非消遣性的游客（如商务旅游、宗教旅行、军事旅行、科学考察旅行等）包括进去。随着社会的发展，非消遣性旅游的规模逐渐扩大，人们对游客也有了新的认识。简单地说，游客就是暂时离开常住地到异国他乡旅行访问的人。

以上这些定义都属于概念性定义。还有一类就是关于游客的技术性定义。这类定义主要是为了满足实际工作的需要：一是统计工作中对规范游客统计口径的需要，二是在出入境中制定和执行有关政策的需要。与概念性定义比较起来，技术性定义具有较高的可操作性。基于这个原因，国际联盟、联合国、世界旅游组织等国际组织乃至各国的旅游组织很早就开始了对这一问题的研究。目前，对于国际游客的界定，国际上已经基本形成统一的认识。

2. 景区游客管理的定义

游客是景区的主角，是为景区带来经济收益的顾客，景区游客管理是旅游目的地管理者使用现代管理手段，通过游客体验与游客责任管理，实现游客满意与目的地可持续的过程。游客管理起源于西方国家的公共公园（相当于我国的风景名胜区、国家级自然保护区、一部分国家森林公园、一部分全国重点文物保护单位、一部分国家级旅游度假区的综合）的管理，起因是这些公园的游客量的增加。第二次世界大战后，各国经济复苏，人民生活水平的提高促进了户外游览需求的不断增强，给整个国家的发展政策及国家公园运动带来了相当大的冲击。1950年以后，国际观光旅游业的蓬勃发展更促进了国家公园的普遍设立，包括南美洲、非洲、亚洲等许多国家相继成立国家公园。20世纪60年代，公共公园开始被过度利用，游憩活动对环境的冲击加剧。为了实现游客满意以及景区资源的可持续利用，游客管理逐渐引起人们的重视。半个多世纪以来，游客管理作为一种管理理念，已被发达国家景区所广泛应用，并扩展到一些普通旅游目的地及发展中国家。

游客管理作为一种科学系统的管理模式，有助于解决景区管理中的下列问题。

（1）保证游客活动对景区不会带来不可接受的负面影响。景区由于游客不断增加，产生了一系列管理压力与问题。例如，游客对植被的践踏、污水垃圾的排放，以及游客不文明的行为对景区造成的破坏等。这些问题给景区和保护区带来了长期和不可恢复的破坏。虽然简单控制游客数量和行为方式可以起到一定的保护效果，但不能同时充分满足游客游赏景区和保护景区的愿望。在这种情况下，需要科学的管理模式来协调两者之间的矛盾，实现资源保护和游客体验的双重目标。

（2）通过游客管理来确保游客的体验达到最优化。随着景区内旅游活动的不断发展，游客体验的范围不断扩大，包括学习、欣赏、冒险、挑战等多种感受，游客对旅游品质的要求也越来越高。游客不再满足传统的大众观光游形式，转而要求自由选择有特色的娱乐地点、时间和方式。所以在制定管理条例时，要充分考虑游客的期望与可接受程度，不断提高游客体验。

（3）避免或解决发生在游客中间及旅游团队之间的矛盾。不同的游客有着不同的兴趣和爱好，他们之中一部分人热衷的活动并不一定为另一部分人所欣赏。研究显示，一个团队活动带来的视线遮挡、声音干扰和人员拥挤很可能会影响到另一个团队的活动和体验，从而使后面的团队离开景区。所以在游览活动的组织中，管理与调整游客之间的时空分布和相互关系也是规划中不可缺少的组成部分。

(4) 协调与周边社区的关系。景区的规划管理并不因边界戛然而止，它与景区周边社区有着千丝万缕的联系。涉及的内容包括社区成员的经济收益、社区与游客的关系、对社会文化资源真实性与完整性的保护等。

(5) 协助管理人员进行实际操作。处理景区的管理问题不仅需要传统的自然科学知识，还需要相关的社会科学知识（如社会学、心理学、人类学、人文地理学及有关娱乐和休闲的研究等）来管理景区的游客活动。对这些情况和问题进行系统的分析，建立整体管理运作模式，是现在各国国家公园与保护区普遍采用的方式。

综上所述，可以将景区游客管理定义为：景区经营管理者以游客为管理对象，在充分认识景区内游客行为特点的基础上，运用科学的管理方法和技术，对游客在景区内活动全过程进行引导、组织、约束、管理，以实现游客高质量的旅游体验与景区旅游资源持续利用为目的的动态过程。游客管理有助于旅游管理部门更加全面深入地了解现有和潜在的游客需求偏好，建立科学的管理决策机制，提高旅游目的地经营管理水平，因而具有重要的理论和现实意义。作为一个新兴的研究领域，游客管理涉及行为学、环境学、管理学、社会学、心理学等众多学科。

7.1.2 景区游客管理的目标

游客管理起因于景区中游客量的增加对景区产生的负面影响的加剧。因此，环境保护是游客管理的直接动因，也是游客管理的最初目标。随着大众旅游的盛行，旅游业竞争的加剧使游客的旅游体验质量逐渐得到重视，而游客管理也是提高旅游体验质量、增加游客满意度的重要手段。因此，资源保护与提升游客旅游体验为景区管理的两大主要目标，即景区管理的双重目标。

1. 景区游客管理目标的形成及原因

环境保护是 20 世纪 60 年代游客管理研究与实践工作的直接动因，并且在之后很长一段时间内游客体验和游客满意度都没有得到重视。21 世纪之后，保罗·伊格尔斯和肯尼思·霍恩巴克共同出版的《保护区公众使用管理指南》中将消费领域的顾客满意度的概念引入国家公园和保护区管理，形成了游客服务管理、游客满意管理和游客满意度等概念，并在加拿大的几个国家公园的规划和管理实践中得到应用。至此，游客管理中的双重目标理论才得以真正确立下来。吴必虎在《地方旅游开发与管理》中指出：旅游管理人员既要保证旅游者出游体验的质量，又要防止旅游产品的退化，这就是游客管理的双重目标。在最初的资源保护目标基础上吸纳游客体验的因素，从而形成相对成熟的双重目标理论，主要有以下几个原因。

(1) 经济方面的原因。在国外，公益性资金比较多的地区，当地政府并没有将过多的财力投入公司的管理。在我国，现在大部分的景区只有少部分的政府公益性投资，有些景区还要向地方政府交纳一定的收入，所以在我国大部分景区都是要自给自足的。正如保罗·伊格尔斯指出的那样，正在出现的客户满意概念是与以旅游为基础的资金自给自足的类似概念紧密相连的，满意的顾客很可能再来，并给其他人提供积极的信息，对服务给出恰当的支付，给景区捐资并遵守景区的规定。如果不考虑游客体验和满意度的问题，景区将很可能没有充足的资金来为资源保护提供有力的保障，所以景区自身运营的经济问题促使了在景区的游客管理中双重目标的形成。

(2) 可持续发展的客观要求。如果缺乏良好的游客管理，景区将面临要么资源遭到破坏（下一代人失去享受遗产好处的机会），要么游客没有得到应有体验（当代人没有享受遗产带来的好处）。所以从可持续理念的要求上看，在资源保护的基础上吸纳游客体验的因素，形成资源保护和游客体验相互妥协、平衡的双重目标体系，也是符合人类发展目标的。

(3) 资源保护观念的转变。在 20 世纪 30 年代，保护主义者曾经提出一种排斥人类的保护方法，即将保护区的整个管理范围圈起来，完全保持自然的原始状态和自然过程，认为人类的介入只会对资源保护起到负面的作用。这种消极绝对的保护方法，后来遭到摒弃。因为这种方法是不现实的，尤其是在一些发展中国家或经济落后的国家，在国家公园相关社区的温饱还没有解决的情况下，资源保护的目标是不可能顺利实现的。另外，随着 LAC（Limits of Acceptable Change，可接受的改变极限）理论、分区管理等技术和方法的出现与发展，国家公园和保护区是可以通过技术手段，在一定程度上实现"保护与利用统筹"这一目标的。遗产资源的保护已经从绝对保护和消极保护走向相对保护和积极保护，从被动保护走向前瞻保护，从硬保护走向软保护，从与游客对立的"游客有错推定"到理解信任并正确引导和教育游客的"游客无错推定"。所以说，这种资源保护观念的改变使得在游客管理目标中引入游客体验和满意度的概念成为可能。

(4) 游客体验对于资源保护目标为主的环境承载力理论的缺陷具有一定的弥补作用，这在一定程度上促使了双重目标的形成和深入人心。从游客体验的角度出发，环境承载力理论在实践中陷入计算环境容量的数字游戏的问题就可以有一个新的解决思路，即以游客体验为出发点，以控制环境影响方面为着眼点，淡化对"游客数"的计算，更加关注游客使用风景区资源的"水平和类型"。一般而言，最能满足游客体验的环境往往也是资源能够得到最适宜保护的环境，有些天然满足游客体验的条件会在一定程度上自动约束游客的数量。以泰山上的索道为例，索道的修建并不能很好地满足游客体验的需要，甚至在一定程度上误导游客，影响了徒步登山者对泰山的旅游体验。所以就满足游客的旅游体验而言，索道是肯定不能建的，而且不修索道自然减少了那些对山水兴趣不大、没有动力登山的人，在满足游客体验的同时也自然形成了对游客数量的天然屏障。所以，以游客体验为出发点的分析角度有利于淡化"游客数"的计算，这使在资源保护目标的基础上吸纳游客体验，从而形成双重目标的理论显得更加顺理成章。

2. 双重目标之间的关系

资源保护和游客体验之间是对立统一的关系，一方的实现要以另一方为基础，不可偏废其一。尤其是游客体验和游客满意度的讨论，一定要在资源得以有效保护的背景下进行，否则对实现双重目标是完全没有意义的。在追求收入和游客体验最大化的同时，必须满足资源保护的强约束。在这点上似乎已有广泛的共识。而资源保护的实现同样是脱离不了游客体验的考虑的，这一点在我国游客管理的实践中却没有得到很好的认同和应用。人们似乎很容易将"游客满意"与"牺牲资源为代价"联系在一起，出现这种误解的主要原因是没有看到游客满意可以与资源保护实现良性互动的关系。以游客行为为例来说，资源没有得到游客自发的保护，有一部分原因就是游客对景区的管理和提供的服务不够满意，而在合理的需求没有得到满足时对资源进行不恰当的利用甚至恶意的破坏。游客的不满意是通过对管理措施的不理会、设施的不当使用和破坏风景等方式来表达的。提高游客满意度可以被看作一种对游客不满行为后果的解决方法，提高游客满意度是培养负责任的游客的重要前提条件,同时也是激励游客自觉地保护资源环境的有力手段,而资源得以有效的保护又为形成高质量的旅游产品和提高游客满意度提供有力的保障。这样就会使资源保护和游客体验之间达到一种妥协和平衡,进而形成良性互动的关系。

3. 双重目标理念在游客管理模式中的实现策略

国内外到目前为止存在 7 种游客管理模式:游憩承载能力 RCC(Recreation Carrying Capacity)、游憩机会谱 ROS(Recreation Opportunity Spectrum)、游客影响管理模型 VIMM(Visitor Impact Management Model)、游客活动管理理论 VAMP(Visitor Activity Management Process)、LAC、旅游最优化管理模型 TOMM(Tourism Optimization Management Model)和旅游者体验与资源保护 VERP(Visitor Experience and Resource Protection)。只有最初的 RCC 理论中缺少对游客体验的考虑,其他的模式都不同程度地考虑了游客体验因素和资源保护因素及两者的统筹平衡问题,都建立了反映游客体验质量和资源条件的指标体系,并且确立了最低可以接受的标准以及为保证相应区域的状态满足上述标准而应当采取的管理手段和监测技术。这些技术方法和模型在一些国家的规划和管理实践中,尤其是在解决资源保护和旅游利用之间的矛盾上取得了很大的成功。例如 VERP,它是 20 世纪 90 年代末产生的集大成者,它特别参考了 LAC 和 VIMM,又是 VAMP 和 ROS 的延伸,它本身就是游客体验和资源保护的统筹平衡思想的产物。美国拱门国家公园(Arches National Park)是第一个实施 VERP 框架的国家公园,并取得了显著的管理成效,随后许多国家公园纷纷申请实施 VERP,这就很好地说明了游客管理的双重目标理念具有很强的可行性,并且在实践中取得了很好的效果。VERP 从系统观点出发,关注旅游环境系统中游客游憩使用与游客游憩体验和资源保护之间的因果关系反馈,强调系统的优化管理。基于这一认识,在具体的游客管理的实践中,就资源保护和游客体验两个方面制定了两类指标,这样就不至于单纯地强调资源保护而忽视游客体验,也不至于一味地关注游客体验而无视对环境的影响和破坏,通过两者之间的相互妥协,在资源保护的背景下使游客体验达到可能的最大化,而资源的保护也要将游客体验的因素考虑在内,达到两者相互促进的良性互动。在实际管理过程中时时监测指标的状况,一旦发现监测指标显示资源和社会条件超出标准许可或者正在逐步恶化,就必须采取管理行动,使资源和社会条件恢复到标准水平许可的范围。这 7 种游客管理模式都是来自国家公园管理的实践,并在实践中不断完善,因此,对于我国景区游客管理的发展有很好的指导和参考价值。我国的游客管理尚处于不太成熟阶段,我国在借鉴国外的先进理论的基础上结合本国的具体国情来发展和完善本国的游客管理体系是非常必要的。

知识链接

景区管理项目中的游客与资源的互动管理

加强生态旅游的环境容量管理。生态旅游环境容量在管理中起着重要的作用,是持续维护环境资源价值、实现"天人合一"自然文化景观的保证。有计划地分流和引导游客,促进自然生态资源的保护和可持续利用,鼓励适度利用开发,有助于维持生态旅游的产品质量,保证游客的旅游体验质量。生态旅游区一旦出现饱和、超载或疏载,便应采取积极措施，以加强对景区的管理和保护。

塑造负责任的游客。在自然保护区开展生态旅游，游客必须对大自然负责任，既要善于发现大自然的美、欣赏大自然的美，又要主动担负起保护大自然的责任。在生态旅游区的管理中能否塑造负责任的游客是旅游区管理成功与否的一个关键环节，在实际经营管理中可以利用以下系统。

（1）交通导引解说系统。它包括两部分：外部交通导引解说系统和内部游览道路导引解说系统。外部交通导引解说系统主要为进入旅游区的游客提供服务。在交通中转地提供信息咨询服务；在连接旅游区与客源地的道路上选择分叉路、拐弯处等地方设置醒目突出的方向指示、距离提示和安全警示解说牌等。内部游览道路导引解说系统主要为游客提供游览指南，包括行程路线、时间安排等内容。

（2）接待服务设施解说系统。它包括游客入住和到访的各类宾馆、旅馆、餐饮设施、旅游购物等场所。除了规范的公众信息提示外，注意采用中英文双语解说，同时对附属设施的使用方法、位置、预订等配置清晰的说明。

（资料来源：https://www.davost.com/seo/detail/3003-6adf65eeee.html，2013-06-21.）

7.2 景区游客行为管理

7.2.1 游客心理变化规律

探究游客的心理对于景区游客管理有着重要的意义，因为心理和行为是密不可分的，研究人的行为必然会探究人的内心。心理是行为的内隐，行为是心理的外显。游客的各种表层行为信息其实体现着游客的内在心理。

1. 影响游客心理活动的因素

（1）游客的内在心理要素。

人的心理活动受先天和后天的影响。心理学界一般认为，人的先天气质性格是个体心理活动最稳定、最典型的动力特征。现代心理学一般比较一致地认为气质是"个人心理活动的稳定的动力特征"。著名的生理学家巴普洛夫对人的心理活动的生理基础进行研究后，提出人的气质类型是由人的高级神经活动类型所决定的。他根据神经系统的两大功能（兴奋和抑制）划分出了4种高级神经活动类型——兴奋型、活泼型、安静型、抑制型。他认为可以用人的高级神经活动类型在行为活动中的不同表现来区分人的气质的异同。先天的气质性格使得人的行为保持稳定的倾向性，它主要反映人在心理活动的强度、速度、灵活性和指向性等方面的动力特点。古希腊名医希波克拉底提出了体液理论：复杂的人体是由血液、黏液、黄胆汁、黑胆汁这四种体液组成的。四种体液的不同组合形成人体的气质，如黄胆汁占优势的即为"胆汁质"，血液占主导的即为"多血质"，黏液占多数的为"黏液质"，而黑胆汁占优势的则为"抑郁质"。人的后天心理系统是在先天自然心理形成的基础上，通过生活的社会环境影响而形成的一种心理特征，它是旅游行为产生和差异出现的基本动力。例如，对于游客选择行为，选择旅游目的地、住宿地、参加的旅游项目等，最直接地受到游客的认知、个人的兴趣、偏好、对事物所持的态度的影响，在个人时间、金钱允许的条件下，游客会更多地选择认知程度高、个人兴趣大、喜好程度高的目的地、住宿地、旅游项目等。由于游客的后天心理系统会在外界环境作用力下发生一定的变化，如个体的人生观、价值观、兴趣、爱好、对事物的认知、态度等心理要素都会随着时空条件不断改变。这就不难理解为何处在不同年龄阶段的游客会有不同的行为模式，不同地域、不同文化下生活的人会产生不同的审美观、人生观、价值观。影响旅游行为的一些后天心理要素主要有以下几种。

① 人格。社会心理学家奥尔波特曾经综述了人类50种人格定义，但对于人格的定义始终没有一个统一的标准。例如，卡默龙认为人格是行为系统的动力组织，是在他人和文化产品的环境中经过学习而发展起来的；艾森克提出人格是个体由遗传和环境所决定的实际的和潜在的行为模式的总和；拉皮勒认为人格是个人经由社会所获得的整体。大多数的心理学家都认为人格是一种社会影响下的产物，是人在先天遗传因素的基础上，通过后天的活动与周围的社会环境相联系的结果，是一种外部活动内化。

② 人生观和价值观。价值观是人们对社会存在的反映。处于相同的自然环境和社会环境的人，会产生基本相同的价值观。人生观是个人对周围世界的看法与总体印象。人生观与价值观不是人先天所具有的，而是人自身先天气质基因在后天不同的生活层面和背景中的一种具体表象。也就是说，人生观和价值观也是内外环境共同作用下的产物。

③ 动机。旅游动机在内在需求的驱动下与外界环境的诱引下产生。当人的内心出现需求缺乏时，外界条件的刺激就会激活动机。动机的出现推动行为的发生，旅游动机是旅游行为的基本动力。

④ 情绪。情绪是人对客观事物的一种好恶倾向。可以说，情绪与3种因素紧密相连：外界情境刺激、自身的心理变化、多种情绪的反应。一方面，它是人的喜、怒、哀、乐等心理活动的表现；另一方面，它也是对外界环境产生强烈反应的一种外显活动。

⑤ 自我状态。一个人的自我状态就是个体自身对自己的感觉、认识及看法。自我状态的产生和形成绝不是人先天所固有的，它同样也是通过人在后天的日常生活中，在自己的生理遗传特性同社会活动因素的共同作用下形成的。个体的自我状态可分为生理自我、社会自我和心理自我。生理自我是个体对自己的身躯、性别、体型、容颜、健康状况等生理特性的认识与看法。社会自我是个体对自身所处的社会环境，如所在国家、民族、阶级、阶层的意识以及对自身在社会中所处的地位、声望、受群体的尊重程度、自己的家庭、亲朋好友等方面的意识。心理自我则是个体对自己的智力、兴趣、喜好、性格、气质等方面的心理特征的认识。

⑥ 信念与态度。信念是人对某一对象及其属性和所能提供的好处的认知水平和推断结果。而对态度的理解，有一种较为综合的观点，认为它是人的心理情感、认知与行为构成的综合体。信念常常和态度相关联，信念体现消费者对某一对象的认知水平，而态度反映消费者对该对象的感情程度。可以说，信念和态度不是消费者先天形成的，而是在后天的生活和与社会接触中结合自身的某些体验形成的。它们都是个体对待人、事、物和个体思想观念的一种内在心理反应。

⑦ 兴趣、偏好。偏好是一个人对某事物的心理倾向，它是在态度的基础上形成的。持有特定偏好的个体，其行为常常受到偏好的影响而表现出一贯性。在旅游过程中，游客如果感受到旅游对象的某些特征能够满足他的偏好，就会对其产生浓厚的旅游兴趣，由此产生积极的旅游行为。因此，游客的兴趣和偏好在旅游购买行为中往往占据重要的位置，景区景点的规划人员、旅游线路设计人员和旅游营销宣传人员应该更多地考虑游客的兴

趣、偏好，力求能够吸引游客。

(2) 游客心理的外部环境。

影响游客的心理活动除了受自身的内在心理要素影响外，外部社会环境对游客的心理及其行为也起着较大影响。其中，主要影响游客心理的六大外部环境要素有个体的文化背景、行为的影响群体、所处的社会阶层、现有的社会制度环境、所处的经济环境和购买产品时的情境影响等。

① 个体的文化背景。在外部社会环境系统中，对游客行为影响最为广泛的因素是文化，因为个体从小到大就是不断地把外界的信念、价值观念、行为准则等予以内化，成为自己行为的依据和准则。对游客行为的研究，尤其是跨文化游客的行为研究，文化的影响和作用力是需要考虑的一个重要因素。

② 行为的影响群体。任何消费者都处在群体包围的环境之中，群体成员之间相互作用、相互影响，尤其是参照群体，对消费者的信仰、态度以及各种购买行为影响较大。

③ 所处的社会阶层。社会阶层是由具有相同或相似社会地位的社会成员组成的相对持久的群体。了解不同的社会阶层主要是为了了解不同阶层的游客在购买、消费、偏好等方面的差异，同时也可以发现同阶层的游客在一定的消费领域存在的共同性。

④ 现有的社会制度环境。社会制度环境是指构成社会的法律的、政治的、宗教的、商业的、亚文化的组织和群体。社会制度环境对旅游行为的影响主要表现在对旅游的态度和为旅游提供的平台等方面。

⑤ 所处的经济环境。经济环境是指影响个人和组织行为的货币、自然资源、人力资源等一系列因素。

⑥ 购买产品时的情境影响。情境是指消费者在消费或购买活动发生时个体所面临的环境影响。不少西方学者对情境、消费者个体、产品如何影响消费者行为做了很多探索，发现情境因素影响着消费者的行为。外部环境要素通过影响游客的内在心理，特别是观念、态度来发挥对旅游行为的影响作用。

(3) 游客内在心理要素与外部环境的相互作用。

游客心理活动是内在心理要素与外部环境相互作用的结果。内在心理要素与外部环境相互作用体现为外部环境系统的各个要素持续不断地发生刺激作用，后天心理系统中的认知、偏好、态度、兴趣、动机等不断变化，旅游行为在这种过程中被激发。应该说人的行为是一种在心理世界失衡状态和外部环境促进下的自我调控运动。游客产生旅游行为是受到了内在心理状态的和外部认知环境的影响，可用如下公式来表示。

① $S=f(A，B)$，此为游客的认知概念模型。其中，f 为函数关系，即外部认知环境和内在心理状态的相互作用；S 为游客的认知行为；A 为游客的内在心理状态；B 为游客的外部认知环境。例如，一名游客对甲、乙两个旅游地的选择进行决策，他通过亲友们的介绍、报刊的描绘、互联网中搜索、广告的宣传获得有关甲、乙两地的旅游信息，这些可认为是游客的外部认知环境；游客对于甲、乙两地还存在自身的态度、观点、需要、先入为主的特定印象等，这些可认为是游客的内在心理状态。认知行为受到外部认知环境和内在心理状态的影响，当外部认知环境提供给游客的旅游信息不够充分或提供了虚假信息时，就会影响认知行为；如果当游客本身对甲地存在先入为主的好感，主观上又认为更值得游览，那么这种心理状态也必将影响其认知行为。

② $E=g(S,A)$,此为游客的偏好概念模型。其中,E 为游客对旅游目的地的评价(偏好行为);S、A 为游客对旅游目的地的评价受认知程度、个人喜好等内在心理因素响;g 为游客从认知向偏好的转变过程。

③ $B=h(E,C)$,此为游客的选择概念模型。其中,E 为游客对旅游目的地的评价;B 为游客的选择行为;C 为消费者的外部社会环境因素,我们可将它理解为个人的经济状况、所处的文化环境、社会阶层、群体影响以及社会制度等各种制约因素;h 为游客偏好向选择行为转变的过程。

2. 旅游过程中游客心理变化规律

从静态的角度看,人在先天气质性格的基础上由于受到来自外界社会阶层、文化、相关群体、生活下的社会制度、经济环境等各种因素的影响,形成了自己独有的人生观、价值观、兴趣、习惯、情绪、感受等心理要素,这些后天形成的心理每时每刻都在推动着人的各种行为,它们在一定的时空条件下具有相对稳定性。从动态的角度看,人的内心世界每时每刻都在受着外界环境因素的影响,在一个长期的时间条件下,后天形成的一些心理要素会随着外界环境的刺激不断地发生改变。例如,一个久居国外生活的人,由于长期受到当地社会文化环境的刺激和作用,其人生观、价值观、生活方式、习惯、喜好等心理状态会发生改变,这种改变并非一夜形成,而是在缓慢地连续不断地变化中形成。在不同的空间条件下,游客的心理也可能因受到外界条件的影响而表现出差异。例如,一名游客可能在日常的消费行为中表现得较为保守、节俭和理性,但当他在旅游地消费时很可能会受到当地的风土人情、旅途游玩的乐趣等各种因素的感染,使心理状态发生变化而出现奢侈、盲目的反常消费行为。社会条件下所产生的外界刺激形成的后天心理是旅游行为的基本动力。

但是,值得注意的是,因为不同游客本身有着不同的"心理场",且心理系统所受的外界作用力也不尽相同,所以即使面对同一事物也会表现出不同的行为。我们常常在对年龄的调查中发现少年儿童天真活泼,对新鲜事物充满好奇,喜欢游乐设施类的旅游项目;青年游客精力充沛,活泼好动,对刺激类的攀岩、探险感兴趣;老年人沉着老练,富于思考,喜欢清净的观光类项目。这是因为处于不同年龄阶段的人有着不同的心理状态,拥有不同的喜好。游客的心理活动是内在心理要素与外部环境相互作用的结果。景区游客管理过程中,对于游客已形成的内在的稳定的个性心理,虽然难以改变,但是我们可以把握不同游客群体的内在心理特征,进行市场细分,开发迎合其心理特征的旅游产品。对于外部环境对游客心理的影响,景区管理部门则要把握外部环境对游客心理的作用机制及其变化规律,提供使游客在旅游过程中身心得到愉悦的环境及服务,使他们得到最大限度的满意。

案例阅读

韩国人自省出境旅游最大陋习:公共场合喧哗

韩国观光公社 2017 年 11 月 13 日发布的一项调查结果显示,在韩国人自己看来,韩国人出境游时最令人汗颜的不文明行为是在公共场所喧哗。

作为韩国文化体育观光部下辖的旅游发展公共企业,韩国观光公社委托"韩国"调查公司访问大约 1 000 名曾在 2017 年 1—9 月出境旅游的 18 岁以上国民,其中 37.4% 认为韩国人不够礼貌,只有17.6%表示韩国游客文明礼貌。

按照5分制,这些人自评韩国游客文明程度为2.75分,处于中等偏低水平。

调查显示,就韩国人出境旅游时最不文明的行为,19.2%的调查对象选择"在公共场合喧哗",比例最高;14.9%的调查对象表示,韩国游客喜欢"出入娱乐和声色场所",令人尴尬;13.7%的调查对象选择"不注意当地礼节";13.4%的调查对象选择"在发展中国家旅游时对当地人态度傲慢"。

韩国人眼中本国游客的不文明行为还包括"拿走酒店用品或把食物带出自助餐厅""乘车时插队""看不起当地人或当地文化""在客房吃韩餐"。

(资料来源:http://www.xinhuanet.com/world/2017-11/15/c_129740644.htm,2017-11-25.)

案例分析:游客的不文明行为既影响其他游客,也给当地居民带来不良的影响。韩国游客的这些不文明行为仅仅是游客不文明行为的一部分。通过案例,应该明白如何在出游时约束自己的行为,提高自身的旅游文明素质。

7.2.2 游客的行为特征

1. 散客、团体游客的行为特征

散客旅游是人们突破传统团体旅游约束、追求个性化的行为表现,具有决策自主性、内容多样性和活动灵活性等特点,主要以经济收入水平较高的游客为主。团体游客的行为往往受到较多约束,游客的行程安排大多比较紧凑,而且可变动性较差,团体游客大多统一行动,旅游活动按既定的路线和内容进行。旅游团体分为相似型旅游团体和混合型旅游团体。相似型旅游团体由具有较多相似性因素的游客所组成,目标容易整合,心理相容性比较高,行为也较容易一致;混合型旅游团体由不同的年龄、职业、文化程度或不同的宗教信仰、不同的地域来源的游客所组成,非一致性因素比较多,团体内成员之间容易产生冲突。

2. 不同年龄段游客的行为特征

少年游客(6~16岁)最突出的基本心理特征是以成长的需要为中心,具体表现为具有较强的求知欲和探索欲,对各种旅游活动兴趣浓厚,注重参与性,对活动的内容和服务无特殊要求,由于自身身心发育不成熟,故安全意识差,自我保护能力差,一般需要家长的陪同监护和管理部门的特别关照。

中青年游客(16~60岁)担当着较多的社会角色,旅游行为需要和动机呈现出复杂性的特点。一般来讲,青年游客具有较强的求知、求新心理,注重旅游活动中的时尚性、参与性、文化性,对食、住、行、游、购、娱各个环节中最注重的是游和娱。中年游客较为复杂,与职业以及受教育程度有关。

老年游客(60岁以上)以城市的离退休人员居多,他们是休闲旅游的积极参与者。老年游客对旅游中的食、住、行、游、购、娱都非常在意,尤其注重旅游活动的安全性,对旅游服务要求较高。老年游客一般对怀旧性的、信仰性的旅游项目感兴趣,异域的具有新奇性的观光项目也对他们富有吸引力。

3. 不同出行目的游客的行为特征

消遣型游客(也称观光型游客)在景区的所有游客中占比最大,根据我国旅游部门历年调查,景区接待的游客中绝大多数都是消遣型游客。差旅型游客相对于消遣型游客而言,一般出行人数较少,但在出行次数上较为频繁。家庭及个人事务型游客的行为特征比较复杂,他们在需求方面不同于前两类游客,但又兼有前两类游客的特征。

4. 不同经济收入水平游客的行为特征

收入水平不仅会影响游客的旅游消费水平,而且会影响游客的旅游消费构成。一般情况下,中、高收入水平的游客会在食、住、购、娱等方面花费较多,从而使交通费用在其全部旅游消费中所占的比例减少;而在经济收入水平次之的中、低收入水平游客的消费构成中,交通费用所占的比例较前者多。其原因在于食、住、购、娱等方面节省开支比较容易,相比之下在交通方面省钱则较为困难。

5. 不同职业的游客行为特征

游客职业不同,意味着收入、闲暇时间和受教育程度不同,旅游的倾向和需求也不一样。各类职业中,行政和企业管理人员、专业技术人员、商务人员等出游机会较多,农民、离退休人员等因收入水平和体力限制,出游率较低。

根据行为科学的理论,人的行为是在外部因素的作用下,通过其内在的心理活动而产生的。对于游客来说,旅游团的行为准则、旅游环境以及景区管理人员的言行等构成了外部因素,在这些外部因素和自身内在心理未被满足因素的刺激驱动下,游客的反应是通过外显的行为、表情等来实现的。游客在景区的行为表现受景区的资源分布状况、配套设施情况、实际旅游形象与感知映象间的差距反馈等影响,随游客的收入、职业、年龄和文化层次的不同,他们有不同的活动规律和审美意识境界,因而其旅游行为有偏好方向和活动强度上的差异。例如,有的游客在游览过程中未能体验到自己预想的目标,与自己期待的目标有一定的距离,从而产生逆反心理,其行为往往有意想不到的反应,就容易产生不文明的旅游行为,从而加大景区管理的难度。

7.2.3 游客不文明行为的表现及其产生原因

1. 游客不文明行为的表现

游客不文明行为是指游客在景区游览过程中,所有可能有损景区环境和景观质量的行为。它主要表现为两大类:一是游客在景区游览过程中随意丢弃各种废弃物的行为,如随手乱扔废纸、饮料瓶、塑料袋、烟头等垃圾,随地吐痰之类;二是游客在游览过程中不遵守景区有关游览规定的违章活动行为,如乱攀、乱爬、乱刻、乱画、违章拍照等。由于少数游客道德意识感弱化、环境保护意识不足等,这两类行为在景区都极为常见。因此,景区经营管理者在经营过程中,应注重对游客行为的管理和控制,通过管理和控制提高游客的满意度和旅游过程的安全性,并将正确的行为方式和态度通过教育途径传递给游客,让游客在游览过程中除了获得愉悦的游览经历外,还能在精神上得到升华。同时,这也有利于保障游客的人身、财产安全和保全景区资源。综上所述,了解游客管理应该做的工作,明确游客是景区的主要服务对象,做好对游客的相关管理工作,处理好景区与游客之间的关系,是顺应旅游业可持续发展之趋势。景区管理者应该重视游客在经营管理中的作用,更进一步地发挥其经济效益、社会效益和生态效益,使景区真正走上可持续发展的道路。

2. 游客不文明行为的产生原因

游客不文明行为产生的原因比较复杂，具体可概括为以下几个方面。

（1）部分游客的环保意识不强、生态道德素质低下。文化素养低、环保意识差的游客很少会考虑自己行为的环境影响，因而最容易在不知不觉间产生不文明行为。但值得注意的是，也有大量的游客有着相当高的文化素养，在日常生活中也有明确的环保意识，能约束自己的行为，然而一到景区游览时便会产生种种与其日常行为迥然不同的不文明行为。对这类游客而言，用环保意识差来概括其不文明旅游行为产生的原因显然是不合适的。

（2）人们在旅游过程中的"道德感弱化"现象。旅游活动是对日常生活的超越和背叛，因而游客在旅游过程中不同程度地存在随意、懒散、放任、无约束的心理倾向。当一个人以游客的身份在异地游览时往往想摆脱日常生活中的"清规戒律"，道德的约束力量远不及在他日常生活圈子中那样强大。所以人性中潜在的恶的东西总是自觉不自觉地流露出来。这使我们看到很多怪现象：平时在家、在单位讲究卫生、举止文明的人在旅游时却缺乏环境道德。正是因为旅游是一种暂时性、异地性的活动，游客一旦摆脱日常生活圈子中众多熟人目光的监督，对自己的行为举止便少了许多顾忌与约束。这一点在我国游客中表现得极为明显。这可能也跟我国文化传统中"他律"文化强于"自律"文化的特征有一定的关系。由此可见，平时表现文明的人在景区游览时未必表现文明。

（3）游览活动中人们难以形成保护环境的愿望。就理论层面而言，旅游活动应该有利于提高游客的生态意识和环境伦理素质。但事实上，旅游活动本身的某些特性又不利于游客形成保护环境的愿望。环境消费心理学认为，决定个人产生保护环境的愿望的因素有三个：一是对环境问题的严重性的认知；二是对造成环境污染的责任归属的认知；三是对解决环境问题有效性的认知。就旅游活动而言，游客不文明行为对环境、景观的消极影响往往是潜移默化的，它所造成的严重后果往往是长期累积所形成的，而游客的游览活动是暂时性、动态性、异地性的，所以游客并不能看到自己的不文明旅游行为的严重后果。这就致使游客一方面对景区环境问题的严重性缺乏认知，另一方面对自己的不文明旅游行为造成的环境污染问题的责任归属感缺乏认知。并且众多游客的不文明旅游行为同时存在，也使游客个体对解决环境问题的有效性缺乏认知，因而自己也不愿付出努力。这种因素决定了游客在游览活动过程中不易形成保护环境的愿望，因而也不易产生保护环境的行为。

（4）部分游客在旅游过程中占有意识（物质摄取意识）外显。游客在异地的游览过程中除了眼看、耳听、鼻嗅、口感之外，还忍不住有手拿的倾向。例如，好古者可能偷偷掀下古庙的一片瓦当，恋花者不免要采摘花卉，拿不走的就用手摸摸、用刀刻刻，告诉他人"我曾到此一游"。游客在旅游过程中的这种物质摄取意识是乱刻乱画、乱折乱摘、追逐猎杀动物等不文明行为产生的重要原因。

（5）有一些不文明旅游行为可能是游客的故意破坏行为。例如，对眼前的垃圾桶视而不见而把废弃物故意扔入山谷或湖水中；故意破坏旅游设施；在野生动物园中拉扯鸟的羽毛，袭击动物，等等。这种行为的动机一般有两种：一种是纯粹为了寻开心、寻求刺激和快感，有人称这种行为是"为了寻求刺激而对旅游资源的施暴行为"；另一种是为了发泄自己某种不满情绪，把对环境、景观的破坏作为发泄心中不满的途径。这类行为造成的破坏相当严重。当然，除上述几个方面的原因外，还有一个基本的原因，那就是很多游客缺乏旅游的常识，往往因无知而在无意识的情况下做出一些人们所称的"不文明旅游行为"。

7.2.4 游客管理的方法

游客管理作为景区管理的形式之一，本身就带有权威性，同时具有强制性。但由于旅游服务业的特殊性质，在具体执行时，必须考虑多采用柔性的方法。在实际管理中，游客管理与游客服务之间的界限往往是模糊的。例如，为游客提供必要的信息，回答游客疑问、咨询属于服务形式，但这类服务在有助于引导游客意识行为的同时也是一种管理。又如，导游对游客的解说引导等，既含有对游客的管理，又是对游客提供的服务。因此，游客管理应该考虑更多的柔性技巧，并融合于服务当中。尽量不采取强制的罚款等简单粗暴手段；不暗示游客会采取强制手段，以说理教育为主，语气上注意委婉，尊重游客；变直接管理为间接管理，间接管理能避免与游客的直接接触，相应减少游客因行为限制可能带来的不愉快。但这并不等于杜绝强制手段，对于一些素质低的游客，必要的强制手段也是必不可少的，如涉及珍稀资源环境的保护、游客人身安全保护等方面。只是强制手段应尽量少用，尽可能采用柔性的间接管理的方式来完成对游客的管理。

1. 服务性管理方法

服务性管理方法是一种软性的管理方法。由于游客与管理者关系的特殊性，即，游客既是管理者的管理对象，又是管理者的服务对象，因此，需要管理者在为游客提供服务和帮助的过程中提醒游客哪些该做，哪些不该做。服务性管理方法基于对游客有公德心、责任心、羞耻心等人性中善的考虑，通过引导游客的行为来实现管理的目的。管理游客的过程中要更多地加入人情味，表现出对游客的爱心，而这种爱心需要通过关心、理解和尊重来体现。让游客意识到自己绝不仅仅是被约束、监督甚至惩罚的对象，更是被尊重、理解和关心的对象。服务性管理方法主要通过信息传递、行为规范、有效引导等手段来引导游客行为。

（1）信息传递。不同类型的景区为保障游客人身、财产安全，保护旅游资源、旅游环境，对景区内的游客行为都会有不同的要求。景区管理者应该通过游客中心发布信息、门票背面印制注意事项、发放宣传材料、利用交通工具上的视听设备、导游宣传讲解等方式把这些要求向游客介绍。信息传递是双向的，景区还要通过在游客中心，甚至在对客服务的各个环节接受游客意见、建议和投诉，建立方便的反映问题的渠道，及时消除不满情绪，预防破坏行为的发生。

（2）行为示范。景区的员工，特别是直接对客服务的一线员工，必须养成文明礼貌、爱护环境的习惯，杜绝乱扔乱丢等不文明行为，在工作中起到表率作用，用自己的行为为游客率先垂范，以自己的实际行动教育游客尊重环境，遵守规章。黄山的环卫工人的经验值得推广，黄山之所以卫生清洁，除了有较多石砌的垃圾箱外，黄山的环卫工人总是不辞辛苦地跟在游客后，捡拾游客留下的垃圾。为了捡拾游客丢下悬崖、山谷中的包装袋等废弃物，黄山的环卫工人在悬崖上打了130多个吊环，用绳子吊着在山崖间捡拾游客丢下的垃圾，看到这样的情景，还有谁会忍心乱丢乱扔呢？此外，带队导游也要注意自己的行为，为游客树立好的榜样。社区居民的言行也会深刻地影响游客的行为。例如，张家界国家森林公园内的经营户大多是周边的山民，他们的经营摊点总是干干净净，剩下的杂物、废弃物、废水等总是自己用背篓背下山；他们还会提醒游客不要抽烟、用火，防止森林火灾等。当然员工与社区居民的文明行为和示范作用，是建立在景区的管理制度、管理方法、社区参与的激励机制等基础上的，这涉及人事管理、员工业绩评估、薪酬制度、社区利益回馈、社区参与激励等景区管理的其他领域。

（3）有效引导。景区游客的服务性管理还有一些相对积极的措施，如景区在提供优质服务的同时，让景区的标牌系统、提醒文字发挥无声的引导作用，让景区工作人员，特别是导游人员发挥有形的引导作用。景区的导游讲解员、旅行社的全陪和领队可对游客的行为起到直接的示范、监督、制约作用。导游员不仅负有组织、协调、解说等传统职责，而且负有资源管理和环保宣传的职责。导游员应鼓励游客对景区环境、景观负责的行为，预防和制止不文明行为。旅游管理部门在导游考评、培训中应增加有关生态环境、资源保护等内容，引导和鼓励导游员负责任地行使好管理资源和环境保护的职责。许多景区都有与环境和周围景物相协调的美观的标牌，针对不同的情况，可配有亲和力的提醒文字，达到引导游客行为的目的。例如，草坪上有"青青小草，踏之何忍"，林海深处有"气候干燥，万勿火烛"，悬崖护栏边有"景色奇绝，勿忘安全"，重点文物前有"镁光氧化，请勿拍照"等。在景区的游艺设施前，不少景区都配有使用说明和安全注意事项。在一些景区，游客进入景区前发放纸质垃圾袋，上书"感谢您对×××景区环保事业的支持"，游客离开景区可用垃圾袋换景区纪念品，这些都是景区引导游客行为的有效手段。

（4）解说系统。解说系统可通过各种媒体形式在提供信息服务的同时，发挥对游客的分流、安全提示、行为提示等管理功能。解说系统形式可以分为向导式解说和自导式解说，包括各种导游讲解、咨询服务、影音材料、标志、牌示、地图、手册等。让游客有更多的机会获得信息是关键的一步，对此应充分发挥导游的解说引导作用；景区一般应有专门的游客中心为游客提供服务；尽量能低价或免费提供地图、手册等资料供游客浏览。景区内的指示牌、标志等需要注意位置的得当及信息的醒目、简洁、准确；人性化的设计、提示更能赢得游客的配合。完善的解说系统可以变对游客的直接管理为间接管理，真正体现游客管理的服务性特点。

2. 强制性管理方法

当然，光靠服务性管理方法是不够的，无法实现对不文明游客的威慑，因此，必要的强制性的管理方法有助于管理措施更好地实施。要制定必要的景区管理规则及惩罚措施，并配备必要的人员保证实施。强制性管理方法的一个特点是严格。景区管理规则要求游客必须遵守；管理人员在操作过程中，必须坚持对错分明，而不能随意迎合游客；严格按照管理规则办事，不能规定是一套，操作起来是另一套。制定管理规则时应做充分的调查和研讨，并根据实际情况的变化做出必要的修改。一旦管理规定被确定，必须严格遵守，并对所有的人一视同仁，以体现规则的公正性。

知识链接

在英旅游告诫20条

（1）要体谅当地的居民并保护他们的环境，遵守当地的法律，尊重当地的风俗。

（2）离开海滩、公园和公共场所时，要像你最初看到的模样。

(3) 废物要扔进垃圾箱，或带回去，不要期望随即就有人来打扫。

(4) 要压低嗓门，特别是在夜间和那些幽静的地方，如教堂和乡村。

(5) 要尊重大自然，步行走专门的人行道，不要给野生动物喂食，不要采摘花卉和树枝。

(6) 许多人讨厌抽烟，抽烟者可能在乡村造成火灾。

(7) 不要在树上和历史遗迹上刻自己的姓名，或污损涂画。

(8) 只要自己有理，可以申辩和申诉，但要注意礼貌。

(9) 不要与照章办事的人员和执法人员争辩，因为他们只是在执行公务。

(10) 不要因诱惑而去触摸贵重物品，诸如画作、毯饰和雕塑。

(11) 要照看好自己的孩子，以免孩子做出破坏性的或易惹人生气的举止。

(12) 如果要把别人摄入自己的镜头，须先征得对方的同意。

(13) 己所不欲，勿施于人，不要推挤，不要插队。

(14) 礼多人不怪，切记谈话带上"请"和"谢谢"。

(15) 去教堂穿戴要端庄，切记这种地方不是游乐场所。

(16) 参观历史性建筑时，穿鞋要合适，高跟鞋会使之遭受诸多损坏。

(17) 访问地方时，可以大胆地"离队"进行。

(18) 如果久住英国，尽可以在淡季时去参观游览热点地方，获得的乐趣会多得多。

(19) 如果时间允许，出门可利用公共交通；如果自己驾车代步，车要停靠在指定的地点，不要随意停放。

(20) 尽量买些当地的物品，或尽力做些好事。

(资料来源：孙英杰．旅游景区开发与管理［M］．北京：中国财富出版社，2016：177.)

7.3 景区旅游客流调控

7.3.1 景区旅游客流的时空分布特征

1. 景区旅游客流的时间变化

景区旅游客流的强度在一年中的分布是不均衡的，表现出较强的季节性。淡季游客较少，大量设施设备闲置；旺季游客较多，景区资源环境承受较大压力。首先，由于气候等自然条件的变化，景区的植被、地表景观等一年四季呈现出不同的景象，因此，我国许多以自然资源为依托的室外景区都表现出明显的季节性，从接待游客数量来看，有明显的淡季和旺季。例如，每当冬季来临，由于九寨沟大雪封山，进入景区的公路、山路路面结冰、结霜，汽车难以进入，部分游客对寒冷天气无法适应，冬季九寨沟的游客明显减少，形成淡季。其次，出游时间也影响景区客流季节变化。对于大多数游客而言，由于工作等原因，平时一般没有外出旅游的时间，中、远程距离的旅游往往集中在节假日或长假期间，而周末双休日是近程旅游的高峰期，寒暑假是教师、学生出游的集中期。在一天之中，景区旅游客流的强度也是不均衡的，表现出明显的时段性，高峰时段会出现游客排队等待的现象，低谷时段则游客稀少。景区由于与游客集散中心、游客服务基地的距离远近、开放时间、活动内容等不同，在一天之中的不同时段，会形成排队现象，在没有开展夜游的景区，黄昏时段是游客离开景区的高峰期，在景区出口客流强度较大等。例如，深圳欢乐谷的开放时间是每天9:30～21:00，由于19:00有大型主题晚会，每天15:00前后是入园高峰时间。

2. 景区旅游客流的空间变化

一般而言，景区都有一个或多个出入口，进入景区后，游客在导游员的带领下、在导游图或路标系统的导引下，会沿着一定的线路或景区游道进行游览。以最简单的一日游景区为例，游客要经过到达—泊车—买票—验票进入—参观、游乐、看节目等—午餐—参观、游乐、看节目等—出口—取车—离去完整的移动过程。在这个过程中，游客的空间位移过程是线性的、连续的，如果游客在某一处停留时间过长，或者某个景点停留的游客过多，也会出现拥挤现象。同时，在景区出入口、主要游乐场、表演场所、购物场所、就餐地点、游道的交汇处等节点会形成人流汇聚，特别是在旅游旺季的高峰期，这些节点会承受游客超负荷的压力，对资源环境、接待设施产生较大的影响，会出现游客排队、等待的情况，还容易发生事故。

7.3.2 景区环境容量的确定与控制

控制旅游环境是指旅游活动得以生存、进行和发展的一切外部条件的综合，是旅游业得以生存和发展的前提条件和基础。旅游环境系统不是指一个单纯的自然环境，而是一个包含社会、经济、自然环境在内的复杂系统，该系统是围绕作为环境主体的游客而建立起来的，它通过物质循环、能量流动和信息传递与主体的多种组合产生相互联系的复杂系统。而景区环境容量是指一定时期内，某种状态或某种条件下，不会对旅游目的地的环境、社会、文化、经济及游客旅游感受质量等带来无法接受的不利影响的旅游业规模最高限度。它是建立在旅游环境系统基础之上的，本章主要探讨的是量化的旅游地接待的旅游人数最大值，即在满足游人的最低要求和保护风景区的环境质量要求的情况下该风景区所能容量的最大的游客量。景区环境容量具有静态性和动态性的特点，长期来说，景区环境容量是一个不断变化的动态系统，它随着游客消费行为的变化、旅游地的发展及旅游时间的延伸而不断变化。影响景区环境容量的因素很多，如生态、资源、天气、当地风俗文化、当地居民态度、游客素质、游客心理、时间、空间分布、接待能力等。旅游景区应利用现代化、先进的科技工具，随时检测并关注景区内游客的数量，在景点未达到饱和前，不需要采取任何控制容量的管理措施；一旦热门景点出现拥挤，应立即通过电子公告牌向游客发出预警信息，引导旅游客流的合理改向；如果热门景点的超载经常发生，景区应考虑设立新的景点，或者提高门票价格，强制分流等，同时为预防以后超载事件的发生，延长景区开放时间，加强淡季促销，分流一部分旅游旺季时的游客。

7.3.3 景区旅游客流的管理技术

1. 供给调节技术

（1）运用队列管理技巧。

当游客数量超过了景区（点）接待量时，为提高工作效率，工作人员就要求游客排队。通常是游客在景区入口处排队，或是各种车辆在景区大门外等候工作人员安排停车位。排队等候会导致游客产生不满情绪，甚至客源流失。如游客花较长时间排队，在景区内娱乐、游玩的时间就相对减少，游客可能会得不到充分的旅游享受与体验。有些游客看到长长的队列时，会选择离开；另一些潜在的游客也会用推迟或取消旅游计划的办法来避开等候。对工作人员而言，为了尽量减少游客的排队等候时间，可能会被迫缩短同每个游客的接触时间，甚至取消那些费时的服务项目。这样因工作人员没有足够的时间来满足游客的需求，游客很难获得高质量的旅游体验，工作人员的热情也可能受挫。对游客队列进行有效管理是在旅游需求过多时最及时、最有效的应对措施。根据游客和配备的工作人员数量，可将队列划分为单列单人型（一队游客配备一名服务人员，以下类推）、单列多人型、多列多人型、多列单人型及综合队列等类型。这些类型各有优缺点，景区可根据实际情况选择合适的排队方式。改善硬件设施，让游客在比较宽松的环境中排队等候，变枯燥烦闷的等候为有意义的欣赏过程。需要排队等候的地方，最好选择在风景较好的区域，并设置相应的座位和护栏，或者通过墙壁上或两侧的景区宣传画、游览注意事项等把游客的等候过程和旅游体验经历融合起来。在等待时间较长的地方，可通过电视、轻音乐等分散游客的注意力。例如，云南丽江的玉龙雪山，在景区内的候车厅，游客可以看电视、听音乐、购棉衣、租氧气瓶等；在乘索道的地方，游客可以听到广播里有关雪山的介绍，还可看到部分雪山胜景，周围墙壁上也布满了有关雪山、冰川等的图片和文字介绍。当然，采取这些方法并不能真正减少队伍的长度，只是让游客能够有耐心等下去而已。从长远看，队列管理并不能实际地解决过度拥挤及交通堵塞问题。

（2）实行景区容量弹性化。

景区游客数量过多，超过景区环境容量，会给景区资源环境、设备设施及供给带来压力，构成安全隐患。景区应该通过一些方法，限制游客数量。最简单的方法就是强制性限制，但考虑到对旅行社业务、游客的出游计划的影响，一般采取建立客流信息系统、预订系统、价格策略以调节控制。对于游客人数的多少与环境的影响并无主要关联的多数景区，应该考虑的是实施游客分流，降低客流在景区内局部景点的时空集中程度，从而减少各局部景点的游客的拥挤。对游览线路顺序及时间安排、客流的时空分布情况的掌握非常有助于分流，通过信息的及时传递反映各处的游客拥挤情况，可组织引导游客分流或实现游客自发分流。有些景区可以通过适当保持或提高景区进入难度、减少宣传等手段控制游客数量。

扩大景区日容量的方法包括延长景区开放时间，或一年中增加开放天数；在旅游高峰期开放备用旅游通道，而在需求减少时关闭备用通道；调整景点工作人员，增派工作人员到瓶颈旅游点工作；设置免票人员专用通道等。例如，桂林乐满地主题公园就灵活运用开放时间调节园区游客容量：在7~8月旅游高峰期，开园时间不变，但闭园时间比平常推迟半小时；平时与周末节假日营业时间相同，但可视园内游客数量灵活延后清场时间；如遇重要节假日则另安排开、闭园时间，并以通告为准。昆明世博园、西安秦始皇兵马俑博物馆等景区都设有免票人员专用通道，避免与游客共用通道给工作人员检票带来不便。对多数景区，游客一般集中在一天中某个时段进入景区。通过加强对景区工作人员知识、技能和服务意识方面的培训，提高工作人员效率，可以使游客在较短的时间内分散到各景点。

（3）增加实际旅游容量。

从长远来看，要解决游客的过量问题，旅游景区应通过投资建设来增加实际旅游容量，但要尽量避免人工化。扩大容量可通过增设礼品店、旅游活动方式等来实现。另外，可通过加大冷门景点的开发、宣传和引导游客的流向来增大景区实际旅游容量,常用设施要有较大容纳游客的能力,这一点从世界旅游组织有关娱乐活动承载量标准中可以看出。例如,森林公园接纳游人仅为 15 人/公顷,而低密度的野餐地每公顷可接纳 60～200 人。

(4) 采取定点保护措施。

为避免因游客践踏、抚摸、偷盗、乱写乱刻乱画引起旅游资源的损耗,可采用定点保护方式予以解决。比较常见的定点保护措施是在需要特别保护的地带,利用警示性标牌告诉游客什么可为、什么不可为。另外,景区在旅游高峰期聘用保安及专门服务人员,在遗产类景区也可安排志愿者在资源易受损耗的地方值勤;在危险地带或禁止游客入内的场所采用拉网、拉绳、种植植物墙阻止。对于文物,定点保护可采用覆盖、分隔等方式。但过多的保护措施也会影响景区的真实性,尤其在遗产类景区中应注意。

(5) 实施定量管理技术。

定量管理主要是通过门票控制来实现的,采用限制进入时间、停留时间、旅游团人数、日旅游接待量,或综合运用几种措施来解决因过度拥挤或因践踏、游客引起的温湿度变化导致的旅游资源的损耗。九寨沟是我国率先采用限制游客数量来保护旅游资源的景区,限定日游客接待量不得超过 1.2 万人。

对那些自主意识强的游客及小团队游客来说,规定时间使他们活动受到限制,故这类游客一般不愿选择采用此种方式进入资源保护的景区。至于那些喜欢随意造访的游客,由于对景区的情况不熟悉,几乎被完全排除在这类景区之外。然而对被列入自然遗产和文化遗产的景区来讲,旅游资源价值得到广泛认可,为保证景区符合《世界遗产名录》的要求以及为人类保留珍贵的遗产,资源保护是第一位的,故常常采用这种保护措施。

2. 需求管理技术

(1) 价格刺激。

旅游价格是调节游客需求的有效手段,通过价格刺激可以达到减少游客对景区的负面影响,调节游客量主要采取价格杠杆。景区的拥挤、交通堵塞、植被践踏、游道扩大化等问题,都与游客的数量相关,游客数量减少可降低景区的压力。根据"谁受益、谁偿还"的原则,不论是传统旅游还是生态旅游,游客都是景区的真正受益者之一,理应对旅游业所带来的负面影响负责,景区门票收入应提取一定比例用于景区资源破坏后的恢复及资源保护。还可以通过提高门票价格等措施筹集资金,用于实现景区更广泛的战略目标,如景区的保护及公众教育。然而,利用价格刺激来调节旅游需求并不总是有效的。当景区门票价格较低时,价格对旅游需求的影响比较明显,即价格变动会引起游客数量的较大变化,提高价格会使游客数量减少。当门票价格涨到平衡点时,旅游需求相对于价格就逐渐失去弹性,涨价对需求影响很小,需求对价格变动反应不敏感,涨价已起不到调节游客数量的作用。门票价格还是游客判断景区价值的标准,影响其旅游行为。如果游客在门票上花费较多,会形成游客对景区独特、原始、壮观的风貌与内涵过高的期望,因此在旅游过程中就有相应的要求。故采用价格刺激时要考虑公众的价格接受能力和旅游期望,避免价格变动在起到控制游人作用的同时,引起经济效益下降和游客的满意度下降。在实践中,可在旅游淡季采取低门票策略吸引游客,在旅游旺季提高价格控制游客数量。

(2) 市场营销。

除了价格刺激外,营销组合中的其他因素也可以起到调节游客需求的作用。旅游淡季可通过广告或与其他企业联合促销等来提高景区知名度，鼓励潜在的游客采取旅游行动。为减少游客对热点景区产生的压力，要减少热点景区的宣传，并着重宣传周边景区用以分流热点景区的游客。值得注意的是，也可用开发新景区来减少游客对脆弱景区的压力。例如，英国的历史名城坎特伯雷，在城市外围开发了许多新的景区，并采用了上述营销方法，致力改进市区内大教堂拥挤不堪的状况。

（3）教育和讲解。

教育和讲解也能减少游客对景区产生的负面影响。实践证明，教育游客，让他们明白某些行为可能带来负面影响，并告知他们正确的旅游行为，鼓励他们按正确的方式进行旅游，这在旅游过程中及旅游后都会产生一些积极作用。只有让游客明白某些旅游行为不正确或不恰当的原因，并鼓励他们采用负责任的旅游行为，他们才会积极响应景区提出的要求，这样可以减少游客带来的负面影响。教育和讲解是解决游客负面影响的较为理想的方式。虽然有不少游客确实想了解他们所见到的事物，具有接受教育的内在动力，但是游客的旅游动机更多的是享受而不是受教育，典型的旅游动机主要是娱乐，寻求与朋友、家人在一起时的乐趣，这就决定了通过教育和解说的方法只能在一定程度上影响游客的行为。

（4）投诉管理。

随着游客自我保护意识的增强，游客对景区的期望值也越来越高。游客在旅游的同时，也在评估他所得的服务是否"物有所值"。当其可预期效果不能如愿或者不够理想时，对景区的投诉就会产生。面对游客的投诉，景区管理者应该以积极的心态与游客及时沟通和协调，及时妥善地解决问题。为此，需要建立一套完善的投诉处理程序。首先，必须有一个完善便捷的投诉受理渠道；其次，对游客的投诉要做出及时的、合适的反应，注意对游客的意见做到耐心倾听、给游客以安慰、主动承担责任；最后，能快捷地制订出使投诉游客满意的处理方案。

知识链接

北京欢乐谷投诉管理

北京欢乐谷的质量目标之一是无重大安全事故，将游客有效投诉率控制在 1/100 000 之内，游客投诉有效处理率达到 100%，有效满意率达 95% 以上。为达到这些目标，北京欢乐谷制定了一套较为完善的游客投诉管理程序。

1. 受理投诉

（1）现场受理投诉。运营管理中心督导员初步了解投诉情况后，安抚游客情绪，将其带往接待室，仔细倾听游客投诉内容，并初步判断责任归属，了解游客期望，诚恳耐心地解释并予以疏导，然后填写游客投诉登记表，及时向公司相关部门领导反馈投诉情况。

（2）非现场受理投诉。来电、来信、网络等各种形式的投诉为非现场投诉。游客服务中心首先填写游客投诉登记表，初步判断责任归属，并做出答复。运营管理中心督导室负责对事件进行调查和处理，并拟订回复意见，答复投诉人。对网上投诉，市场部网络管理员负责将督导室的处理意见回复给投诉人，并及时向相关部门领导反馈情况。

2. 核实投诉

运营管理中心督导员根据游客的描述展开调查，协调投诉人和相关责任部门、人员，核实投诉事件经过。

3. 投诉处理

督导员根据核实结果，确认责任归属，判断投诉类型。根据责任归属，探询投诉人的要求，经请示相关领导后，找出双方平衡点并提出处理意见。在职责范围内的投诉，由督导员代表公司直接处理，处理结果向相关部门汇报。超出职责范围内投诉，报相关部门领导决策。

4. 投诉跟踪

督导员对游客提出的有效投诉和无效投诉，根据责任归属向相关部门发放投诉通知单、游客投诉登记表和游客投诉纠正、预防措施报告，交相关部门进行处理并签署处理意见。相关责任部门根据游客投诉事实进行原因分析，将投诉通知单回执联和游客投诉纠正、预防措施报告及时反馈给运营管理中心督导室。对于当月未能处理完的投诉，由督导室与相关责任部门共同跟踪处理。投诉处罚依据《欢乐谷员工奖惩条例》和其他相关制度。投诉处理完毕后，督导员通知投诉人处理情况，并做记录。督导室负责对投诉存档备案。督导室将所发生的投诉事件进行汇总，并向相关领导汇报。

（资料来源：李娜. 旅游景区游客管理研究：以北京欢乐谷的游客管理模式为例［D］. 北京：北京第二外国语学院，2006.）

综上所述，预防和减少游客对景区的负面影响，游客和旅游管理部门都负有一定的责任。但游客是一个自由主体，对景区不管是有意的或是无意的伤害行为，在很大程度上都取决于游客自身的文化素养和道德水准。目前我国的景区管理多处于被动管理阶段，还没有建立一套完备的监控管理体系，特别是对游客行为的监控与管理，除了象征性的景区规章制度以外，还没有实质有效的措施。为保证景区的可持续发展，景区管理者应真正肩负起维护景区资源、保障旅游质量的重任。

复习思考题

一、思考题

1. 游客的行为特征有哪些？景区游客管理的内容主要有哪些？
2. 景区游客管理目标如何形成？对于游客管理有什么样的启示？
3. 试分析游客不文明行为产生的原因及游客管理方法。
4. 有人认为"游客许多不文明行为只有加人处罚力度，不需要批评教育"，谈谈你对这种说法的认识。
5. 查阅有关文献资料，学习国外游客管理的成功经验，并进行归纳分析。
6. 以游客的身份到一家景区，亲身体会该景区的游客管理方法。
7. 调查一个著名景区，分析其游客管埋的措施，谈谈这些措施的优点与不足。
8. 如果你是景区游客中心的管理人员，接到游客对景区服务不满意的投诉，你该如何处理？

二、案例分析题

东京迪士尼乐园：将酒店式服务引入景区管理

目前有相当一部分景区的服务还停留在"游客满意"甚至"基本满意"这个层面。如何让景区的旅游品牌更多地吸引和留住游客，招揽更多的回头客？这就需要从根本上提升景区管理的服务质量。

首先，看看国外同行业景区在深化景区管理提升服务质量方面的实例。

有一家人到东京迪士尼乐园游玩，孩子的玩具熊不小心被弄脏了，可孩子还要继续玩，孩子的妈妈不知道如何是好。这时东京迪士尼乐园的服务员拿来了一个新的玩具给孩子玩，同时对孩子的家长说，他们可以代为清洗脏了的玩具熊，并关切地询问他们接下来要去哪里玩，具体的家庭住址。那天他们在东京迪士尼乐园非常开心。他们回到家后收到东京迪士尼乐园寄来的那只清洗过的玩具熊，同时还有4张门票。信中说"迪士尼欢迎您再来"。

"SCSE"准则是东京迪士尼乐园管理营运工作中基本的价值准则：保证安全（Safety），注重礼仪（Courtesy），贯穿主体秀的表演性（Show），在满足以上3项基本行动准则的前提下提高工作效率（Efficiency）。通过东京迪士尼乐园的实例，我们不难看出从细节入手，贴心服务，对提升景区好感度、美誉度具有不容小觑的作用。只有景区的服务从满意到感动，旅游品牌才能从优秀到卓越。为此，有必要引入一种将酒店式服务引入景区管理的全新理念，原因如下。

（1）高星级酒店式服务代表着目前服务行业的最高标准，服务最体贴、最人性化。而这些恰恰也是4A级、5A级景区提升服务质量的追求目标，二者对服务的要求不谋而合。国内的景区管理行业要想在国内外同行激烈的竞争中获得一席之地，乃至发展壮大，把酒店特别是星级酒店的"以人为本"的服务理念、服务方式引入景区管理中，不失为一条对策。

（2）景区服务人员所做的各种工作，包括接待服务的过程、解答疑问、清洁卫生、环境美化等，实际上是服务人员通过语言、动作、姿态表情、仪容仪表、行为举止等表达对游客的尊重。景区应该充分尊重游客，从自身服务质量上用潜移默化的方式引导游客，倡导游客自律。

（3）景区要有主动服务的理念。游客需要什么服务，景区就要提供什么服务。例如，漓江古东景区就很善于站在游客的角度去思考，利用一些微小之处打动游客的心。景区游览的一大内容是登山，考虑到游客游玩时间长了，可能产生疲倦心理，景区在下山的山阶上刻了许多桂林方言，让可能感到疲劳的游客看到这些有趣的方言后，立刻有了讨论的话题，兴奋起来，并且在快乐中学到知识。

虽然旅游活动的结束意味着旅游服务、经历、过程的终止，但游客对旅游服务的认同或抱怨仍然存在，游客的出游计划没有终止。因而，将高标准、体贴性、人性化的酒店式服务引入景区的管理建设中，必将为景区管理的服务质量提升带来新的规范和启示。

（资料来源：https://wenku.baidu.com/view/cc1f48fbb04e852458fb770bf78a6529647d35ad.html，2017-05-09.）

问题：

1. 东京迪士尼乐园将酒店式管理引入景区是否合理？
2. 东京迪士尼乐园这种管理方式给景区服务管理带来什么样的启示？

第 8 章　景区质量管理

学习目标

　　质量是景区的生命,是景区存在的根本,因此景区质量管理也是景区管理中的重要部分。通过学习本章,学生应掌握景区质量的概念、构成,景区质量管理应遵循的原则,景区质量管理的 PDCA 工作循环步骤、绿色环球 21 标准体系;了解并学会如何提升景区的服务质量,以及如何进行标准化的管理。

知识结构

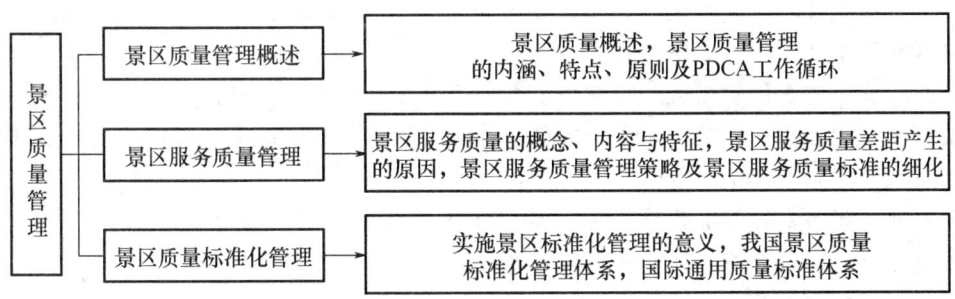

> **导入案例**

宁夏将以五大专项行动提升旅游景区质量

新冠肺炎疫情发生后，宁夏旅游景区积极响应疫情防控部署，对旅游景区暂时进行了关闭。在关闭期间，为了不断提高旅游景区的美誉度和游客满意度，宁夏将以五大专项行动提升旅游景区质量。

（1）开展旅游景区专项整改行动。旅游景区要在暂停营业期间对景区自身问题进行全面排查梳理，聚焦服务质量和环境质量。把握时间节点，制定整改台账，明确专人负责，进一步优化游览线路、完善游览设施、丰富服务内容、提升管理水平，落实旅游景区服务规范。

（2）开展旅游景区质量提升行动。旅游景区要在暂停营业期间，积极适应旅游消费新需求和游客对旅游景区的新期待，围绕消费体验分层化、复合化、个性化、体验化方向谋划旅游景区转型升级。从景区发展模式、资源开发、产品升级、业态丰富、游客体验、服务质量、运营发展、项目建设等方面，制订旅游景区质量提升方案，延伸旅游景区产业链，寻求旅游景区发展的综合效益。

（3）开展旅游景区管理提升行动。旅游景区要在景区暂停期间提升运营管理水平，加强人员培训，完善相关制度，采取开展岗位培训、业务学习、网上练兵等活动，提升员工岗位素质和旅游服务水平。

（4）开展旅游景区精准营销活动。旅游景区要及时了解市场动态，及时调整旅游产品、完善服务内容和产品种类，推出针对性的旅游产品和个性化服务，创新线上、线下市场营销方式，鼓励旅游景区针对不同客源市场和特定人群推出门票优惠措施，为景区正常经营后迅速打开市场做好充分准备。

（5）严格安全风险防范。旅游景区要把旅游安全工作放在首位，进一步巩固和加强疫情防控措施，落实防控责任，坚决做好疫情防控工作。同时，要进一步完善应急处置预案，储备应急物资，建立公共场所定时消毒、设施维修和旅客检查登记、上报等制度，加强景区安全检查和巡查，全面排除安全隐患。

（资料来源：http://www.nx.xinhuanet.com/2020-02/13/c_1125567988.htm, 2020-02-13, 有改动。）

案例思考：宁夏提升景区质量的专项行动给景区管理带来了什么样的启示？

案例分析：疫情的影响，使景区按下了暂停键，但提升景区自身的质量，为游客提供更有特色、更高质量的服务行动不会停止。宁夏的提升景区质量的整改行为为其他景区的发展起到了较好的借鉴。各旅游景区务必充分认识景区质量提升的重要性和必要性，敢于实践，勇于担当，结合实际，扎实开展自查自纠，全面梳理存在问题，细化实化措施，建立长效机制，为推动旅游景区高质量发展打下坚实的基础。

8.1 景区质量管理概述

8.1.1 景区质量概述

1. 质量的概念和景区质量的概念及内涵

（1）质量的概念。

一般认为质量用于衡量事物、产品或工作的优劣程度。质量的概念最早源于制造业，尤其是那些与工程建筑相关的行业。最初，质量这一概念的提出是为了减少生产过程中的浪费并防止生产出次品。随着社会经济和科学技术的发展，人们对质量的认识不断深入，质量的内容变得十分丰富，也在不断充实、完善和深化。具有代表性的质量概念，首先是美国著名的质量管理专家朱兰博士定义的质量概念。朱兰博士从顾客的角度出发，提出产品质量就是产品的适用性，即产品在使用时能成功地满足用户需要的程度。用户对产品的基本要求就是适用，适用性恰如其分地表达了质量的内涵。其次是 ISO 8402 定义的质量概念，即，质量是反映实体满足明确或隐含需要能力的特性总和。

（2）景区质量的概念及内涵。

借助 ISO 8402 对质量的定义，我们将景区质量定义为反映景区满足游客明显和隐含需要的能力的特性总和，具体如下所述。

① 景区质量以游客需求为导向。景区质量衡量者是游客，不同的游客对景区的评价不一样。对于景区而言，质量意味着景区的顺利运营和减少投诉；对于员工来说，质量就是按照标准和规范来服务，尽可能地满足游客的需求；对于游客来说，质量意味着能够以较低的价格享受到较为周到的服务。所以景区的管理者必须树立以游客为本的理念，要考虑游客的需求，只有满足游客的需求和达到游客的满意，才能树立景区良好的形象。

② 景区质量的内涵是不断变化的。随着社会经济的发展，人们的生活水平不断提高，游客对于景区质量的追求也会不断变化，因此，景区质量的内涵应该随着时代的发展而变化。

③ 景区质量以效益最优为目标。优良的景区质量的受益对象并不单指游客，它还包括景区的员工、社会投资者、社区等。因此，景区的质量要以效益最优化为目标，满足多方面的利益。

④ 景区质量是一个综合性的概念。这主要体现在其质量内容的丰富性。对于景区而言，景区的质量包括景区的特色、游览内容的丰富程度、价格是否合理、安全卫生等条件的好坏、产品的消费是否安全、服务质量的高低等。可见景区的质量关系景区管理的方方面面，每个细节都会对景区的质量造成影响。

2. 景区质量的构成

景区之所以能作为一个社会组织存在，是因为它能提供景区产品，以景区产品满足游客的各种需要。景区产品是由有形的产品和无形的服务构成的。因此，景区产品的质量必须从有形的基础产品及其组合的质量、景区员工提供的服务的质量等方面去考查。景区质量主要包含景区基础产品质量、景区产品的组合质量、景区服务质量、产品价格等。

（1）景区基础产品质量。景区基础产品质量包括景观、环境、交通、饭店、餐饮、购物和娱乐等设施的质量。景区基础产品是游客在景区内进行旅游活动所必须借助和消费的物质方面，是游客从整个旅游活动中得到精神享受的必要的物质条件。其中任何一部分质量的低下都可能引发游客对整个景区质量的不满。

（2）景区产品的组合质量。景区产品的组合质量是指景区内各景点之间的线路设计、日程安排等是否合理。在景区内有多处景点，如何针对不同的游客设计合理的线路，也是决定景区产品质量好坏的重要方面。例如，一个适于休闲度假的景区，若只提供年轻人喜好的大强度、长距离的徒步观光项目,老龄或体弱的游客对此景区的质量评价必然不高。

（3）景区服务质量。景区服务质量具有无形性的特点,游客在旅游活动各个环节上所接受的服务质量的高低就成为其评价景区质量高低的重要依据。可以说,景区服务质量是景区产品中的中心环节,它不仅贯穿旅游活动的始终,而且成为评价景区质量的主要依据。

（4）产品价格。人们往往有一种误解,认为价格高的景区产品常常是高质量的。实际上,质量是指向所选定的市场以合适的价格提供合适的产品,对于游客来说,物有所值或物超所值的景区产品才是高质量的产品。所以,产品质量往往是相对于价格而言的质量,价格是构成景区产品质量的一个方面。

知识链接

国家多项政策促使我国 5A 级景区门票价格下降

截至 2019 年,文化和旅游部（原国家旅游局）公布全国审核批准的 5A 级旅游景区已有 259 家,5A 级旅游景区数量持续增加,规模不断扩大,有关景区门票价格过高且频繁涨价等问题已争论多年。自 2008 年起,国家发改委、国家旅游局（现文化和旅游部）等政府部门在持续深入推进降低重点国有景区门票价格,整顿不合理高景区门票方面出台了多项相关政策、直接助推了 2018 年各省景区票价的集中降价。目前国家对于门票降价的工作处于持续且高效的推进状态中,也推动了全国 259 家 5A 级景区门票价格下降。

（1）我国 5A 级景区门票平均价格显著下降。

统计所有 5A 级景区门票平均价格发现,2012—2014 年分别为 109 元、110 元和 112 元,基本保持稳定。2019 年,所有 5A 级景区门票平均价格为 86 元,较 2014 年下浮 23.2%,新增景区、原有景区的门票平均价格分别有 9.6% 和 23.9% 的降幅。所有 5A 级景区、新增 5A 级景区、原有 5A 级景区的平均价格见图 8.1。

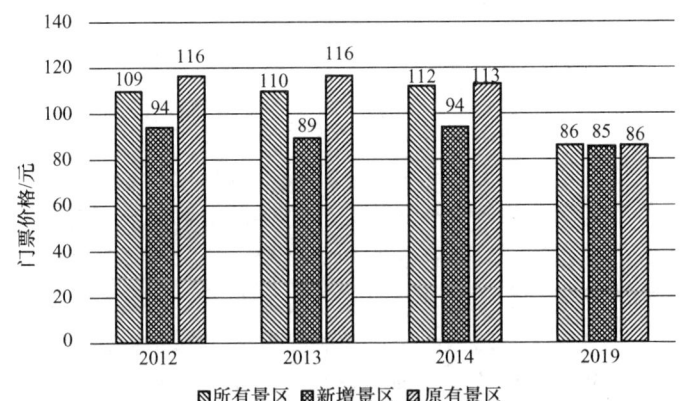

图 8.1　2012—2019 我国 5A 级景区门票平均价格

（2）从近几年的情况来看,我国 5A 级景区门票价格以 100～200 元居多,2019 年仅 7 家 5A 级景区旺季门票价格超过 200 元（见表 8-1）。

表 8-1 2014 年和 2019 年我国 5A 级景区门票平均价格分档情况

价格分档	2014 年		2019 年	
	数量/家	占比/%	数量/家	占比/%
0～49 元	26	16	36	17.5
50～99 元	40	24.5	74	35.9
100～149 元	81	49.7	67	32.5
150～199 元			22	10.7
200 元及以上	16	9.8	7	3.4

(3) 5A 级景区门票平均价格与居民收入之比、与居民消费之比逐年下降。

将全国所有 5A 级景区门票平均价格与居民收入数据进行比较后可见：2012 年、2013 年、2014 年和 2018 年我国 5A 级景区门票平均价格与当年农村居民月度人均纯收入之比分别为 16.52%、14.84%、13.59% 和 7.06%，与当年城镇居民月度人均可支配收入之比分别为 5.32%、4.9%、4.66% 和 2.63%。可见，从 2014 年到 2018 年，所有 5A 级景区，其门票平均价格与城镇和农村居民收入之比均逐年下降。

将全国所有 5A 级景区门票平均价格与居民消费数据进行比较后可见：2012 年、2013 年、2014 年和 2018 年我国 5A 级景区门票平均价格分别相当于当年农村居民月度人均消费的 22.14%、19.92%、16.03% 和 8.51%，相当于当年城镇居民月度人均消费的 7.84%、7.32%、6.73% 和 3.95%。

总之，门票价格问题伴随着我国旅游产业发展而逐渐浮现，日益受到人们的关注，对于以公共资源为主要载体的 5A 级景区门票价格问题，更是受到社会广泛的关注。查找相关文献发现，各旅游发达国家景区门票价格占人均月收入比例一般不超过 1%。例如，比利时博物馆和名胜古迹的票价为普通人月工资的 0.33%，俄罗斯为 0.2%，日本为 1%。对我国 5A 级景区的客观数据整理发现，从 2014 年到 2019 年门票价格的总体水平处在一条良性下调的趋势中。任何事物发展都有一个过程，景区门票价格也是同样。随着旅游市场不断规范、游客消费心理的成熟、政府监管能力的增强，旅游景区门票价格将继续向合理的区间回归。

(资料来源：https://www.sohu.com/a/340786185_716887，2019-09-13，有删减和改动。)

8.1.2 景区质量管理的内涵和特点

1. 景区质量管理的内涵

质量管理的发展经历了事后检验阶段、统计质量控制阶段、全面质量管理 3 个阶段。目前人们所使用的质量管理这一概念，其含义更多地体现了全面质量管理。所谓全面质量管理是指为了能够在最经济的水平上并充分考虑满足顾客要求的条件下，进行市场研究、设计、制造和售后服务，把企业内各部门的研制质量、维持质量和提高质量的活动构成为一体的一种有效的体系。

全面质量管理（Total Quality Management，TQM）这个名称，最先是 20 世纪 60 年代初由美国专家菲根堡姆提出的。它是在传统的质量管理基础上，随着科学技术的发展和经营管理上的需要发展起来的现代化质量管理，现已成为一门系统性很强的科学。全面质量，不仅指产品服务质量，还指工作质量，是用工作质量来保证产品或服务质量。整个质量管理包括采购、设计、生产制造直至储存、销售、售后服务的全过程。它强调"好的质量是设计、制造出来的，而不是检验出来的"。全面质量管理更加强烈地关注顾客，坚持不懈地改进组织中的每一项工作的质量，把产品和服务的质量全面地向前推进。

参照以上全面质量管理的内涵，景区质量管理可以定义为：以全面提高景区质量为目的，以全体人员为主体，综合运用现代管理理论、专业技术和科学方法，通过建立完整的质量体系，不断提高景区质量的质量管理活动。

2. 景区质量管理的特点

（1）全员参与化管理。景区质量具有综合性的特点，景区任何一个岗位的成员都与景区的质量有着直接和间接的影响，质量管理人人有责，全员参与景区质量管理，是全面质量管理首要的要求和特点。因此，为了保证质量管理的有效性，必须做到全员参与，让每一个员工都能积极关注景区的质量管理。

（2）全过程化管理。景区从设计、建设到接待并为游客服务是一个长期的过程，因此，为了保证游客的满意，景区从设计到建设都必须严把景区质量关。特别是接待游客、为游客服务的过程更关乎景区质量的评价，因此，必须把服务质量形成的整个过程、各个环节有效地控制起来，形成一个综合的质量体系。

（3）管理方法多样化。景区质量控制涉及部门较多，可能出现不同的问题，因此，在质量管理时应根据景区不同的情况，针对不同的因素、不同的对象，灵活运用各种现代化的管理方法和手段，将众多的影响景区质量的因素系统地控制起来，提高质量水平。

8.1.3　景区质量管理的原则

1. 游客满意原则

对于景区来说，游客的满意包括对景区产品满意、景区服务满意。产品满意，是指景区产品带给游客的满足状态，主要是产品的质量满意、价格满意。服务满意，主要是景区在接待游客时，游客对服务措施、服务质量和服务流程的满意。

游客满意的原则就是景区倡导的一种"以游客为中心"的文化。景区把游客放在经营的中心位置，让游客需求引导景区的决策。因此，要求景区全方位地了解游客需求的特点，了解他们的性别、年龄、游览目的、游览周期等，景区需要从顾客的角度进行思考，即"用顾客的眼睛看世界"。

2. 全员参与原则

全员参与是全面质量管理思想的核心。对于景区来说，每一个工作人员都是景区质量管理的参与者与组织者，只有他们的充分参与，才能使他们的才能充分发挥出来，为景区带来最大的收益。因此，景区应注重对员工实施质量意识的教育和职业道德的教育，使其在工作的过程中能够充分意识到质量的重要性，牢固树立以游客为中心的意识和敬业精神，激发他们的积极性和责任感。

3. 持续改进原则

持续改进是全面质量管理的核心思想，也是景区质量管理的永恒的目标。在质量管理体系中，景区应随着社会的发展，不断地改进景区产品的质量和服务的质量，在每一个发展阶段都能够满足游客的需求。持续改进原则是实现景区可持续发展的一个重要的原则。

4. 发挥领导作用原则

一个景区从总经理层到员工层，都必须参与到质量管理的活动中来，其中，最为重要的是景区的决策层必须对质量管理给予足够的重视。

5. 系统管理原则

当景区进行一项质量改进活动的时候，首先需要制定、识别和确定目标，理解并统一管理一个有相互关联的过程所组成的体系。景区的服务并不仅仅是接待部门的事情，更需要景区所有部门参与其中，如此才能够最大限度地满足顾客的需求。

8.1.4 景区质量管理的 PDCA 工作循环

PDCA 循环是英语 Plan-Do-Check-Action（计划—执行—检查—处理）4 个单词的首字母的组合。PDCA 循环就是按照 4 个阶段的顺序来进行质量管理工作的（图 8.2）。PDCA 循环首先是由美国质量管理专家戴明博士提出的，因而也称戴明环，它不仅是一种质量管理方法，也是一套科学的、合乎认识论的通用工作程序。

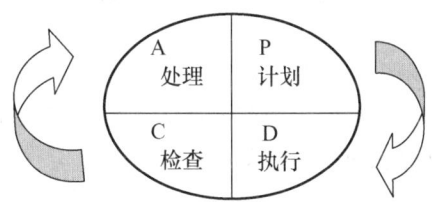

图 8.2　PDCA 工作循环示意图

1. PDCA 工作循环步骤

PDCA 工作循环需要遵循以下 4 个阶段、8 个步骤。

(1) 计划阶段。

第一步：分析景区质量现状，找出景区存在的质量问题。

第二步：分析影响景区质量和景区服务的因素。

第三步：从影响景区质量的各种因素中找出主要原因，解决主要矛盾。

第四步：针对影响景区质量的主要原因，拟订管理、技术和组织等方面的措施，提出景区质量改进活动的计划和要达到的预期效果。

(2) 执行阶段。

按照所制订景区质量改进的计划、目标和措施去具体实施。

(3) 检查阶段。

根据计划和目标，检查计划的执行情况和实施效果，并及时发现和总结计划执行过程中的经验和教训。

（4）处理阶段。

第一步：总结经验教训，修正原有的制度和标准。

第二步：将本次 PDCA 循环没有解决的问题转入下一次循环的计划阶段，为景区质量改进提供资料和依据。

2. PDCA 循环应注意的问题

（1）PDCA 循环必须按顺序进行，4 个阶段既不能缺少，又不能颠倒。

（2）PDCA 循环必须在景区各个部门、各个层次同时进行。景区是一个大的 PDCA 环，各个部门又有各自的 PDCA 环，各班组甚至个人都应有 PDCA 环，只有这些大环套小环，并且每个环都按顺序转动前进，互相促进，才能产生作用。

（3）PDCA 循环不是简单的原地循环。每循环一次都要有新的更高的目标。这意味着每经过一次循环，景区的质量水平就有了新的提高。

8.2 景区服务质量管理

8.2.1 景区服务质量的概念、内容与特征

1. 景区服务质量的概念

服务是由一系列或多或少具有无形特性的活动所构成的一个过程，该过程是在顾客与员工、有形资源的互动关系中进行的。服务的实质是服务提供者能够最大限度地满足服务享有者的需求并为其创造价值。

景区服务质量是利用设施、设备和产品所提供的服务在使用价值方面适合和满足客人需要的物质满足程度和心理满足程度，也就是客人在旅游过程中享受到的服务劳动的使用价值，得到某种物质和心理满足的一种感受。

2. 景区服务质量的内容

景区服务质量的内容包括两个方面：一是有形产品的质量，二是无形产品的质量。有形产品的质量主要表现为景区的各种设施、设备和实物商品的质量。无形产品的质量是景区所提供的各种劳动的质量。就这两个方面的关系来看，有形产品的质量是无形产品的质量的凭借和依据，无形产品的质量是在有形产品的基础上通过服务劳动来创造的，是游览服务质量的本质表现。两者互相依存，互为条件，缺一不可。

（1）服务设施和设备。服务设施和设备反映了旅游企业的服务能力，是企业有形服务的表现形式，设备设施的完好度、舒适度、美观度都直接影响服务质量。因此，设施设备是提供景区服务质量的基础。

（2）服务环境质量。景区的服务环境质量主要表现在环境卫生、灯光效果、空间结构、环境布局及场所设施装饰等方面的质量。

（3）服务用品质量。服务用品质量包括客人消费的各种生活用品以及景区服务人员提供服务时使用的各种用品。服务用品的质量必须符合国家的标准质量，必须与客人以及服务人员的需求相适应。饮食产品质量和客人购物需要的商品质量，是满足客人消费需求的保障。

(4) 服务活动质量。服务活动质量的内容包括服务人员的服务水平、服务态度、服务技能、服务方式、仪表仪容、言行举止、服务规范、服务效率、礼貌修养、职业道德等，这一项内容是景区服务质量的重要表现形式和内容。

知识链接

河南旅游出新规：景区服务质量投诉多，有可能被降级

游客去景区游玩时，经常能听到工作人员不耐烦地回答："不知道"，服务质量总是没有景色美。河南规定，如果哪个景区的服务质量投诉多，很有可能被降级。

中广网河南频道消息，记者从河南省旅游局了解到，河南省景区从业人员服务规范标准已经出台。"不知道""牌子上写的有，你不会自己看""严禁……"这些以前游客在景区经常能听到的话，都被列为景区的服务忌语。

服务规范标准中要求，如果游客提出的问题，景区从业人员无法解答，要先表示歉意，不能说句"不知道"就完事。景区人员工作时间内不能抽烟、喝酒或者电话聊天。

景区关闭前一小时，景区人员要向买票的游客提醒闭园时间和景区内还有哪些活动，以及景区内哪些景点需要出示门票。

有的游客喜欢在去之前先电话咨询景区情况，服务规范标准要求景区人员接到电话后，要先报上姓名或景区名称，通话过程中要用"您"等敬语。通话结束，要等游客先挂电话。

外出游玩，难免会遇到麻烦。当景区和游客出现纠纷时，景区人员要礼貌地制止，不能拒绝受理游客投诉，也不能和游客争吵。

（资料来源：http://hn.cnr.cn/gdxw/200707/t20070706_504508175.html，2007-07-06，有改动。）

3. 景区服务质量的特征

（1）不易衡量性。景区服务质量和其他旅游企业的服务质量一样，服务产品的生产和消费是同时进行的，是一个过程不可分离的两个方面。所以，景区服务质量不像其他有形产品那样，在被消费之前可以通过质量检验程序来保证对外销售的都是符合一定质量标准的产品。而且，整个服务的过程是在景区工作人员与游客之间发生，并无第三方监督。所以，景区的服务质量具有不易衡量性。

（2）无形性。景区的服务不像一些有形的物质产品一样，在生产出来之后需要一定的流通环节才能到达消费者手中，景区服务的生产和消费表现出游客的流动和信息的流动。景区服务的无形性决定了它的不可储存性，因此，景区无法像制造业企业一样通过储存产品来应对需求的波动，同时也增加了景区对服务质量进行管理的难度和复杂性。

（3）不稳定性。景区的服务除了基础设施之外，还包括无形的人的服务，因此，在服务过程中人与人之间的相互作用及多种变化因素的影响，导致了景区的服务过程具有非常不稳定的特征，没有两种服务会完全一样。一方面，不同的景区工作人员提供的服务不同；另一方面，还有很多客观性的因素，如旅游旺季景区工作人员有可能人为地降低服务质量标准，这就增加了服务质量的不稳定性。

（4）不可转移性。景区的服务在地域上具有不可移动性，游客只有到景区的所在地才能进行消费，尤其是具有地域垄断性的景区，如西安城墙、北京的万里长城等。

（5）流动性。景区一般由一系列的具体景点组成，游客在游览的过程中具有流动性的特点。景区任何一个服务环节的失误都会影响游客的整个游程。因此，要求景区的服务系统必须具有通畅的信息传播渠道、高效的管理体系，以确保所提供的服务具有连贯性、流畅性。

（6）非完全排他性。景区的服务产品属于有偿消费，但是并不是一种私人物品。游客在支付费用后不可以单独享用，消费具有非完全排他性。在消费的过程中，游客必须忍受大量同时消费的游客，一旦人数超出游客的心理容量，就会引起游客对景区服务质量的不满。游客在景区的消费过程中，付出的成本越高，对景区服务质量的期望就越高，在消费上就会表现出越强的排他性。

8.2.2　景区服务质量差距产生的原因

Mitra 提出服务质量包括四个部分。一是服务人员的行为态度，主要包括语言、仪容仪表、是否发自内心的微笑、是否关心服务的细节等。二是时效性，服务有易逝性的特点，不可储存、不可销售、不可回收，消费者在享受服务之前不能对服务做出判断，只能在消费的过程中评判，服务的时效性包括等待的时间、服务完成所需要的时间等。三是服务不合格点，即考察实际的服务成效偏离目标的情况。四是设施的有关特性，服务设施对服务质量有很大的影响，有时候甚至会直接影响客人对服务的满意程度。

对于景区来说，景区的服务质量的判断具有较强的主观性，取决于游客对服务质量的预期与实际体验的对比。

1988 年，美国著名的营销学家贝利等提出了服务质量差距模型的理论，他们认为企业管理过程中的 5 种差距会导致服务质量问题（图 8.3）。

（1）客人对服务的期望与管理人员对这些期望的认识之间的差距。产生这种差距的主要原因有：旅游企业设计服务产品时没有进行充分的市场调研和需求分析；进行市场调研和需求分析时得到的信息不准确；虽然一线员工了解客人的需求和愿望，但由于管理系统的障碍，这些信息没被及时地传递给管理层。

缩小这一差距的方法包括改进市场调研、增进管理者与员工之间的交流、减少管理层及缩短与客人间的距离。

（2）管理人员对客人期望的认识与服务质量规范之间的差距，或者说管理者没有建立一个能够满足客人期望的服务质量目标并将这些目标转换成切实可行的标准。这一差距由以下原因造成：旅游企业没有明确的质量目标；服务质量管理的计划性差；计划实施与管理不力，使计划流于形式。

缩小这一差距的方法：树立明确的质量目标，制定严格的质量标准；管理人员与服务人员密切配合，共同制定服务质量标准以及落实措施。

（3）服务质量规范与服务提供之间的差距，即员工未能按照旅游企业服务质量标准和操作规范提供服务。引起这一差距的原因主要有：一是服务质量标准、操作规范不切实际，可操作性差；二是旅游企业设备设施、技术支持系统不能达到服务规范的要求；三是管理、监督、激励系统不力。

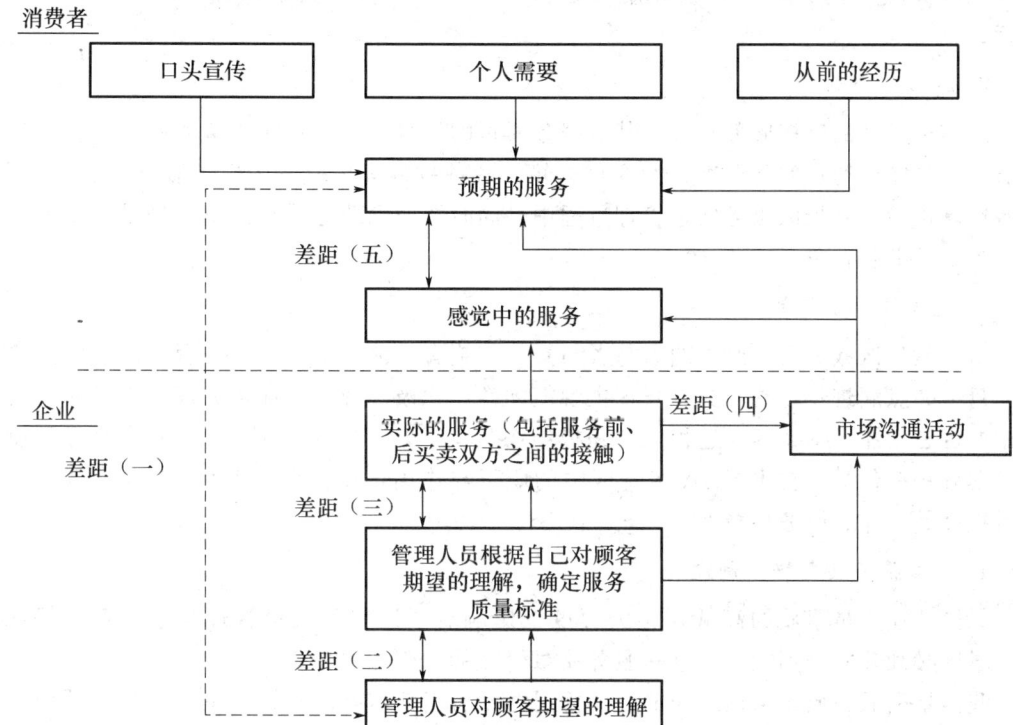

图 8.3 服务质量差距模型

缩小这一差距的方法：根据客人的需求和旅游企业硬、软件的实际情况制定服务质量标准，加强员工培训，提高员工素质，使其在技术、观念行为上都能够了解和适应服务质量规范的要求；改善旅游企业的监督和激励机制。

（4）服务提供与外部沟通之间的差距，也可称为许诺和守诺之间的差距。产生这一差距的原因主要有：旅游企业对外宣传促销活动与内部经营管理、服务质量控制脱节；对外宣传促销时不客观或过分许诺；旅游企业高层管理者对市场营销活动没有进行严格控制和管理。

缩小这一差距的方法：旅游企业要同时抓好外部营销和内部营销两种活动，建立内外部运转协调统一的机制；对外宣传和许诺的服务必须是客人最需要的而且是旅游企业能够完全落实的服务。

（5）客人的期望与实际感受之间的差距。它是以上4种差距导致的必然结果，与上述4种差距的大小和方向直接相关。

8.2.3 景区服务质量管理策略

1. 建立质量管理领导组

质量管理领导组由统领整个景区运作的核心人物构成，主要包括景区高层管理者和各主要部门负责人。质量管理领导组除管理、安排、协调日常工作外，还要引导景区向既定目标健康发展。对于领导组来说，安排、引进合适的人去做相应的工作是比较关键的。保证景区服务质量的具体工作领导组不必参与,但领导组应制定目标、内外统筹、协调管理。

2. 游客参与制

游客是景区的直接服务对象,其对服务质量的切身感受对景区质量的评判与改进最有说服力。景区应通过问卷调查、游客意见箱、各种投诉等获取景区现有服务存在的问题,使游客真正参与到景区服务质量管理过程中。同时要鼓励游客为景区出谋划策,帮助景区在服务上再上新台阶。

3. 全体员工参与制

员工是景区服务质量改进的参与者与具体实施者,他们是景区服务管理活动的主要力量。景区的点滴进步都需要员工发挥主观能动性,积极实现。例如,大理市崇圣寺三塔文化旅游区在申报5A级景区过程中就积极组织员工参与5A级景区知识问答竞赛等各项活动,明确每一位员工在申报5A级景区中的职责与作用,在提高员工对5A级景区认识的同时提高其工作、服务积极性。

4. 建立服务质量培训制度

景区从业人员素质的高低在很大程度上影响着景区服务质量管理体系是否良好。为此,景区必须建立培训制度,这是服务质量管理的基础性工作。

我国景区服务质量培训工作的开展情况并没有引起应有的重视,主要是没有认识到培训的重要性,或是因为资金、时间、成本等顾虑而对人力资本投入不足,景区服务质量管理体系要想取得理想的效果,必须建立良好的服务质量培训制度。培训工作步骤如下:首先,根据服务质量标准、质量检查及游客投诉的情况确定培训需求;其次,从景区的实际出发,确定培训方式、项目,合理安排课程,并制定相应的评估标准;再次,安排合适的师资对需要培训的员工进行辅导培训;最后,通过考试、跟踪调查等手段对景区培训工作进行评估。

5. 制定景区服务质量内部标准

没有规矩,不成方圆;没有标准和流程,则无法控制服务质量的规范性、准确性。对于景区来说,等级越高,景区对服务的规范性要求也越高。制定内部标准,首先必须根据景区的实际情况,确定服务的主要内容,做到全面、系统,同时参照《旅游景区质量等级的划分与评定》以及目前景区服务的实际情况,制定出旅游交通、游览、安全、卫生、邮电、购物、综合管理、资源与环境保护等硬件标准,还应在服务态度、时效、技巧、个人仪表等软件方面进行着重研究。景区在一一对应、自查问题的同时,要根据自身特色,制定出软硬件方面结合实际、可操作性强的内部执行标准。

国家已颁布的各项标准如《环境空气质量标准》(GB 3095—2012)、《声环境质量标准》(GB 3096—2008)等,是经过各方专家科学设计、论证后制定出的,具有较强的专业指向性。

在景区升级与长久发展的目标下,服务质量内部标准的制定应从以下方面考虑。

(1)要紧扣评A级景区的各项标准要求。从景区创立品牌、占领市场、升级改造的角度考虑,景区各项标准的制定要以A级景区服务质量标准为基本目标,以达到相应级别的A级景区标准为底线。

（2）将游客的需求放在首位。景区的根本宗旨就是服务游客，以良好的服务为游客提供完美的旅游体验。这一要求看似简单，实则对景区的各个方面提出了严格的要求，从一线人员的待人接物、游线安排设计，甚至沿途休憩座椅、垃圾箱等硬件设施的设计与安放都有讲究。怎么使人赏心悦目、怎么方便游客使用，美观、实用性与人性化都是景区必须考虑的。

（3）简单易懂，可操作性强。服务质量内部标准应该是容易理解、员工在工作中易遵守的。员工在工作中还可根据实际需要对标准提出改进意见和建议。

（4）要符合景区现实。不符合景区实际的质量标准是难以实现的。不同类型、不同条件的景区管理人员要根据景区资源特色、地理状况等，对现有标准进行本土化改造，走有本景区特色的升级转型之路。

（5）能与时俱进，定期修改。对景区来说，资源在市场上的吸引力、景区经营管理战略、目标客源市场、社会发展变化与人民生活水平等各方面的变化因素都会或多或少造成景区内外环境的改变，景区应根据变化随时调整内部服务质量标准，与时俱进，以立于市场前端。

8.2.4 景区服务质量标准的细化

在景区，不同部门、不同岗位的工作内容和服务规范都有很大差异。标准宜切合实际、可操作。目前景区的规范、标准多是定性描述，不够细致，缺少定量的要求。这一方面是因为景区服务产品的开放性、复杂性、综合性等特点，另一方面是因为业界对服务标准量化的重视程度还不够。综合业界各家长短，景区服务内部标准的细化与规范可从以下方面进行尝试。

1. 一线服务人员的服务标准与规范

景区中，停车场、售票处、检票处、游客中心、娱乐演出点、游乐项目点、景区内部交通乘坐点、餐饮点等都是直接与游客接触的场所，因此对这些场所的服务人员的要求就较高。下面以验票服务为例进行说明。

（1）验票岗位工作人员，应保持良好的工作状态，精神饱满，面带微笑。

（2）游客进入景区时，应态度温和，使用标准普通话及礼貌用语微笑问候，收票，撕掉副券，用双手将门票交还至游客手中。

（3）对漏票、持无效证件的游客，要礼貌地耐心解释，说明无效原因，说服游客重新购票。

（4）残疾人或老人进入景区时，态度亲切友善，主动上前协助，有条件的景区要安排残疾人走专用游步道。

（5）如遇闹事滋事者，应及时礼貌予以制止，维护景区秩序。如无法制止，立即报告有关部门处理。任何情况下不与游客发生争执。

（6）保持检票处环境的清洁卫生。

每位游客在景区的停留时间都是有限的，为了保证服务的时效性，对游客提出的每项服务需求（如游客投诉的处理答复时间，医疗、抢修、安保人员最晚到达事发地的时限，等等）都须在规定的时间内完成或做出反应，以提高游客的满意度。

2. 二线服务工作内容的量化与规范

很多部门的员工是不与游客直接接触的，但其作用同样重要，影响着游客在景区的体验。如园林绿化、卫生等部门，同样需要对其工作进行量化标准与规范。

3. 服务设施布局规模的量化标准与规范

为了减少景区投资，更科学合理地利用景区的各项设施，应根据景区的功能布局、接待规模、活动内容、线路安排、游客需求与习惯等因素，设置部分可移动、可拆卸的旅游服务设施，根据季节与游客需要随时转移，以减少占地与重复投资。

4. 景区资源保护的规范量化

旅游资源是景区的核心吸引物。对于景区资源，必须设立专职人员进行保护与监测，在关键地点安装摄像头，防止各种由人力、自然因素造成的破坏。还要为重点资源建立保护制度，填写保护工作日志，在游客聚集地设立提示牌，增强游客保护意识。此外，景区的防火、防盗、防震、防灾、防虫等工作也应作为每日重要的工作内容，建立制度，随时防范。

5. 景区环境质量控制的量化标准

要根据《环境空气质量标准》（GB 3095—2012）、《声环境质量标准》（GB 3096—2008）、《地表水环境质量标准》（GB 3838—2002）、《污水综合排放标准》（GB 8978—2002）等标准的要求，定期对景区内外不同地点的大气、水体、噪声分贝值等环境质量进行监测并详细记录，随时关注各项变化，对隐患进行排查，及时解决出现的问题。

知识链接

优质旅游呼唤旅游新标准

2018年开年，中国旅游业有了一个新目标：迈向优质旅游。这意味着，评价中国旅游的标准将不再是速度和规模，而是品质和内涵。提高我国旅游业在服务质量监管、监督、评价等方面的标准，已经到了迫在眉睫的关键时期。标准化是旅游业发展的基石，基石不牢，地动山摇，标准化建设是提升旅游品质的重要途径。

1. 旅游乱象不是"中国特产"

某景区宰客事件让旅游乱象再度成为舆论焦点，如何解决旅游业这一"老大难"问题引发各方讨论。旅游乱象不是"中国特产"，意大利、法国、美国、日本等许多国家都经历过这样痛苦的发展过程。日本在第二次世界大战之后，实行"观光立国"战略，期间也曾出现过各种旅游乱象，此后，逐渐走向规范化、品质化、高性价比的良性发展道路，这其中就有标准化建设的功劳。日本的民宿业在国际上有着良好的声誉，因为日本有一整套相应的管理办法和标准。任鸣介绍，日本国土交通省每隔几年就会对民宿业相关标准进行修订，已先后修改了10稿左右。

随着游客选择的多元化，游客们"用脚投票"，对于旅游品质的要求不断地改变和提高，这也将倒逼旅游相关标准不断提升。因而，旅游标准化建设绝不是一劳永逸的，需要根据旅游业发展的实际情况，不断做出相应的修正。

2. 标准不应"大而化之"

目前我国旅游行业的标准大多还属于定性的规范和要求，如《旅行社国内旅游服务规范》（LB/T 004—2013）、《旅游景区游客中心设置与服务规范》（GB/T 31383—2015）等，表述较为抽象；而定量的标准要求更加细化，更直观、简洁、准确，目前这方面我国还比较欠缺。因而，在实践中，无论是对旅游业经营者还是消费者而言，都缺乏衡量标准和可靠依据。

在旅游标准化建设上，国外的旅游标准更多的是定量的标准，规定得十分具体、细致。以景区的标准化建设而言，具体到景区内每个车位的面积、绿化面积的占比等；对酒店的评价标准不是通过星级，而是有一整套对相关细节的规定，如床品清洁频率、干净程度、宴会标准等，都有相应的指标。这样的定量标准更便于经营者掌握，同时也方便消费者对照衡量。

旅游业作为一个综合性产业，涉及的行业众多，在推进旅游定量标准建设方面，可以结合旅游业实际，对其他旅游相关行业既有的标准加以利用。

3. "物有所值"才是定价标准

每年春节期间，三亚酒店的高房价常常登上新闻"热搜榜"。像三亚这类旅游热门地区或是旅游资源稀缺的景区，需要考虑旅游目的地承载量的因素，通过酒店等旅游产品的价格涨跌，发挥其价格杠杆作用，在一定程度上对客流量进行调节。此外，物价部门对于价格都有相应的规定，只要不超过其规定的上限，就是合理、合规的。目前，在标准化建设方面，我国的酒店业是走在中国旅游业前列的。以酒店定价为例，什么样的软硬件服务水准对应什么样的定价，物价部门都有着具体的定量标准。不能简单地以价格高低来判断其合理与否，关键是看定价与其提供的设施、环境、服务等是否相称。

（资料来源：中国旅游新闻网，2018年1月24日，有改动。）

8.3 景区质量标准化管理

改革开放以来，我国的经济快速发展，作为现代服务业的旅游业，已成为国民经济发展的重要产业，产业规模不断扩大，产业体系日趋完善。同时，我国城镇化的速度加快，旅游业也不断提升产品质量和服务水平，以满足人民群众日益增长的旅游消费需求。因此，标准化的管理就成为景区质量管理的重要方面。

8.3.1 实施景区标准化管理的意义

1. 开展景区标准化建设是满足游客消费的客观需要

随着社会经济高速发展和人民群众生活水平的持续提高，旅游消费已经成为人民群众，尤其是城镇居民消费的重要组成部分。景区作为给游客提供参观游览、休闲度假、康乐健身等服务的旅游企业，是游客旅游的主要区域场所。通过景区标准化建设，完善各项服务标准和规范，提升服务质量，可以进一步满足游客对于景区的旅游消费需要。

2. 开展景区标准化建设是推动旅游产业转型升级的需要

随着国内外旅游业由旅游观光加速向休闲度假转变，广大游客对旅游产品的质量和旅游服务的水平要求不断提高，这就要求实现旅游产业的转型升级，不仅要在优化旅游产业要素、培育旅游产业主体、深化与相关产业融合、创新旅游业态等方面继续深化，而且需要在旅游服务质量、旅游市场秩序、行业监督管理等方面实现提升和突破。旅游标准化是旅游业发展的重要技术支撑，也是推动旅游产业转型升级、提升旅游产业总体素质和竞争力的重要手段。

3. 开展景区标准化建设是提升旅游服务质量的重要举措

旅游标准化建设的根本目的，是提升旅游产业素质和旅游服务质量，为旅游业的科学发展夯实基础、提供支撑，促进我国服务业以及经济社会的发展。所以，景区开展旅游标准化建设是提升自身旅游服务质量和水平的重要措施。同时，景区只有重视旅游标准化建设，才能适应我国旅游发展的形势，跟上全国旅游发展步伐，保持与文化和旅游部工作的协调与一致。

4. 实施景区标准化管理是促进景区环境保护的重要手段

环境保护工作是景区工作的当务之急。环境保护不仅涉及开发建设的问题，也涉及日常管理、污水处理等问题。再好的美景和垃圾在一起，其观赏价值也会大大贬值，只讲究美景不考虑环境，就会使景区的质量大大下降。实施景区的标准化管理，可以使游客和管理者有据可循、有据可依，能够实现景区的可持续发展，同时也能保证游客的旅游权益。

8.3.2 我国景区质量标准化管理体系

标准化是在经济、技术、科学及管理等社会实践中，对重复性事物和概念通过制定、实施标准，达到统一，以获得最佳秩序和社会效益的过程。它包括制定、发布及实施标准的过程。标准化的重要意义是改进产品、过程和服务的适用性，防止贸易壁垒，促进技术合作。

1. 我国景区标准化管理发展状况

(1) 旅游标准体系初步建立。全国旅游标准化技术委员会颁布了《旅游业标准体系表》，初步构筑了以旅游业诸要素为基础的旅游标准体系框架，为旅游业的进一步发展建立了科学、规范的技术支持。截至2011年，我国已经颁布了46项国家标准和行业标准，其中国家标准28项、行业标准18项，是世界上颁布旅游业标准最多的国家；目前正在制定、修订的21项国家标准和7项行业标准，为旅游标准覆盖旅游业各要素奠定了基础。此外，地方政府及旅游行政主管部门对旅游标准化工作的重视程度和支持力度不断增强，旅游企事业单位自主或参与制定标准的积极性不断提高，地方制定旅游标准的速度不断加快。据初步统计，目前我国已经颁布的地方旅游标准已达100多项。

(2) 旅游标准化工作稳步推进。国家旅游局（现为文化和旅游部）颁布施行了《全国旅游标准化工作管理办法》等规定，逐步规范了旅游标准化工作。对旅游标准实行了年度立项计划申报制度，与国家标准化管理委员会年度立项计划工作实现了有效衔接。初步建立并形成了从旅游标准的立项、制定、颁布到宣贯实施等系列旅游标准化工作推进模式。目前，旅游业已被国家标准化管理委员会列为国家服务业标准体系的重点领域。

(3) 旅游标准化作用日益显现。旅游标准化领域的拓展和旅游标准的实施，有效地规范了旅游市场秩序，强化了旅游行业监管，提高了旅游产品质量，提升了旅游产业素质，保障了旅游消费者权益，增强了旅游竞争力，对促进我国旅游业的发展起到了不可替代的重要作用。同时，我国旅游业的快速发展，也有力地带动了第三产业的发展，尤其是饭店星级概念的提出和推广，其优质服务的观念已在全社会形成，旅游标准化工作对我国服务业标准化的推进产生了积极影响。

（4）旅游标准化工作手段不断创新。以科学推进、注重实效为原则，旅游标准的制定和实施方式不断取得新成效。在旅游标准化工作开展初期，主要采取了"政府主导、企业参与"的旅游标准化工作模式，将行政手段与市场手段相结合，有效推进了旅游标准化工作的开展。随着我国改革开放进程的加快和政府职能的转变，旅游标准化工作手段不断创新，通过"政府部门指导、行业协会运作、企业共同参与"，依靠全国和各地的旅游行业协会组织、地方旅游行业主管部门和旅游企事业单位的大力支持，相关旅游标准的制定和实施工作取得了新的突破。

知识链接

首批全国旅游标准化试点单位

1. 全国旅游标准化试点省（1个）

四川省。

2. 全国旅游标准化试点城市（区）（5个）

青岛市、苏州市、咸宁市、丽江市、上海徐汇区。

3. 全国旅游标准化试点县区（5个）

北京延庆区、浙江遂昌县、江西婺源县、河南淮阳县、广西阳朔县。

4. 全国旅游标准化试点企业（单位）（67家）

北京：中国国际旅行社总社有限公司、中青旅控股股份有限公司、北京市昌平区十三陵特区办事处、北京天坛公园。

河北：秦皇岛市南戴河旅游发展集团有限公司、秦皇岛晨茗酒店有限公司、秦皇岛市北戴河集发生态农业观光园有限公司。

内蒙古：内蒙古饭店。

辽宁：沈阳市海外国际旅行社有限公司、大连海昌集团有限公司。

吉林：吉林省长白山景区、长春净月潭国家森林公园。

黑龙江：哈尔滨太阳岛风景区资产经营有限公司、黑龙江省汤旺河林海奇石风景区。

上海：上海锦江国际（集团）有限公司、上海春秋国际旅行社有限公司。

江苏：恐龙园文化旅游集团股份有限公司、扬州新世纪大酒店有限责任公司。

浙江：浙江旅游职业学院、浙江横店影视城有限公司、浙江海中洲集团有限公司。

安徽：黄山旅游发展股份有限公司、安徽徽商齐云山庄有限公司。

福建：厦门建发旅游集团股份有限公司、厦门京闽酒店管理有限公司。

江西：江西三清山风景名胜区、江西宾馆。

山东：济南市舜耕山庄、烟台张裕旅游有限公司、微山湖湿地红荷旅游区、威海刘公岛旅游区。

河南：河南嵖岈山旅游实业发展集团股份有限公司、河南省淮阳县太昊陵管理处、河南省八里沟景区有限公司。

湖北：黄麻起义和鄂豫皖苏区革命烈士陵园、湖北汤池温泉旅游有限责任公司、长江轮船海外旅游总公司。

湖南：湖南省中青旅国际旅行社有限公司、华天实业控股集团有限公司。

广东：广州广之旅国际旅行社股份有限公司、广州市白云山风景名胜区、深圳华侨城控股公司、港中旅（珠海）海洋温泉有限公司。

广西：桂林乐满地旅游开发有限公司。

海南：海南上航假期国际旅行社有限公司、宝华海景大酒店、海南省保亭县呀诺达热带雨林文化旅游区。

重庆：重庆金科大酒店、武隆县芙蓉江旅游开发有限责任公司。

四川：九寨沟风景名胜区管理局、峨眉山—乐山大佛风景名胜区管理委员会。

贵州：贵州山水国际旅行社、贵州黄果树旅游集团股份有限公司、镇远县名城旅游开发经营有限责任公司。

云南：丽江玉龙雪山旅游开发有限责任公司、云南石林风景区、云南民族村。

陕西：陕西华清池旅游有限责任公司、陕西省华山景区。

甘肃：甘肃阳光大酒店、甘肃平凉崆峒山风景名胜区。

宁夏：宁夏沙坡头国家级自然保护区、银川虹桥大酒店。

新疆：新疆天池管理委员会、新疆丝绸之路冬季冰雪运动发展有限公司、新疆生产建设兵团、新疆伊力特酒店有限责任公司。

（资料来源：http：//wenku.baidu.com/view/f7418e660b1c59eef8c7b477.html，2012-02-20.）

2. 我国重要景区质量标准体系

在总结国内旅游景区的管理经验，借鉴国内外有关资料和技术规程，并直接引用了部分国家标准或标准条文的基础之上，2003年5月1日，我国正式实施了《旅游景区质量等级的划分与评定》（GB/T 17775—2003）。这一标准代替了原来的1999年制定的《旅游景区质量等级的划分与评定》（GB/T 17775—1999）。新的标准根据《旅游景区质量等级的划分与评定》1999—2002年近3年时间的实施情况，在原标准基础上对一些内容进行了修订，使其更加符合景区的发展实际。该标准由原国家旅游局提出，由全国旅游标准化技术委员会归口并负责解释，由原国家旅游局规划发展与财务司起草。

《旅游景区质量等级的划分与评定》（GB/T 17775—2003）在划分等级中增加了AAAAA级景区，新增的AAAAA级主要从细节方面、景区的文化性和特色性等方面做更高要求；对原AAAAA级景区的划分条件均进行了修订，强化以人为本的服务宗旨，AAAA级景区增加细节性、文化性和特色性要求；细化了关于资源吸引力和市场影响力方面的划分条件。

该标准主要内容涉及景区质量等级的标志以及各等级景区应该具备的详细标准。景区质量等级的标志、标牌、证书由国家旅游行政主管部门统一制定。2007年，全国首批通过了66家5A级景区。

《旅游景区质量等级的划分与评定》对景区设施设备和服务进行了较为细致的规定。主要涉及的内容如下。

(1) 旅游交通，包括景区可进入性、交通设施设备状况、游览线路设计、交通工具等。

(2) 游览设施设备和服务，包括游客中心设置、引导标志的设计、公众信息的发放、导游员及导游词的安排、公共信息图形的规范、公共休息设施设备设置等。

(3) 旅游安全，包括应该符合相关安全标准和规范、安全设施设备的完备性、紧急事故应对措施和设施设备等。

(4) 景区卫生，包括景区环境、相关卫生标准、公共厕所的设计、垃圾箱的设置、食品卫生标准等。

(5) 邮电服务，包括有无邮政服务、通信设施设备的布置、通信信号强弱及便捷性。

(6) 景区购物，包括购物场所的设置和管理、旅游商品销售从业人员素质、旅游商品丰富程度等。

(7) 景区经营管理，包括管理体制的科学性、管理制度的完备性、管理人员的高层次、项目管理的合法性、服务管理的针对性等。

(8) 景区资源与环境保护，包括空气环境、噪声环境、水环境、污物排放、景观保护、景区容量控制、设施设备的环保性能等。

(9) 景区资源吸引力，包括观赏游憩价值、历史文化科学价值、资源的质与量、资源的保护完好程度等。

(10) 景区的市场吸引力，包括景区品牌知晓度、美誉度、辐射能力、品牌特征等。

(11) 景区的国内外游客年接待规模。

(12) 游客满意度的抽样调查结果。

8.3.3 国际通用质量标准体系

1. 绿色环球21标准体系

(1) 绿色环球21标准体系的产生与发展。

绿色环球21标准体系是1992年在巴西举行的联合国环境与发展首脑会议上获得通过的《21世纪议程》的框架下建立的。"绿色环球21"理念则是由当时的联合国首脑会议秘书长、第一任联合国环境计划署署长、第七任联合国秘书长安南的特别顾问——毛瑞思·斯特朗先生提议的，于1994年由世界旅行旅游理事会正式创立。

绿色环球21标准体系是目前全球唯一的旅行旅游行业世界性认证体系，是公认的企业/景区可持续旅游的形象标志，是当今世界上唯一涵盖旅游全行业的全球性可持续发展标准体系。其目标是在全球范围内改善旅游行业的环境、社会和文化形象，增强旅游企业/景区对环境和社会的责任，以及让公众了解该企业/景区对环境与社会和谐发展的承诺。

实施绿色环球21认证是为了帮助旅游企业和景区改善环境质量、保护当地自然与文化遗产、促进地方经济建设、改善当地人民生活质量和吸引游客，并在《21世纪议程》的框架下推动旅游业蓬勃健康发展。

(2) 绿色环球21标准体系内容。

绿色环球21标准体系拥有针对各个旅游部门的一系列指标体系（目前已有25个），要求企业/景区根据这些可持续性操作指标进行达标评估，只有达到基本要求才能进行最后评审，绿色环球21标准体系涵盖四大类。

① 旅游企业标准（针对宾馆饭店、餐馆酒吧、度假村、旅游教育/管理部门、架空索

道、航空公司、飞机场、旅游交通公司、租车行、游轮游船、会议中心、展览中心、农家乐、高尔夫球场/俱乐部、游船码头、旅游列车、旅游公司、旅行经销商、节庆活动、旅游景点、旅行车野营地、游客中心和葡萄园/酒厂)。

② 旅游社区标准(针对旅游区、景区、市县乡镇等行政区)。

③ 旅游设计和建设标准(针对建设中的旅游景点与设施设备)。

④ 生态旅游标准(针对生态旅游产品)。

作为一种旅游产业的自律机制,绿色环球21标准体系是目前全球旅行旅游业公认的可持续旅游标准体系。其成员单位涵盖旅行社、宾馆饭店、度假村、机场、航空公司、风景区、森林公园、自然保护区、观光缆车、会展中心、博物馆、城镇社区、旅游学院和政府旅游行政管理部门等。

加入绿色环球21标准体系认证的企业在为保护环境做出积极贡献的同时,也取得了更好的经济和社会效益。效益增加的主要原因之一,是通过节约各种资源减少了经营成本。效益增加的另外一个主要原因是通过更好的环境和社会可持续发展获得了全社会的认可并吸引了更多的游客。

(3) 绿色环球21认证在国内外的发展情况。

① 绿色环球21标准体系在国外的发展情况。迄今为止,全球有100多个国家、1 000多家旅游企业已经通过绿色环球21认证;其中包括新加坡航空公司、印度尼西亚巴厘岛旅游度假区、澳大利亚黄金海岸机场、悉尼机场、马来西亚机场、英国万豪酒店集团、澳大利亚Binna Burra生态度假村和Skyrail观光缆车公司。全球知名的酒店品牌如希尔顿、喜来登、万豪、索菲特、丽兹卡尔顿、洲际、梅丽亚等旗下的数家酒店和度假村也已加入绿色环球21认证行列。

目前,在国外,绿色环球21认证已覆盖旅行社、宾馆饭店、度假村、机场、航空公司、风景区、森林公园、自然保护区、会展中心、博物馆、城镇社区、旅游学院和政府旅游行政主管部门等各种类型的组织,并与很多国家政府形成策略性联盟,并得到其在政策和资金上的支持。

② 绿色环球21认证在中国的发展情况。在中国,越来越多的企业认识到保护环境和实施可持续发展的重要性。为进一步改善自身环境和社会形象,提高国际竞争力,旅游企业需要一种适合本行业特点的认证标准。因此,绿色环球21认证获得国内许多高素质旅游企业的关注。目前,国内已经获得绿色环球21认证的企业包括国家级风景名胜区、宾馆饭店、度假村、博物馆等,如四川九寨沟国家级风景名胜区、黄龙国家级风景名胜区、广汉三星堆遗址博物馆、蜀南竹海国家级风景名胜区、浙江世界贸易中心大酒店、深圳圣延苑酒店等。

同时,绿色环球21认证项目也得到了国内有关政府机构的关注。2002年,国家环境保护局与"绿色环球21"签订合作协议,并在业务和技术上进行支持和试点工作。

(4) 通过绿色环球21认证对于景区的意义。

① 节省运营成本。绿色环球21标准体系要求景区对运营中的能源和物资消耗进行优化设计,通过减少能源消耗、废弃物总量、淡水用量以及通过综合系统的处理方法大大提高景区中的资源利用率,从而达到节省成本的目的。

② 增强景区竞争力。绿色环球21标准体系作为旅游行业唯一的世界性认证体系,可

以向所有利益相关团体与个人证明企业的环境实施成效。绿色环球 21 标准体系在未来很可能是道德投资者和理性旅游者评价景区质量优劣的决定性因素。

③ 促进市场推广。在世界范围内，游客已经越来越关心环保问题和景区对待环保问题的态度。景区如果能够承诺应用可持续旅游原则和实践进行经营活动，尤其是利用绿色环球 21 标准体系这个唯一的旅游业世界性环境认证品牌，那么它就能在新型市场上占据制高点，获得游客的信赖和认可。

④ 改善环境。绿色环球 21 标准体系通过推动可持续旅游为人们的地球家园创造更好的环境。每一个景区通过实施该标准而产生的对环境的改进可以直接改善人们的生活环境。

⑤ 改善社区关系。绿色环球 21 标准体系积极鼓励景区加强与当地社区的联系，这也是其关键内容，并在评估中给予特别重视。绿色环球 21 标准体系要求景区将它们获得的绿色环球 21 认证证书或认证合格证书公开展示，景区取得的环境实施成效也向社区广为宣传。

2. ISO 9000 系列标准

质量管理是培植实施旅游景区的核心竞争力和实施可持续发展战略的基础工作和重要措施。ISO 9000 标准是质量体系认证依据的国际标准，该标准由国际标准化组织（ISO）于 1987 年首次发布，并于 1994 年、2000 年、2008 年和 2015 年进行了多次修订。并在 ISO 9000 族标准的基础上也建立和发展了其他管理体系的标准，如环境、健康和安全、信息安全及能源。其中 2000 年质量管理体系做了比较大的修订，在实践和技术方面有较大的变化，这也反映了运营过程中日益加剧的复杂性、动态的环境变化和增长的需求；其中 ISO 9001：2008《质量管理体系 要求》和 ISO 9004：2009《组织持续成功管理的方法之一》已经被广泛用于各个领域，如航空、电信、教育、政府和医疗等行业。2015 年标准修订的过程中增加了风险的重要性，确定了质量管理体系的范围，产品和服务符合性及顾客满意所需的知识。

旅游景区之所以导入 ISO 9000 族标准，一是有利于提高景区的管理水平，旅游景区避免出现质量问题；其次有利于提高景区的服务水平，提高旅游者的满意度；第三便于景区走向国际化，提升景区的知名度。

3. ISO 14000 系列标准

（1）ISO 14000 系列标准产生的背景。

随着全球工业的不断发展，全球性环境问题越来越突出。20 世纪，人类出现了八大公害事件，即比利时马斯河谷烟雾事件、美国多诺拉镇烟雾事件、英国伦敦烟雾事件、美国洛杉矶光化学烟雾事件、日本水俣病事件、日本富山骨痛病事件、日本四日市气喘病事件、日本米糠油事件，这些公害事件使大批居民非正常死亡。因此，环境问题日益成为人们关注的焦点。随着可持续发展观念的提出，全球各领域，特别是工商业界逐渐认识到可持续发展和保护环境是自身应尽的义务。

为此，1993 年 6 月，国际标准化组织成立 ISO/TC 207 环境管理标准化技术委员会，并在 ISO 9000 系列标准的基础上推出了一套环境管理标准，即 ISO 14000 系列标准。目前，该标准已经成为世界上最全面和最系统的环境管理国际化标准。

(2) ISO 14000 系列标准的内容。

ISO 14000 是国际标准化组织（ISO）第 207 技术委员会（TC 207）从 1993 年开始制定的一系列环境管理国际标准，它包括了环境管理体系（EMS）、环境审核（EA）、环境标志（EL）、生命周期评估（LCA）、环境行为评价（EPE）、术语和定义（T&D）等国际环境管理领域的研究与实践的焦点问题，向各国政府及各类组织提供统一、一致的环境管理体系、产品的国际标准和严格、规范的审核认证办法。

环境管理体系是全面管理体系的组成部分，包括制定、实施、实现、评审和维护环境方针所需的组织结构、策划、活动、职责、操作惯例、程序、过程和资源。

(3) ISO 14000 系列标准的基本要求和特点。

① ISO 14000 系列标准的基本要求如下。

A. 要求建立文件化的环境管理体系。

B. 制定环境方针，做出环境保护的承诺。

C. 识别企业的环境因素，制定目标指标以改善环境状况。

D. 要求污染预防，持续改进；遵守法律法规。

E. 针对企业的重要环境岗位，建立作业程序加以控制。

F. 注重各方面的信息沟通。

G. 要求对紧急突发事件，建立应急和响应计划。

② ISO 14000 系列标准的特点如下。

A. 注重体系的完整性，是一套科学的环境管理软件。

B. 强调对法律法规的符合性，但对环境行为不做具体规定。

C. 强调污染预防，持续改进。

D. 要求对组织的活动进行全过程控制。

E. 广泛适用于各类组织。

F. 与 ISO 9000 系列标准有很强的兼容性。

复习思考题

一、思考题

1. 什么是景区质量？它由哪些部分构成？
2. 在进行景区质量管理时，应遵循什么样的原则？
3. 画出景区质量管理的 PDCA 工作循环，并描述其步骤。
4. 你认为应如何提高景区的服务质量？
5. 景区服务质量差距产生的原因有哪些？
6. 什么是景区的标准化管理？景区的标准化管理有什么意义？
7. 简述绿色环球 21 标准体系。

二、案例分析题

合力推进旅游景区高质量发展

日前，文化和旅游部召开 2019 年全国 A 级旅游景区质量提升电视电话会议，通报国家 5A 级旅游景区复核检查和处理情况，部署安排 2019 年全国 A 级旅游景区质量提升工作,要求扎扎实实抓好问题整改,不断提升旅游服务管理水平,切实维护A级旅游景区品牌形象,更好满足人民群众对美好生活的新期待。

旅游景区作为旅游产品的重要组成部分,是旅游产业发展成效的核心指标、核心所在。改革开放以来的发展实践表明,旅游景区建设得好不好、5A级旅游景区有没有,已经突破了旅游行业范畴,成为衡量各地经济社会发展水平、城市人居环境质量的重要指标,在全社会形成了强大的影响力和感召力。因此,提升旅游景区质量,不仅是旅游产业实现高质量发展的内在要求,还是提升城市综合实力、更好满足人民对美好生活需要的必然要求。

质量提升是一项系统工程,需要旅游景区苦练内功、旅游行业加强引导督促,还需要行业内外加强协同协作,形成强大发展合力。对旅游景区而言,一方面,需要坚持前期开发建设与后期运营管理并重,切实扭转"重创建、轻管理"的观念。此次文化和旅游部宣布对1家5A级旅游景区予以取消质量等级,对6家5A级旅游景区予以通报批评处理,限期3个月整改。被处理的7家5A级旅游景区中不乏创建挂牌时间较早、市场知名度较高的旅游景区,再次让各旅游景区深刻认识到5A级旅游景区不仅是一块"金字招牌",更是一份沉甸甸的质量承诺书。成功创建为5A级旅游景区不是一劳永逸的,不能出现创建后松一松、停一停的错误想法,而要把创建挂牌作为推进旅游景区科学管理、规范运营、优质服务的又一起点,用一流的管理、优质的服务践行为人民群众提供更好旅游产品的庄严承诺。另一方面,需要坚持把优化供给端管理与重视需求端诉求并重,防止"重经济效益、轻服务功能"的短视行为。此次被处理的7家5A级旅游景区存在的问题主要有旅游产品类型单一、过度商业化、安全卫生投入不够、景区综合管理有待提高等。当前,人民群众的旅游消费需求已经从"有没有、缺不缺"转变为"好不好、精不精",这就要求旅游景区在管理运营中要时刻铭记"旅游为民、旅游惠民"的初心,站在游客的角度思考如何增强有效服务供给,切实保障和提高游客体验度和舒适度,为旅游景区可持续发展提供有力支撑。

总之,质量提升是旅游景区可持续发展之根、安身立命之本,关乎旅游产业高质量发展,需要旅游行业内外积极参与、加强合作、共同推进,不断满足人民日益增长的旅游美好生活需要。

(资料来源:http://www.toptour.cn/tabid/2019/InfoID/269333/frtid/2006/Default.aspx,2019-08-09,有改动。)

问题:

1. 为什么说景区质量提升是景区安身立命之本?
2. 结合案例谈谈景区如何提高自身的服务质量?

第 9 章　景区设施与安全管理

学习目标

通过学习本章，学生应了解引起景区安全问题的因素，掌握旅游安全管理的概念及其意义，掌握旅游景区安全事故的表现形态和类型，掌握景区安全管理的特点、原则和任务，了解我国旅游景区安全管理存在的问题及对策，了解常见安全事故的处理方法。

知识结构

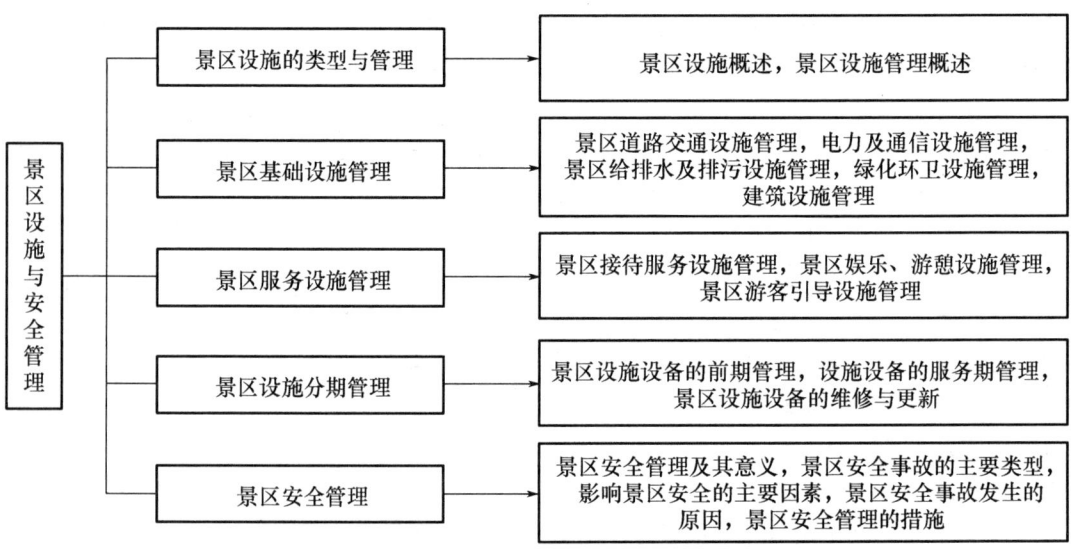

导入案例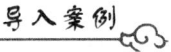

游客擅闯海螺沟禁区身亡，景区被判不担责

游客擅闯景区禁区发生意外，景区究竟要不要担责？成都游客黄女士擅闯海螺沟禁区死亡，家属起诉旅行社和景区索赔，法院判家属担责七成、旅行社担责三成，景区不担责。据了解，这是海螺沟遭遇的首起因游客违规穿越而成为被告的事例。事发后多家景区表示，今后将通过实施有偿搜救、主动起诉擅闯者等方式，避免安全事故发生。

1. 游客景区身亡，家属起诉索赔

2015年6月，成都游客黄女士与神州旅行社签订《团队境内旅游合同》，约定黄女士等10人参加神州旅行社组织的海螺沟等景区四日游线路。6月18日，黄女士随团进入海螺沟景区旅行，到了集合时间，黄女士没有按时返团，旅行社组织人员搜索未果后报警。次日凌晨，景区搜救人员发现黄女士在弯弯河道内死亡。

警方调查发现，黄女士系擅自穿过警戒线横跨河道，在河道内摔伤后致死。事发后，海螺沟景区管理局支付了丧葬费用。

事后，黄女士家属向法院提起诉讼，认为海螺沟景区管理局未尽到对游客人身安全保障义务，神州旅行社未尽到人身安全保障义务，请求二被告共同承担死亡赔偿金等相关费用共计74万余元。

2. 景区为何被判不担责

成都高新区人民法院经审理后判决，黄女士作为完全民事行为能力人，应当对自己的行为负责。被告旅行社、海螺沟景区管理局均对穿越警戒线进行了警示，黄女士仍违反警示标志穿越警戒线，应当对其摔伤致死承担主要责任。神州旅行社在事发当天早上讲解了注意事项后就让游客自由游览，晚上6时才会合，忽略了对危险地区游客游览过程的充分注意义务，存有过错。据此判决由被告神州旅行社承担30%的赔偿责任，原告自行承担70%的损失，海螺沟景区管理局不承担责任。

法院审理认为，海螺沟景区管理局能够证明景区经相关部门验收合格，不具有危及游客安全的危险设施；对于冰川地区旅游的危险性，被告海螺沟景区管理局在游览须知处进行了提示，同时在四号营地设立警示标志"禁止攀爬""禁止翻越栏杆"，对攀爬、翻越行为进行了警示，同时在事发地附近步游道设立警戒线对未开发游览区域进行了隔离，海螺沟景区管理局已尽到必要的安全保障义务。同时景区及时组织人员进行搜救，也履行了及时救助义务。据此，法院判决，被告海螺沟景区管理局在本案中不存在过错，对本案不承担责任。

（资料来源：http://www.sohu.com/a/151918932_420076，2017-06-25.）

案例思考：该案例中游客死亡的原因给游客安全带来什么样的警示？景区应该如何加强游客安全管理？

案例分析：该案例中游客是具有完全民事行为能力的人，却无视景区的警示擅自进入禁区，导致身亡。这给其他游客带来了深刻的教训，游客在游览的过程中应该严格地遵守景区的各项安全规定，不能擅自闯入禁区。案例中景区安全设施完善，并尽到了提示的义务，不承担任何责任，但应更加注重游客的安全管理，特别是容易出事故的地方和禁区，更应该加强警示。

9.1 景区设施的类型与管理

9.1.1 景区设施概述

1. 景区设施的概念

景区设施是景区为游客提供游玩、休闲和观赏的硬件部分,是指构成景区固定资产的各种物质设施。它是提供旅游服务、进行经营服务活动的生产资料,是景区从事经营活动及为旅游者提供服务或其他旅游产品的物质基础。

2. 景区设施的分类

总体上说,根据景区设施设备的用途,可将景区设施分为四大类,即基础设施,接待服务设施,娱乐、游憩设施,游客引导设施。

3. 景区设施的特点

(1) 投资大。景区为满足游客游览的多种需求,服务项目越来越多,对设施设备的要求也越来越高,所以景区设施设备投资大。

(2) 种类多。景区由原来只提供单一的游览功能,发展成集食、住、行、游、购、娱于一体的综合性企业。景区提供的综合性服务,要以设施设备为依托,所以现代景区的设施设备种类越来越多。

(3) 维持费用高。景区的设施设备种类多且复杂,所以维护检修费用较高。

9.1.2 景区设施管理概述

1. 景区设施管理的概念

景区设施管理就是对各种设备从规划、选购、验收、安装开始,经过使用、维护、保养、修理到更新改造为止的全过程的系统管理活动。

2. 景区设施管理的意义

游客在景区除了游览观光之外,最为关心的是在景区是否能享受到良好的食、住、行、游、购、娱服务。景区要实现这些服务,离不开完善良好的旅游设施设备。所以,良好的景区设施设备是接待、服务游客和发展旅游事业的基本物质条件,是经营旅游业的必要条件。要保证景区设施设备良好的运行条件,必须对景区的设施设备进行现代化的、完善高效的管理。其管理的意义主要表现在以下几个方面。

(1) 提高景区服务质量。景区是以提供旅游服务为主的经济单位。满足游客的需求、使游客满意,是景区经营服务的宗旨。景区设施设备是否合理使用、是否科学布局,将直接影响到景区的服务质量。这些设施设备是否舒适、可靠、安全、美观,能否为游客提供舒适的游览体验,是游客对景区服务管理的满意度、美誉度评判的一项重要指标,是提高景区服务质量的保证。

(2) 影响成本、价格、利润等财务指标。设施设备的投入、运行、维护都需要大量的资金。景区开发建设最大的投资花费在设施和设备方面。设施设备的贷款利息支出及运行、维护、保养、修理等费用，是构成景区经营成本的重要组成部分。盲目投资将大量增加设施设备的维护费用、贷款利息等，直接导致景区的利润减少，影响企业的经济效益。另外，从门票价格方面看，只有以完好的设施设备做保证才能为游客提供优良的服务，才能有良好的声誉，景区才能制定较高的门票价格。否则，破旧的设施设备不能满足为游客提供良好服务的要求，要制定较高的门票价格，是完全不可能的。如果景区不考虑自身的物质条件，强制追求利润，制定较高的门票价格，其结果只能是自绝生路。

（3）安全的保障有利于声誉的提升。设施设备管理是保证游客旅游安全的必要手段。保证游客的安全是第一位的，只有在保证游客安全的基础上，才能创造经济效益，提升景区的知名度。安全有效的设施设备有利于景区客源的稳定，有利于对景区形象进行宣传。如果景区的设施设备经常运转不灵，有安全隐患，或发生安全事故，不仅不能令游客满意，还会增加事故处理费用，也严重影响到景区的形象，导致负面效应。

3. 景区设施管理的任务

景区设施设备的管理工作主要由工程部负责，其管理工作任务主要有以下几个方面。

（1）负责景区的设施设备的配置。不论是开发新景区还是改造旧景区，只要增加新设施设备，工程部都要遵循"技术上先进，经济上合理，经营上可行"的原则，负责选购、运输、安装和调试设备。

（2）保证景区设施设备的正常运转和使用。景区的正常运转，必须使各种各样的景区设施设备处于良好的状态。要保证设施设备的良好状态就要使操作者和使用者了解设施设备的性能、功效和使用方法，以便能正确操作。

（3）景区设施设备的检查、维护保养与修理。景区设施设备的检查、维护保养与修理是景区日常管理的重要组成部分。通过检查可以及时发现设施设备的问题并及时处理，防止事故发生。通过维护保养，提高设施设备的使用率，延长其使用寿命。

（4）景区设施设备的更新改造。对老的设施设备进行改造或更新，管理工作主要包括：制订更新改造计划；对要更新改造的设施设备进行技术经济论证；落实更新改造资金来源；合理处理老设备。

（5）景区设备的资产管理。景区资产管理是对设备进行分类、编号、登记、建档等管理，以避免资产流失和管理混乱，使设备管理规范化。

（6）景区各种能源的供应管理。在保证各景区、各部门用电、用水的同时，工程部管理者要编制能源使用计划和管理计划，降低能源消耗，以提高景区的经济效益。

（7）对景区一定规模的建设项目及设施改造的管理。景区大规模的设施建设由景区总经理统一管理，而一般小规模的建设项目由工程部负责设计施工。景区的设施改造无论大小都由工程部经理主要负责管理。

（8）设施设备材料及零配件的采购管理。景区设施设备的各种运转、维修、保养都需要相应的材料和零配件，这些材料和零配件的采购、保管要由工程部负责管理。

4. 景区设施管理的特点

（1）综合管理能力强。景区设施设备投资额大，维护保养费用高，而且设施设备种类多，这就要求管理者的管理能力要强，否则将难以管理好景区的设施设备。

(2) 技术水平要求高。由于景区的设施设备越来越先进，结构越来越复杂，对设备的操作人员和修理人员的要求也越来越高。这就要求景区管理人员加强对员工的培训，使他们能操作和维修先进的设施设备，保证景区各种设备的正常运转。

(3) 管理效率要求高。景区的设施设备往往是为游客提供服务使用的，这就要求这些设备不能出现故障和缺陷，一旦出现，必须立即修复。景区对设施设备的维修工作一般有具体的时间限制。所以管理者必须能高效率、高质量地组织员工排除设施设备的故障，使游客满意。

9.2 景区基础设施管理

景区基础设施主要指为游客提供公共服务的物质工程设施，一般具有建设投资大、周期长的特点，其主要包括道路交通设施、电力及通信设施、给排水及排污设施、绿化环卫设施、建筑设施等。景区基础设施因游览方式以及服务要求的不同也会有所不同。

9.2.1 景区道路交通设施管理

景区道路交通设施主要有专用停车场、景区内部交通道路及运输设施。

1. 景区停车场的建设要求及相关服务设施

(1) 景区停车场（图9.1）的面积要求。停车场的面积应根据景区游客接待的容量合理设计。各个景区要根据计算出的游客日流量或景区的游客人数实际统计量，以及游客到景区所乘坐交通工具的方式等综合考虑停车场建设的面积。例如，有的景区距离城市较远，游客主要通过自驾车到景区来游览，且游客人数较多，停车场的面积就要大一些。而有的景区靠近城市或就在城市里，游客主要乘坐公交车到景区游览，虽然游客也较多，但是景区的停车场建设面积可以相对小些。停车场的地面应平整、坚实。停车场的地面根据景区的具体情况可分别建设成平整、坚实的生态硬化地面，砂砾地面，泥土地面等形式。生态停车场是指有绿化停车线和绿化停车面或绿化隔离线的停车场。停车场的设施、建筑要与整个景区的景观相协调，不要与景区的景观有很大反差，不要影响或破坏整个景区的景观。例如，在人文景观较多的景区建设停车场，它的设施和建筑就应结合景区的建筑风格及特点建设，与景区景观融为一体。

(2) 停车场的服务设施要求。在停车场上须设立停车线，以便汽车按车位停车。停车线主要有硬化停车线和绿化停车线两种形式。硬化停车线主要是用瓷砖或油漆设立；绿化停车线主要是用草或其他植物种植在停车线上形成颜色反差较大的停车线。要对每个车位进行编号，以便进行停车服务和车辆管理。在停车场上应进行分区，一般分为大车停车区和小车停车区。大车停车区主要供大型旅游车、大型公交车和卡车停放；小车停车区主要供轿车、中巴车等小型汽车停放。

(3) 为了使停车场里的车辆出入有序，不产生混乱、堵塞现象，须设立明显的回车线，使司机能根据回车线的指示有秩序地在停车场里出入。回车线主要采用地面硬化指示或灯光指示两种方式设立。景区的停车场一般须分别设立汽车的出口和入口，以便汽车有序地从入口进入和从出口出去，同时也便于停车场管理人员对进出汽车进行服务和管理。按消防的要求及规定，停车场须设立数量足够的消防设施设备，以便在发生火灾时能及时

第9章 景区设施与安全管理

图 9.1 景区停车场

灭火。另外，保安部必须定期检查防火、灭火装置及设备，并训练停车场的员工掌握灭火设备的使用方法和灭火技能。对于大型景区的大型停车场，须在入站口设立游客下车站，游客先在该站点下车，然后司机再停车。同时在出站口设立游客上车站点，游客游览出来后司机将车开到上车站点，游客在此上车。这样可避免因游客在停车场里走动带来的安全隐患。在游客上车站处设立司机休息室，可使司机在游客游览期间在此休息，等候游客到来。在上、下车站及司机休息室必须有相应的服务员提供游客上、下车服务及司机休息服务。

2. 景区内部交通道路的建设要求及相关服务设施

景区的道路一般分为景区主要干道和景观内步行游览道路。

(1) 景区主要干道的建设要求及服务设施要求。

景区主要干道（图 9.2）主要用于景观间的游客运输和供应运输，这种游览道路必须建设平整、无尘土，符合行车安全要求。景区主要干道的服务设施主要包括各景观点设立供游客上、下车站牌及车站，根据道路情况设立交通标志等；景区内部的交通工具主要有电瓶车、液化气汽车，以利于景区的环境保护。

(2) 景观内步行游览道路的建设要求及服务设施要求。

① 景观内步行游览道路的建设要求。景区内各个景观之间的道路一般以步行道路（图 9.3）为主，这种游览道路的建设要注意，游览线路要做到有入景、有展开、有高潮、有结尾。入景，要新奇，引人入胜；展开，即在景象特征、景观类型、游览方式和活动上不断变换，起伏跌宕，使游客流连忘返；高潮，是在游览中使游客感受最集中、最突出、最有特色的景观，应利用游览线路对主景进行泄景，使之若即若离，待成熟时达到高潮；结尾，即游客回头时感到回味无穷。游览线路对反映主题的景物应多设计几个观景点，从不同角度重复观赏，以强化游客的感受。游览线路应选择最佳的观赏点。用最佳的视角和

图 9.2　景区主要干道

距离，以扬景观之长、避景观之短。游览线路宜曲不宜直，宜险不宜夷，宜狭不宜宽，宜粗不易平。根据景观的自然特点，保持自然风貌。在游览线路上有登山、有越涧、有穿林、有涉水，不断变幻空间、变幻视线，使游客体会到游览线路上的游览乐趣。根据游览线路的长度和攀登的高度，适时设立休息点，使游客随处可安，灵活行止。休息点要设立观景的亭、台、廊，以及供游客休息的椅子、凳子等设施。景观的游览线路可有多条，有险、有平，以供不同年龄、不同兴趣的游客选择。景观的游览线路尽量为环形，不要走回头路，使游客有新奇感。对每个景观的游览线路需要有进口和出口，有利于游客的疏散。对景观内游览步行线路主要应采用生态性材料建设。根据景区的实际情况可采用木头、木板、竹板、卵石、砾石、石板等铺设，有利于生态和环境保护，铺设要具有地方及民族特色。

② 景观内步行游览道路的服务设施要求。景观内步行游览道路旁要设置足够的与景观相协调的垃圾箱，并且有明显标志。在游览线路旁建设适当数量而且造型、色彩、格调与环境相协调的公共厕所，并设立醒目引导标志。要根据游览线路的情况设置箭头、指示牌等引导游览标志，特别是在游览线路的交叉路口更应注意。引导标志上的文字必须有中英文对照。引导标志的设置牌尽量与景观环境相协调，建议使用当地的生态性材料制作。在游览线路上须设置一定数量的公用电话设施。

3. 景区内部运输设施要求

景区内尽量使用低排放的交通工具，鼓励使用清洁能源的交通工具，如电瓶车、液化气汽车等。还可以设置滑竿、轿子、人力三轮车等特色交通工具。山岳型景区可根据需要设置缆车。

景区运输设备要求安全、整洁，外包装要与景区环境协调，体现地方特色。

图 9.3 景区步行道路

知识链接

景区道路设计原则

1. 强调安全原则

在景区道路设计中，首要原则为安全第一。景区道路系统安全性主要涉及人车分流、景区道路对周边危险地形的处理、景区道路与各种灾害和风险等，应尽可能考虑游客在交通道路上可能遇到的安全问题，依此进行统筹规划。

2. 营造景观

景区道路是游客行进过程中的主要道路，必须强调道路景观的营造。

3. 兼顾游憩

在突出交通功能的同时，兼顾游客的游憩需求，将景区道路规划建设成为气氛轻松、游憩设施完备、景观视线优美的休闲、观光、游憩场所。

4. 适当快捷

评价交通道路好坏的一个重要的考核标准就是其是否具有快捷性。从某种意义上来说，景区需要的并不完全是快捷的内部交通，快捷的交通会在一定程度上缩短游客在景区内的停留时间，减少创造收益的机会。

5. 突出特色

要突出景区自身的个性特征，在道路设计时应充分考虑景区内的自然和文化环境，通过采用本地特有的材料铺装路面或按照本地独特的社会文化风情设计沿线景观。例如，铺满树叶的道路、各式石雕列于两侧的道路等都属于特色鲜明的道路样式。

9.2.2 电力及通信设施管理

1. 电力设施

景区配电设施系统的基本原则是满足用电要求和安全用电。景区集中了大量现代化的生活设施和设备，这些设施和设备的大部分都用电力作为能源，所以必须有可靠的、能满足要求的电力供应系统。景区电力设施分为照明和动力两部分。照明部分包括服务、工作、广告照明及家用电器等。动力部分有水泵、娱乐设备及加工设备等。景区是国内外游客游览、参观、娱乐、住宿、会议的重要活动场所，因此景区对供电的可靠性有较高要求：①要求保证供电的持续性，任何时间不能中断供电；②要求保证供电系统运行的可靠性，一旦线路发生故障，可立即采取应急措施，不致整个景区断电；③各种电力、通信线路应尽量埋设在地下管道中，以保持景观的完整性、美观性，也有利于对线路的保护。

2. 通信设施

景区通信设施由四个部分组成：一是交换设备；二是传输系统；三是邮电系统电话；四是移动电话基站。景区对通信设施有如下要求：①方便游客使用IC卡打电话及用手机与外界联系；②通信设施建设要与景区景观相协调。

9.2.3 景区给排水及排污设施管理

为了保证景区的正常运营，必须建设给排水设施。给水设施主要有上、下水管道及蓄水设施。排水设施主要有排水管道、污水处理设施。对景区给排水及排污设施有如下要求：①给排水设施要能满足景区供水和排水的需要；②污水处理设施处理过的水能达到国家要求的排放标准。

沿景区规划道路铺设给水管道，给水管道应满足景区日常生产、生活及消防用水。加强地表水源和地下水卫生防护，地表水质均应达到国家Ⅰ类标准。坚持节约用水，推广节水型卫生洁具，通过优化调度和科学管理，减少供水过程中的漏损水量，加强对免费用水的管理，取缔非法用水。

9.2.4 绿化环卫设施管理

景区的绿化设施兼具观赏和遮蔽功能，是景区必不可少的基础设施之一。为了保持环境整洁，景区还应设置环卫设施，环卫设施应注意设置的位置和造型。

1. 绿化设施

（1）绿化在景区建设中的作用。

① 草坪、花木是景区风景的主要素材。无论以建筑、文物、山石及水体为主题还是以花木、草坪为主题的景区都要进行绿化建设，美化景区环境。

② 绿化可以丰富景点构图。景区的山石、房屋色调单一，而绿化后配以草坪、花木可以改变景点构图，调整单一色彩。

③ 绿化给景区景点产生时空变化和生气。由于植物的花、叶随季节变化，一年中有春花、夏树、秋叶、冬雪。因此，景区的山石、建筑在植物的映衬下也有了季节的变化，使景区四季有景、四季景异。

④ 绿化具有分割空间和隐蔽有碍景观的建筑物的功能。景区常常用花木、草坪把空间划分为若干个独立空间，便于游人游览。景区中有的地物和建筑观赏效果差，可用植物隐蔽，形成完整、美妙的观赏环境。

（2）绿化花木的种类。

风景旅游区的花木各有特色，按生态和观赏特点可划分为如下几类。

① 花木类。花木以花大、色艳、花期长为贵。例如，樱花是春天的使者；红色茶花颜色鲜艳；牡丹有花王之称；梅花铁骨冰肌、顶霜傲雪。

② 果木类。果树果实以红色、紫色为贵，黄色次之。因为果实一般在夏、秋之际成熟，整个自然景观处于冷色系统中，此时成熟果实以红色、淡红色较引人注目，如苹果、荔枝、樱桃等。

③ 林木类。林木类分针叶类、竹类和阔叶类。其中古老、苍劲及有一定历史和造型的树木风景最有观赏价值。

④ 荫木类。荫木类主要具有干粗、叶密的特点，可供游人蔽荫用，如榕树、樟树等。

⑤ 灌木类。灌木类指树叶具有观赏价值的树木，以春夏是绿叶和秋天是红叶为最好，景区常见的有枫树、榉树、栌树等树木。

⑥ 蔓木类。蔓木类主要具有攀缘特点，可依附墙壁、花架及山石之上，如紫藤、蔷薇、爬山虎等。

（3）景区花木搭配种植方式。

绿化产生的感观效应，不只由花木本身产生，还由配植方式所决定。景区花木搭配种植的方式一般有以下几种。

① 片植。在一定的范围内，将某一种或几种花木成片种植，形成花海或森林。也可将其组合栽植成各种图案、文字等形式。

② 丛植。考虑植物生态和季节变化而将不同变化的植物搭配栽植在一起。例如，常绿树与落叶树相结合，乔木与灌木相结合，使绿化内容丰富。

③ 孤植。大型荫木用于较小的空间的绿化，采用孤植方式，与绿化空间相适应。

④ 点植。对于较大的空间，采用独树不能蔽荫，需点植两三株或三四株荫木。一般应根据树的大小、树叶的疏密、姿态的差别、色调的明暗等在适当地点种植。

（4）景区花木选择要求。

① 各地景区绿化选择花木时，以选择本地树种为主。因为本地树种易存活，成长快，与景区特色相符。

② 在绿化时要考虑季节的变化，合理搭配种植花木。

从以上内容可以看出，绿化是景区的重要观赏内容之一，所以人们将绿化也看作景区的基础设施之一。

2. 环卫设施

景区为了保持环境整洁、卫生，应设置环卫设施。卫生设施主要有以下几种：①厕所，要建设在隐蔽但易于寻找、方便到达并适于通风排污的地方。厕所的外观、色彩、造型应与景观的环境相协调，可采用水冲式厕所或生态厕所。②垃圾箱（桶），美观、整洁与环境相协调，可根据景观环境特色专门设计造型。③垃圾处理设施，按照国家有关规定建立垃圾处理设施，按要求处理垃圾。

> **知识链接**

景区厕所环境营造

1. 景区厕所外围道路的处理

厕所外围道路是游客前往厕所的必经之路。在道路铺面的处理上，一方面要让游客能够顺利舒适地到达，另一方面则要求对保持厕所的整洁卫生有利。通向厕所的外围道路应适当地抬高，并采用硬质铺面进行处理。这样除可以防止因雨水淹没通道而使游客行走不便外，还可以减少游客将泥沙带入厕所内的可能性。

2. 景区厕所周边的植栽选择

厕所周边的植栽主要考虑环境的美化以及厕所私密性的保护，一般采取高大的树木与低矮的绿篱相互配合的方式。

3. 厕所附属设施的规划

为方便游客，优质的景区厕所应从游客的切身需求出发，为其提供附属服务措施和项目。中华人民共和国国家标准《旅游厕所质量等级的划分与评定》（GB/T 18973—2016）中规定我国星级景区厕所应该提供的相应附属服务，如五星级景区厕所应提供小件寄存、公用电话、休息椅凳、影视设备以及售货等附属设施和服务。

9.2.5 建筑设施管理

景区建筑设施主要指景区内一些公用服务设施、观赏建筑设施，如景区大门、游客中心、商业服务中心、餐馆、饭店、园林建筑、民俗建筑等。景区对建筑的要求包括以下几个方面。

（1）建筑物占景区面积比率应控制在20%～25%。

（2）建筑物高度不能超过5层。

（3）建筑外形要求运用景区传统或历史的建筑风格，使建筑与景区环境相适应，体现民族性和地方性特色，并尽量使用当地的生态性建筑材料建设，体现景区当地的建筑风格。

9.3 景区服务设施管理

9.3.1 景区接待服务设施管理

1. 游客服务中心

游客服务中心又叫访客中心，一般而言有三大主要功能：展示、服务、管理。建筑的功能要求决定着其平面组合、空间布局及室内空间的分隔形式。当然，游客服务中心设计除了满足相应功能，组织好便捷的交通路线，塑造出舒适宜人、底蕴丰富的室内外空间环境之外，作为游客与目的地联系的"第一印象区"，游客服务中心首先需要从外在形象建立起独特的文化识别特征，其次需要通过合理的功能配置与软件服务，帮助景区与游客之间建立起和谐而紧密的沟通关系，传递有价值的资讯和理念。

（1）游客服务中心的作用。

游客服务中心是景区设立的为游客提供信息、咨询、游程安排、讲解、教育、休息等旅游设施和服务功能的专门场所。修建游客服务中心的目的是向游客提供有关旅游和目的地的信息，同时提供必要的服务和帮助，有些甚至包括住宿及娱乐设施。游客服务中心的功能决定着其外部的形态特征和大众的审美意象，同时，建筑风格又受到当地地理环境和民俗文化的影响，以及经济技术条件的影响。因此，游客服务中心建筑应当体现出当地的地域文化特色，并与外部景观相协调。国外一些国家公园的接待中心往往配有多媒体演示设施，让游客在进入景区之前就对整个景区的概貌、景点和线路有形象的了解。而且游客必需的导游图、导游手册、必备的装备及纪念品均可在此买到。游客服务中心是必需的宣传设施之一，通过各类专用的技术性媒介，使游客在此处简略了解游览区的规则、景观价值及为他们提供的机会、该地区独特的风光、在整个公园系统中的地位，以及如何才能直接享受到并理解自然环境的美妙。同时，它也像一个为游客和工作人员双方提供公园信息资料的贮藏室。

（2）游客服务中心的主要功能。

① 引导功能。游客服务中心一般位于旅游中心或出口处，有着明显的"窗口"的作用。通过这个"窗口"，游客可以了解整个区域内环境、资源和旅游服务要素的分布、组合状况及存在的问题。

② 服务功能。游客服务中心可为游客提供住宿、休息、餐饮、交通、娱乐、购物等服务，以便使游客满意、顺利完成旅游计划。

③ 游憩功能。游客服务中心距旅游区较近，本身也有部分特殊的自然风光，或景观建筑，或民俗风情，或直接是景区的一部分，甚至包含绝佳的观景台等设施，起到游憩功能。

④ 集散功能。游客服务中心是游览区与大城市间的交通连接点，对来往游客具有集散作用。

⑤ 解说功能。解说、传授和信息服务作为基本的交流手段，可让游客清楚、明白关于自然和文化资源的意义与价值。

（3）游客服务中心的设施组成。

典型的游客服务中心包括：门厅、商店、问讯处、休息厅、展厅、厕所、银行和售票处、多媒体展厅（播放、板报、展览、声像影院、表演舞台、活动区或类似设施）、餐厅、管理和急救区、导游服务。

① 门厅。门厅是游客进入游客服务中心的入口，也是主要的交通枢纽，起着停留、分配人流和交通缓冲的作用。游客来到接待中心，在此处稍作停留，门厅是由室外到室内的过渡空间，既要合理集散人流，又可美化建筑内部空间环境。门厅位置的各条人流流线要简洁通畅，给游客以明确的导向作用，同时尽量避免人流的交叉与重复，并符合防火及疏散要求。门厅设计中，首先，要注意游客人流的组织和分配，它关系到正门、楼梯的合理布局。对容易吸引游客形成人流聚集的辅助区域，应尽量布置在厅内人流相对少的位置，避开主要人流路线。其次，门厅的设计要考虑朝向、采光和通风等卫生条件的要求。采光以柔和的自然光线为宜。当门厅内设有楼梯或电梯时，就不仅要组织好水平交通人流，还要组织好垂直交通人流。

② 展厅。为了使游客更清楚景区现状、旅游的路线，以及在旅游活动中提高环保意识，游客服务中心内还特别需要设计一些提供景区介绍、环境教育的特殊设施，根据其需要可设计展示厅、陈列室、多媒体厅等。展示厅通过地图、沙盘、文字向游客提供旅游信息，图文并茂地让游客了解景区的线路图、自然科学知识、人与自然的关系、历史文化背景，从而让游客直观地了解景区情况，确定游览线路，并启迪游客的环境保护意识。陈列室一般陈列景区的重点项目、详细资料及生产产品、各类文物和标本等实物，它可与展示厅合并建设。多媒体展厅主要向游客放映介绍景区内的主要景点及保护自然的影片等。为达到最佳效果，有的地方采用高科技声光电技术辅助虚拟现实，使游客有身居其境的感觉。展厅通常的布局方法是或者设置专门的展厅、陈列室或专门的展览陈列空间，或者结合走廊、走道等布置展览陈列。无论是设置单独的展览类空间还是与交通性空间结合设置，都须考虑与门厅的位置关系。

③ 问讯处。游客服务中心一般设有问讯处，向游客提供咨询服务，游客可以在此领取景区的相关介绍资料，还可通过电子触摸屏查询各种信息。问讯处应邻近游客主要入口处，使用面积为6~10平方米，问讯处前应设不小于8平方米的游客活动场地。

④ 休息厅。休息空间要按管理方式和使用要求，可设置不同类型的休息处，如免费休息室和VIP休息室。休息空间内基本要有饮水、盥洗、座椅。不少地方还提供收费的咖啡、茶水服务。休息厅室内空间应符合采光、通风和卫生要求。休息厅的布置还应注意景观的处理，搞好室内外空间的结合。特别是南方地区，应当充分利用室外绿化景观，为游客创造优美的环境。休息厅使用面积指标应按游客最高聚集人数每人1.1平方米计算，视当地游客量而定，通常面积在100~300平方米，咖啡厅、VIP休息室控制在50平方米左右。若面积过大，应考虑分散布置。

⑤ 商店。商店一般出售旅行必需品、土特农产品和特色纪念品及旅游工艺品，以满足游人购物需求。其使用面积按最高聚集人数计算，根据不同情况，可以分成超市、特色纪念品专卖等，总面积为10~80平方米。

⑥ 厕所。厕所要注意位置的选择，既要相对隐蔽，又要使用方便。厕所不应设于人流密集位置，如主要楼梯旁等。有的游客服务中心将厕所设在过厅内，有的面向天井、内院布置，都有可取之处。此外，厕所还要满足一些特殊要求，如针对伤残人士，要考虑无障碍设计。

游客服务中心的次要设施主要包括小件寄存、自动取款机、邮政快递、急救中心、商务中心、餐饮、娱乐设施和住宿等。其中餐饮、娱乐设施、住宿等不是必要项目，取决于游客服务中心的规模以及景区的服务设施规划安排。

古北水镇游客服务中心

1. 选址与规模

古北水镇位于北京市密云区古北口镇，紧邻司马台长城，全称为北京密云·古北水镇（司马台长城）国际旅游度假区，由中青旅控股股份有限公司、乌镇旅游股份有限公司、北京能源投资（集团）有限公司和战略投资者共同投资建设。管理团队多数来自乌镇旅游股份有限公司。古北水镇原址为3个村庄，开发者将村民全部迁出，集中安置。原有3个村庄进行全面改造和加建，形成了9平方千米的占地面积，下辖古北水镇和司马台长城2个游览区。其中古北水镇拥有43万平方米的明清及民国风格的山地四合院建筑，包含2家五星级大酒店、6家小型精品酒店、20多家客栈民宿（400余间客房）、大量餐饮及商铺，以及多个文化展示体验区及完善的配套服务设施。

古北水镇游客中心位于入口以里，从停车场沿两条主街步行15分钟后均可到达，是目前同类景区中面积最大、设施服务最完备的游客中心。

古北水镇游客服务中心并未与入口停车场直接相连，而是有一段步行距离。这是与乌镇的区别之一。其好处是：①随自然地形与建筑的变化，在有开敞空间的地段才设置游客中心，方便大规模游客集散；②通过步行空间，逐步将游客引入小镇的环境氛围，避免一入景区就直面游客服务中心，太过僵化；③紧邻停车场的住宿游客行李服务处、卫生间和便利店提供了部分游客服务中心的功能。过夜游客的行李统一派送到各个酒店或民宿，也有观光电瓶车可将游客直接送达酒店或民宿。

游客服务中心外部为宽敞的集散广场，便于游客集散。广场两侧竖立标牌，注明票价、入场须知、分区介绍、活动内容。集散广场左侧的标示牌标明了票价和入场须知，为中英双语，方便中外游客。票价包括古北水镇（全日票、夜游票、住宿游客优惠票）、司马台长城、游船等的票价和售票时间、优惠办法、旅游须知、咨询服务电话、服务承诺和安全承诺。特别提示司马台长城需提前一天预约。集散广场右侧的标示牌标出了景区内部的多元化活动内容，包括民宿客栈、温泉疗养、儿童游玩和旅游演艺场所与节目，充分体现古北水镇作为综合性休闲度假目的地的特征。

游客中心建筑外部附属有卫生间和宠物室，充分满足游客需求。卫生间按照旅游厕所A级标准打造，干净无异味，有充足的纸张供应。宠物室在外墙标明寄存宠物流程。

2. 功能设计

古北水镇游客服务中心为三层，一层是主要的功能区，包括售票大厅、检票大厅、住宿游客办理入住大厅，还有导游问讯处和贵宾休息区，此外还增设了星巴克咖啡餐饮服务区和儿童游乐区。二、三层为VIP接待区和办公区。

3. 综合服务

北京古北水镇旅游有限公司分为酒店管理部、市场销售部、景区经营部、景区管理部、配套运行保障指挥中心、财务内审合约部、人力行政部、信息化部等部门，管理层大部分来自乌镇，其余大多数为当地居民和村民，也有大量社会招聘的年轻人。各部门均不同程度涉及游客服务中心的运营和管理。游客服务中心实际上成为公司管理的一个核心场所。

古北水镇的目标是：做中国最优秀的度假目的地。其价值观为：将最大的善意释放给每一位游客，为每一位游客提供亲情的体验。其人才观为：诚信正直，有作为有地位。其行为准则为：敬业、高效、严谨、关爱。其管理理念为：制度管人、流程管事、因人成事、因事连人。游客服务中心就是整个古北水镇游客服务的一个核心，是景区员工向游客提供面对面服务和交流的较集中的场所。游客服务中心内提供的服务包括综合咨询、售票、开具发票、导游咨询、酒店入住、餐饮、儿童游乐辅助、安检、检票等；在旅游旺季，还有引导排队等服务。

4. 创新与亮点

（1）升级了游客服务中心作为游客服务核心尤其是度假酒店前台的功能。面积充足，保证了售票、入住和检票三大功能区，并引入星巴克咖啡餐饮服务区和儿童游乐区，满足餐饮需求和儿童游玩需求。取消了商品购物区，分散到景区内部，更能体现景区的特色。

（2）建筑风格保持了明清古建的特征，与整个旅游区融为一体，内部装饰充满传统风格，并引入各种艺术装饰。天花板的不同装饰加深了游客印象，提升了艺术水准。

（3）游客服务中心内部各种大屏幕、高亮显示和易拉宝随时提醒游客在景区内可获得的服务和体验，还有咨询人员为游客提供热情的服务。

（4）游客服务中心与游船服务、内部观光电瓶车服务结合起来，满足游客不同的交通需求。

（5）游客服务中心外部的集散广场、标示牌、卫生间和宠物室提供了完善的服务。尤其是宠物室在各大景区中非常独特，满足了一部分游客的宠物寄养需求。

（资料来源：徐挺，朱虹. 旅游景区游客中心规划与管理［M］. 北京：中国旅游出版社，2017.）

2. 住宿设施

住宿设施主要是指景区内能为游客提供住宿服务的宾馆、饭店、疗养院、度假村、民居旅馆、野营地等设施。景区作为旅游活动的空间载体，不仅要为游客提供游憩体验，还应提供完善的配套服务，其中住宿设施是重要的内容。尽管对于不同类型、不同规模的景区而言，住宿接待设施规划会有所差异，但是，从整体上看，景区的住宿接待设施是必不可少的。

（1）星级酒店型住宿接待设施。星级酒店型住宿接待设施是所有景区住宿设施中档次最高的类型，它按照国际星级酒店标准建设，并严格执行标准化服务，可以使游客获得较为舒适的旅行生活。但是这类接待设施使用范围有限，只有在规模较大的景区和高级商务度假旅游区才有市场。例如，中国香港迪士尼乐园中有两三座高星级酒店（图9.4）。高级度假村中的度假别墅也以星级酒店为建造标准。游客在享受舒适住宿餐饮服务时，也需要支付较高的价格。

图9.4　中国香港迪士尼乐园酒店

（2）自助式或小型旅馆式接待设施。自助式或小型旅馆式接待设施是指景区中在设施和环境上较星级酒店要求低的住宿和餐饮提供方。游客在此获得住宿的空间、设施及部分基本服务，此外游客需要通过自己的劳动来获得另外的服务，如餐饮、热水供应、做床服务、整理房间等。这样的接待设施如国外较为流行的汽车旅馆、全球连锁青年旅馆以及家庭旅馆等。这类接待设施在景区中较为普遍。目前，我国家庭旅馆也在假日经济的有力推动下迅速成长起来。

（3）特色小屋式住宿接待设施。特色小屋式住宿接待设施是根据景区的自然和人文环境设计出的具有当地特色的住宿设施。这类住宿接待设施在为游客提供住宿服务的同时，也让他们感受到景区内特有的自然和文化氛围。但是这类住宿接待设施往往较为简陋，服务内容也较为有限。例如，具有我国民族特色的吊脚楼（图9.5）、小竹屋、小木屋等都是这类住宿接待设施的代表。这些住宿接待设施构成了景区中风格鲜明的风景。

图 9.5　吊脚楼

（4）露营式接待设施。露营式接待设施是景区中相对最为简陋的住宿接待设施。即景区开辟专门一块营地作为游客夜间露营休息的场所，游客需要自带露营设备，如利用露营车、帐篷或租用景区内的露营设备实现住宿。露营式接待设施较容易受外界干扰，因此，一般只有在特定的季节或旅游旺季才对游客开放。目前，露营在我国景区中大多作为游憩项目存在，将其纳入景区接待系统的尚不多见。

3. 商业服务设施

在景区内应设立能为游客提供食品和旅游商品的商业网点设施。例如，为提供完善的游客服务，黄石国家公园内规划设置有餐厅、乡间旅馆、小木屋、饮水点及废水处理系统，另于主要景点设客房、置解说牌、公用电话、自动饮水机、公厕等设施。为应付紧急突发事件，公园内应设置医院、紧急电话专线及救护车等急救设施，游客服务中心及管理服务站应规划配备无线电装置。此外，在危险区域应设立警告牌，并将警告文字图案刊印于各类解说资料中，以提醒游客注意安全。

9.3.2 景区娱乐、游憩设施管理

1. 水上娱乐、游憩设施

水上娱乐、游憩设施主要是指景区内的浴场、游泳池、游船、游艇、垂钓池、水上游乐园、漂流设施等。

2. 陆上娱乐、游憩设施

陆上娱乐、游憩设施主要是指动植物园、娱乐中心、游览车、索道、儿童乐园、博物馆、展览馆、高尔夫球场、滑雪场、速降设施、蹦极设施、攀岩设施等。例如，在不影响环境的前提下黄石国家公园提供了多样化的游憩机会，除提供地点配合外，活动、设施及具体的经营管理制度亦予以配套。黄石国家公园规划的游憩活动包括公园解说、赏景、登山、健行、露营、野餐、钓鱼、骑自行车、汽车旅游、游艇旅游、划船、骑马、马车旅游以及雪地活动（含雪车、越野滑雪）等多种，并设有总长 1 900 多千米的各式步道（含自行车专用道、自导式步道及骑马步道等）、12 处汽车露营区、多个营位、2 000 多个游客中心、大量景观眺望点、各种解说设施及许多特许项目的游具租售服务点。各处场所均有相关的规则，有专人负责管理、维护和修缮。

9.3.3 景区游客引导设施管理

1. 安全标志设施

景区在游客集散地、主要通道、危险地带等区域设置符合国家规范的安全标志设施，用以提醒游客注意安全。安全标志是用于表达特定安全信息的标志，由图形符号、安全色、几何形状（边框）或文字组成。

（1）安全标志的类型。

中华人民共和国国家标准《安全标志及其使用导则》（GB 2894—2008）将安全标志分为四大类型，如图 9.6 所示。

禁止标志　　　　　警告标志　　　　　指令标志　　　　　提示标志

图 9.6　安全标志

（资料来源：卢晓. 旅游景区服务与管理［M］. 北京：清华大学出版社，2009.）

① 禁止标志。禁止标志是指用于禁止人们不安全行为的图形标志，包括禁止吸烟、禁止烟火、禁止带火种、禁止触摸、禁止跨越、禁止攀登、禁止跳下、禁止入内、禁止停留、禁止通行、禁止靠近、禁止乘人、禁止抛物等 23 种标志。其基本图形为带斜杠的圆边框。

② 警告标志。警告标志是指用于提醒人们对周围环境引起注意，以避免可能发生危险的图形标志，包括注意安全、当心火灾、当心电缆、当心落物、当心坠落、当心坑洞、当心塌方、当心车辆、当心滑跌等 28 种标志。其基本图形为正三角形边框，边框内有不

同内涵的象形图形。

③ 指令标志。指令标志是指用于强制人们必须做出某种动作或采用防范措施的图形标志,包括必须戴防护眼镜、必须戴安全帽、必须穿救生衣等12种标志。其基本图形为圆形边框。

④ 提示标志。提示标志是指向人们提供某种信息(标明安全设施或场所等)的图形标志,包括紧急出口、避险处等4种标志。

(2) 注意事项。

景区在建立健全安全标志系统时需注意以下事项。

① 由于景区接待来自不同国家和地区的游客,所有标志一定要按照国际规范制作和悬挂,让所有游客都能看得懂。

② 标志不但要有中文文字,还要有其他国家的文字。因为图形标志有一定的隐含效果,单纯的图形符号难以让游客获得正确的信息,还必须配文字。

③ 标志牌一定要置于明显位置和明亮环境中。不可有障碍物影响视线,也不可放在移动物体上。标志牌的材质除满足坚固耐用、遇水不变形的要求外,还要因地制宜,与景区的资源环境相协调。例如,山地景区内用石质材料,森林景区内用木质材料等。

④ 景区的各种标志牌是景区的形象构成要素之一,必须制作精良。表面不能有任何瑕疵,如孔、洞、毛刺等。放置高度应与视线齐平,最大观察距离时的夹角不得超过75°。

⑤ 为保证效果和防止纠纷,安全标志牌要至少每半年全面检查一次,对破损的安全标志应及时更换或维修。

2. 服务指示设施

旅游服务指示设施的图示和说明见表9-1,这些图示可用于公共场所、建筑物、服务设施、方向指示牌、平面布置图、信息板、时间表、地图、旅游手册等。

表9-1 旅游服务指示设施的图示和说明

序号	图形符号	名　　称	说　　明
1		国内直拨电话 (Domestic Direct Dial)	表示可以与国内各地直接通话的电话
2		国际直拨电话 (International Direct Dial)	表示可以与国外各地直接通话的电话
3		团体接待 (Group Reception)	表示专门接待团队、会议客人的场所

续表

序号	图形符号	名　　称	说　　明
4		摄影冲印 (Film Developing)	表示可供摄像、照相、冲洗胶卷及扩印照片的场所
5		缓跑小径 (Jogging Track)	表示可供缓跑的路径或场所
6		垂钓 (Angling)	表示可供钓鱼的场所
7		划船 (Rowing)	表示可供划船的场所
8		骑马 (Horse Riding)	表示可供骑马娱乐的场所
9		射击 (Shooting)	表示可供射击娱乐的场所
10		狩猎 (Hunting)	表示可供狩猎娱乐的场所
11		轨道缆车 (Cable Railway; Ratchet Railway)	表示封闭式铁道缆车

续表

序号	图形符号	名 称	说 明
12		大容量空中缆车 [Cable Car (Large Capacity)]	表示大容量封闭式空中缆车
13		小容量空中缆车 [Cable Car (Small Capacity)]	表示小容量封闭式空中缆车
14		单椅式空中缆车 (Single Chairlift)	表示仅可乘坐1名乘客的椅式空中缆车
15		双椅式空中缆车 (Double Chairlift)	表示仅可乘坐2名乘客的椅式空中缆车
16		三椅式空中缆车 (Triple Chairlift)	表示仅可乘坐3名乘客的椅式空中缆车
17		四椅式空中缆车 (Quadruple Chairlift)	表示仅可乘坐4名乘客的椅式空中缆车

9.4 景区设施分期管理

9.4.1 景区设施设备的前期管理

景区设施设备的前期管理工作，是指在景区向游客开放之前对在景区内设置什么样的设施、设置地点、规模大小等的决策过程。做好前期管理工作，可以为今后设施设备的运行、维护、维修和更新等管理工作奠定良好的基础。景区设施设备前期管理的基本内容，主要包括设施设备的规划，设备的选购、安装调试等方面的管理。

1. 景区设施设备的规划

景区设施设备的规划内容包括设施设备方案的提出、市场调查研究、投资决策和编制计划。

（1）设施设备方案的提出。

景区设施设备的设置方案是根据景区的特色、当前游客的需求及景区经营的方针制订出来的。设施设备的设置要遵循"技术上先进、经济上合理、经营上可行"的原则，要适合游客的需求和景区的实力。

（2）市场调查研究。

根据提出的设施设备设置方案，要进行技术、经济综合分析和各种方案的比较论证，要对市场进行调查研究，掌握详细而准确的市场调查研究资料。调查研究的内容主要有以下几个方面。

① 景区方面。现有设施设备的利用率和潜力情况、安装设施设备的环境条件、能源和材料供应情况、资金来源、操作和维护的技术水平及人员配备。

② 设施设备建设和制造方面。设施设备建设和制造方面的技术水平、信誉情况、售后服务情况，设施设备的规格和技术性能，设备供应状况等。

③ 费用方面。设施建设价格、设备售价、安装费、培训费、经营成本、修理折旧费等。

（3）投资决策。

景区管理者根据调查研究的材料，结合本景区的经营方针、景区旅游资源特色以及现有资金和能源供应等方面的实际条件进行综合分析，从多个可行方案中选择最佳投资方案，最后做出投资决策。

（4）编制计划。

投资方案批准后要由景区设备管理部门会同有关部门组成建设购置小组，组织编制方案实施计划。计划内容包括设施建设进度、施工原材料的供应、设备购置和安装调试进度、施工队伍的协调和组织、水电和交通等条件的配合，并根据各阶段进度安排，定出资金使用情况。

2. 景区设备的选购

景区设备的选购是指新建景区景点时的设备购置以及经营过程中的设备更新购置。应根据景区的发展目标，有计划地进行设备的增添和更新改造。由于设备投入的资金较多，使用期限较长，对景区的经营活动影响较大，关系到企业的经济效益和长远发展，因此，选购设备时应进行充分的调查研究，对多种方案进行经济、技术的论证，比较设备的使用周期和综合效益，根据具体情况，进行科学的决策。景区选购设备时，可以从以下几个方面考虑。

（1）适应性。景区的设备选择首先要考虑是否适应当前市场的需求，能否满足旅客的游览要求。

（2）安全可靠性。景区设备的安全可靠是景区声誉和效益的重要保障，必须充分重视，因为设备的安全性直接关系到游客及景区工作人员的人身安全。

（3）方便性。景区所选购设备操作要灵活方便，要适应不同的工作条件和环境，能减轻操作者的劳动强度，同时方便修理，避免因设备故障导致游客抱怨。

(4) 节能性。设备采购时，应注意其节能性。节约能源会给景区带来直接的经济效益，因此要选用节能性好的设备。

(5) 环保性。景区所选购的设备要避免噪声和排放有害物质。噪声会影响游客的游览，有害物质会对景区环境造成污染。景区应严格按照环保的标准来选择设备，否则会给景区的正常经营及服务质量带来不好的影响。

(6) 配套性。景区采购设备时应考虑到设备单机要与景区设备管理系统配套，以便进行统一管理，要考虑技术上兼容、性能上互补、管理上协调等因素。

(7) 特色性。景区采购设备时应考虑到景区的特色，采购具有特色的设备，既与景区特色相统一又能吸引游客。

3. 景区设备的安装调试

景区设备的安装调试直接影响设备今后的运行效果。无论是景区自行安装，还是由供应商、厂家专业安装单位安装，景区都应派工程技术人员监督其质量、进度，做好安装数据记录。验收时双方均应在现场，并办理书面交接手续。景区验收过程中发现问题，由设备主管部门落实解决，验收交接报告以参加验收各单位共同签订的竣工验收单为准。设备竣工验收后，由财务部门立账，建立固定资产管理账目。设备管理部门根据设备统一编号，填写设备登记卡，记入台账。然后向使用部门移交，根据设备移交单备案后，使用部门才能启用设备。

9.4.2 设施设备的服务期管理

景区从开始接待游客起，其设施设备就投入了服务，对设施的维护和保养就是设施的服务期管理行为。设施的服务期正是各类设施设备以最经济的费用投入，发挥出其最高综合效能的最重要的时期。如果在此期间，景区设施设备管理不善，不但会在经济上给景区造成巨大的损失，而且会严重地影响景区的声誉。

1. 设施设备日常管理的要求

(1) 合理配备设施设备。由于景区资源情况不同，规模大小也不同，设施设备的配备要根据服务的需要和经营特点进行配置。各种主要设施设备应有一个适当的比例，使所有的设施设备都能充分发挥作用。随着旅游业的发展、接待规模的扩大和旅游者需求的变化，各种设施设备之间的比例关系也将发生相应的变化。因此，应根据实际情况及时对设施设备进行调整，使其与景区的经营服务相适应。

(2) 合理安排设施设备的负荷率。设施设备的性能、使用范围和生产能力等有一定的技术规定。使用设施设备时，应严格按设施设备的技术条件和负荷限度来安排服务接待。若超负荷运转，则会带来以下影响：一是损坏设备；二是有安全隐患。例如，景区内载客的快艇、缆车、电动汽车超负荷运行是事故发生的主要原因。又如，大量游客涌入，垃圾处理量大，垃圾处理设备高速、超负荷工作，发生损耗、故障就比较多，大量垃圾不能及时清运处理，游客对景区的不满意便加剧，直接影响景区对游客的吸引力。

(3) 配备专职的操作和管理人员。景区设施设备的性能、操作要求各有不同。操作、管理人员的技术水平和操作熟练程度、敬业精神,决定着他们能否正确地使用设施设备。在经营服务中,应根据设施设备的重要性、设备的技术要求和复杂程度,选择和配备专职的操作和管理人员。操作者必须真正做到"三好"(管好、用好、保养好)、"四会"(会使用、会维护、会检查、会排除故障)。对操作人员,应进行技术培训,经考试合格,证明具有相应的操作技术后,颁发专业证书,持证上岗,实行定人定机,凭操作证、上岗专业证书操作设备。

(4) 建立和健全设施设备使用、维护、保养的规章制度。设施设备的使用、维护、保养的规章制度是指导设施设备使用人员操作、维护、保养和检修设备的技术法规。正确制定和执行这些规章制度是科学合理使用设施设备的重要保证。设施设备管理的规章制度,是景区管理制度的重要组成部分。认真贯彻执行设施设备使用责任制和单位核算制,对于促进操作人员严格遵守操作规程、爱护设施设备、经济合理使用设施设备有着重要的作用。

案例阅读

受访者为什么对游乐场的信任感降低

2017年8月29日,北京某游乐园的摩天轮在运行过程中突然停运,导致数十名游客被困轿厢内。近年来,大型游乐设施安全事故频发,引发了公众对于此类问题的强烈关注。近日,《中国青年报》社会调查中心联合问卷网,对2 002名受访者进行的一项调查显示:77.5%的受访者体验过过山车等大型游乐设施,55.5%的受访者不愿尝试大型游乐设施的原因是安全缺乏保障,78.8%的受访者认为大型游乐设施必须有严格的安全措施。受访者中,90后占20.0%,80后占57%,70后占17.9%,60后占5.1%。

本次调查中,31.4%的受访者每年去1次游乐场,51.0%的受访者每年去2~4次,7.1%的受访者每年去4次以上,10.5%的受访者从来不去。

人们不愿尝试大型游乐设施的原因有哪些?数据表明,55.5%的受访者觉得安全缺乏保障,53.1%的受访者是因为太过拥挤、排队太久。其他原因还有自己害怕(40.4%)、票价太高(27.1%)和身体条件不允许(19.3%)。

对于大型游乐设施,78.8%的受访者认为必须有严格的安全措施,40.2%的受访者认为部分高危项目应被取缔。

你认为游乐场事故频发的原因是什么?调查中,61.8%的受访者认为是相关部门监管不严,57.3%的受访者认为是游乐设施负责人玩忽职守,50.8%的受访者认为是设施老化严重,47.6%的受访者认为是现场操作员不按流程操作,41.0%的受访者认为是游客安全意识淡薄,36.8%的受访者认为是设施超负荷运转。

数据表明,40.8%的受访者对游乐场的信任感降低了,仅22.9%的受访者信任感增强。

为减少游乐场安全事故的发生,66.1%的受访者建议对游乐设施操作员进行严格培训,65.6%的受访者表示所有设施项目必须报备在案,60.2%的受访者建议定期对设施进行安全检查,44.9%的受访者认为应对游客进行培训,37.9%的受访者希望为游客购买保险,33.5%的受访者建议在游客高峰期采取限流措施。

(资料来源:http://www.sohu.com/a/169583548_362042,2017-09-05.)

案例分析：该调查报告中，访问的2 000多名游客，他们对游乐场的信任感降低的主要原因是游乐场设施的安全缺乏保障，很多游客不愿意尝试大型游乐设施。因此，游乐场景区应该加强游乐设施的安全管理，对游乐设施的操作员进行严格的培训，每次运行都进行严格的安检，定期对游乐设施进行维护，增强游客对游乐设施的信任，如此才能促进景区的发展。

（5）创造良好的工作环境。良好的工作环境是保证设施设备正常运转，延长设施设备使用寿命，保证安全服务的重要条件。不同的设施设备，要求有不同的工作环境，保持设施设备工作环境的整洁和正常的生产秩序，安装必要的防护、保安、防潮、防腐、保暖、降温等装置。保持设施设备良好的性能、精度和状态是景区正常运营的关键。景区的设施设备管理，可通过设施设备完好率和设施设备利用率两个指标来考核评价。

设施设备完好率的计算公式如下：

$$设施设备完好率 = \frac{设备完好台数}{设备拥有台数} \times 100\%$$

2. 设施设备的使用管理

设施设备在额定的负荷下运行并发挥其规定功能的过程，即设施设备的使用过程。在设施设备的使用过程中，除了应创造适合设施设备工作的环境条件外，还要有正确的使用方法、合理的工作规范和良好的设施设备维护。因此，正确使用设施设备是控制技术状态变化和延缓设施设备磨损的重要环节。

（1）设施设备使用规范管理。

① 对操作人员的规范化管理。操作人员必须学习和掌握设施设备的运行原理、结构、性能、使用、维护、维修及技术安全等方面的知识。

② 对服务人员的规范化要求。服务人员必须参加常用设施设备的使用操作培训，向游客介绍设施设备使用方法和注意事项，对设施设备进行清洁维护和报修。同时，服务人员还要有明确的岗位责任规范。

（2）设施设备使用管理规章制度。

设施设备使用管理规章制度包括运行操作规程、维护规程、设施设备运行人员岗位制度和设施设备管理表格等。建立和健全景区设施设备使用管理规章制度有助于实现科学管理，消除设施设备运行中的隐患；有助于提高设施设备的综合效益，延长使用寿命，减少维修费用，降低能耗；有助于充分调动员工的积极性，更好地完成工作任务。

为确保管理制度的严格执行，必须坚持定期检查和考核。要做好检查、考核工作，就要抓好三条：一是抓标准，标准是考核的依据，没有标准就会好坏不分；二是抓考核办法，考核办法是否科学，关系到考核是否正确；三是在考核的基础上奖罚要分明，该奖的必须奖，该罚的一定要罚。只有做好检查、考核、奖罚工作，才能促进管理制度的有效实施。

（3）设施设备使用的基本要求。

景区设施设备数量多、分布广、使用范围大。要搞好设施设备的使用管理，就要推行设施设备全员管理制度，坚持"谁使用，谁就要维护好"的原则。这就要求首先必须抓好设施设备操作基本功和操作纪律的培训。设施设备部门和操作人员的基本要求有以下几点。

① 对设施设备使用部门的"三好"要求。

A. 管好设施设备。每个部门必须管理好本部门的设施设备，达到设施设备台账齐全、设施设备账卡清楚、设施设备使用规程和维护规程完善，不得违反规定随意使用设施设备。重要设施设备要定机定人操作，未经领导同意，不准他人随便使用。

B. 用好设施设备。对所有设施设备的使用、操作必须要求相关人员严格按照操作规程进行，不得超负荷使用和不文明操作，未经培训的员工不得单独操作设施设备。

C. 保养好设施设备。设施设备的使用人员在使用完设备或下班前，必须对设施设备进行保养。对于一般设备，日常保养就是清洁、除灰、去污。设施设备保养还包括由工程部专业人员进行的定期保养，各部门要积极配合工程部实施定期保养计划。

② 对操作人员的"四会"要求。

A. 会使用。操作人员应事先熟悉每一个设施设备的用途和基本原理，学习掌握设施设备的操作规程，学会正确使用每个设施设备。

B. 会维护。学习和执行设施设备维护规程，做到设施设备维护的四项要求：整齐、清洁、润滑和安全。

C. 会检查。设施设备管理人员应该了解所负责管理的设备的结构、性能和特点，能检查设施设备的完好情况。了解设施设备易损坏的部位，熟悉日常点检的检查项目、标准和方法，并能按规定要求进行点检。

D. 会排除故障。景区的工程管理部门员工及其他部门的重要设施设备管理责任人应掌握所有设施设备的特性，能鉴别设施设备的正常与异常情况，了解拆装方法，会做一般的调整和简单的故障排除，不能解决的问题应及时报告，并协同维修人员进行检修。

③ 操作人员的五项纪律。

A. 实行定人定机，凭证操作制度，严格遵守安全技术操作规程。

B. 经常保持设施设备清洁，按规定加油润滑，做到没完成润滑工作不开机，没完成清洁工作不下班。

C. 认真执行交接班制度，做好交接班记录及运转记录。

D. 管理好工具、附件，不能遗失、损坏。

E. 不准在设备运行时离开岗位，发现异常的声音和故障应及时停机检查，不能处理时要及时通知维修人员检修。

④ 服务人员的"两介绍"。

A. 向游客介绍设施设备使用方法并示范操作。

B. 向游客介绍使用设施设备的安全注意事项。

3. 设施设备的维护制度

景区设施设备的维护工作必须贯彻专业管理和游客管理相结合的原则，依靠运行操作人员、检查维修人员和服务人员共同维护好设施设备，同时要取得游客的支持与合作。

建立维护制度的目的是让景区内各方人员在维护工作中有章可循、各司其职，从而真正形成设施设备的使用维护保证体系。通常将维护制度按照层次划分为日常维护、定期维护、区域维护和计划维护。

（1）日常维护。日常维护又称例行维护，是全部维护工作的基础，它的特点是经常化、制度化。对于服务设施、娱乐设施、交通设施等一些大型的设备应做到以下几个方面：在每天工作前必须检查电源以及电器装置的安全可靠；各操纵机构正常良好；安全保护装置齐全有效；在运行中无异常情况；每天停工后要保持设施设备清洁；如有损坏和故障，应该及时报修。

（2）定期维护。定期维护是在日常维护的基础上，规定在一段时间内对设施设备从更深层次上进行维护，以便消除事故隐患，减少设施设备磨损，保证设施设备长期正常运行。

（3）区域维护。除了一些大型的设施外，还有部分的小型设施设备和基础设施分布在景区内各处，这就需要对这些设施划分区域维护。区域维护小组或人员要认真执行负责区域巡回检查制度，对给排水设施、照明供电、电线电缆线路、绿化设施、游步道等基础设施及一些分散的小型服务设施进行巡回检查，科学安排巡检路线，发现故障和损坏要及时处理和报修。

（4）计划维护。计划维护又称指令维护。它是以全部设施的维护任务计划为基础，维护人员根据接收的指令完成维护任务的一种维护管理方法。

4. 设施设备的点检制度

设施设备点检是一种现代化的先进的设施设备管理方法，它是应用全面质量管理理论中关于质量管理点的基本思想，对影响设施设备正常运行的一些关键部位进行经常性检查和重点控制的方法。设施设备点检的"点"就是预先确定设施设备的关键部位或薄弱环节，"检"就是通过人的感官和一定的检测手段进行调查，以便及时准确地获取设施设备某部位的技术状况异常或劣化的信息，及早采取措施预防维修。

设施设备点检的目的是及时掌握故障隐患并及时清除，从而提高设施设备完好率和利用率，提高设施设备维修工作质量和节省各种费用，提高总体效益。

（1）设施设备点检的分类。

设施设备点检可根据设施类型划分为三类：属于接待服务设施的点检为A类点检；属于商业服务设施的点检为B类点检；属于娱乐、游憩设施的点检为C类点检。如此分清类别，便于管理。在各类点检中，根据各设施设备的服务时间及规律划分为日常点检、定期点检和专项点检。

① 日常点检。日常点检的时间周期是一天，主要通过感官检查设施设备运行中的关键部位的声响、振动、温度、油压等，检查结果记录在设施设备点检卡（表9-2）中。

② 定期点检。定期点检的时间周期长短按设施设备具体情况划分，有一周、半月、一月或数月不等。定期点检对象是重点设施设备，点检内容比较复杂，其主要目的是检查设施设备劣化程度和性能状况，查明设施设备缺陷和隐患，为大、中修方案提供依据。定期点检凭感官并使用专业的监测仪表工具。接待服务设施内的用电设施、电梯、缆车、渡船等都是定期点检的对象。

③ 专项点检。专项点检是有针对性地对设施设备某特定项目、使用仪器工具进行的检查。

表 9-2　设施设备点检卡

设施设备名称		所属类别		点检方法	
安装地点及位置				点检周期	
检查点					
点检路线					
点检项目					
检查结果					
点检时间				点检人	

(2) 设施设备点检的作用。

① 使维修工作减少盲目性和被动性，提高针对性和主动性。

② 使点检各个项目明确并且定量化，保证维修工作质量，培养技术人员的综合分析能力和判断能力，提高其专业技术水平。

③ 制定严格的点检线路，使用规范化的点检表，便于实行点检考核，增强员工责任感，提高工作效率。

④ 采用点检记录卡，累计设施设备的原始资料，有利于充实和完备设施设备技术档案，为设施设备信息的计算机化管理奠定基础。

(3) 设施设备点检的方法和步骤。

① 确定设施设备检查点和点检线路，设施设备的检查点应确定在设施内一些重点设备的关键部位和薄弱环节上。

② 确定检查点的点检项目和标准。

③ 确定点检的方法。

④ 确定点检周期。

⑤ 制定点检卡。

⑥ 落实点检责任人员。

⑦ 点检培训。

⑧ 建立和利用点检资料档案。

⑨ 点检工作的检查。

9.4.3　景区设施设备的维修与更新

1. 设施设备的维修

即使设施设备的保养工作完全按照计划进行，各种设施设备的自然消耗也会不可避免地发生。自然的侵蚀、不规范的使用以及各种意外事故，都会使设施设备在运转过程中发生各种故障，使其不能正常运转。要使其恢复正常功能，就必须修复磨损，更换失效的零部件，并调整各个组成部件之间的连接关系，使之协调。这种技术活动就是设施设备的维修，是必须由专业人员实施的专业管理工作。

（1）设施设备维修类别。

在景区中，设施设备的维修按维修内容和工作量可以划分为大修、中修、小修、项修（项目修理）和计划外修理；根据维修方式可以分为检修和事后修理两部分。

① 检修。检修属于预防性修理，即专业人员检测故障隐患并及时予以修理，它包括日常检修和定期检修两项内容。

A. 日常检修。设施设备运转状态恶劣到完全不能运转，设施设备零部件从磨损到失效，这需要一个过程，其故障往往是有先兆、慢慢发生的。景区的工程管理部门应派出专业人员每天在各个设施设备的运转过程中巡查，用听、观、触及仪器检测等手段发现问题和事故隐患，并采取果断措施及时修理。设施设备的日常监测对防止重大事故的发生是十分有效的。

B. 定期检修。在设施设备得到正确使用、正常保养的情况下，其自然磨损和自然老化是可以预见的。对此，每一件设施设备在购入之初，都会得到生产厂家有关设施设备正常保养及维修的说明和建议。工程部专业人员必须根据设施设备的磨损规律，结合本企业对该设施设备的使用频率，以时间为基础，精心制定对每一种设施设备在各个制定日期必须进行的检修内容及检修方法、检修类别、检修时间、所需材料、所需人力财力等方面的维修计划。这种维修由专业人员进行，是一种周期性的工作，具有强制性，即不管设施设备是否发生故障，定期维修时间一到就必须进行检查维修。同时，这种维修与日常检修相比更具有彻底性，它不是"头痛医头，脚痛医脚"式的应急维修，而是全面检查及调整，因此常常需要一个停止营业的时段，必须周密计划，否则会使检修成本过大。

② 事后修理。事后修理也称故障维修，是指当设施设备出现损坏，不能正常运转或完全停止运转时的非计划性的修理。在景区中，设施设备管理部门最多的日常维修工作还是事后修理。

A. 事后修理的要求。第一，反应迅速。由于景区的设施设备客用性强，一旦发现故障，就必然发生请游客等待或麻烦游客变更场地，甚至是将游客困在其中等情况，这会使游客不满，影响景区声誉。更重要的是，长久的等待会激起游客投诉，使景区蒙受损失。这就要求设施设备的事后处理必须反应敏捷，即修理人员必须及时赶到，并且业务熟练，迅速修复。第二，保证修理质量。要避免修理完毕重新使用后短期内又发生故障，特别是相同的故障。如果说处于高运转状态的设施设备出现小故障是正常现象，游客对短暂的等待容易理解的话，那么在短时间内故障（尤其是同一故障）反复出现，对游客来说则难以容忍。第三，修后重新使用要确保使用安全。为了抢时间，使发生故障的设施设备迅速恢复使用，维修技术人员可能会认为只要使设施设备重新运转就算完成任务，而忽略了修理后的安全检查工作，从而对使用者造成伤害。因此，要求在修理后做好安全检查。

B. 事后维修的管理。设施设备管理部门必须专门设置维修组，并且在营业时间内始终有值班人员，以便及时接收设施设备事故的报告，并能够根据情况以最快的速度调配维修力量，进行有效的故障排除。

服务人员发现设施设备故障向有关实施设备专业管理部门保修时，必须填写正规印制的保修单（紧急情况可以先电话通知，后补保修单），这是设施设备故障和保修的原始凭证，对设施设备管理工作十分重要。保修单中要填写清楚需要修理的设施设备名称、安装地点、故障部位或故障表现特征、修理的时间要求、保修时间、保修部门、保修人员等。保修单至少要一式两份，由保修人员与设施设备管理部门值班人员分别签字后各留一联备查。设施设备管理部门值班人员接单后必须做好记录，并按规定直接指派人员或由管理人员根据保修单指派维修人员前往维修。在指派人员时要用书面的任务下达单联系，下达任务者与接收任务者分别签字后各留一联，单上要明确填写维修地点、维修设备名称、故障情况、维修时间要求。

必须限定从送达保修单到维修人员到达现场的时间。在制度中避免使用"尽量""尽快"之类的词语，而应用明确的时间数字规定反应速度。例如，很多娱乐场所规定维修人员的反应速度为5~8分钟。

每次维修任务完成后必须有反馈报告。报告上填明修理项目、故障内容、修理耗时、处理办法、修后效果和修理人，要由使用该设施设备的部门负责人或服务员签字证明。若修理未达到要求，使用部门服务员可以拒绝签字。这份报告必须送设施设备管理部门保存，这也是设施设备管理的重要原始凭证。

设施设备管理部门对每次维修工作都必须检查，特别是比较重要的设施设备维修，认真评价维修人员的工作，并做好记录。

景区管理部门还应对娱乐场所的设施设备维修人员进行礼貌礼仪的训练，因为他们经常到前台营业场所执行任务，他们的行为举止将给游客留下深刻的印象。在营业时间内维修客用设施设备时，应尽量不妨碍游客，如有妨碍到游客的地方，应使用礼貌的态度和语言征得游客的同意，请游客原谅，使游客满意。

（2）设施设备维修策略。

景区必须根据自身的特点，正确制定设施设备维修策略，具体可以选择的策略是：采用维护保养——检查监测——日常小修、项修——技术改造的设施设备管理技术路径。对于一些小型设施设备可放弃项修和改修，设施设备的大修项目可由专业维修公司或设施设备厂家来承担。同时，景区要培养全能维修队伍，提高设施设备管理及维修的效率和质量。从发展角度看，状态监测维修（即以设施设备技术状况监测和诊断信息为基础的预防性维修方式）是设施设备维修的发展方向。从景区的特点来看，定期维修有利于按季节气温特点安排设施设备维修工作。因此，可行的策略是根据季节特点安排定期维修，创造条件开展状态监测维修，多种维修方式并存。

（3）设施设备修理计划的编制。

设施设备修理计划编制工作的目的是安排必要的维修资源，以便以正确的方法，在预定的时间内从事预定的维修工作。设施设备维修计划分为修理任务计划和作业进度计划，从时间上考虑有年度维修计划、季度维修计划和月度维修计划3种。

① 年度维修计划。年度维修计划指导着景区全年的设施设备管理工作有条不紊地进行。从计划中可以清楚地看到景区设施设备管理部门每个季度、每个月份的维修任务。

② 季度维修计划。季度维修计划是根据年度维修计划，结合设施设备的使用情况和

维护保养状况编制的。季度维修计划是对年度维修计划的细分和补充,同时又根据情况的变化对年度维修计划给予适当的调整。

③ 月度维修计划。月度维修计划是体现季度维修计划执行进度的执行性作业计划。月度维修计划必须规定具体修理工作的日程进度。

2. 设施设备的更新改造

景区设施设备的改造,是指运用科学技术的新成果和现代设施设备,改变原有设施设备的技术面貌。设施设备的更新,是以比较经济、完善的新设施设备替代物质上不能继续使用和经济上不宜继续使用的设施设备。

(1) 设施设备更新的形式。

① 原样或原水平地去旧换新,即当设施设备磨损到不能继续使用的程度时,以相同的设施设备进行替换。这是一种简单的设施设备更新,在科学技术进步很快的条件下,应尽量减少这种简单的更新方式。

② 新水平的去旧换新,即用效能更高、性能更完善的先进设施设备,取代技术上不能继续使用、经济上不宜继续使用的陈旧设施设备。这是设施设备更新的主要形式。通过先进的设施设备更新,才能不断提高景区的技术装备水平,为游客提供更好的服务。

(2) 设施设备更新改造应注意的问题。

① 制订设施设备更新计划时,应有计划、有重点、有步骤地进行设施设备更新工作。注意克服服务工作中技术上的薄弱环节,提高综合服务能力。

② 把设施设备更新和设施设备现代化改装结合起来。

③ 做好更新过程中旧设施设备的利用工作。对替换下来的旧设施设备,尽量采取改装使用、降级使用、有偿转让或拆卸、利用主要零部件等方法,以充分发挥老设施设备的剩余潜力。

④ 讲求经济效益,做好设施设备更新的技术经济分析工作。

(3) 设施设备使用期限的确定。

设施设备的更新是全部恢复设施设备的使用价值和价值。在实际工作中,因为既要及时更新过时的设备,又要节省景区的开支,所以要合理确定景区设施设备的使用期限。其使用期限通常由以下一些因素来确定:①设施设备的使用频率及磨损程度;②设施设备的维修保养状况,设施设备使用不当、浪费等可能性的大小;③旅游景点及设施设计标准的高低等。

一般景区设施设备的使用期限见表9-3。

表9-3 景区设施设备的使用期限

主 类 别	亚 类	使用期限/年
房屋、建筑物	营业用房	20~40
	非营业用房	25~35
	简易房	5~10
	建筑物	10~25

续表

主类别	亚类	使用期限/年
机器设备	供电系统设备	15～20
	供热系统设备	11～18
	中央空调设备	10～20
	通信设备	8～10
	洗涤设备	5～10
	维修设备	10
	厨房用具设备	5～10
	电子计算机系统设备	6～10
	电梯	10
	相片冲印设备	8～10
	复印、打印设备	3～8
	其他机器设备	10
交通运输工具	大型客车（>33座）	10年或30万千米
	中型客车（<32座）	8～10年或30万千米
	小轿车	5～7年或20万千米
	货车	12年或50万千米
	摩托车	5年或15万千米
家具设备	营业用家具设备	5～8
	办公室家具设备	10～20
电器及电影设备	闭路电视播放设备	10
	音像设备	5
	电视、电冰箱	5
	其他电器设备	5
游艺设备	高级乐器	10
	游乐场设备	5～10
	健身房设备	5～10
其他设备	工艺摆设	10
	消防设备	6

3. 设施设备的综合管理

设备综合管理的观念是由英国人丹尼斯·帕克斯于1971年在关于设备综合工程学的论文中提出的。设备综合管理的思想引起了国际设备管理界的普遍关注，并得到了广泛传播。

景区设备的综合管理就是以景区经营目的为依据,运用各种技术的、经济的一级组织的措施,对设备从决策、采购、安装、使用、维修、改造直到报废为止的全过程进行综合的管理,以达到设备使用周期内最经济的管理目标。

景区设备综合管理的一个重要方面是对景区设备实施全过程管理。景区设备的综合效益从决策环节开始,对设备整个使用周期进行管理。

由于自己不制造设备,因此景区设备的使用周期是指从设备的决策采购开始,经安装调试、移交生产、正式投产、维护保养、修理改造到报废更新为止的全部时间。这一时间也就是设备的寿命。设备的寿命根据管理的需要,可以从不同的角度进行分类,主要有以下4种。

(1) 物质寿命。设备的物质寿命又称自然寿命或物理寿命。它是指设备从全新状态开始,由于物质磨损而逐渐丧失工作性能,直到不能使用而报废为止的全部时间。设备的磨损可以通过维修、更新得到补偿,从而延长设备的物质寿命。在一般情况下,随着设备的使用,维持费用将增加,设备的技术状况不断劣化,所以过分延长设备的物质寿命在经济上、技术上是不合理的。

(2) 技术寿命。设备的技术寿命是指设备从研制成功到因技术落后被淘汰为止的全部时间。当前由于科学技术的迅速发展,特别是微电子技术和计算机技术的发展,促进了机电产品的更新换代,使设备的技术寿命逐渐缩短,技术寿命的缩短导致景区经营成本的增加。所以,在对设备进行决策时,必须把设备的经济寿命作为一个重要的因素来考虑。

(3) 经济寿命。设备的经济寿命又称价值寿命。它是指设备从运行开始到由于磨损而需要维修在经济上已不合算为止的时间,即设备的最佳使用年限。对景区来讲,经济寿命的长短直接关系到经营的成本。一般情况,设备的经济寿命越长,经营的成本越低。如果对设备维护得当,设备在提完折旧以后还能正常运行,这时景区的经营成本将降到最低,景区在价格上将具有较大的竞争优势。

(4) 折旧寿命。设备的折旧寿命是指设备根据规定的折旧率和折旧方法进行折旧,直到设备的净值为零的全部时间。它不同于设备的物质寿命,设备在企业的固定资产账面上的净值为零时,其物质寿命可能还存在,也可能规定的折旧寿命未到,而设备的物质寿命已经结束。国家规定了各类设备的折旧年限范围,景区必须从自己的实际情况出发,为各类设备确定一个合理的折旧寿命。

9.5 景区安全管理

9.5.1 景区安全管理及其意义

旅游业是一项综合性很强且较敏感的产业,极易受到外部不可预测的因素影响,如自然因素的地震、水灾、火灾、异常恶劣气候等,健康因素中的流行性疾病等。它们会对游客的生命安全带来严重威胁,造成经济损失,破坏旅游资源,从而给景区带来巨大损害,有的甚至给景区以致命打击。没有安全就没有旅游,旅游安全既是开展旅游活动的保障,又是旅游业发展的前提。对于旅游经营者来说,景区安全是保证旅游活动顺利进行,并获取良好经济效益和促进旅游业可持续发展的基础。

1. 景区安全管理的基本含义

景区安全管理是指根据国家旅游安全方针政策，为降低景区安全事故的发生，确保景区和游客的人身及财物安全，在旅游企业接待服务过程中所采取的一系列制度、措施、方法等管理活动的总称。它是维护景区声誉、提高服务质量、保证接待服务活动正常开展的重要条件。

2. 景区安全管理的意义

景区必须保障游客人身财物及景区财产安全。这是景区经营服务的基础。没有安全，一切服务和生产就无从谈起。从这个意义上说，没有安全就没有旅游业。近年来，随着旅游活动的升温，特别是我国实行双休日和"黄金周"假日以来，旅游安全问题更加突出。针对游客发生的形形色色的刑事案件也时有发生。犯罪活动的暴力化、犯罪分子的智能化、灾害事故的复杂化，使安全管理工作在风景旅游区中越来越重要。具体来说，旅游景区安全管理的重要性表现在以下几个方面。

（1）景区安全是提高游客满意度的重要保证。

根据马斯洛需求层次理论，安全需求是仅次于生理需求的基本需求。他在对一般美国人的调查中发现，安全需求占到70%，与其他较高层次的需求比较，占了相当大的比例。而外出旅游属于较高层次的享受需求和发展需求，要想使高层次的旅游活动行为得到满足，提高游客的满意度，就需要有较好的旅游安全保障措施作为基石和先行条件。

（2）景区安全是旅游经营者获取经济效益的保证。

对于旅游经营者来说，景区安全是保证旅游活动顺利进行并获取良好经济效益的前提。旅游事故的发生，无疑会给旅游经营者带来不同程度的影响，如直接的经济损失、较长时间内游客量的大幅度减少、信誉和形象的破坏，甚至导致景区旅游业毁于一旦。

（3）景区安全是旅游业可持续发展的基础。

根据经济学中的木桶原理（即木桶容量的大小并不取决于最长的那根木条，也不取决于平均长度，而是取决于最短的那根木条），若某一要素极端恶劣，其副作用足以抵消其余要素的全部正效应，就会出现服务业常提到的100－1＝0的效果。

因此，安全需求作为游客的基本需求，不管哪个方面出现安全问题，都会对景区整个旅游业产生影响。它不仅影响旅游业的形象和信誉，还关系到旅游业的生存和发展。

知识链接

景区安全法规体系

旅游安全法规目前主要有：《旅游安全管理办法》（国家旅游局，2016年12月1日施行）、《关于加强旅游涉外饭店安全管理，严防恶性案件发生的通知》（国家旅游局、公安部，1993年8月10日发布）、《旅馆业治安管理办法》（国务院1987年9月23日批准，公安部1987年11月10日发布）、《公共娱乐场所消防安全管理规定》（公安部，1996年5月25日发布）、《旅行社办理旅游意外保险暂行规定》（国家旅游局，1997年5月30日发布）、《旅游投诉暂行规定》（国家旅游局，1991年6月1日发布）和《游乐园（场）服务质量》（GB/T 16767—2010）（国家技术监督局，1997年4月22日批准）等。各地方旅游局在贯彻执行的同时,也根据本地情况,建立了一些规章制度。这些安全法规几乎涉及旅游业各个方面,大体形成了相对完整旅游安全管理法规体系。

9.5.2 景区安全事故的主要类型

景区安全事故发生方式很多,造成的损害也不同,并且发生地点多种多样,这使得归类安全事故非常困难,归类的依据、角度也很多。

1. 根据景区类型的分类

从不同的景区类型来划分,旅游安全事故类型可分为自然类景区安全事故和人文类景区安全事故。

(1) 自然类景区安全事故。

自然类景区一般包括如下资源类型:地文景观,如地质过程形迹造型山体与石体、蚀余景观、洞穴、沙石地等;水域风光,如风景河段、湖泊与池沼、瀑布、冰雪地等;生物景观,如森林、草地、野生动物栖息地等;天象气候,如光现象、天气与气候现象等。在这类景区中,游客的旅行活动基本上是以自然景观为基础而开展的,如山地自行车、潜水、滑雪、登山等。其主要安全事故类型为机械活动类、自行车活动类、飞行活动类、跳跃活动类、撞击类、水域活动类等。自然类景区安全事故类型见表9-4。

表9-4 自然类景区安全事故类型

景区类型	旅游活动	安全事故类型	事故举例
地文景观	越野活动、登山、攀岩、山地自行车、滑翔、沙漠探险、洞底探险、滑雪等	机动机械、探险活动、自行车活动、飞行活动、跳跃、撞击、自然灾害等	外部创伤、机械事故、雪崩和洪水、泥石流等
水域风光	冲浪、滑水、帆板、游泳、潜水、跳水等	机动机械、水域活动、跳跃活动、自然灾害、动植物伤害等	溺水、外部伤害、水生动物伤害等
生物景观	原始森林探险、观鸟、野生动物观赏、草原骑马等	动植物伤害、花草过敏、野生水果中毒等	大型动物袭击、花卉过敏、植物对皮肤的伤害、蘑菇中毒等
天象气候	特殊天象、气候现象观赏(极光、海市蜃楼)、冰雪景观等	身体不适(由海拔高度、气候变化、其他原因等引起)	高原病、水土不服、极高温或低温伤害等

(资料来源:郑耀星.旅游景区开发与管理[M].北京:旅游教育出版社,2010.)

在自然类景区,社会环境相对简单,人员构成单一。社会环境原因造成的如偷盗、抢劫等的旅游安全事故较少。有些景区,如保护区、国家公园等,远离城镇,甚至无常住居民。因而,在这类景区旅游安全事故的诱因主要集中在自然因素及旅游活动相关人群的行为上,如游客的旅游技能、道路安全状况、自然灾害、游客身体及心理素质等。而社会环境诱因则可以忽略不计。

(2) 人文类景区安全事故。

人文类景区主要由下列资源类型构成：历史事件发生地、宗教与礼制活动场所、交通设施、体育健身场所、购物场所以及民间习俗和现代人文活动等。人文类景区多位于人口集中的城镇，而有些城镇本身就是景区，城市其他功能的规划、建设都是围绕旅游业而进行的。旅游社会环境复杂是其最大的特点。这类景区人口集中，构成复杂，游客与当地人不易区分。旅游活动以观光、购物、餐饮、娱乐等为主。各类活动比较多，人与物之间产生的伤害较少，而人为造成的安全事故则占主要比例。因此，基于上述资源类型及旅游活动（项目）特征，不难看出，在这类景区，旅游安全事故具有强烈的社会性，如偷盗、欺骗、食物中毒等。人文类景区安全事故类型见表 9-5。

表 9-5 人文类景区安全事故类型

景区类型	旅游活动	安全事故类型	事故举例
大型主题公园	家庭娱乐活动，刺激性娱乐活动，如海盗船、蹦极、家庭娱乐等	设施设备事故、游客健康事故突变、盗窃、游客走失	停电、撞伤、心脏病突发、儿童走失等
度假区	休闲、疗养、会议、冲浪、潜水、一般性观光	食物中毒、欺诈、盗窃、水域设备、火灾、恐怖活动	酒店食物中毒、游客财物被盗、火灾等
大都市	购物、会展、参观等	购物欺诈、市内交通事故、暴力抢劫、食物中毒、恐怖活动等	饭店食物中毒或摔伤、购买到假货等
成熟的旅游中心地	一般性观光、美食、刺激性娱乐活动、参加节庆活动等	盗窃、暴力、抢劫、食物中毒、健康突变、欺诈、设备设施事故	撞伤或摔伤、食物中毒、购买到假货等

（资料来源：郑耀星. 旅游景区开发与管理［M］. 北京：旅游教育出版社，2010.）

2. 其他安全事故类型

(1) 交通安全事故。

交通安全事故是指车辆在道路上因过错或者意外造成人身伤亡或者财产损失的事件。根据事故表现形式可分为碰撞、碾压、刮擦、翻车、坠车、爆炸、失火 7 种。据统计，在各类景区交通安全事故中，碰撞占事故总数的 2/3 以上。根据交通安全事故发生的空间性质可分为景区道路交通安全事故、景区水面交通安全事故、景区索道安全事故、景区代步小工具安全事故等。景区道路交通安全事故是指发生在景区公路、桥梁、隧道、停车场等地方的交通安全事故，表现为旅游车辆由于各种原因相撞、追尾、坠落、陷落、冲撞、撞倒行人以及车辆遭遇物体袭击、冲压等。景区水面交通安全事故是指发生在景区湖面、海面、江河、溪流、码头等地方的交通安全事故，表现为邮轮、游船、快艇、木船、竹排、橡皮艇、羊皮筏、气垫船等水上运载工具因各种原因碰撞、沉没、翻船、失踪等。景区索道安全事故是指发生在景区高山、峡谷、山丘、江面、岛屿、沙漠等地方的客运缆车、观光电梯、溜索等空中运载工具的安全事故，表现为缆车停运、坠落、滑落等。景区代步工具安全事故是指发生在景区各景点的干道、便道上的交通安全事故，表现为电瓶车、出租自行车、水翼船、雪橇、摩托艇、滑竿等发生失控、冲撞等。根据交通安全事故主观原因（驾驶员因素）可分为超速、超载、抢道、逆行、乱掉头、乱倒车、乱打灯、酒后驾车等情况；根据交通安全事故客观原因（设备因素）可分为老化、爆胎、破损、零部件松动、系统失控失灵等情况。

（2）治安事故。

景区常见治安事故是指刑事犯罪而导致的各种事故。根据旅游活动存在的犯罪现象可分为敲诈勒索、诈骗、抢夺、抢劫、盗窃、性侵犯等类型。

（3）火灾事故。

景区火灾事故是针对人为因素引发的各种火险。根据发生事故的地点可分为景区住宿设施火灾、景区餐饮设施火灾、景区游览设施火灾、景区娱乐设施火灾、景区游乐设施火灾等；根据事故成因可分为故意纵火事故、过失失火事故；根据事故级别可分为一般火灾事故、重大火灾事故、特大火灾事故。

知识链接

江苏省《重特大火灾事故标准》

按照火灾事故的严重程度和影响范围，分为特别重大火灾（Ⅰ级）、重大火灾（Ⅱ级）、一般火灾（Ⅲ级）3级。特别重大火灾（Ⅰ级）：造成30人以上死亡（含失踪），危及30人以上生命安全，造成100人以上重伤（中毒），造成1亿元以上直接经济损失，造成10万人以上紧急疏散转移的火灾事故。重大火灾（Ⅱ级）：造成10人以上、30人以下死亡，危及10人以上、30人以下生命安全，造成50人以上、100人以下重伤，造成5 000万元以上、1亿元以下直接经济损失，造成5万人以上、10万人以下紧急疏散转移的火灾事故。一般火灾（Ⅲ级）：对人身安全、社会财富及社会秩序影响相对较小的火灾事故。（上述有关数量的表述中，"以上"含本数，"以下"不含本数。）

（4）自然灾害事故。

自然灾害事故是指景区因自然灾害而导致的安全事故，通常包括地质灾害、气象灾害、生物灾害、环境疾病灾害等。地质灾害是岩层地貌受破坏引发的灾害，包括洪水、滑坡、泥石流、地震、火山喷发、雪崩、滚石、地层塌陷、溃坝等。气象灾害是指因气象变化异常导致的灾害，包括暴雨、雷电、暴雪、沙暴、台风、海啸、冻雨、霜冻、龙卷风、雾霾、极端低温、极端高温、森林自然火灾等。生物灾害是指生物圈内各种生物活动对人类活动环境带来的破坏，包括动物灾害、植物灾害、微生物灾害等，主要有凶猛动物、有毒有害昆虫的袭击，以及游客误食或误碰有害植物、森林发生病虫害引起树木倒伏砸伤游客等。环境疾病灾害是指因环境问题而引发游客患病，包括因空气质量、水质、土质、缺氧、环境卫生状况导致的流感、腹泻、疟疾、高原反应等。

（5）食物中毒事故。

食物中毒事故是指因景区饮食卫生条件差、食品不干净导致的游客中毒，这是游客在摄入含有生物性或化学性有毒有害物质的食品或者把有毒有害物质当作食品摄入后出现的非传染性（不属于传染病）的急性、亚急性疾病。食物中毒的病原可以是生物性的致病微生物和化学毒物，中毒的原因可能是食品污染、食用有毒动植物以及把有毒有害的非食品当作食品误食，其发病的特点是非传染性的急性、亚急性疾病。

旅游过程中发生的比较常见的食物中毒现象是10人以上的游客集体性食物中毒。食物中毒的发病必然与近期进食某种食品有关，凡是未进食这种食品的人一般不发病，发病的病人只局限在食用同一种食品的人群中，当停止食用这种食品，发病也随之停止；人与人之间不直接传染，即不会由食物中毒患者直接传染给健康人，发病曲线呈现突然上升又迅速下降的趋势，一般没有传染病流行时的尾峰。因为食物中毒表现为急性的病理变化，一般食物中毒潜伏期较短，发病突然。某些化学性食物中毒，如农药中毒、亚硝酸盐中毒，在进食后十几分钟到几十分钟即可发病；细菌性食物中毒一般在几小时至48小时内发病，集体性爆发的食物中毒在短期内很快形成发病高峰。这些病人进食的是同一种食品，病源相同，因此患者的临床症状也基本相同，但由于个体差异，其临床症状可能有些差异。大多数的细菌性食物中毒以急性胃肠道症状为主要表现。

（6）环境安全事故。

环境安全事故是针对旅游景区内的自然环境、游览场所因自然因素（非灾害因素）或人为因素而导致的安全事故，通常包括海滨安全事故、山地安全事故、环境容量安全事故、防护安全事故等。海滨的安全隐患包括海浪、潮水等；山地的安全隐患包括险峰、悬崖、峭壁、危岩等；环境容量的安全隐患包括空间狭小导致的拥挤、踩踏、建筑物倾倒等；防护安全隐患包括客观条件安全隐患和主观条件安全隐患，前者指游览安全设施老化、损坏、故障所导致的保障不力等，后者指游客自我保护意识或保护措施不足导致的走失、失足、溺水、中毒、触电、受辐射、染上当地传染病，以及景区救助人员救护不及时、不到位、不稳妥导致的伤病加重、危急等。

案例阅读

漂流游客擅自游泳不幸溺亡，景区被判赔偿21万元

某游客到景区河中漂流，无视警告，不听同行人劝阻，擅自下河游泳不慎溺水身亡。安徽省石台县法院对此案做出判决，因景区在事故发生后的救援及时性和有效性方面存在不足，承担三成责任。

2016年8月19日，原告父亲牛某随朋友一起到被告秋浦河旅游公司经营的秋浦河景区漂流，漂流至景区中段时，牛某下水游泳。11时许，同行人员发现牛某溺水，同行人员报警并喊人施救，后景区工作人员及警察相继赶到现场，但因事发水域有漩涡而无人敢下水施救。次日凌晨零时许，通过专业打捞队才将牛某的尸体打捞起来。原告为维护其合法权益故诉至法院。

法院审理后认为：被告秋浦河旅游公司所经营的秋浦河漂流是经过审批的景区娱乐项目，在入口处有醒目禁止下河游泳警示牌，并且要求每个游客穿戴好救生衣才能漂流，在漂流途中安排了工作人员反复警告游客不准下河游泳，该公司已尽到足够的安全保障义务，而牛某作为完全民事行为能力的成年人无视警告，擅自脱去救生衣下河游泳导致溺水身亡，应自己承担主要责任；秋浦河旅游公司虽然在工作过程中尽到了足够的安全保障义

务,但在事故发生后的救援及时性和有效性方面存在不足,应承担相应的次要责任赔偿212 606.85元。

(资料来源:http://www.cntour2.com/viewnews/2018/01/30/Lqd3z75iNXEzVQFo3oMD0.shtml,2018-01-30,有改动。)

9.5.3 影响景区安全的主要因素

1. 旅游者因素

(1) 游客安全意识差、安全行为差。游客出游的主要动机之一是放松休闲。因此,游客容易流连于山水之间而在精神上放松警惕,行为上放纵懒散,这些都是安全隐患,如烟头的随意扔弃、干旱季节里的野炊、野外烧烤等行为引发火灾等。

(2) 游客盲目追求个性体验。一方面,部分游客刻意追求高风险旅游,个别游客甚至不顾生命安全而去寻求危险刺激,如极限运动、峡谷漂流、探险旅游、野外生存等。另一方面,游客不再满足于传统的被动式旅游,而纷纷转向主动式、自助式、多文化主题的个性化旅游,选择游客相对分散的景区,强调刺激和动态参与,单独行动。这些也容易导致旅游安全事故的发生。

2. 景区管理者因素

(1) 管理人员不足。旅游活动涉及方方面面,旅游安全也涉及方方面面。在这种情形下,许多景区管理者往往抱着侥幸心理,认为事故不会轻易发生,要么为应付相关部门检查而组建一个可有可无的安全管理机构,要么为了节省开支而尽可能地减少安全工作人员,在旅游高峰期出现安全工作人员短缺后,便临时抽调一些无任何工作经验和安全知识的人员充数,这是极其危险的。

(2) 安全体系不完善。我国大多数景区还没有建立起完善的安全体系,缺乏必备的安全防护设施,没有把安全管理工作落实到日常管理中,如旅游设施不按标准要求进行安装、试车和检验就投入运营;旅游设施老化、操作失误等人为因素造成的旅游安全事故层出不穷。

(3) 景区管理手段落后。目前,大多数景区仍停留在原始的坐等事故报案或巡逻的阶段,无法对事故的发生进行有效的监控。一方面,从景区自身环境来看,容易出现发生事故的"盲点";景区内往往集自然山水之大成,包括陡峭的山峰、茂密的森林、弯曲的河流、幽深的山谷等多种自然的要素,其地形、气候复杂;另一方面,景区面积大、人员复杂、游客流动大,不易防护。这些都在客观上造成了安全隐患。因此,仅靠偶然警觉和自发防控并不可靠,"零事故"目标的实现还有赖于先进管理方法和高新技术在旅游安全管理上的使用。

3. 社会因素

(1) 社会管理机制不健全。我国旅游安全管理部门多而复杂,景区的日常工作涉及多个政府职能机构,如旅游、工商、林业、环境等诸多部门,但这些部门、机构大多没有完全理顺彼此间的行政关系,由此导致多头领导、管理错位和混乱。更严重的是,职责不明、责任落实不到位等原因导致管理上的"真空地带"。这种局面使得景区安全受到威胁,安全隐患问题得不到及时发现和解决。

(2) 相关法规不配套。在旅游安全管理立法上，还存在许多空白。一些颇受游客欢迎又对安全需要较高的特殊旅游项目未能纳入安全管理范畴，导致旅游设施安全事故频发。有关旅游的政策、法规相对于旅游经营实践存在滞后性，专门的旅游安全法律法规不多。

(3) 旅游安全管理执法不力。由于种种原因，已有的相关法律法规及安全制度并没有得到很好的落实。目前，我国景区普遍存在重旅游基础建设、轻安全设施建设的问题，这使景区安全隐患无处不在，直接给游客的安全带来威胁。

4. 其他因素

导致旅游安全事故的其他因素主要是自然因素，如洪水、泥石流、滑坡、地震等自然灾害，这些因素在山区型的景区最容易发生。在旅游高峰期，一旦发生旅游事故，往往造成重大的伤亡事故。此外，也有人为因素，如旅游设施的设计不合理、质量不过关等，往往也埋下了安全的隐患。

9.5.4 景区安全事故发生的原因

景区安全防范不足，虽然安全工作是景区建设的重要内容，但是许多景区工作做得不够细致。景区安全事故产生的原因可归纳为以下几种类型。

1. 管理者安全管理意识差导致的安全事故

管理者安全管理意识差主要表现为管理者工作疏忽，从业人员思想麻痹大意，对安全隐患重视不够。一般来讲，景区安全管理应该包括提供安全的游览场所，落实安全管理工作系统，为游客和景区工作人员提供安全的设施，配套有合适的导游或员工为游客服务，让游客和员工预知游览及工作环境情况。但事实并非如此，有的景区缺乏这方面的管理意识。

2. 刑事犯罪和社会治安问题导致的安全事故

景区的刑事犯罪可大体分为三大类：一是侵犯公私财产类犯罪，这类犯罪数量众多，作案范围广，包括盗窃、欺诈、抢劫、敲诈勒索等；二是危害人身安全的犯罪，危害游客人身安全的暴力犯罪与侵财性犯罪密切相关，即在侵犯财产的同时侵犯游客的人身安全；三是性犯罪及与毒品、赌博、淫秽有关的犯罪，毒品、赌博、淫秽并不一定给游客带来直接的安全威胁，但它可以引发其他刑事犯罪，是威胁景区安全的潜在因素。

3. 景区交通、旅游线路设计与旅游活动组织不合理导致的安全事故

在景区的各个管理环节中，交通是管理的重要环节之一。景区交通事故发生率较高的是缆车索道。此外，景区旅游线路设计和旅游活动组织不合理也容易引起安全事故，线路不合理和疏导不畅通都会导致景点拥挤，甚至游客相互践踏，出现安全事故。

4. 自然灾害与野生动物带来的安全隐患和引发的安全事故

景区内发生的暴雨、洪水、塌方、泥石流以及毒蛇等具有攻击性的动物、有害植物，均容易给景区带来安全隐患，如果管理措施不当或者不及时，极易引发事故。

5. 环境和食品安全卫生等问题导致的安全和健康事故

旅游卫生与旅游健康问题主要表现在旅途劳累、异地旅游容易导致"水土不服"，食品卫生问题等可能引发游客的疾病或导致食物中毒；旅游卫生服务环境差，缺少医疗

点、常备药、厕所、垃圾箱等；有的景区因为游览活动安排欠妥，易引起游览安全事故。

6. 景区设施设备存在安全隐患

景区的设施设备是景区进行旅游活动接待的基本条件。景区设施类型繁多，投资较大，设施设备的管理要求也就相应较高，必须给予高度重视，保证设施设备处于良好运行状态。景区设施设备的安全隐患首先表现在景区游览设施设备老化、配套不齐全、产品质量不合格等问题，这些都易造成严重的安全事故；其次是个别景区把设施设备建设放在追求美观性上，缺乏设施功能性、实用性考虑，或者是设计不合理，如有的景区路面材质用的是大理石，由于不防滑，雨天时有游客滑倒；最后景区游步道护栏不牢、台阶不规则导致安全事故。

案例阅读

德国人选择旅游目的地首先考虑是否安全

新华社柏林2017年12月18日电　市场研究机构捷孚凯18日公布的调查结果显示，德国人对德语区以外的旅游目的地缺乏安全感。专家称"安全"已经取代"阳光"，成为德国游客选择旅游目的地的首要指标。

这项调查询问了德国人对30个旅游目的地的安全评价。结果显示，德国人心目中最安全的旅游目的地就是德国，有77%的受访者认为在德国旅行是安全的，其次是奥地利和瑞士。此外，分别有53%和52%的受访者认为在北欧和意大利旅行也是安全的。

除上述五地外，德国人对其他旅游目的地缺乏安全感。例如，对于德国游客向来钟情的西班牙，只有49%的受访者认为是安全的。有33%和23%的受访者分别认为英国和美国是安全的旅游目的地。作为德国人传统的热门旅游目的地，土耳其、突尼斯、埃及在此次调查中得分更少，只有5%的受访者认为这几个国家安全。

负责此项调查的莱茵哈特说："安全已经取代阳光、沙滩、大海，成为德国人选择旅游目的地的首要指标。"

莱茵哈特还指出，对安全的认识与受访者的教育程度相关。教育程度高的德国人对安全形势更为乐观，而教育程度较低的受访者对安全形势的估计更为悲观。

(资料来源：http://www.cntour2.com/viewnews/2017/12/19/ZVzvH81aBOEIPlubp8GG0.shtml，2017-12-19.)

案例分析：旅游安全对于游客来说至关重要，德国游客对目的地是否安全的考虑也应该是每一个游客应该考虑的问题。因此，这就要求景区除了用景区的美景和娱乐设施来吸引游客之外，还有更重要的是安全问题，完善的安全设施更是吸引游客的关键。

9.5.5　景区安全管理的措施

1. 建立和完善景区安全管理体制

景区安全事故产生的原因虽然十分复杂，但是建立和落实科学的景区安全管理体制，对于从根本上抑制景区安全事故的发生，解决景区安全管理中存在的问题具有十分重要的意义。科学的景区安全管理体制既包括政府层面的体制机制，又包括景区内部的管理体制。

（1）完善旅游安全法规体系。

旅游安全法规体系是旅游安全保障系统的基础，指导并规范着旅游安全保障体系中的预警、控制、施救行为，为景区安全管理提供法律依据。它能够从法律的权威性和强制性的角度来规范和控制旅游从业人员的行业行为，强化和提高旅游从业人员的安全意识和防控意识，提高旅游者的安全意识，约束旅游者的不当旅游行为。同时，通过旅游安全法规体系，还能够唤起和提高广大社会公众对旅游安全问题的关注，提高社会大众旅游安全防控的意识和能力，促进旅游社会安全管理的开展，为创建安全的旅游环境提供保障。人们应以安全生产法为母法，充分借鉴西方发达国家的发展经验，针对景区安全管理实际，确定我国旅游安全的法规体系框架，制定旅游安全立法规划，加快新法规的起草工作。各级政府的旅游、建设、公安、消防、交通、安全监管、质量技术监督等部门应明确各自的责、权，严格按照法定权限和程序行使安全监管权力，履行安全监管职责。

（2）明确政府安全生产监管职责。

政府监管的基本职责是事前预防、事中控制、事后处理、综合治理，即监管市场主体的生产经营行为和安全生产行为，严肃查处事故，追究有关责任人的责任。政府监管职责主要通过部门监管来实施和体现。因此，科学界定部门责任，健全政府行政管理部门的安全生产责任机制，即界定和明确与安全生产有关的各级政府部门和权力机关以及这些部门的责任人，对景区的安全生产工作负有直接的或间接的监管责任，十分重要。这里的部门包括对景区的安全生产负有监察责任的旅游行政管理部门。各级政府部门和权力机关对景区生产经营活动具有审批权、许可权、审查权、认证权、验收权、处罚权等。在这些权力中，有些与景区的安全生产直接相关，有些与景区的安全生产间接相关，如高层建筑中的电梯、锅炉的检测，食品的安全检查，文化及公安部门对娱乐场所的安全审核，消防设施和装潢材料的安全审核，电力设施的安全审核，消防设施的评估，景区各种游乐设施审查许可等都涉及政府部门行政许可权。

（3）构建高效的安全生产领导机制。

做好景区安全管理工作，关键是构建高效的安全生产领导机制。

① 推行领导人"一岗双职"责任制。在景区安全管理中真正实行"一把手"负责制，主要负责人是安全工作的第一责任人，必须对安全教育、安全责任制度、安全生产责任制、安全基础设施建设、日常安全管理以及事故应急处置等工作全面负责。分管安全工作的领导承担具体责任，其他领导对分管工作范围内的行政管理和安全管理同时负责。

② 构建景区安全管理组织网络体系。推行景区安全管理例会制度，定期开展景区安全生产领导小组（或安全生产委员会）会议并有记录备查，建立定期或不定期研究安全生产工作的领导机制。

③ 强化监管机构的权威。景区安全管理中应加强对各经营单位的安全工作考核，对安全管理考核不合格的或者发生重特大事故的单位，在单位评优评先进等考评工作时坚决实行一票否决。

（4）强化有效的责任落实机制。

安全生产工作的核心是责任，关键是落实。

① 建立有效的景区安全自我防范机制。景区主要负责人作为本单位生产的第一责任人，班子集体作为安全领导小组成员，责任逐级细化，逐级分解安全任务，层层签订安全

目标责任书，责任落实到每个部门、每个班组和每一位员工，促使旅游经营单位形成有效的安全生产自我防范机制。

② 建立可靠的景区安全技术措施保障机制。加大安全生产投入，运用先进设施设备，完善安全生产技术条件。按规定投保游客意外险、车上人员责任险、游乐设施伤害险、火灾公众责任险等保险。加强对员工的安全生产技能培训，不断提高员工安全生产技能。加强对设施设备安全性能检测和技术改造，提升设施设备安全性能。加强景区现场管理、检查、监督，提高安全生产管理能力。

③ 建立有效的旅游安全考核奖惩机制。"隐患险于明火，防范胜于救灾，责任重于泰山。"景区管理部门应本着对国家和人民生命财产高度负责的态度，建立健全安全生产工作检查考核、评价标准体系。根据季节、行业、节日等特点，采用自查、对口互查、联合督查的方式，定期和不定期地对旅游经营单位安全开展检查和考核。

2. 加强景区游乐安全

近年来，随着国内旅游业的兴起，一些颇受旅游者欢迎的对安全需求较高的参与型、探险型特殊旅游项目如蹦极、漂流、空中滑翔、热气球观光等迅速兴起，给景区安全带来了隐患，对景区的安全管理提出了新的要求。虽然国家旅游局于1998年4月7日颁布了《漂流旅游安全管理暂行办法》，但至今尚无类似的蹦极、空中滑翔、热气球安全管理办法，景区难以操作。

3. 建立和完善景区安全管理系统

景区安全管理的复杂性和综合性，要求景区安全管理要有一套合理的系统来进行规范。景区安全管理系统可以由控制机制系统、信息管理系统、安全预警系统和应急救援系统4个子系统组成。

（1）控制机制系统。

控制机制系统是对景区整个安全管理系统的控制，主要包含管理机构、管理制度等内部管理控制协调以及政策法规、旅游保险等外部管理体系保障。

① 设立景区安全管理机构。设立专门性的安全管理机构，负责景区日常安全管理工作和景区安全的防范、控制、管理和指挥工作。景区安全管理机构可设立安全保卫管理委员会，直属最高管理层，下设安全保卫委员会办公室，分设计划与发展组、教育组、监察执行组、旅游监察大队等。

② 制定景区安全管理制度。景区安全管理制度是在国家相关法规条例的指导下，为保证景区员工及旅游者人身和财产安全所制定的符合景区安全管理实际情况的章程、程序办法和措施，是景区安全管理必须遵守的规范和准则。它主要包括安全岗位责任制、领导责任制、重要岗位安全责任制、安全管理工作制度、经济责任制等。例如，武夷山风景名胜区管理委员会授权特许经营武夷山风景名胜区的旅游龙头企业——福建武夷山旅游发展股份有限公司，坚持"安全第一，预防为主"的安全管理方针，制定了《旅游安全责任制》和《旅游安全目标管理责任书》，公司领导与各部门负责人签订《旅游安全目标管理责任书》，各部门根据《旅游安全目标管理责任书》对景区安全的各项工作实施目标管理，责任到人。

③ 构建景区安全政策法规体系。政策法规从政策法律的权威性和强制性的角度来规

范和控制从业人员的行业行为，强化和提高从业人员的安全意识和防控意识，提高旅游者的安全意识，约束不当旅游行为；唤起和提高广大社会公众对旅游安全问题的关注，为景区创建安全的旅游环境提供保障。

④ 完善旅游保险体系。旅游保险是旅游活动各种保险项目的总称，是保障旅游活动中相关利益主体正当权益的重要途径，也是提高旅游服务质量的有力后盾。我国旅游保险体系从1990年发展至今，基本形成了具有旅行社游客责任险、旅游人身伤害险、旅游意外保险、旅行社责任险、旅游救助保险等险种的旅游保险运作体系。

知识链接

游客出行应购买的几种保险

2001年9月1日起，国家旅游局不再强制旅行社为游客购买旅游意外保险。为了获得更为完善的保障，游客可自行联系保险公司或通过旅行社与保险公司联系，按各自需要投保旅游保险。根据一些保险业内人士提供的建议，一般来说，游客出游应该购买的保险有以下几种类型。

（1）旅游救助保险。该保险是中国人寿、中国太平洋保险与国际救援中心联手推出的旅游救助险种，它将原先的旅游人身意外保险的服务扩大，将传统保险公司的一般事后理赔向前延伸，变为事故发生时提供及时有效的救助。一旦发生险情，只要拨打相关电话，就会获得无偿救助。

（2）旅游救援保险。这种保险对于出国旅游十分合适。有了它的保障，旅游者一旦发生意外事故或者由于不谙当地习俗法规引起法律纠纷，只要拨打电话，就会获得无偿的救助。

（3）旅游意外伤害保险。旅客在购买车票、船票时，实际上就已经投了该险，其保费按照票价的5%计算，每份保险的保险金额为人民币2万元，其中意外事故医疗金1万元。保险期从检票进站或中途上车、上船起，至检票出站或中途下车、下船止。所以在乘坐车、船旅游时，一旦出险即可向保险公司索赔。

（4）旅游人身意外伤害保险。该险种适合参加探险游、生态游、惊险游的旅客投保。这类保险每份保险费为1元，保险金额最高可达1万元，每位游客最多可买10份保险。保险期限从游客购买保险进入景点和景区时起，直至游客离开景点和景区。

（2）信息管理系统。

由于景区安全有很强的不可预见性，因此，信息管理系统对于景区安全十分重要。不可预见性事故包括自然灾害事故和突发旅游安全事故。有些景区地处海啸、地震、台风、赤潮、泥石流等自然环境灾害发生的敏感区，及时、准确的预警信息将有利于缓解和减少经济损失以及对游客生命财产的威胁。

景区安全信息管理系统主要由3个子系统构成：自然灾害信息、环境污染信息和旅游环境容量信息。每个子系统都要有旅游安全信息的搜集、信息的分析、对策的制定和信息的发布4种职能。景区安全管理系统中各项功能的实现都以信息为支撑，信息的转换、更新、传输为系统的正常运行提供必要保障。例如，如果能及时准确地获取洪水、泥石流、地震、火山爆发以及大风、暴雨、冰冻等各种灾害性天气预报，并预料由此可能引发的各种严重危及旅游安全的自然灾害，管理部门就能采取安全保障应对措施；同时，把自然灾害可能会给旅游活动带来的不便和危险告之旅游者，使之提高警惕，减少各种安全事故的发生。

（3）安全预警系统。

景区安全预警系统，一是对可能发生事故及灾害的区域提前发出预测和预警信息，防止或避免其发生；二是对已经发生的事故发布报警信息，减少事故损失，保障人们生命财产安全，控制其发展。

① 自然灾害预警。对于山地、海滨等易发生滑坡、泥石流、海啸、地震、大风、赤潮等自然灾害的敏感区，及时、准确的预警信息将有利于缓解和减少灾害带来的巨大经济损失和对人们生命财产的威胁。景区安全自然灾害预警系统可以将气象、环境、地质、交通、海上救助等部门联网，实时监测地质、潮差、天气、海水水质等指标数据，进行对比分析，预测可能引发的各种严重危及旅游安全的灾难与事故；同时，根据可能产生危害程度的不同，发出不同级别的警报。

② 环境污染预警。景区旅游对环境的影响主要来源于两个方面：一是旅游活动；二是景区建设和生产，景区进行基础设施、旅游景观建设，会破坏旅游环境的原生性和完整性，对景区的环境也带来不同程度的影响。为了控制和缓解污染，确保旅游者身体健康，必须实时监测景区空气质量、气象要素、海水水质、单位面积游客量等情况，对污染物超标可能发生污染事故的地区发出预警信息，保证人们的生命安全和环境的永续利用。

③ 旅游环境容量预警。景区旅游环境容量是指景区环境各要素在特定时期内所能承受的旅游者人数和旅游活动强度。环境容量预警旨在提醒旅游者合理选择相应时期内的景区，避免因游客过分集中而造成对旅游者、旅游地生态环境和人文环境的损害与破坏。不同类型景区的旅游环境容量的计算方法不同，如园林型景区常由多个平面分布的景点组成，各个景点的功能性质、构成要素、资源品位各不相同，所以该类景区旅游环境容量的计算常由各个类型景点的环境容量累积而成；山岳型景区各旅游景点通常依次沿线呈带状分布，形成旅游路线，所以该类景区常运用总量模式公式对其中各主要景点的旅游环境容量进行计算，还可以用流量—流速模式的公式对沿途路线的承纳量进行计算，取二者的最小值；海滩型景区在景点构成要素上比较单一，一般由沙滩和海水构成，二者呈带状平行分布，游客可流动的空间极为广阔，该类景区的旅游环境容量，可分别根据海滩、沙域和娱乐场所的各自面积及各自的基本空间标准计算各自的容量，再进行平行相加。

（4）应急救援系统。

现在越来越多的景区重视应急救援系统建设工作。例如，2005年，杭州西湖水域景区管理处和杭州移动完成西湖水域内100多条机动船GPS定位终端的安装工作，为船工和管理人员配备了拥有卫星定位功能的手机。同时，水域管理处建立监控中心，实现对西湖内船舶的实时监控和管理调度，遇突发情况，船工可通过GPS系统向监控中心求救，工作人员通过指挥中心的大屏幕，立即寻找出事船只的位置，及时开展营救工作。此外，该系统还具有定位轨迹实时显示和查询功能，能准确地显示水域内船只的航行轨迹，可精确到每分钟，对于解决各类突发事件非常有效。景区应急救援系统包括核心机构、救援机构、外围机构，是由旅游接待单位、旅游救援指挥中心以及保险、医疗、公安、武警、消防、通信、交通等多部门、多人员参与的社会联动系统。

① 核心机构。核心机构即旅游救援指挥中心，统管旅游救援工作。旅游救援指挥中心的建立可以考虑如下方法：A. 由政府牵头组织全国性的紧急救援中心主管全国安全救援工作，下设旅游救援指挥中心统管旅游安全救援工作；B. 在全国假日办、文化和旅游部的基础上，联合公安、消防、武警部队等相关机构，拓展现有职能，由政府牵头组织全国性的旅游救援指挥中心；C. 扶持、整合国内现有的旅游救援机构，在充分合作的基础上利用国际性救援机构及其网络形成旅游救援中心；D. 设立拥有全国网络的旅游安全救援特服电话，全国布点，全国联网，及时把各地拨打旅游救援特服号码所反馈的信息，于第一时间上报旅游救援指挥中心。

② 救援机构。救援机构根据救援指挥中心的指令和要求，展开不同等级的救援行动，并把救援过程、救援结果实时反馈给旅游救援指挥中心，以利于旅游救援指挥中心根据具体情况对救援行动方案进行修改。旅游救援机构划分为医疗性旅游救援机构和非医疗性旅游救援机构两大类。绝大多数的旅游救援都与医疗有关，所以应增加医疗卫生部门的出诊和参与旅游救援率。其他非医疗性旅游救援机构可以分别从旅游活动的不同环节，关注旅游安全的表现形态，确保旅游救援工作的顺利开展。例如，消防部门可以检查景区的消防设施设备是否符合要求，并在火灾事故发生后，进行火灾抢救工作；公安部门可以协助旅游犯罪、旅游交通事故的鉴定和处理工作。

③ 直接外围机构。直接外围机构是指旅游安全问题的发生地，即景区（点）、旅游企业等。直接外围机构应根据消防部门、公安部门、卫生防疫部门、工商管理部门等的要求和规定，进行日常安全检查，制定相应的安全管理规章制度和安全守则，减少旅游安全隐患；设立专门的旅游安全管理机构，专门负责旅游安全管理工作；对全体员工进行旅游安全培训，提高全体员工的安全意识。

④ 间接外围机构。间接外围机构与旅游安全问题有某种联系，并对旅游安全问题的解决与旅游救援工作的开展有某种帮助。它包括旅游地、保险机构、新闻媒体、通信部门等。旅游地社会经济发展水平、医疗、卫生状况影响着所在区域的景区安全问题的数量、性质以及救援工作的质量；保险机构与旅游安全问题的关系往往体现在旅游安全问题发生后的理赔上；新闻媒体对景区安全管理起到舆论监督作用，同时新闻媒体的大众性使其有可能成为现实的旅游安全投诉中心和信息中心；通信部门在整个旅游安全救援系统中主要起到信息传递的作用，由于通信部门的参与，旅游安全救援信息的传递将更有效。

4. 加强旅游安全统计并张榜公布

目前，旅游安全统计比较薄弱。一方面，可建立专门的旅游安全统计资料库；另一方面，可以与公安部门、交通部门、医院、保险公司联合，建立安全信息网络。统计资料既是做进一步研究的基础性资料，又是寻找症结、解决问题从而加强安全管理的先导。同时，旅游安全统计还应向社会公开，以引起旅游者注意，提高旅游者安全意识，防患于未然；引起管理部门的重视以加强安全管理，尽可能控制安全问题的发生；教育和督促发生安全问题的部门（企业），避免类似问题的发生。

5. 加强景区安全宣传、教育工作

在景区形成人人关心安全、事事注重安全的良好氛围，是做好景区安全工作的基础工作，要通过加强景区安全宣传、教育，让景区的领导、员工都牢固树立起安全意识，掌握各自岗位的安全职责和安全技能。

（1）完善旅游安全逐级培训制度。《中华人民共和国安全生产法》第二十四条规定："生产经营单位的主要负责人和安全生产管理人员必须具备与本单位所从事的生产经营活动相应的安全生产知识和管理能力。"国家安全生产监督管理总局（现为中华人民共和国应急管理部）专门发文，要求相关人员接受培训持证上岗。因此，根据国家有关法律法规的规定，建立以政府旅游部门为主体的旅游安全逐级培训制度显得十分必要。通过建立和完善旅游安全培训制度，解决目前培训分散、培训主体不明确等问题。

（2）强化从业人员旅游安全教育。旅游安全逐级培训应首先抓好景区负责人和景区安全管理人员的岗位安全教育和培训。《中华人民共和国安全生产法》第二十五条规定："未经安全生产教育和培训合格的从业人员，不得上岗作业。"要健全对旅游行业重点岗位和特殊工种从业人员的培训，加强对旅游从业人员的安全教育。旅游从业人员安全宣传和教育包括两部分：一是旅游安全问题的危害性及其与旅游业的关系，二是旅游安全事故的处理。社区宣传与教育则可通过招贴告示、新闻媒体乃至学校各种渠道。通过培训，确保从业人员具备必要的安全生产知识，熟悉有关的安全生产规章制度和安全操作规程，掌握本岗位的安全操作技能。

6. 设立专业的景区安全管理机构

设立专门的景区安全管理机构，由专人负责，能保证各项安全管理工作的贯彻实施，有效控制安全问题。尽管部分旅游行政部门、旅游企业（主要是饭店）设立了专门机构，但地方旅游部门、景区旅游安全机构还有待完善。

复习思考题

一、思考题

1. 何为景区安全问题？引起景区安全问题的因素有哪些？
2. 景区安全事故的表现形态有哪些？
3. 简述我国景区安全管理的现状与问题。
4. 简述景区安全管理系统。
5. 景区的火灾事故如何处理？
6. 景区有哪些设施设备？如何进行分类？
7. 景区设施设备管理有什么作用？包含哪些基本内容？
8. 景区日常维护保养包括哪些基本内容？

二、案例分析题

旅游安全事故给我们的启示

某年国庆长假，广西3家旅行社组织的游客陆续聚集在马岭河峡谷谷底唯一的缆车乘坐点，在索道观光车下站候车平台处等候乘坐缆车去山顶吃午饭。此时，等候上车的游客已经达200多人，由于从上游漂流归来的游客越来越多，各旅行团的游客为了早点上山，争先恐后地往索道观光车上挤，甚至互不相让、发生争吵，场面极为混乱。临时工韦某见状，乘索道观光车上到操作室，叫负责经营管理的黄甲下去处理。黄甲让无任何资格证和上岗证的临时工王某操作索道观光车，自己到谷底与临时工黄乙维持秩序。11时30分，索道观光车下到谷底停下来,在一阵拥挤后,面积仅五六平方米、核定限载10人的缆车厢,竟满载了35名乘客缓慢上升。面对索道观光车严重超载的情况,黄甲不但不采取有效措施加以制止,反而按电铃发信号给在操作室的王某。该缆车操作室是位于距谷底缆车乘坐站约118米高度的山腰部,从谷底到目的地约呈45°角上升,操作人员仅凭谷底乘坐站的管理人员按压信号指示开关而启动缆车。因此,当缆车操作室接到谷底缆车乘坐站发来的信号后,将严重超载的缆车启动。十多分钟后到山顶平台停了下来,工作人员走过来打开了缆车小门,准备让车厢里的人依次走出来,上面接车的工作人员也开始着手接车,打开平台护栏铁栅门,一个8岁男孩一只脚已经迈出,然而就在这一瞬间,缆车竟不可思议地慢慢往下滑去。有人惊叫起来:"缆车失控了!"工作人员见此情形大吃一惊,立即跑进操作室猛按上行键,但已失灵。他又想用紧急制动,仍然无效。不得已拉下电源开关,以为可让缆车停下来,但缆车还是向下滑去。缆车缓慢滑行了30米后,机房内卷扬机发生爆炸,牵引钢丝绳断裂,从而导致缆车如箭一般快速向山下坠去,一声巨响后重重地撞在水泥地面上,断裂的钢丝绳在山间四处飞舞。最后造成了14人死亡、21人受伤的严重责任事故。

(资料来源:http://https://www.docin.com/p-1902686436.html,2020-07-16,有改动。)

问题:

1. 本案例给我们什么启示?
2. 景区遇到案例中出现的情况时应该如何处理?

第10章 景区的发展趋势与管理创新

学习目标

景区的管理创新是景区发展的重要方面。通过本章的学习，学生应了解影响景区发展的宏观和微观因素，了解景区未来的发展趋势和管理创新的基本途径。

知识结构

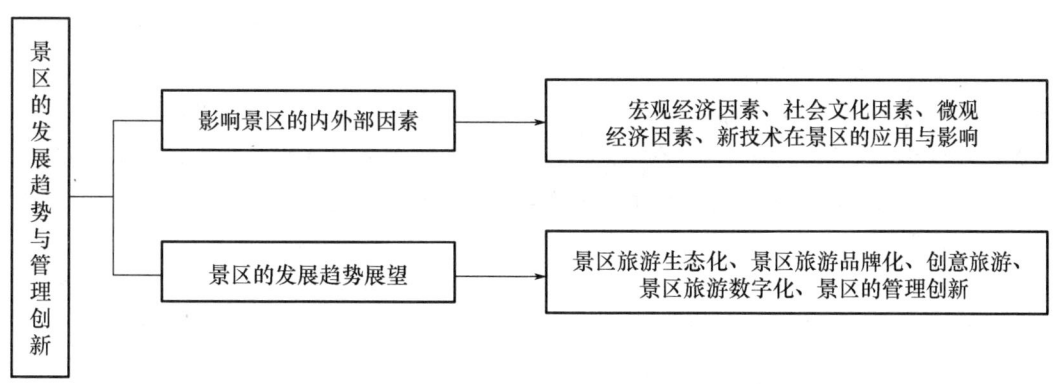

导入案例

开放式景区管理的"西湖模式"研究

景区免费开放,极大地满足了当地居民晨练、休闲以及中外游客观光旅游的需求,带动了景区及整个城市旅游业的蓬勃发展,但也给景区管理带来了巨大压力。作为全国第一家实施免费开放的5A级风景旅游区和省内首个世界文化景观遗产区,西湖景区以科学发展观为统领,以公共管理创新为抓手,逐步探索出适应开放式景区管理的"西湖模式"。在该模式的成功运作下,西湖景区为游客提供了优良的游览环境和优质的旅游服务,为杭州乃至浙江的旅游发展做出了贡献,其创新启示也为国内开放式景区的管理提供了借鉴。

在这一背景条件下实施的开放式"西湖模式",充分凸显了两个方面的重要意义。

(1) 为我国旅游经济转型发展提供了模板。公园和博物馆免费开放,几乎是美国、英国、日本等发达国家和地区的通行做法。随着我国经济总量的不断增长和人们对旅游需求的不断升级,旅游产业的发展必然要从传统的观光游向休闲游、深度游转型。西湖景区率先成为国内首个免费开放的5A级旅游风景区,从某种意义上讲就是为我国风景区发展模式转型、为推动区域旅游经济增长方式的转变开了先河,带了好头。

(2) 为管好开放式景区闯出了一条路子。通过在体制、机制、理念、方式上的创新,不断强化西湖景区的管理力度,提升管理成效,成功应对了免费开放的管理压力。用实际行动证明了免费开放的景区一样能管得住、管得好、管出成果,一样能实现和谐多赢的发展目标。为努力建设东方品质之城、打造幸福和谐杭州,大力推进西湖景区免费开放,不断扩大免费领域,成为市民晨练、休闲以及中外游客观光旅游的重要场所。

同时,随着免费开放力度的不断加大,景区管理面临严峻的考验和挑战。每逢国庆长假,游客量让西湖景区不堪重负。以2012年"十一"黄金周为例,西湖景区累计接待中外游客518.65万余人次,其中免费公园接待游客409.32万余人次,占总游客总量的78.9%。巨大的客流量,为景区日常维护、清卫保洁、安全管理等管理工作带来诸多不便,游人如厕难、车辆拥堵、公共设施损坏等问题日益凸现。同时,取消门票和24小时开放所带来的日常维护、清卫保洁、安全管理等方面的费用,给西湖景区每年增加了7 400万元左右的经济负担。

(资料来源:https://www.davost.com/seo/detail/3310 - cde7cc2bbc.html,2013 - 08 - 05.)

案例思考:景区免费开放的管理模式是否符合景区的未来发展趋势?

案例分析:近年来,在全国景区一片"涨"声的情况下,西湖景区逆流而上,造福于民,并在经济、社会和环境效益等方面均实现了"不收门票的和谐发展",令人称道。这种以人为本谋发展、科学管理促效益的"西湖模式"可供其他景区借鉴、推广。该模式成功运行的主要启示如下。

目前,国内大多数景区的经营收入主要依赖"门票经济",但门票涨价后,会加重了游客旅游支出负担,迫使游客减少停留时间和其他支出,导致旅游收入单一,难以促进本地旅游经济的可持续发展。而西湖景区实行免费开放,正是提早认识到了这点,通过免票降低游客准入门槛,带动杭州餐饮、住宿、交通、零售和其他行业的长期健康发展。

做好景区管理工作要树立大旅游发展理念,盘活全市旅游发展。通过树立大旅游观念，不再仅仅把目光放在自己部门的局部利益和门票上，而是更放在促进整个杭州旅游经济的长远利益上。尽管西湖景区免费开放期间门票收入减少了2亿元左右，但高人气为杭州创造了显著的综合回报效益。

做好景区管理工作要政府提供强大的财力反哺。西湖景区现在资金来源主要有四方面：政府投入、税收、文保类场所的门票收入和经营所得。其中，杭州市政府批准设立西湖景区管委会一级财政体制，将区域内的全部税收纳入景区财政收入，确保了景区日常保护、管理经费来源。同时，市政府对西湖景区综合保护工程实施专项拨款，确保景区建设资金充足。此外，免费开放后，随着游客流量的增长，景区内的租金收入和自有业态营业收入也得到了显著提升，成为不可或缺的资金来源。可见，政府的政策引导、体制支持以及强有力的财政反哺，也是推动"西湖模式"长期健康运行的重要基础。

做好景区管理工作要采取"免费为主、收费为补"的经营模式。免费开放期间，西湖景区相继取消了130多个景点的门票，占景点总数的80%以上，免费开放的景区面积达到了2 000多公顷，基本分布在西湖四周开放区域中；保留收费公园19处，主要是各级文物保护单位，如灵隐飞来峰、岳王庙（墓）、六和塔、三潭印月、郭庄等。2011年，收费景点门票收入高达2.84亿元。这种经营模式既为杭州经济发展带来了财源，又使得部分门票收入成为西湖景区日常管理经费的重要来源之一。

做好景区管理工作要采取"免费＋周边消费"的商业运作模式。西湖景区免费开放，使杭州市餐饮、旅馆、零售、交通等服务行业都获得了新的发展空间，促进了城市的整体经济发展。

10.1 影响景区的内外部因素

景区处于变化莫测的商业环境中，对于景区管理者来说，管理创新是工作中永恒的主题。而且这些变化具有不可预测性，这就意味着景区管理完全处于被动状态，属于临时性的工作。景区所处的世界在不断地发生变化，景区要在经营条件允许的范围尽可能快速地适应这种变化，这种变化可以被称为外部强制性变化，而对于这种变化的管理通常具有短期的、战术性的特征。

10.1.1 宏观经济因素

经济因素是景区商业环境的重要组成部分，因为经济因素直接影响消费者的需求和对新产品开发的投资。这其中包括旅游者购买力水平、汇率和利率的影响、政府财富分配政策的影响以及全球经济状况的影响。

政府的财富分配政策将对景区市场直接构成影响，根据不同的政府体制，影响包括：①税收政策；②法定带薪期的长短；③养老和社会保障收益的实际价值的相对提高或减少。不同国家实行不同的假日制度对景区行业带来的经济影响也是不同的。

行业集中化是旅游业和其他部门的共同发展趋势之一，大景区的所有权可能更加集中，越来越多的大景区将集中由几家大公司开发和管理。这种趋势是必要的，因为景区开发和维持的成本非常高，只有大公司才有能力承担。目前已经有许多大景区就是大型跨行业公司的子公司，如美国的迪士尼、六面旗、环球影城，欧洲的图索德、乐高、皮尔逊等公司。亚洲景区发展由于起步较晚，尚未出现真正的大型景区管理集团公司，但已经出现很多公司联合发展景区、房地产和零售业，如韩国的乐天公司。

经济的全球化和行业集中化将导致景区所有权的全球化，也就是说，越来越多的景区将由外国公司拥有。全球化可能产生的另一个影响是景区产品的进一步标准化，因为跨国公司试图把自己国家经营成功的景区照搬到其他国家。景区产品的全球化最终会导致"全球景区市场"的出现，如迪士尼在亚洲和欧洲市场的立足。

10.1.2 社会文化因素

社会文化因素中人口是首要方面，在未来几年里，全球人口将进一步增长，大多数发达国家会相继进入老龄化社会，因而如何迎合这种市场变化成为景区必须考虑的问题。而相反的是许多发展中国家的年轻人的数量仍在迅速增加，而且年轻人作为景区特别是人造景区的主要需求者，这部分人的数量增加客观上要求发展中国家的景区应有自己的发展战略，以适应不断扩大的年轻人需求市场，满足他们的要求。

家庭作为社会的基本单位，也是人们出游的主要组合，因此，景区经营者应随时注意社会家庭结构发生的变化。例如，单亲家庭数量的持续增长，年轻人越来越倾向于晚育，无子女家庭数量的增加，以及儿童和青少年越来越成为更重要的消费者。

随着社会的多元化和人们宽容度的增加，人们的需求也越来越多元化，对景区的要求也越来越高。因此，景区开发商必须审时度势，顺应发展，开发出能吸引不同社会群体的景区产品，而且景区的经营方式要能让不同文化背景的人接受，对于外国投资管理的景区，经营管理的本地化过程是一个尤其重要的问题。

目前世界各国公众普遍关心环境问题，人们对环境问题的关注主要集中在污染、噪声、能源保护、动植物的保护等方面。因此，景区在能否为当地带来社会效益和经济效益方面面临越来越大的压力。事实证明，更贴近绿色和环保概念的景区越来越受人欢迎，而马戏、传统动物园等景区的游客数量正在逐渐下降，这体现了人们需求的一种变化。

随着人类知识结构的复杂化、需求的多样化，以及机遇和选择机会的增加，人们的生活方式趋于多样化。同时对生活方式的选择也越来越受到传媒和消费品生产者大量营销活动的影响，人们生活在商业社会不断创造出来的消费概念和消费时尚中（如保健族、银发族、丁克族、白领等），人们的追求不断发生变化，景区营销应跟上这种形势。有调查显示，越来越多的人希望在一日游和度假时有机会学到新的东西，因此，单纯被动参观式的景区市场越来越萎缩，而景区中工艺品制作演示活动、体验互动型展览越来越受到游客青睐，这也预示着景区的一种未来发展趋势。

10.1.3 微观经济因素

1. 竞争态势

由于景区企业微观环境竞争越来越激烈，景区需要投入更多的精力分析其竞争对手，制定取得竞争优势的企业战略。

景区的竞争将主要表现为以下几个层面：①同类型相似的景区之间的竞争；②同一地理区域内，针对相同或相似的目标市场的景区；③受景区目标市场欢迎的其他娱乐休闲活动，包括餐饮、家庭娱乐、购物场所等。景区需要认清自己所面临的竞争类型，选择适当的竞争战略。现在越来越多的景区意识到要通过增加景区的吸引力和景区展示内容的更新或更换增加景区的价值，提高景区的特色，在差异、特色和质量方面战胜对手，取得竞争优势。

2. 管理内容

受现代企业管理理论的影响，景区企业的管理表现为几种变化趋势：①更加注重质量，加强全面质量管理；②组织管理结构扁平化，给员工更多的自主权，从而调动员工的积极性，加强员工的责任感；③更加重视员工的聘用，运用评估、员工发展、表现与报酬挂钩的方式激励员工；④越来越多地使用一体化的计算机管理信息系统，以信息网络化支持管理层的智能决策；⑤通过培训和正规的教育课程，使景区管理人员更趋于职业化；⑥更加重视营销，随着市场导向观点被越来越多的企业所接受，营销也日益成为景区经营的重点，营销预算的比例也会提高；⑦景区越来越希望成为公众眼中有社会责任感、重道德的企业。

3. 营销理念

以顾客为中心的营销观念的继续发展使景区更重视顾客的感受和体验，主要表现在：①让那些从未到过景区的人了解景区的产品；②给初次来访者留下深刻的印象，使他们成为常客并借他们之口向更多的潜在游客推荐；③在顾客中培养品牌忠诚者会成为景区企业的营销重点；④不断在景区内增加新项目和特色活动，吸引游客重游也将是景区企业未来发展的一条必经之路。

以上几点都需要加大市场调研的力度。市场的变迁及景区面临的市场和环境压力将迫使景区管理者越来越意识到除了游客的人口特征（年龄、性别）外，景区要更重视游客对景区的意见和态度的定性研究，顾客的想法和需求决定了他们对景区的消费行为。因此，随着景区市场和景区企业的日趋成熟，景区将越来越重视对市场的细分，特别是对顾客生活方式的研究。

4. 业态融合

随着人们的兴趣越来越广泛，景区所在地的一些其他部门已经在其原有功能的基础上增加了越来越多的景区功能。很多饭店也超越了单纯住宿的功能，而结合了娱乐、表演、主题展览等功能，这点在美国拉斯维加斯的饭店群中表现尤其突出。近年来，非常时尚的主题餐厅也表现出餐饮和娱乐功能相结合的趋势。因此，景区的吸引物功能已超越了原有景区范畴的局限，与旅游的各个部门有了更紧密的结合，同时与其他产业也有融合，产生了新的产业业态和产业集群。

除了上述趋势外，一些综合型、巨型景区与旅游目的地的界限也日渐模糊，最为典型的就是美国佛罗里达的迪士尼世界。事实上，迪士尼在欧洲和亚洲的投资大部分是连同饭店住宿和当地交通设施一并开发的，提供满足游客所有需求的住宿、服务、娱乐等。一方面，巨型景区被认为与"绿色旅游"观点背道而驰；另一方面，这又被认为是一种发展机遇，游客可以尽情享受，不会因游客与目的地居民的接触而与目的地的文化产生摩擦。因此，巨型景区式旅游目的地可能会成为可持续旅游业发展的一种有效模式。

10.1.4　新技术在景区的应用与影响

新技术在景区的应用与影响主要包括以下几个方面。

1. 增加景区吸引力

这里以主题乐园的乘骑项目为例，新的机械、电子和声光电技术融入主题乐园乘骑项目的设计中，一方面丰富了游客的体验，另一方面加大了乘骑的安全系数。此外，新技术也被普遍用于博物馆等景区，改进展品的陈列方式，丰富解释系统，提高此类景区的游客参与程度。

2. 网络化、信息化管理

在景区管理中首先引入网络信息技术的是票务系统，并由票务系统演变成联系整个景区，结合餐饮、零售、票务、财务、人事、游客服务、高层管理等景区各种功能的景区管理系统，这种系统的应用密切了景区各部门的合作，提高了管理效率，加快了对突发事件的反应速度，减少了各种信息在传递过程中的遗漏可能。另据国际游乐园及景点协会消息，已有不少主题乐园成功地利用新技术基本解决了旺季游客排队时间过长的问题。以迪士尼为例，迪士尼在所辖景区内实行热门乘骑项目乘坐时间预订的做法，游客在入园时可以预订某一热门乘骑项目的乘坐时间（通过系统可查询到这个时间该乘骑项目是否有位），游客只要按预订时间到达这个乘骑项目的入口即可不用排队直接进入，剩下的其他时间游客可以自由安排其他项目的活动。

新技术对景区的产品和企业管理方面能起到积极的作用，但集中体现新技术成果的虚拟现实技术同时也可能对景区业形成威胁，这种威胁主要来自两个方面。

(1) 如果在街区或家里就能获得虚拟现实的经历，人们为了休闲而外出旅游的愿望就会减少，传统景区的访问量就可能会下降，这也是很多景区把虚拟现实技术融入其景区产品中以应对挑战的原因之一。

(2) 虚拟现实技术成本昂贵，只有那些资金雄厚的企业所拥有的大型景区才负担得起，而那些无力运用虚拟现实技术的景区就面临着把游客拱手让给大型景区的风险。当然虚拟现实毕竟与真实的休闲社交活动存在一定的差别，因此现在认为新技术的发展会对景区业造成威胁还为时过早。但新技术给传统的景区产品和传统的景区企业的经营管理模式带来的冲击是必然的，只有有足够资金实力和远见的企业，抢先一步搭上现代科技这班快车，尽早实现从产品到企业内部管理电子化，才可能在未来竞争中取胜。

10.2　景区的发展趋势展望

10.2.1　景区旅游生态化

景区开发会对其生态环境造成一定影响，如果开发不当，则会对景区的生态环境造成重大破坏，特别是对人文类景区来说，还会对文物等具有科研、考古价值的资源造成破坏。所以，景区旅游生态化发展是一大趋势。生态化旅游实质是旅游的生态化发展，它包括思想观念、旅游产业和旅游产品、旅游地等方面的内容。而景区旅游生态化发展包括景区建设生态化、景区运营生态化。景区开发建设的生态化能在长期内有效保护景区资源，为景区的长远发展奠定基础。现代景区在开发建设全过程中都体现出可持续发展的特点，主要表现为绿色规划、绿色建材以及绿色项目。景区运营生态化是指在景区日常经营管理过程中，大量采用生态环保型的设施和能源，并在游客管理上注重环保教育与宣传。此外，景区还日益注重对旅游者的环保教育，如美国著名的黄石公园就对旅游者进行环保教育，在旅游者到达景区前为其提供景区环保信息，在公园门口工作人员为旅游者分发公园行为手册及环保注意事项。此外，在主要景区内还设立专门的工作人员负责对旅游者的行为进行教育。

案例阅读

宁海乡村景区试点"垃圾银行"

许家山景区是国家3A级景区，免费向游客开放，特别是节假日，一天要接待几千人，往往会留下大量的垃圾，景区保洁压力很大。垃圾换土特产，既保持景区整洁，又能降低景区运营成本。奖品虽不贵，但都有地方特色。例如，1袋垃圾兑换1个土鸡蛋，3袋垃圾兑换1袋许家山麻糍，10袋垃圾兑换1箱番薯面。

2016年6月以来，宁海以"国家全域旅游示范区"创建为契机，在乡村旅游景点率先探索"垃圾银行"新模式，即游客捡拾垃圾达到一定量，可享受从单次门票到1年免费游览不同程度的奖励，同时对乱丢垃圾等不文明行为，通过"随时抓拍、实时上传、曝光"方式，在景区橱窗或显示屏通报，倡导游客维护景区环境，文明出行。

目前，该模式已在许家山石头村、东海云顶、农夫小子柘浦农庄、依山果园、西林寺等乡村景区试点实施。不到一个月时间，"垃圾银行"累计吸引游客存储垃圾近5吨，景区日垃圾量平均下降1/3，节约环卫成本约10万元。

(资料来源：http://gtoc.ningbo.gov.cn/art/2016/7/1/art_168_378128.html，2016-07-01.)

10.2.2　景区旅游品牌化

在竞争激烈的旅游市场中，品牌是景区的核心竞争力，好的品牌是景区最有价值的资产，它可以为景区树立良好的市场形象，推进其市场不断扩张。在景区发展过程中，品牌化是大势所趋。景区品牌构成的关键要素包括有吸引力的旅游资源、有创意的旅游活动项目、标准化服务、人性化关怀和个性化体验。正如迪士尼在其品牌战略中所总结的那样，好的品牌是接近顾客的，能为消费者带来有意义的情感回报，并关注每一个细节。这为我国景区的品牌塑造提供了借鉴经验。

10.2.3　创意旅游

1. 创意旅游的定义

创意旅游是伴随着旅游的产生而产生的，只是近几年才明确提出这个概念。创意旅游（Creative Tourism）最早由理查兹和雷蒙德提出，他们将创意旅游看作对文化旅游概念的延伸或反应，认为创意旅游是通过让游客主动参与体验旅游地的文化特色，为其提供开启创造潜力的机会。进而将创意旅游产生的驱动因素总结为两点：一是旅游产品的同质化，二是现代人自身发展的需要。

联合国教科文组织全球创意城市网络给出的定义是："创意旅游是一种参与导向的、真实体验旅游地的艺术、遗产或特色风情的旅行。"

国内对创意旅游的研究主要从旅游产业角度切入。厉无畏、王慧敏等认为，所谓创意旅游，是指用创意产业的思维方式和发展模式整合旅游资源，创新旅游产品、锻造旅游产业链。它是一种适应现代社会经济发展转型的全新旅游模式。

冯学钢等提出了旅游创意产业的概念：在创意理念的引导下，将智力因素和思想的火花与原有的资源完美结合，通过重组、整合原有的静态旅游要素并加以模型化和动态活化来重新定位和推出，可以进一步增强原有产品、服务的体验性和吸引力，以适应不断更新的市场需求并充分彰显旅游的魅力。他们进一步指出了创意旅游的3个特性：基于创意元素与旅游元素的完美融合；具有较高的体验性和参与性；具有较高的连带效应。

2. 创意旅游的效应

创意旅游极大地促进了旅游地的经济发展。这主要表现在以下几个方面。

（1）带动旅游投资和景区的开发。例如，中国（宁海）徐霞客开游节，举办第一届开游节时天河景区对外营业，并带动了前童古镇的开发；举办第二届开游节时野鹤湫风景区对外营业，并带动了梁皇山风景区的开发等。

（2）实现旅游产业与其他产业的链接，有机联动，提升产业的整体效应。大连的玉米迷宫就是一次旅游业同农业的"亲密接触"。它的灵感来自于1993年在美国宾夕法尼亚州诞生，随后迅速在欧美、日本等地风靡的大型玉米迷宫项目。它在此基础上又进行了另一种创新，打造出"勇者之旅"的情境，充分利用农业的特性，将体验式旅游和身心拓展相结合，让人们在享受自然风光、农业风情的同时进行娱乐、休闲。除此之外，这里还有农作物采摘、家畜代养、农家住宿、海滨浴场等配套项目。大旅游产业链的构建，大大提高了当地的农业产业附加值，也拓展了旅游的市场空间。

（3）催生创意人才、创意成果以及支持创意产品的制作、发展和传播的企业群。例如，上海杂技团创作演出的《梦幻时空之旅》节目就是这类典型的创意产品，它突破了杂技的市场界限，另辟蹊径地引入了音乐、舞蹈、多媒体等元素，打出"秀一个上海给世界看"的主题语，以其创意实现了杂技的价值创新，成为上海城市文化新名片和都市旅游新景观。

知识链接

桂林阳朔《印象·刘三姐》——民俗文化创新的典范

《印象·刘三姐》文化景区是全球第一个全新概念山水实景剧场，也是一个全新概念的两栖景区——白天完全就是一个民俗文化实景主题园，晚上则是以实景演出为主的民俗文化演出大剧场，是一个全新概念的民俗文化旅游开发模式。《印象·刘三姐》运用独一无二的方式来诠释桂林的自然美和文化美。刘三姐及漓江都是桂林举世闻名的两大旅游文化资源，但《印象·刘三姐》没有落入俗套，而是选择了一条较高雅的、印象派的路线，采用生活化的场景——捕鱼、拉网、荡舟、渔歌，写意地将刘三姐的经典山歌、少数民族风情及漓江渔火等元素进行创新组合，不着痕迹地融入桂林山水之中，通过鼓楼群、灯光工程、烟雾工程、音乐工程、舞美设计、漓江渔火、漓江牧童、洗衣村妇、唱晚的渔舟、归家的耕牛来展现传统的桂北乡村景象，充分利用晴、烟、雨、雾、春、夏、秋、冬不同的自然气候来营造主题，从而创造出无穷的神奇魅力，使《印象·刘三姐》的演出每场都是新的。最终将主题的自然之美、渔火之美、人文之美、民风之美、服饰之美、灯光之美充分融合在一起，成为一场视觉艺术的革命。

（资料来源：https://www.xjlxw.com/hn/gxly/mfms/25922.html，2020-07-16，有改动。）

10.2.4 景区旅游数字化

1. 数字化景区的概念

数字化景区是指风景区的全面信息化，包括建设风景名胜区的信息、数据基础设施以及在此基础上建设网络化的风景名胜区信息管理平台与综合决策支持平台；亦即综合运用宽带网络、数据库管理系统、地理信息系统（GIS）、遥感（RS）技术、全球定位系统（GPS）、遥测技术、虚拟现实等技术，针对风景名胜区资源保护、旅游服务、社会服务与行政管理的主要功能，进行风景名胜资源信息采集、信息发布、动态监测、空间分析、规划管理、辅助决策，使风景名胜区的保护管理、利用发展工作全面进入信息化阶段。数字化景区，实质是基于"数字地球"概念的衍生而来，即以信息技术、管理科学、产业经济学为基础，以计算机和网络技术为依托，集成应用 GIS、RS、GPS 等现代信息科学技术和方法，结合资源保护与开发管理理念，通过信息基础设施、数据基础设施、信息管理平台和决策支持平台的搭建，形成向社会公众开放的数字化、网络化、智能化、可视化的管理信息系统。以计算机技术、网络技术、通信技术、数据库技术、遥感技术、遥测技术、全球定位系统、地理信息系统、虚拟现实技术为主体的信息技术已经发展到崭新的阶段，信息技术正在或必将深刻地影响风景名胜区的规划与管理、保护与发展。数字化风景名胜区将信息技术与风景名胜区规划管理工作有机地结合起来，这是风景名胜区事业发展和信息技术发展的必然结果。数字九寨沟、数字武夷山、数字泰山等工程的建设充分证实了这一点。

2. 数字化景区的总体框架和系统

数字化景区框架一般由支持层、基础层、应用层、执行层、决策层组成（图 10.1）。支持层为数字化景区的整个建设过程提供关键技术、政策、法规、标准、数字化人才等方面的支持；基础层包括基础数据库和基础网络平台；应用层由 N 个业务子系统构成，为景区管理部门、游客提供决策支持、服务等功能；执行层提供全局性的资源调度和应急指挥，具体职责由两个业务中心承担，即指挥调度中心和信息中心；决策层通过建设决策支持系统，为决策者提供分析问题、建立模型、模拟决策过程和方案的环境，调用各种信息资源和分析工具，帮助决策者提高决策水平和质量。

数字化景区应用系统可以分为资源保护、景区管理和旅游服务三大类，每一类都包含多个业务子系统，如图 10.2 所示。

3. 数字化景区的建设策略

为了数字化景区建设的顺利进行，必须在管理机构、管理政策、技术支持、技术规范、人才培养、资金保障等方面予以重视。

（1）管理机构。加强对数字化景区建设工作的组织领导，要从景区未来发展的战略高度和全局观点出发来加强和推动数字化景区的建设。要建立专门的组织与管理机构，专人负责。从中华人民共和国住房和城乡建设部、各省（市）住房和城乡建设厅到景区管理委员会，都要明确相应的管理机构与责任人员，以便开展规划、管理、实施，只有这样才能将建

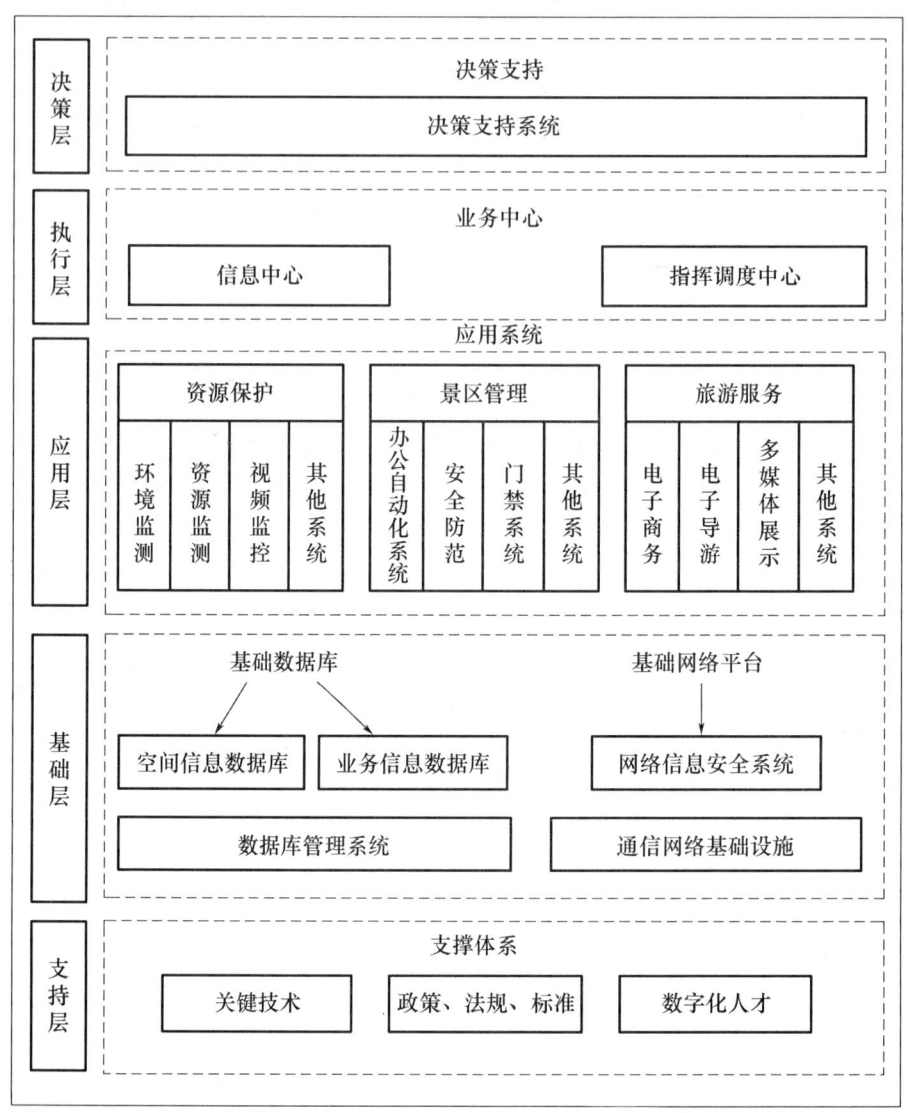

图 10.1 数字化景区总体框架

设工作落到实处。

（2）管理政策。数字化景区的建设需要庞大的人力、物力、信息、设施，必须制定相应的管理政策，包括项目管理、设备管理、资金管理、信息管理、人员管理等；必要时，还应该建立专门的法规，确定相应的体制，为数字化景区的建设提供法律保障体系。

（3）技术支持。数字化景区的建设和应用涉及众多高新技术，如空间信息技术、数据库技术、虚拟现实技术等，需要建立不同层次的技术支持体系，作为技术保障后盾，包括国家级、省（市）级、地县级的技术支持中心。

（4）技术规范。数字化景区建设，需要建立信息基础设施、数据基础设施、信息管理系统、决策支持系统等，涉及一系列信息技术，必须制定相应的技术规范，方可保证信息的共享与系统的应用。否则将会出现一系列信息孤岛，不能发挥应有的作用。

（5）人才培养。数字化建设是一项崭新的事业，在数字化风景名胜区建设与应用过程

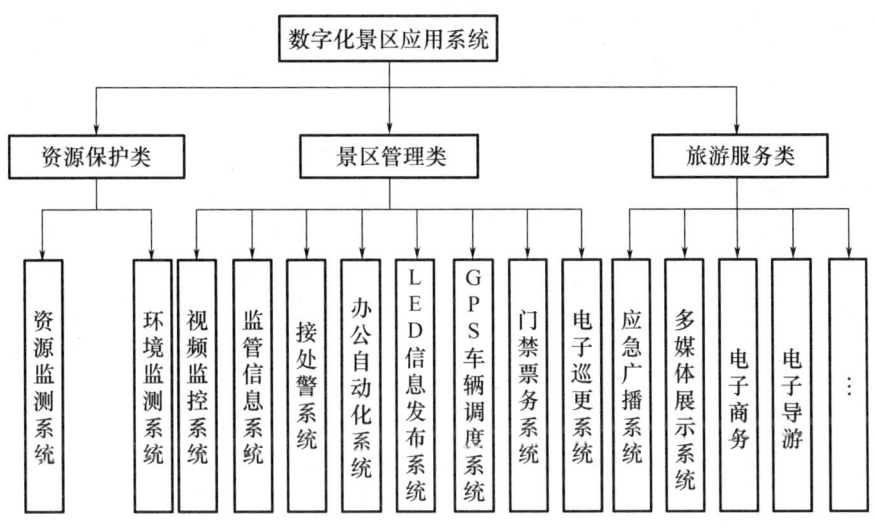

图 10.2　数字化景区应用系统

中，技术人才培养的重要性是显而易见的，没有技术人才的积极参与，不仅数字化景区的建设不可想象，其建成后的应用也难以开展。因此，培养一支既懂管理又懂数字化建设的人才梯队，是加快数字化景区发展的关键。可以借助各级技术支持中心、高等院校、科研机构等多种途径培养人才。

（6）资金保障。数字化景区的建设需要巨大的资金支持，为保证数字工程的有序建设，景区管委会必须做好规划预算，并力争中央财政、地方财政提供专项资金支持；也可以通过多种渠道申请资金或融资，保障数字化景区的建设。

10.2.5　景区的管理创新

1. 景区管理创新的含义

创新是景区管理的灵魂。随着旅游经济的发展，景区之间的竞争越来越激烈，景区管理水平也在不断提高，新的景区经营理念和模式不断出现，这意味着景区要实行一种开创性管理，即管理创新。概而言之，管理创新是指创造一种新的更有效的资源整合范式，既可以是新的有效整合资源以达到景区组织目标和责任的全程式管理，又可以是新的具体资源整合及目标制定等方面的细节管理。

知识链接

景区管理创新的形式

景区管理创新有以下几种形式。

（1）提出一种新的景区经营思路并加以有效实施。随着景区经营环境的变化，景区管理需要新的思路，如果新的经营思路是可行的，取得了良好的效果，这便是管理方面的一种创新。

（2）创设一个新的景区组织机构并使之有效运转。组织机构是景区管理活动及其他活动有序化的支撑体系。一个新的组织机构的诞生是一种创新，但如果不能有效运转则成为空想，不是实实在在的创新。

（3）提出一种新的景区管理方式方法。一种新的管理方式方法能提高生产效率，或使人际关系协调，或能更好地激励员工等，这些都将有助于景区资源的有效整合，以达到景区既定的目标和责任。

（4）设计一种新的景区管理模式。所谓管理模式是景区综合性的管理范式，指景区总体资源有效配置实施的范式，这种范式如果对企业的综合管理而言是新的，就算是一种创新。

（5）进行一项制度的创新。管理制度是景区资源整合行为的规范，既是景区组织行为的规范又是员工行为的规范。制度的变革会给景区行为带来变化，进而有助于资源的有效整合，使景区管理更上一层楼。

2. 景区管理创新的基本途径

景区管理创新的基本途径有管理制度创新、管理模式创新、营销手段创新等。

（1）管理制度创新。管理制度是组织运行赖以支撑的架构，科学的管理制度和机构设置是管理理论与规律的产物。目前，许多景区正在探索新的管理制度和治理结构，出现了股份制、租赁制、经营权转让等多种形式。

（2）管理模式创新。我国景区比较成功的经营模式可以分两种，即广东模式与江苏模式。广东模式以深圳和广州为代表，典型的景区有锦绣中华、中国民俗文化村、世界之窗、世界大观等，其成功的关键是区位优势和市场优势。这种模式的主要特征是移植，即在自然旅游资源及人文旅游资源比较贫乏的情况下，依靠移植国外的人文景观及国内的文化风俗，借助其优越的市政设施及接待能力，开展成功的经营。而江苏模式则因挖掘地方文化而成功，吴文化园就是其典型代表，充分挖掘吴国的建筑、饮食、歌舞、蚕桑、纺织等传统地方文化来吸引游客。

（3）营销手段创新。营销管理是景区经营管理的关键环节，直接关系到景区在市场上的占有率。成功的景区充分利用产品质量、价格手段、销售渠道、促销活动及公共关系等确定景区产品的最佳营销策略组合，以提高景区的商业价值，扩大市场占有率。成功的经营管理还需要有现代管理制度的约束。现代管理制度强调刚柔并济。一方面，景区经营者要加强刚性管理，重视景区的规章制度建设，建立景区的规范管理机制，强化景区管理，约束员工行为，为游客创造一个良好的旅游环境。另一方面，经营者也不能忽视柔性的人性化管理，要使员工行为由"强制"变为"自觉"，在景区道德规范和行为准则的约束下，自我管理，自我约束。

案例阅读

成功源自创新

自建成开业以来，深圳欢乐谷不断创新，与时俱进，用智慧为游客创造欢乐，先后被授予"全国五一劳动奖状""首批国家AAAA级旅游景区""中国旅游知名品牌""全国最佳主题乐园""中国经典品牌商标""全国文明风景旅游区示范点"等多项荣誉和称号，其成功经验带给我们多种启示。

（1）战略创新。

创新是景区发展的不竭动力，战略创新是现代主题乐园实施战略管理的根本。欢乐谷倡导持续发展战略，让游客"常看常新"，并先后制定了欢乐谷三年形象工程（滚动修编计划)和欢乐谷五年发展战略。随着经营环境与市场竞争的日益严峻,欢乐谷通过全新的资源整合、产品发展空间的延伸、经营模式的拓宽,由一个日间经营的乐园成为一个全天候经营的乐园。

从企业发展战略高度出发,欢乐谷对外的宣传已提高到为企业品牌服务,对企业品牌进行维护及管理;公司每年投入 3 000 万～5 000 万元资金用于改造和新建项目,提高景区产品、环境品质,不断为游客提供新、奇、特的游乐体验和安全优质的游乐服务;同时,努力开发新业务,在核心游乐产品方面,融合多种娱乐元素,开发健康、阳光的都市娱乐生活方式,在附加产品方面,充分利用欢乐谷网站资源,开发与乐园产品相配套的网络游戏。

(2) 策划创新。

策划创新是一个主题乐园立足市场的重要因素,系列化的大型体验性活动的开展是市场制胜的法宝,以此培育市场卖点、消费热点和利润增长点。

策划创新首先体现在主题节庆活动的策划方面。多年来,欢乐谷坚持将五大节庆活动作为大品牌下的子品牌来经营,注重把握国际娱乐潮流和脉搏,将时尚文化与本土文化有机结合;每一个主题活动都结合欢乐谷品牌内涵的某一个元素来展开,如新春国际滑稽节体现欢乐吉祥、暑期玛雅狂欢节体现激情狂欢、国际魔术节体现神秘与梦幻等。按照"一项活动、一个品牌、一家媒体"的思路,将主题活动做出声势和特点,进一步丰富、强化和再现主题,达到"大节造影响、小节做市场"的拉动效果,从而做大做强欢乐谷品牌。

其次,策划创新体现在与媒体的合作方面。欢乐谷通过制造有热点新闻效应的事件,有计划地策划、组织、举办活动,或寻找与企业自身相关的结合点,推出欢乐谷的旅游产品或个性化服务,吸引媒体和社会公众的注意与兴趣。例如,承办中央电视台"中国篮球最佳阵容颁奖晚会";与星空卫视主办《星空激情夏令营》;与深圳电视台举办新加坡电视剧《奔月》明星见面会,等等。

最后,策划创新体现在倡导零距离互动表演的概念上。从欢乐广场到金矿镇舞台,从金枪鱼广场到东巴舞台,从影视表演场到魔幻剧场,处处分布着专业的表演台,天天上演街舞表演、乐队演出、哑剧表演、极限运动表演、魔术表演、杂技表演及夜光大巡游等特色演出;还有活泼可爱的欢乐谷卡通人游走在园区各处与游客嬉戏;装扮夸张的小丑做着滑稽的动作与游客逗趣。这些都表现出欣赏者与表演者之间的零距离,体现了欢乐谷艺术表演的创新精神。

(3) 管理创新。

欢乐谷通过规范管理制度,统一经营理念,强化过程监督,有效提升企业执行力。围绕管理创新和企业发展两大主题,先后实施 3 个导入,搭建 3 个体系,构筑了一个利于持续改进的管理平台,以提高景区管理水平和核心竞争力。

导入 ISO 9001 质量管理标准,构建公司管理体系。公司从 2001 年 9 月开始导入 ISO 9001 质量管理体系,运用 ISO 的思想,全面梳理各项管理制度,不断补充、修订和完善工作程序及岗位操作流程,使之成为一套统领公司运行的管理标准体系,从安全、成本、服务 3 个方面指导管理工作,指导公司整体的运营管理。

导入国际先进的游客服务圈理念,建立服务标准体系。从关注游客需求、追求游客满意、树立游客满意为最高价值导向的服务理念出发,一方面优化内部服务流程,另一方面倡导"二线服务一线,一线服务游客,管理服务现场"。2004年,结合《华侨城旅游服务标准》和欢乐谷企业文化倡导的"三先五会"的精神,对景区各岗位进行研究,总结经典案例,编制服务标准手册作为公司培训的教科书,并在实践中进一步强化服务标准。

导入"领班行动"战略,搭建人才培养体系。为全面提升企业管理品质,坚持以管理创新的思维培养干部,通过"圆桌会议"、管理干部轮换、国外考察等方式培育企业核心领导力,将管理人员的培训对象扩展到基层领班,以"以一带十、全面提升"为指导思想开展了"领班行动"。由此突破了主题乐园人力资源管理的瓶颈,延伸了管理链条,形成了高层、中层和基层3个层面的管理模式,初步搭建起欢乐谷人才梯队培养体系。

(4) 产品创新。

1998年,欢乐谷一期项目的建成开业体现了华侨城集团旅游产品的新突破,实现了由观赏性公园向参与体验性主题乐园的转型;2002年,欢乐谷二期成功进行了产品的提升和完善,在规划及项目设计方面始终遵循"体验即是生活,生活即是体验"的现代休闲理念,在原有基础上新增四大主题区,全新引进一系列高科技游乐设施,强化满足游客参与、体验新型时尚娱乐的需求,大大拓展了市场的空间和份额,为欢乐谷"动感、时尚、欢乐、梦幻"的品牌形象奠定了坚实的基础;2005年,欢乐谷三期"欢乐时光"项目一炮走红,欢乐谷品牌再次升级,三期的开放为欢乐谷品牌注入了新的内涵,推出"都市娱乐中心"的全新品牌定位,提出"繁华都市的开心地"的品牌口号,并巧妙运用"欢乐嘉年华"的形式进行媒体宣传,通过旅游产品娱乐化,开创了全新的旅游模式,使品牌概念进一步清晰,定位更加准确,力争打造都市娱乐主题乐园。

(5) 服务创新。

严格的经营管理、优质的服务与先进的硬件设施相配套,成为欢乐谷追求的目标和发展的保证。让每一位游客安全、愉快、满意成为景区每一位服务人员的自我要求。一切与主题乐园相关的细节,都进行了仔细研究并付诸实施,并形成一套综合管理与运作的支持服务体系。

(资料来源:https://wenku.baidu.com/view/71393ece0640be1e650e52ea551810a6f424c855.html,2020-04-25,有改动。)

案例分析: 欢乐谷在实施旅游行业服务质量等级标准的大前提下,做到共性服务、个性化服务和差异化服务相结合,充分发挥各岗位员工的主观能动性,做到"个性服务主动化、服务规范标准化、工作流程程序化"。通过三先服务(先注视、先微笑、先问候)、主动服务、特殊服务,解决服务圈各环节的"关键时刻",最终提高游客满意率,发展忠诚的游客。

3. 景区管理制度创新

(1) 适度集中景区行政管理权。

景区是集中了各种产业要素的空间单元,其内部要素的多元性决定了景区管理的边缘性与复杂性。目前我国景区存在着管理条块分割、多头管理等问题,其根本原因是景区内部要素的多元化。为了优化景区管理制度,提升景区管理的效率,首要的工作是打破管理权限分散、管理机构多头的现状。而景区管理的经验也表明,强化跨部门、跨行业、跨地区的协调管理力度,是实现景区管理健康发展的基本保证。因此,集中景区行政管理权就是要改变目前大多数景区面临的多头管理的弊病,将原先分散在各个部门的景区宏观管理权限集中起来，对景区实施统一管理。而从这层意义来看，集中景区行政管理权实际上是对景区外部管理机构的整合。集中景区行政管理权的途径如下。

① 区域内部的管理权集中。对于处于一个行政区域内的景区而言，其面对的主要问题就是景区管理机构过多，在景区决策过程中无所适从。对于该情况，景区管理机构应采取"就低不就高"的原则，将各种管理的权限集中下放到基层的政府部门，并由政府部门指定或成立景区管理机构对景区实施统一的行政管理。实际上，早在1985年国务院就颁布了《风景名胜区管理暂行条例》（已失效），其中第五条明确规定："风景名胜区依法设立人民政府，全面负责风景名胜区的保护、利用、规划和建设。风景名胜区没有设立人民政府的，应当设立管理机构，在所属人民政府领导下，主持风景名胜区的管理工作。设在风景名胜区内的所有单位，除各自业务受上级主管部门领导外，都必须服从管理机构对风景名胜区的统一规划和管理。"根据这项规定，各地相继制定了一些地方性法规，并根据具体情况设立了景区管理机构。然而，由于缺乏法规的实施细则，在实际执行过程中，景区的管理权限并没有真正集中到景区管理机构，而是分散在各个政府职能部门内部，这些部门之间协调机制的缺乏，导致其对于景区权利的争夺行为。因此，对于属于同一行政区划内的景区，应严格按照相关法律法规的要求，建立综合性的景区管理机构，如景区管理委员会，并赋予其相应职权。成立景区综合执法部门，将公安、工商、物价、税务、交通、路政、林业、环保、质检等部门的职能由景区综合执法部门统一行使，这样一来，各种管理职能可以得到有效的协调，景区的管理效率也能得以有效提升。

② 跨区域的管理权集中。对于那些跨越不同行政区的景区而言，因行政区间的管理主体上的差异和利益冲突而造成的景区人为分割、重复建设、恶性竞争等现象较为常见，景区跨区域的管理对其发展十分重要。这类景区的行政管理往往受制于不同管理主体间的利益冲突，因此，对跨越行政区域的景区只有通过第三方来进行管理才能避免"本位主义"的弊端。国外较常采取的方式是由政府出面组织成立相关的管理部门，专门负责对这类景区进行管理。例如，美国国家公园均由内政部的国家公园管理局统一管理，国家公园管理局下设10个地区局，分别管理各地的国家公园。各国家公园设有公园管理局具体负责本公园的管理事务。国家管理局、地区管理局、基层管理局三级管理机构实施垂直领导，与公园所在地的政府部门没有业务关系。这种管理体制职责分明，工作效率高，避免了与地方政府产生矛盾，也没有产生相互争夺利益的事情。因此，我国也可以由文化和旅游部出面成立相应的管理机构，并设立独立体系的下级机构对跨区域的景区实施管理。

（2）构造现代企业型经营主体。

景区作为一个旅游企业必须有独立的经营主体，为此，景区需要将传统的政企不分的经营主体转变为以现代企业制度为基础的独立法人，实现景区的市场化经营。所谓企业制度是指以产权制度为基础和核心的企业组织与管理制度。现代企业制度则是指在世界范围内为人们所共识的，适应市场经济体制需要，体现企业成为独立法人实体和市场竞争主体的要求而确立的制度规范。景区若要构建一个真正意义上的现代企业型经营主体，应进行下列调整。

① 建立景区的企业法人制度。法人制度是现代企业的主要特征，该制度是指景区具有依法享有法人财产的权利。法人财产的界定又是以建立明晰的企业产权制度为基础的，即在产权明晰的前提下，景区拥有对自有财产的处置权。只有明确景区所拥有和所能处置的财产，才能真正明确景区经营盈亏的主体身份，才能让景区形成自主经营和科学合理配

置资源的管理机制。建立景区企业法人制度是构造现代企业型经营主体的首要条件。

② 完善景区责任制度。景区在经营管理中主要扮演三种角色：一是景区内资源的经营者。二是景区开发建设投资者的投资对象。三是市场所需求旅游产品的提供者，作为景区资源的经营者，要对景区资源的完好程度和可持续利用负责；作为景区开发投资的对象，景区要为投资者资产的保值增值负责；作为旅游产品的提供者，景区还要尽量为旅游者以及景区所在的社区负责。为了保证旅游景区能够尽到上述责任，应将上述责任进行细化分解，最终形成完善的旅游景区责任制度

③ 科学选择并实施组织重构。科学完善的组织领导制度是现代企业制度的重要组成部分。现代企业组织制度的基本形式是公司制，其基本的领导体制是公司董事会领导下的总经理负责制，然而具体到管理组织形式，则有多种模式可供选择。

④ 完善并优化景区内部管理制度。内部管理制度也是现代企业制度的重要内容之一，现代企业的内部管理制度包括劳动制度、人事制度、分配制度、财会制度等一系列的内容。只有在景区内部形成完善的规则和制度，工作人员才能按照制度行事，景区的经营管理才会有序进行。因此，在构造景区经营主体时，还应建立起完善的内部管理制度。

（3）明晰景区产权的分配关系。

一般而言，景区内的产权关系可以按照资产的类型分为两个层面。所有权归国家所有的旅游资源是景区内的国有资产，一般只能出让其经营权，而所有权和管理权则归政府所有。而那些景区内的其他与经营管理相关的经济资源则属于经营性资产，其产权可以实现完全转移，即将其产权完全转让给景区的经营管理者，实行企业化经营。景区经营权和所有权的分离，可以解决旅游开发及保护过程中的政企不分及资金不足问题，从而促进旅游资源开发与保护的良性互动。但是，在体制、法规不健全的情况下，产权分离后可能会出现违反可持续开发原则的经营管理行为，经营管理者借助其拥有的景区资源的经营权而对景区进行掠夺式经营。为此，在实施景区产权关系重新分配时，应借助公正、科学的方法和程序，如采用景区经营权拍卖等形式对景区经营者进行遴选，以确保信誉良好的企业取得景区的经营权。而景区在经营过程中，景区产权的主体还应依法对经营者的投资与经营行为予以有效的监控和帮助，以保证资源被合理使用。总体来看，目前的景区经营权转让的方式主要有以下几种。

① 整体租赁模式。整体租赁模式是目前国内景区经营权转让过程中最为常用的模式，是指将景区一段时期内（一般为30～50年）的经营权按照一定的价格租赁给某个或几个非国有独资企业共同经营的形式。在整体租赁模式中，景区的经营权、所有权完全分离，经营权归租赁的企业所有，主要负责景区内资源的开发；所有权则归当地政府所有，由当地政府负责对景区资源的保护。按照租赁企业的类型又可以分为民营企业租赁和上市公司租赁。

② 整合开发模式。整合开发模式是指景区的经营权出让给国有独资旅游企业集团，由该企业对景区实施企业化经营管理以及资源开发和保护，同时景区的所有权归政府所有的模式。在该模式下，企业集团能够根据市场的需求全面整合所能运用的资源，通过整合开发实现景区的快速发展和带动景区所在区域的经济发展。

③ 自主开发模式。自主开发模式是指景区由拥有所有权的主体进行开发和经营管理的模式。在该模式下，景区实行的是非企业化管理，经营的主体为景区主管部门或主管部

门的派出机构。此时,景区的所有权与经营权、开发权与保护权对外统一,对内则实现一定的分离。例如,景区管理职能、经营职能、开发职能、保护职能等分别由不同的部门和机构来承担。

复习思考题

一、思考题

1. 如何评价景区行业的影响因素?
2. 参观你所在城市中的某个景区,考察一下该景区使用了哪种(或哪几种)高新技术。
3. 选取当地的某个景区为例,分析其管理模式,指出其中的优势与不足,并讨论其改革的措施。
4. 试分析迪士尼落户上海后,对于上海及周边景区的影响。
5. 我国景区发展有哪几大趋势?

二、案例分析题

黄崖关长城风景区的管理创新

近年来,黄崖关长城风景区在保护好长城的前提下,在创新中求突破,向管理要效益,景区建设取得了显著成效。

1. 完善景区基础设施,提高档次

黄崖关长城风景区2001年争创4A级景区时完善了旅游接待设施,但距5A级景区的标准还有一定的差距。为改变现状、提升档次,黄崖关长城风景区在制定总体发展规划的前提下,加快了接待、服务、文化娱乐及体育休闲等旅游服务设施的更新和改造,积极拓宽服务项目,深挖文化内涵,发挥景区服务功能,打造亮点。

首先,黄崖关长城风景区对名联堂、博物馆、碑林的环境和硬件设施进行改造提升;其次,为保护生态环境,建设了污水处理工程,并进行山体滑坡专项治理;最后,为改善游客购物环境,修建长城旅游小商品市场。此外,为方便游客游览,景区改造了售票处,建成了集售票、咨询、休息、接待功能于一体的旅游接待服务中心,还建设了先进的全电子控制的星级厕所,新添设了电影厅。这些基础设施的完善,不但提升了景区的形象和档次,也为游客提供了良好的旅游环境。

2. 改变单一"门票经济",创新中求突破

要全面提升景区效益,必须以科学发展观为指导,走创新之路。要寻求发展,首先要改变景区以往单一的"门票经济",在提升服务与综合效益上下功夫。首先,为丰富游客旅游内容,满足不同层次游客的需求,在增建特色旅游精品景点的同时,使景区旅游产品系统化、主题化、多样化、差异化。例如,结合八卦城文化,黄崖关长城风景区建成了八卦迷宫游乐园,让游客直观感受八卦的玄妙;结合景区丰富的碑林文化,景区修建了台北碑苑、刘炳南书法碑苑,收入两岸书法大家100多幅作品,为两岸文化交流提供平台,并丰富了碑林文化。其次,黄崖关长城风景区先后引进碰碰车、飞天环车、水上步行球,并对水上游乐场进行绿化美化、扩充河面,添设了脚踏船、手划船、水上自行车、水上皮划艇。同时还完善了景区黄崖山庄宾馆、长城宾馆、东山宾馆的软硬件设施,增设了独具特

色的四合院客房。目前，景区的旅游综合服务收入已连续多年超过了门票收入，彻底改变了过去单纯依靠"门票经济"提升景区效益的状况。

3. 坚持以人为本，加强景区规范化管理

对景区旅游市场治理是我国许多景区最头疼的问题。黄崖关长城风景区在规范管理市场、建立良好市场秩序中，首先确定治理重点，加大治理力度。该景区采取人性化管理、统一接待、统一收编、划行归市等措施，使景区市场秩序井然，并形成良性循环。景区建立起旅游纪念品摊位以及和骆驼、马照相等服务项目接待站。通过加强对经营摊贩的培训、教育和引导，并为摊贩经营者提供固定场所，规范了经营者行为。而后又设立了山货市场和服务项目接待站，由接待站负责安排经营活动，避免了经营者为争抢生意而产生矛盾，并配合后续的管理措施，引导摊贩走向规范化的经营。如今，黄崖关长城风景区商业经营有序，独具特色的"马帮"成为景区一道亮丽的风景。

（资料来源：http://blog.sina.com.cn/s/blog_545df2350100w4in.html，2012-01-26.）

问题：

黄崖关长城风景区的创新主要体现在哪些方面？取得了哪些效果？

参 考 文 献

[1] 北京大学旅游研究与规划中心. 旅游规划与设计——景区容量与游客管理 [M]. 北京：中国建筑工业出版社，2017.
[2] 邹统钎. 旅游景区开发与管理 [M]. 4版. 北京：清华大学出版社，2017.
[3] 徐挺，朱虹. 旅游景区游客中心规划与管理 [M]. 北京：中国旅游出版社，2017.
[4] 郭亚军，曹卓. 旅游景区运营管理 [M]. 北京：清华大学出版社，2017.
[5] 温燕. 旅游景区服务与管理 [M]. 武汉：华中科技大学出版社，2017.
[6] 董观志. 景区运营管理 [M]. 武汉：华中科技大学出版社，2016.
[7] 孙英杰. 旅游景区开发与管理 [M]. 北京：中国财富出版社，2016.
[8] 朱岚涛，杨主泉. 景区开发与管理 [M]. 北京：清华大学出版社，2016.
[9] 陆霖. 旅游景区服务质量管理及其实证研究 [M]. 北京：北京交通大学出版社，2016.
[10] 北京大学旅游研究与规划中心. 旅游规划与设计：旅游规划＋景观建筑＋景区管理 [M]. 北京：中国建筑工业出版社，2016.
[11] 梁中正. 景区管理概论 [M]. 北京：高等教育出版社，2016.
[12] 侯玲. 旅游景区服务与管理 [M]. 济南：山东人民出版社，2016.
[13] 顾至欣，方法林. 景区票务服务与入园管理实训教程 [M]. 北京：中国旅游出版社，2016.
[14] 陈李静. 旅游景区服务与管理 [M]. 厦门：厦门大学出版社，2016.
[15] 舒伯阳. 旅游景区开发与管理 [M]. 上海：华东师范大学出版社，2016.
[16] 周永振，王羽. 旅游景区建设与管理实务 [M]. 上海：复旦大学出版社，2016.
[17] 李虹，曹菊枝. 景区管理概论 [M]. 长春：东北师范大学出版社，2015.
[18] 牟红. 景区规划与经营 [M]. 北京：科学出版社，2012.
[19] 张胜华，李丙红. 景区规划与开发 [M]. 北京：北京理工大学出版社，2011.
[20] 邢斯闻，吴力，王霞. 现代旅游景观开发与规划 [M]. 长春：吉林大学出版社，2011.
[21] 居阅时，等. 旅游景观文化 [M]. 上海：上海人民出版社，2011.
[22] 张凌云. 旅游景区概论 [M]. 北京：北京师范大学出版社，2010.
[23] 郑耀星. 旅游景区开发与管理 [M]. 北京：旅游教育出版社，2010.
[24] 傅云新. 旅游景区管理 [M]. 广州：暨南大学出版社，2010.
[25] 吴必虎，俞曦. 旅游规划原理 [M]. 北京：中国旅游出版社，2010.
[26] 张凌云. 旅游景区景点管理 [M]. 北京：旅游教育出版社，2003.
[27] 赵黎明. 旅游景区管理学 [M]. 天津：南开大学出版社，2009.
[28] 钟永德，陈晓磬. 旅游景区管理 [M]. 武汉：武汉大学出版社，2009.
[29] 卢晓. 旅游景区服务与管理 [M]. 北京：清华大学出版社，2009.
[30] 陈才，龙江智. 旅游景区管理 [M]. 北京：中国旅游出版社，2008.
[31] [卢森堡] 卢克·瓦格纳，乔治·韦伯. 风景建筑 [M]. 常文心，译. 沈阳：辽宁科学技术出版社，2013.
[32] 张家宁. 智慧景区管理平台的设计研究 [D]. 杭州：浙江理工大学，2015.
[33] 姚军. 以游客为中心 以技术为抓手：新时代中国旅游景区发展之路探讨 [J]. 旅游学刊，2018，33 (01)：5-7.
[34] 刘鹏，吴华清，江兵，郭强. 旅游目的地形象广告效应分析：基于双重差分模型的估计 [J]. 旅游

学刊,2017,32(08):38-47.

[35] 梁燕均,李钢,付莹,等.旅游活动强度变化下的旅游地环境响应研究:以庐山风景名胜区为例[J].旅游学刊,2017,32(04):107-116.

[36] 冯艳滨,杨桂华.国家公园空间体系的生态伦理观[J].旅游学刊,2017,32(04):4-5.

[37] 鄢方卫,杨效忠,吕陈玲.全域旅游背景下旅游廊道的发展特征及影响研究[J].旅游学刊,2017,32(11):95-104.

[38] 王玉成.我国旅游景区管理体制问题与改革对策[J].河北大学学报(哲学社会科学版),2017,42(03):143-148.

[39] 邓云秀,余涛.加强旅游景区管理 创建精品旅游景区:《海南省旅游景区管理规定》解读[J].海南人大,2016(09):41-44.

[40] 程占红,牛莉芹.基于环境认知的生态旅游者对景区管理方式的态度测量[J].人文地理,2016,31(02):136-144.

[41] 党安荣,张丹明,马琦伟,等.大数据时代的智慧景区管理与服务探讨[J].西部人居环境学刊,2016,31(04):8-13.

[42] 陈贤斐,侯志强.国内景区管理研究十年:基于《旅游学刊》的综述[J].乐山师范学院学报,2016,31(10):63-72.

[43] 胡珊珊.我国旅游景区管理存在的问题及发展对策[J].品牌(下半月),2015(08):6-8.

[44] Sunlay 三磊设计.杭州西溪湿地公园龙舌嘴游客中心[J].建筑学报,2013,12(20).

[45] 李宏,吴东亮,吴乾隆.旅游景区游客中心规划设计述评[J].首都师范大学学报(自然科学版),2010,12(15).

[46] 牛津,关瑞明.多重空间的意义:浅谈厦门园博苑游客中心设计的空间营造[J].福建建筑,2011.06(01)1-5.

[47] 吴乾隆,李宏,吴东亮,等.数字景区研究[J].首都师范大学学报(自然科学版),2010,31(06):74-80.

[48] 张葳,李彦丽.博物馆旅游开发模式研究:以河北省为例[J].河北师范大学学报(哲学社会科学版),2010,33(2):46-50.

[49] 田秀群.论旅游景区标准化建设[J].中小企业管理与科技,2013(4):174-175.

[50] 梁明珠,鲍春晓,徐晓倩.国家级风景名胜区中的世界遗产项目开发保护与国际经验借鉴[J].经济地理,2009(01):141-146.